THOMAS BERGNER

Gute Entscheidungen treffen

*Wenn Sie wissen,
was Sie wollen, können Sie tun,
was Sie möchten*

Klett-Cotta

Klett-Cotta
www.klett-cotta.de
© 2022 by J. G. Cotta'sche Buchhandlung
Nachfolger GmbH, gegr. 1659, Stuttgart
Alle Rechte vorbehalten
Cover: Weiß-Freiburg GmbH
unter Verwendung einer Abbildung von © Adobe Stock/themorningglory
Gesetzt in den Tropen Studios, Leipzig
Gedruckt und gebunden von Friedrich Pustet GmbH & Co. KG, Regensburg
ISBN 978-3-608-98073-8
E-Book ISBN 978-3-608-11869-8
PDF-E-Book: ISBN 978-3-608-20564-0

Bibliografische Information der Deutschen Nationalbibliothek
Die Deutsche Nationalbibliothek verzeichnet diese Publikation
in der Deutschen Nationalbibliografie; detaillierte bibliografische
Daten sind im Internet über http://dnb.d-nb.de abrufbar

Inhalt

Vorwort 9

I. Was uns antreibt 13
   1 Unser Hybrid-Antrieb: Was uns unter Strom setzt 13
   2 Unser Hybrid-Antrieb: Der Booster-Effekt 19
   3 Die Belohnungsgier 20

II. Was in uns geschieht 25
   4 Die Basis einer erwachsenen Entscheidung 25
   5 Der Einfluss 28
   6 Ein Blick ins Gehirn 30
   7 Zentrum der Lust 38
   8 Zwei markante Hindernisse 41

III. Was in Entscheidungen steckt 44
   9 Entscheidungsformen und Entscheidungstypen 44
  10 Entscheidungskategorien 51
  11 Was Gewicht hat 58
  12 Hin oder weg? 62
  13 Entscheidung im Quadrat 64

IV. Persönliches und Weltsicht 67
  14 Eine Frage der Moral 67
  15 Das eigene Leben gestalten 68
  16 Die Illusion von Macht 70
  17 Opfer schauen nicht nach vorn 75
  18 Entschieden sein, bevor entschieden wird 81
  19 Widersprüchliches 84
  20 Die eigene Stimme finden 89
  21 Spieglein an der Wand 97

V. Falsche Vorstellungen 102
22 Die Wundertüte 102
23 Rationale Entscheidungen – ein Märchen 104
24 Die Grenzen der Intuition 107
25 Wahrheit und andere Illusionen 109
26 Die Selbsttäuschung. 118

VI. Die eigene Vorgeschichte. 129
27 Wer entscheidet tatsächlich? 129
28 Das Kind, das niemals Ruhe gibt 134

VII. Gefühle sind Entscheidungsmacher 143
29 Gefühle sind nichts für Rosinenpicker 143
30 Im Nebel heftiger Gefühle 146
31 Wenn Entscheidungen Trauer tragen 153
32 Die Angst vor der falschen Entscheidung 157
33 Angst erkannt – Angst gebannt 161

VIII. Wie wir sind. 168
34 Wie Menschen ticken. 168
35 Eine Frage der Ethik 176
36 Was wir glauben 179
37 Mit Grenzen umgehen 181
38 Sinn-voll entscheiden. 184

IX. Störfeuer von außen. 187
39 Entscheidungsdruck ist Zeitdruck 187
40 Wann es an der Zeit ist 190
41 Manipulationsversuche. 196
42 Alles fließt – nur wohin? 201

X. Fehlentscheidungen 204
43 In eigene Ungnade fallen. 204
44 Fehlentscheidungen sind Ablenkung von Ohnmacht . . . 210

45 Selbstversöhnung heilt Vorwürfe	216
46 Einverständnis	221
47 Loslassen ist eine Kunst	224

XI. Der Goldstandard 231

48 Optionales Denken	231
49 Den inneren Kompass finden: Die aufgeschobene intuitive Entscheidung	238

XII. Der Grund jeder Entscheidung 242

50 Der gesunde Menschenverstand	242
51 Was will ich eigentlich?	247
52 Sich dem Ziel wahrhaftig nähern	250
53 Der Herde folgen?	253

XIII. Entscheidungen konkret umsetzen 255

54 Fehlerarten	255
55 Ein Ende finden	261
56 Ehrlichkeit – ein effektiver Ratgeber	266
57 Experten sollten Fachleute sein	271
58 Vom Grundsatz ins Konkrete	279

XIV. Schritt für Schritt zum Ziel 281

59 SCHRITT 1: Man kann nicht nicht entscheiden	281
60 SCHRITT 2: Informationsklarheit schaffen	282
61 SCHRITT 3: Das Ziel zählt – und der Weg noch mehr	285
62 SCHRITT 4: Den Impuls nutzen und ins Tun kommen	288
63 SCHRITT 5: Der Sinn von allem	289
64 SCHRITT 6: Mitmenschlichkeit ist der Kern	295
65 SCHRITT 7: Sich Gutes tun	296
66 SCHRITT 8: Das Kernhindernis verstehen	299
67 Noch ein Letztes	303

XV. Anhang: Sonderfall finanzielle Entscheidungen 309
   68 Geld-Wert 309
   69 Wenn es knapp wird 314
   70 Muss ich es haben? 323

Literatur 328

Vorwort

»Es sind nicht die Fähigkeiten, die zeigen, wer wir wirklich sind, sondern unsere Entscheidungen«, sagt am Ende des Films »Harry Potter und die Kammer des Schreckens« der Schulleiter Professor Albus Dumbledore zum jungen Potter.

Unsere Entscheidungen spiegeln viel mehr wider, als wir uns vielleicht verdeutlichen. Sie haben mit unserer Persönlichkeit und mit unserer individuellen Vorgeschichte zu tun. Sie beeinflussen maßgeblich, wie es weitergeht. Gut, wenn Sie sich nun etwas Zeit für dieses wichtige Thema nehmen.

Wir treffen unzählige Entscheidungen jeden Tag, ohne weiter darüber nachzudenken. Stehe ich auf, obwohl der Wecker noch nicht geklingelt hat? Nutze ich dabei das linke oder rechte Bein zuerst? Wenn ich die Zähne putze, achte ich darauf, dass es mindestens zwei Minuten sind? Wie genau halte ich die Zahnbürste? Wie warm stelle ich mir das Wasser ein?

Während unseres wachen Lebens treffen wir fast ununterbrochen Entscheidungen. Fast alle bleiben uns verborgen. Neben offensichtlichen Handlungen entschließt sich unser Gehirn zu einer Unzahl anderer Dinge, die wir nicht mitbekommen. Dies betrifft nahezu alle körperlichen Vorgänge. Wenn es uns darüber informieren würde, würde auf uns eine unfassbare Vielfalt von Inhalten einströmen. Es wäre uns unmöglich, ein selbstbestimmtes Leben zu führen.

Erfreulicherweise geschieht das meiste automatisiert. Wir müssen nicht darüber nachdenken. Erst wenn etwas Ungewöhnliches passiert, schalten wir unser Bewusstsein ein. Beispielsweise wenn uns die Zahnbürste herunterfällt. Oder wenn wir feststellen, die Tube mit schwarzer Schuhcreme statt Zahnpasta genommen zu haben. Schon sehr einfache Schritte können unangenehme Folgen haben.

In diesem Buch geht es darum, wie Sie wichtige, schwierige und komplexe Entscheidungen erfolgreich treffen. Dafür müssten Sie oft unüberschaubar viele Aspekte überblicken. Jedoch hat sich unser »gesunder Menschenverstand« mit der zunehmenden Komplexität unserer Umwelt nicht gleichsinnig entwickelt. Weil wir vieles nicht objektiv überprüfen können, sind keinem Menschen objektive Entscheidungen möglich. Das ist auch gut so. Wir sind keine Maschinen. Was wir wollen, hat unsere eigenen Erwartungen und Präferenzen zu berücksichtigen. Deshalb geht es in diesem Buch um die für Sie selbst und Ihr Umfeld *passenden* Entscheidungen. Damit Sie sich für das entscheiden, was Sie wirklich tun wollen.

Ziel des Buches ist nicht die bloße Vermittlung von Entscheidungs*techniken*. Vielmehr werden Sie erleben, in welch großem Kontext Ihre eigenen Entscheidungen stattfinden. Diese haben oft auch mit Ihrer Kindheit zu tun, sie spiegeln Teile Ihrer Persönlichkeit, haben manchmal mehr mit unserer Erziehung zu tun, als uns lieb sein mag, und letztlich gibt es Vorgänge in uns, die von uns kaum zu beeinflussen sind. Sich darüber Klarheit zu verschaffen, bringt einen großen Schub für wahrhaftige Entscheidungen, die mit Ihnen selbst in tiefem Einklang stehen.

Fehlentscheidungen und die Notwendigkeit, etwas aufzugeben, sind Teile eines Entscheidungsvorgangs. Darüber wird gern aktiv geschwiegen. Bücher über das Scheitern? Fehlanzeige. Hier widmen wir uns auch Fehlentscheidungen und der Frage, wie wir etwas loslassen können. Diese Themen sind überhaupt nicht brisant, wenn wir darauf eine realistische und entspannte Sicht gewinnen.

Menschen, die für die Öffentlichkeit stetig auf der Erfolgsspur wandeln (was es nicht gibt), berichten gerne davon, wie *sie selbst* erfolgreich wurden. Aber was hat das mit Ihnen zu tun? Das meiste in unserem Leben ist individuell. In diesem Buch geht es deshalb um Ihre eigenen inneren Prozesse, um gut voranzukommen. Mit sich, wie Sie sind, und nicht gegen sich entscheiden. Dabei werfen wir auch den einen oder anderen Blick in unsere Entscheidungsfindungsorgane, in die Seele und in das Gehirn.

Diese Inhalte berühren ein wichtiges Thema für uns alle, unsere Freiheit. Wer irgendwo eingesperrt ist, fühlt sich unfrei. Das muss nicht gleich ein Gefängnis sein, auch Beziehungen oder Situationen können unsere Freiheit einschränken. Wenn wir frei entscheiden können, wo wir sein wollen, was wir tun möchten, wohin wir uns orientieren, dann fühlen wir uns frei. Freiheit ist im Kern immer Entscheidungsfreiheit. Wer sich mit Entscheidungen gut auskennt, arbeitet deshalb auch an der eigenen Freiheit, einem der fundamentalsten Bedürfnisse des Menschen.

Bevor es richtig losgeht, noch vier Bemerkungen:

1. Die Fallbeispiele sind sämtlich geschehen. Sie sind ein Spiegel von 60 Jahren Leben und von über einem Vierteljahrhundert Beratungstätigkeit. Sie sind selbstverständlich so grundlegend verändert, dass keiner meiner Klienten sich selbst darin erkennen oder von anderen darin erkannt werden kann. Die Beispiele sind ein Ausschnitt, eine Facette von erheblich umfassenderen Inhalten, die während eines auch jahrelangen Prozesses besprochen wurden. Meistens werden Sie von alltäglichen Situationen erfahren, denn sie sind praxisnah und können als Anregungen für Ihr Leben nützlich sein.
2. Es kommen drei Hinweise vor: **PRINZIP**, **PRAXIS** und **KLÄRUNG**. An diesen Stellen sind die wichtigsten Inhalte des Kapitels auf einen oder wenige Sätze konzentriert. Das **PRINZIP** beschreibt dabei, wie etwas grundsätzlich abläuft – was *nicht* bedeuten muss, dass es gut so ist. Manche Dinge in unserem Gehirn laufen eher so ab, dass es in modernen Zeiten hinderlich ist. Die **PRAXIS** ist ein Hinweis darauf, wie Sie etwas praktisch umsetzen können. Beim Hinweis **KLÄRUNG** werden Ihnen Fragen vorgeschlagen, mit deren Beantwortung Sie konkrete Chancen finden. Ehrlichkeit sich selbst und der Situation gegenüber führt zu wahrhaftig guten Entscheidungen.
3. Ab und zu gibt es einen Abschnitt »Vertiefung«. Dieser dient Ihnen, um sich mit dem Thema – meist anhand von einer Art Übung – intensiver auseinanderzusetzen.
4. Die Reihenfolge der Kapitel erfolgte mit Bedacht – Sie können dennoch nach Herzenslust selbst entscheiden, wann Sie was lesen

und in welcher Reihenfolge. Die ersten drei Teile (Kapitel 1–13) befassen sich eher mit Grundlagen, weil es sinnvoll ist zu verstehen, was in uns abläuft, während wir unser Leben gestalten.

Viel Freude und Erfolg!
Thomas Bergner

I. Was uns antreibt

1 Unser Hybrid-Antrieb: Was uns unter Strom setzt

Es gibt eine Vielzahl von Inhalten, die wir bei unseren Plänen und Entscheidungen berücksichtigen sollten: Ziele, Wünsche, Interessen, Überzeugungen, Werte, Einstellungen, Geschmack, Bildungs- und Wissensstand, Fähigkeiten und Gewohnheiten, finanzielle Möglichkeiten, Kontaktfähigkeiten, Äußerlichkeiten wie das Aussehen – sind wir für andere begehrenswert oder eher nicht? – Ausdauer und Kraft.

> **PRAXIS** ▶ Bei der Vielzahl von Inhalten behalten wir die Übersicht, indem wir uns auf unsere Motivation und unsere Ziele konzentrieren.

Beide treiben uns an.

Wenn wir an eine Motivation denken, dann kommen uns wahrscheinlich viele verschiedene Inhalte in den Sinn. Beispielsweise Geld zu verdienen oder jemanden glücklich zu machen oder etwas für die eigene Gesundheit zu tun. Viele unserer tagtäglichen Motivationen haben jedoch nicht wirklich weltverändernde Horizonte. Bereits wenn wir nur in ein anderes Zimmer gehen wollen, weil wir dort etwas holen wollen, braucht es eine gewisse Motivation, aufzustehen und hinzugehen.

> **PRINZIP** ▶ Motivation ist eine Belohnungserwartung.

Diese Belohnung kann genauso im Wiederfinden von etwas Vergessenem liegen wie in dem zu erwartenden Dank, weil wir jemandem geholfen haben. Motivation ist immer subjektiv. Wir streben dann nach einem Ziel, wenn wir dafür motiviert sind. Ziele, die wir nicht mit irgendeiner Belohnung in Verbindung setzen können, interessieren uns nicht. Dabei kann eine der Belohnungen durchaus sein, nicht bestraft zu werden. Wer schon genügend Strafpunkte in Flensburg angesammelt hat, der mag besonders vorsichtig fahren. Nicht etwa, weil er einsichtig ist, andere nicht zu gefährden. Vielmehr einfach deshalb, weil er seinen Führerschein nicht verlieren mag oder sollte. Grundsätzlich unterscheiden wir zwischen einer positiven und einer negativen Motivation. Die positive Motivation bedeutet, irgendetwas Bestimmtes anzustreben. Das können Hinwendungen zu Menschen sein oder auch etwas Materielles zu bekommen oder angenehme Situationen zu erleben. Eine negative Motivation bedeutet, wir vermeiden etwas, wie bestimmte unliebsame Menschen, Gegenstände oder Situationen.

Wie kommt es nun zu einer Belohnungserwartung? Das ist eigentlich ganz einfach. Wenn wir die Erfahrung gemacht haben, durch etwas belohnt zu werden, gehen wir davon aus, bei Wiederholung unseres Verhaltens erneut belohnt zu werden. Ganz verkürzt: Belohnungserfahrung macht Belohnungserwartung.

PRINZIP ▶ Wir sind dann motiviert, wenn wir bereits die Erfahrung einer Belohnung erleben konnten.

Warum schreibe ich das hier in einem Buch über Entscheidungen? Weil *jede* Entscheidung aufgrund einer oder mehrerer Motivationen entsteht. Wenn uns nichts motiviert, werden wir auch nichts tun. Unser Ziel entspricht dem, wofür wir motiviert sind. Die dafür notwendigen Handlungsentscheidungen werden durch eine Vielzahl von Faktoren beeinflusst.

Wir schätzen ab, welcher Art unser Ziel ist und als wie bedeutsam wir es empfinden. Diese Einschätzung ist wie jede höchst subjektiv. Ziele können materieller Art sein, ganz vorrangig ist es Geld und alles, was wir davon kaufen können, nachrangig jedoch auch Suchtsubstanzen oder Sex. Ideelle Ziele sind beispielsweise, der Mitarbeiter des Monats zu werden, und soziale Ziele bedeuten beispielsweise, Menschen zu treffen, mit denen wir gerne zusammen sind.

Als unangenehm bei einem Entschluss empfinden wir es oft, mit der Unsicherheit der Risiken fertigwerden zu müssen. Risiken sind, das Ziel nicht zu erreichen oder die Belohnungserwartung nicht erfüllt zu bekommen – Frust. Lohnt sich das alles überhaupt? Habe ich überhaupt eine Chance? Was, wenn alles vergeblich ist? Sobald diese Fragen nicht mit hinreichender Sicherheit positiv beantwortet werden können, sinkt unsere Motivation.

Nicht nur das Ziel interessiert uns, bevor wir uns für etwas entscheiden, sondern auch, wie wahrscheinlich es ist, dass unsere Belohnung eintritt. Dabei gehen wir recht differenziert vor, wie Glücksspiele zeigen. Bei ihnen etwas zu gewinnen, ist überaus unwahrscheinlich. Von der anderen Seite her betrachtet, besteht bei jedem Glücksspiel ein hohes Risiko, nicht zu gewinnen. Jedoch ist unser Einsatz für dieses Risiko meistens sehr gering. Es stört uns nicht wirklich, wenn wenige Euro in unserem Portemonnaie fehlen. Wenn etwas sehr unwahrscheinlich eintritt, werden wir das Risiko also nur eingehen, wenn uns ein möglicher Verlust wenig stört. Wenn etwas sehr unwahrscheinlich ist, wir jedoch wie blind sind, es also unbedingt erreichen wollen, werden wir das Risiko ausblenden. Dies ist beispielsweise der Zustand der Verliebtheit. Die oder der Angebetete erscheint als so erstrebenswert, dass ihre oder seine negativen Seiten einfach übersehen werden.

Je wahrscheinlicher eine Belohnung erfolgt, wir unser Ziel erreichen, umso eher werden wir uns einsetzen. Wenn uns jedoch das Ziel banal erscheint, wird unser Interesse versiegen. Stellen wir uns einmal vor, eine Straße entlang zu gehen. Auf einmal sehen wir vor uns etwas kupferfarben aufblitzen. Es handelt sich um einen Cent. Die meisten von uns werden sich bücken und die Münze aufheben. Nicht deshalb, weil wir uns wirklich über diesen einen Cent freuen, sondern weil wir es fehlinterpretieren als ein Zeichen des Glücks, das wir wahrnehmen und nicht missachten wollen. Hier wirkt nicht die Münze an sich, sondern als Symbol für etwas.

Unsere Motivation ist vollkommen selbstbezogen. Sie hängt mit unseren unbewusst agierenden Hirnzentren zusammen. Diese handeln individuell aufgrund unserer Erbanlagen und unserer eigenen Lebenserfahrung. Entsprechend kann die nach außen gegebene Begründung für unsere Motivation richtig oder wahr oder falsch oder unwahr sein. In den meisten Fällen werden wir dies nicht entscheiden können – und andere noch weniger.

Wir setzen uns nicht einfach so für etwas ein. Auch der Zeitpunkt des Eintreffens der Belohnung spielt dafür eine große Rolle. Erwarten wir beispielsweise unsere Belohnung sehr zeitnah? Dann werden wir uns mit hoher Wahrscheinlichkeit auch engagieren.

> **PRAXIS** ▶ Bereits mittelfristig erreichbare Ziele brauchen ein höheres Maß an Motivation, erst recht langfristig zu verwirklichende Ziele.
> Je länger wir für eine Zielerreichung benötigen, umso attraktiver muss das Ziel werden.

Am unangenehmsten ist es für uns, wenn wir überhaupt nicht einschätzen können, wann oder ob wir das Ziel erreichen werden. Damit bleibt nämlich unklar, wann wir unsere Belohnung abholen oder einfordern können. Das bedeutet eben auch, eine Belohnung wird umso unattraktiver, je länger es dauert, sie zu erreichen.

> **PRINZIP** ▶ Aufgrund unserer Lebenserfahrung können wir in der Regel recht gut einschätzen, wie leicht oder schwer es sein wird, unsere Ziele zu erreichen. Da den meisten Menschen ein echter Masochismus fehlt, freuen sie sich, wenn ein Ziel möglichst leicht und rasch erreichbar sein wird.

Unbewusst bewerten wir das Ausmaß des Aufwandes, um ein Ziel zu erreichen. Wenn wir beispielsweise Lust haben, einen Schokoriegel zu genießen und ein Verkaufskiosk direkt neben uns geöffnet ist, kann uns kaum etwas aufhalten, eine Süßigkeit zu kaufen. Wenn wir jedoch gerade eine Wanderung durch die unberührte Natur machen und uns erinnern, dass es auf der Alm mehrere Kilometer hinter uns und 500 Höhenmeter über uns den Riegel zu kaufen geben könnte, werden wir nicht umkehren.

Zum Aufwand gehört auch, sich zu fragen, ob wir etwas aufgeben müssen, was wir bereits besitzen oder bald besitzen werden. Es geht also nicht nur darum, ob sich das Ziel an sich lohnt, sondern welche Preise bereits vorher bezahlt werden müssen, um es zu erreichen. All das kann bewusst bearbeitet werden, jedoch genauso auch völlig unbewusst ablaufen.

So verschieden wie Menschen sind, so unterschiedlich sind auch ihre Belohnungen. Versetzen wir uns einfach zurück in unsere Zeit vor der Einschulung. Wie nett waren wir, nur um einen kleinen roten Lutscher geschenkt zu bekommen. Heute muss dafür bei manchen schon ein großer, roter Ferrari her.

Es gibt so etwas wie Wandergeschenke. Dinge, die von einem zum nächsten gegeben werden, weil sie kaum jemandem gefallen. Peinlich ist es nur, wenn sie zu einem zurückkehren, nachdem sie eine oder mehrere Ehrenrunden gedreht haben. Irgendjemand hat jedoch dieses Geschenk als Erster erworben. Ihr oder ihm muss es also gefallen haben. Wer schon einmal über eine große Konsumgütermesse gelaufen ist, hat sich vielleicht bei der Vielzahl der dort angebotenen Waren gedacht, wer kauft das bloß? Es ist ganz einfach: Es gibt immer auch Menschen, die etwas toll finden, was wir selbst überhaupt nicht mögen. Kein Mensch muss das begehren, was Sie selbst begeistert.

> **PRINZIP ▶** Was uns freudig stimmt, muss niemand anderen erfreuen und umgekehrt.

Übliche, also häufige Belohnungen sind alle Suchtmittel, insbesondere Zigaretten oder Alkohol, und Sex, Geld, beruflicher Erfolg, der sehr stark zum Status beiträgt, Lob und Anerkennung bis hin zum Ruhm. Das sind alles Inhalte, die uns letztlich von außen zufließen. Selbst wenn wir genug Geld haben, um uns beispielsweise ein erlaubtes Suchtmittel zu kaufen, kommt dies von außen.

Was geschieht nun in uns, wenn wir etwas als Belohnung empfinden? Es werden in unserem Gehirn bestimmte Botenstoffe ausgeschüttet, welche auf das mittlere limbische System (siehe auch Kapitel 6) wirken. Gleich, welche Belohnung es konkret ist, sobald wir es als eine solche empfinden, werden diese Botenstoffe in uns selbst gebildet und stimmen uns froh. Belohnungen bewirken einen Lernerfolg. Haben wir eine Belohnung erhalten, entwickeln wir umgehend eine Belohnungserwartung: Wenn ich das noch einmal tue, werde ich wieder entsprechend belohnt werden und mich gut fühlen. Das mittlere limbische System wacht darüber, ob dies tatsächlich der Fall ist. Wir kontrollieren also stetig und unbewusst, ob unsere Erwartungen auch Realität werden.

Das Ganze ist sehr sinnvoll. Wir fühlen uns wohl, deshalb wiederholen wir das, was zu diesem Wohlbefinden geführt hat. Wir wiederholen also die Belohnungsreaktion. In unserem Inneren werden folgende Faktoren quasi gemessen:
- wenn eine Belohnung ausbleibt,
- wie hoch unsere Erwartung der Belohnung war,
- wie stark wir die Belohnung empfinden,
- wie hoch wir das Risiko einschätzen, die Belohnung zu bekommen oder eben nicht.

Die chemischen Faktoren, welche das Gefühl von Belohnung und Lust maßgeblich bestimmen, sind endogene Opioide. Wie der Name schon sagt, sind es drogenähnliche Stoffe. Die *Erwartung einer Belohnung* hingegen wird vorrangig durch Dopamin vermittelt. Beide chemischen Wirkstoffe zusammen begründen unsere Motivation, unsere darauf beruhende Entscheidung und erst dann folgt unser Handeln. Die Wirkstoffe haben auch viel damit zu tun, wie wir unbewusst kontrollieren, ob unsere Erwartung tatsächlich erfüllt wurde. Es ist faszinierend, welch hochkomplexes Netzwerk in uns wirkt. Es verrechnet stetig, was wir erwarten und was wir bekommen. Es bestimmt damit unseren Motivationszustand. Es bestimmt also, was wir tun und was wir lassen. Dabei ist die *Art* der Belohnung ohne jede Bedeutung. Es spielt also für unser Inneres keine Rolle, ob wir Geld bekommen oder Lob. Verbindungen in bestimmte Bereiche der Großhirnrinde sorgen für soziale Kontrolle. Dort wird dann als Letztes mehr oder weniger bewusst abgewogen, ob das, was wir vorhaben, andere verletzen könnte. Es findet beim gesunden Menschen auch immer eine solche Einbettung in soziale Gegebenheiten statt. Wir überlegen, ob wir das tun können, was wir tun möchten, oder ob wir damit andere schädigen, was uns dann wiederum vorgeworfen werden kann.

2 Unser Hybrid-Antrieb: Der Booster-Effekt

PRINZIP ▶ Der *Wille* ist unser innerer Verstandesantrieb, um etwas zu tun, das *nicht* selbstverständlich abläuft.

Um voranzukommen, brauchen wir den Willen, wenn wir einen – auch noch so kleinen – Widerstand in uns spüren. Der Wille baut also unsere inneren Mauern ab. Oder er hilft uns, diese zu überwinden. Wenn Wille nötig ist, um einen inneren Widerstand zu überwinden, bleibt dieser bestehen. Das ist meistens anstrengender, als den Widerstand abzubauen. Gelingt dies, stört er Sie beim nächsten Mal nicht mehr.

PRAXIS ▶ Es ist sinnvoller, erkannte innere Widerstände zu verringern oder loszuwerden, als sie immer wieder durchbrechen zu müssen.

Willenseinsatz sollte dosiert werden, sonst erschöpfen wir. Der Wille gleicht einem Muskel, der bei steter Benutzung lahmt und durch gezieltes Training und durch Einsatzpausen aufgebaut wird. Vereinfachend wird der Wille als »Kopf« bezeichnet – nicht zu verwechseln mit der Vernunft (siehe Kapitel 50). Wer mit dem Kopf durch die Wand will, braucht seinen Willen. Dem Willen ist etwas Unbedingtes eigen; sein Charakter hat oft etwas Mühevolles.

Schopenhauer sagte einmal: *Man kann zwar wollen, aber man kann den Willen nicht wollen.* Eine gewisse Zeit gelingt es uns schon, Willen für ein Ziel aufzubringen. Meistens erschöpfen wir jedoch irgendwann, wenn eine Motivation fehlt, die aus uns selbst heraus entsteht. Auch diese lässt sich nicht einfach so wollen.

Unseren Willen brauchen wir somit, um Motivationsdefizite auszugleichen. Das bedeutet, der Wille ist unsere Technik, gegen unseren

Bauch (im Sinn von Belohnungserwartung wie als Gier oder Verlangen, nicht im Sinn von Intuition; siehe auch Kapitel 24) zu entscheiden und voranzukommen. Der Wille ersetzt quasi unsere Motivation oder unsere Belohnungserwartung. Das macht ihn einmalig auf der Erde. Ein solches Verhalten kennt kein anderes Lebewesen.

Folgende vier Konstellationen sind hierbei möglich:

Tabelle 1: Zusammenspiel von Bauch und Kopf

Kopf	Bauch	Gefühl dabei	Motivation	notwendiger Wille
ja	ja	reibungslos	hoch	keiner bis gering
ja	nein	vernünftig, lustlos	gering bis fehlend	hoch
nein	ja	unüberlegt, geil	hoch bis unüberlegt	gering
nein	nein	Stillstand, Blockade	fehlt	extrem hoch

Wann kommt es vor, dass weder Kopf noch Bauch ein Ziel spüren? In Zwangssituationen und in Situationen, in denen wir stark erschöpft sind. Auch bestimmte Prüfungen können zu dieser innerlichen Konstellation beitragen: Wer den Sinn einer Prüfung, warum auch immer, nicht einsehen mag, muss sich quälen – mit vollem Willenseinsatz.

3 Die Belohnungsgier

Motivation ist ein Antrieb, der von außen angeboten wird oder von innen kommt. Die von außen wirkende Motivation heißt auch extrinsische Motivation. Zu ihr gehören die Bezahlung für eine Leistung oder ein verliehener Titel (Mitarbeiter des Monats). Diese Motivationsform hat einen entscheidenden Haken: Sie erschöpft sich und verlangt nach Steigerung. Eine Gehaltserhöhung wirkt zwei, drei Monate motivationssteigernd, dann ist deren Effekt verpufft. Effektiver ist die intrinsische, von innen kommende Motivation. Freude an Leistung, Vorfreude auf eine Belohnung, die Vorstellung, einen geliebten Menschen wiederzusehen, durch eigene Initiative ein Problem zu lösen – sehr viele unterschiedliche Inhalte motivieren uns. Meistens handelt es sich um die Erfüllung unserer Selbstwirksamkeitserwartung (Ich bewirke etwas) oder um die Erfüllung einer angestrebten Bindung (Ich werde geliebt). Je stärker unsere Motivation ist, umso weniger Widerstände spüren wir in uns – oder umso leichter fällt es uns, bestehende Widerstände zu überwinden. Intrinsische Motivation hat viel von einer Verlockung. Allgemein wollen wir einen positiv empfundenen Gefühlszustand erreichen:

- Wir möchten Glück empfinden und Schmerz vermeiden.
- Wir möchten Freude spüren und Traurigkeit loswerden.
- Wir möchten Höhepunkte erleben, statt uns von Langeweile quälen zu lassen.

> **PRINZIP ▶** Fast alle unsere Taten richten sich nach einer der drei Grundmotivationen aus: Macht, Liebe und Leistung.

Macht bedeutet Geld, ein hoher Status, gesellschaftliche Anerkennung, Anerkennung in der Freundesgruppe, Kontrolle, Einfluss.

Liebe bedeutet Anschluss zu finden, Geborgenheit, Freundschaft, Bindung, angenommen zu werden, ohne sich verstellen zu müssen.

Mit der Motivation allein ist es noch nicht getan. Hinter jeder Motivation steckt auch etwas weniger Angenehmes, eine Angst. Weil diese fundamental existiert, nenne ich sie Grundangst. Macht streben wir an, um die Angst vor der Ohnmacht und damit vor dem Tod in den Griff zu bekommen. Liebe streben wir an, um die Angst vor dem Alleinsein (nicht geliebt zu werden, verlassen zu werden) in Schach zu halten. Leistung streben wir an, um die Angst vor dem Versagen abzubauen.

> **PRAXIS ▶** Um weiterzukommen, kann die Frage danach weiterhelfen, mit welcher Angst Sie zu tun haben. Wollen Sie mit Ihrer Entscheidung unbedingt etwas vermeiden oder besänftigen – und sollten Sie das überhaupt tun oder gibt es bessere Wege?

So mancher, der stetig Höchstleistung bringt, tut dies, um geliebt zu werden. Fatalerweise kann das nicht gelingen, weil Liebe und Leistung zwei Paar Schuhe sind. Das zu verstehen und sein Verhalten entsprechend anzupassen, kann durchaus schwerfallen.

Jede Motivation von außen wirkt nur dauerhaft, wenn sie zur eigenen Motivation wird. Jede Belohnung von außen wirkt auf Dauer nur dann, wenn wir uns selbst damit belohnen. Um dies zu klären, genügen die Antworten auf folgende zwei Fragen:

> **KLÄRUNG** ▶ Was passt wirklich zu mir?
> Was will ich wahrhaftig erreichen?

Ein persönliches Beispiel: Im Alter von 13 Jahren entschied ich mich, kochen – und auch backen – zu lernen. Der Anlass dafür war ein Familienurlaub am Gardasee, bei dem ich das erste Mal original italienische Kost genießen durfte und mir dachte: Holla die Waldfee (also gut, meine Formulierung wird etwas anders gewesen sein), so fantastisch kann Essen schmecken. So war es nicht zufällig eine Pizza, die ich als Erstes produzierte. Ich wollte einfach so essen, wie es mir schmeckte. Dieses schlichte Ziel war eine intrinsische Motivation. Niemand hat es mir eingeredet, ich selbst habe es erkannt und entschieden (Selbstwirksamkeit). Seitdem, seit fast 50 Jahren, backe und koche ich gerne. Vor langer Zeit fragte mich einmal ein privater Gast, warum ich nicht Profi-Koch werden würde. Ein zweites Mal dachte ich mir: Holla die Waldfee. Ich will damit kein Geld verdienen, ich will keine Angestellten triezen, ich will keine Räume anmieten. Ich will nicht acht Stunden am Tag fünf bis sieben Tage die Woche am Herd stehen. Das alles passt nicht zu mir. Ich will einfach ab und zu gutes Essen mit meinen Freunden genießen, und das zu Hause.

Und schon sind die beiden eben benannten Fragen beantwortet.

Intrinsische Motivation bedeutet, es kommt aus Ihnen selbst heraus. Damit erfüllen Handtaschen, Autos oder Pralinen nur schwerlich unsere intrinsische Motivation. Woran erkennen Sie Ihre eigene Motivation? Meistens daran, dass diese nicht nach irgendeiner Steigerung verlangt. Wer gerne kocht, kann auch wochenlang ohne auskommen. Wer hingegen jede Woche in ein teures Lokal gehen muss, um sich seines Selbstwerts zu vergewissern, wird nervös, wenn auch nur ein Termin ausfällt. Extrinsische Motivationen sind sehr oft im materiellen Bereich angesiedelt. Dazu gehören auch Geld und Macht an sich.

> **PRINZIP ▶** Alles Materielle hat einen Gewöhnungseffekt.

Dessen Anreiz muss wieder und wieder gesteigert werden, damit es zu einer gleichbleibenden Wirkung kommt. Materielle Dinge können letztlich nur zur Ersatzbefriedigung eingesetzt werden. Wer traurig ist, kauft sich Schokolade oder Schuhe. Nur über deren Mangel war der Käufer nicht traurig. Wer einsam ist, den umhüllt die neue Luxus-Felldecke nicht so, wie er es bräuchte. Wer Liebe vermisst, den wird auch Alkohol nicht erfüllen.

> **PRINZIP ▶** Ersatz befriedigt niemals tiefgehend.

Ein gutes Ziel folgt damit unserer intrinsischen Motivation. Ein Ziel ist konkret, benennbar und auch bewusst. Das alles gilt nicht unbedingt für unsere Motivation. Ein Problem haben wir, wenn beide nicht an einem Strang ziehen. Es ist überaus effektiv, die eigenen Ziele danach auszurichten, wonach Motivation und Wille gleichsinnig streben.

> **PRAXIS ▶** Wenn uns etwas mühsam erscheint, sollten wir uns rasch fragen, ob es am Willen oder an der Motivation scheitert oder an beidem – und was unser Ziel tatsächlich ist.

Wenn beide übereinstimmen, kommen meistens keine Zweifel über den Weg auf. Zudem stärkt es das Gefühl der Selbstwirksamkeit. Was wir anstreben, muss uns auch möglich sein zu erreichen.

> **PRINZIP ▶** Ziele, die uns nicht anregen, erreichen wir kaum.

Unsere *Motivationslage* hingegen steuert eher unsere langfristig wirkenden Entscheidungen. Das bedeutet, unsere Erfahrungen, unsere Wünsche, unsere Bedürfnisse, unsere Werte, unsere Moralvorstellungen sind wesentlich für unsere Entscheidungen.

Schauen wir uns nun einmal an, was eigentlich in uns abläuft, wenn wir etwas entscheiden wollen.

II. Was in uns geschieht

4 Die Basis einer erwachsenen Entscheidung

Grundsätzlich handeln wir als berechnende Wesen. Diese Berechnung findet vorrangig in den Gehirnregionen statt, deren Aktivitäten uns meistens unbewusst bleiben. Zum geringeren Teil können wir unsere Berechnung auch wahrnehmen und entsprechend bewusst steuern. Dafür nutzen wir unsere Gefühle.

Unser Ich, unser Bewusstsein, bildet diese Gefühle jedoch nicht. Wir interpretieren sie, wir deuten sie, wir finden Erklärungen für sie. Wir schauen, in welchem Zusammenhang sie entstanden sind, und meinen dann, sie gehörten dorthin. Wir verbinden sie mit unseren Erwartungen. Wir meinen, sie hätten etwas mit unseren aktuellen sozialen Kontakten zu tun. Dabei kann es um ganz andere Vorkommnisse gehen: Wer Angst spürt, weil er als Kind lebensbedrohliche Situationen erleben musste, bekommt möglicherweise daraufhin als Erwachsener eine Angsterkrankung. Wenn er dann, beispielsweise beim Autofahren, eine Panikattacke erleidet, verbindet er die Panik mit dem Autofahren. Dabei präsentiert ihm sein Unbewusstes »nur« das Gefühl, was es damals erlebt und abgespeichert hat. Es hat also nichts mit dem Autofahren zu tun. Allerdings wird das Autofahren dadurch markant beeinflusst.

Schauen wir uns an, an welcher Stelle was geschieht: Bestimmte Bereiche in unserem Gehirn (die *obere limbische Ebene*) sind für folgende, sehr wesentliche Inhalte zuständig (Roth 2012). Hierzu zählen:
- Gewinn und Erfolgsstreben,
- Anerkennung und Ruhm,
- Freundschaft und Liebe,
- soziale Nähe und Hilfsbereitschaft,
- Moral und Ethik.

Es sind offenbar ziemlich wichtige Strukturen für uns Menschen.

Die von ihnen geformten Inhalte entwickeln sich erst in der späten Kindheit und in unserer Jugendzeit. Sie werden wesentlich durch die in dieser Zeit gemachten sozial-emotionalen Erfolge beeinflusst. Je besser es uns in diesem Lebensabschnitt gelingt, uns empathisch mit anderen Menschen zu verbinden oder in sozialen Gruppen einzufinden, umso besser können wir dies unser Leben lang. Ein typisches Beispiel ist der Gruppenführer einer Sportmannschaft, wie einer Fußballmannschaft. Was Hänschen lernt, kann Hans immer noch. Andererseits gilt meistens auch: Wer in seiner Kindheit und Jugendzeit ein zurückgezogener Eigenbrötler war, wird als Erwachsener meist keine Kontaktkanone. Entsprechende Kompetenzen können wir später, als Erwachsene, ausschließlich mit sozialen oder emotionalen Einflüssen verändern. Sie sind der reinen Kognition nicht zugänglich. Allein mit dem Kopf werden wir also nicht mitmenschlicher oder extrovertierter.

In Verbindung mit dem bereits Gelernten und den vielen unbewussten Steuerungen in unserem Gehirn entwickeln sich neben der Empathie in der späten Kindheit und der Jugendzeit weitere Persönlichkeitsmerkmale aus: Machtstreben, Dominanz, Zielverfolgung und Kommunikationsbereitschaft.

Von der Egozentrik zur erwachsenen Persönlichkeit
Erste Lernerfolge bemerken wir selbst meistens ab dem fünften Lebensjahr. Diese Lernerfolge sind deshalb so wichtig, weil unsere unbewussten Anteile vollkommen egozentrisch funktionieren. Ihre Egozentrik basiert auf zwei verschiedenen Ansätzen. Einmal im Versuch der vollkommenen Verschmelzung mit der wesentlichen Bezugsperson (meistens der Mutter), zum anderen in der vollkommenen Egozentrik, mit der ein Kleinkind die Welt zu beherrschen versucht.

Zwischen dem fünften und zwanzigsten Lebensjahr beginnt dann die obere limbische Ebene gemeinsam mit bestimmten Anteilen im Großhirn, die Egozentrik in sozialverträgliche Bahnen zu lenken. Wir versuchen bei einer gesunden Entwicklung also von uns aus, die Egozentrik mit einer sozialen Ausrichtung zu vereinbaren. Es geht dabei um die Steuerung unserer Aufmerksamkeit weg von uns selbst. Es geht um die Fehlererkennung und die Kontrolle von eigenen Entscheidungen. In dieser Lebenszeit beginnen wir damit, nicht mehr zu meinen, *immer* die richtige Wahl zu treffen. Als kleine Kinder nehmen wir noch spontan jeden Schmerz wahr und äußern ihn meistens lautstark. Schrittweise kommt es dazu, den eigenen Schmerz und das eigene Leid rationaler hinzunehmen und einzuordnen. Nach außen gerichtet ist die emotionale Erwartungshaltung. Wir zeigen, was wir an Zuneigung oder Abneigung vom anderen erwarten. Die in diesem Zusammenhang notwendige Risikoabschätzung erfolgt immer genauer. Nun erst können wir auch soziale oder emotionale Belohnungen und Bestrafungen korrekt registrieren. Und wir lernen immer besser, die emotionalen Inhalte unserer Wahrnehmungen zu erkennen. Dies bezieht vorrangig die Stimme, die Mimik und Gestik des anderen ein. Nicht zuletzt streben wir an, die Macht über unsere emotionalen Erinnerungen zu erlangen.

Das alles geschieht in einem bestimmten Bereich der Großhirnrinde. Dieser ist erst im Alter von 20 Jahren komplett ausgereift. Dort ist der Sitz unseres höchsten moralischen Kontrollzentrums. In ihm bilden sich unsere bewussten Handlungsantriebe, bewussten Motive und Ziele. Dieser *Orbitofrontale Cortex* ist unser bewusstes Entscheidungszentrum. In ihm finden auch die Emotionskontrolle (Kontrolle der Gefühle), die Impulskontrolle (Kontrolle der Spontaneität), die Wertung von Belohnungen und Bestrafungen statt. Hier also kontrollieren wir, wie wir unsere Gefühle nach außen zeigen. Konsequenterweise ist dies der Sitz unserer Empathiefähigkeit. Sie ist deshalb so wichtig, weil es uns damit erheblich leichter möglich ist, den Sinn eines Verhaltens zu verstehen. Direkt damit verbunden ist unsere Fähigkeit zu sozialem Verhalten. Auch die Konsequenzen des eigenen Verhaltens können wir mit diesem Gehirnareal abschätzen.

Es gibt übrigens einen Bereich in unserem Gehirn, der tatsächliche Verbindung zu Nervengeflechten in unserem Bauchraum hat. Es ist also heute keine Frage mehr, dass wir in Wahrheit auch einiges aus dem Bauch heraus entscheiden können. Viele Inhalte, die mit Verlust, mit Empathie oder Schmerz zu tun haben, sind hier angesiedelt.

5 Der Einfluss

Bei einer Entscheidung geschieht Folgendes in uns: Aus einem Wunsch oder Motiv heraus planen wir etwas. Daraus entwickelt unser Gehirn eine Skizze über die notwendigen Bewegungen. Dann läuft das dafür notwendige Bewegungsprogramm ab. Was hat ein Entschluss mit einer Bewegung zu tun? Selbst wenn wir uns vornehmen, ein bestimmtes Telefonat zu führen und bestimmte Inhalte dabei mitzuteilen, ist dies letztlich nichts weiter als ein Bewegungsprogramm. Wir müssen uns zum Telefon bewegen, die richtige Nummer wählen und dann unsere Stimme so formen, dass unser Gesprächspartner verstehen kann, was wir wollen. Dieser Ablauf funktioniert nur in Koordination mit bestimmten Anteilen unseres limbischen Systems. Es findet also eine stete Abstimmung zwischen unseren bewussten und unseren unbewussten Instanzen statt.

Bevor wir das Gefühl haben oder uns darüber bewusstwerden, etwas entschieden zu haben, hat *immer* unser Gehirn es bereits getan. Zentral ist, dass es natürlich unser eigenes Gehirn ist, das entschieden hat, und sonst niemand. Bei schwierigeren Inhalten vergehen bis zu zehn Sekunden, während derer die Handlung vorbereitet wird, bevor wir etwas tun.

> **PRINZIP** ▶ Wenn wir denken, dass wir denken, denken wir nur, dass wir denken.

Somit haben auch bewusste Entscheidungen einen zeitlichen, unbewussten Vorlauf. Dieser ist unbedingt notwendig, damit wir unsere Erfahrungen in unsere Handlungen einbeziehen. So werden unsere gesamten Erfahrungen unbewusst abgefragt. Sie geben uns den Hinweis, ob wir etwas wirklich tun sollen oder nicht. Meistens besitzen wir umso mehr Erfahrungen, je älter wir werden. Das ist der Grund, warum es uns dann besser gelingt abzuwägen. Es ist auch ein Grund dafür, dass wir ins Zweifeln kommen, weil wir im Lauf der Jahre in aller Regel sehr unterschiedliche Erfahrungen machen. Je mehr wir kennen und wissen, umso mehr Alternativen, Risiken, Überraschungen, Unbedachtes kennen wir eben auch.

Vermutlich erinnern Sie von sich selbst Vorhaben oder Handlungen, über die Sie später dachten, dabei nicht komplett zurechnungsfähig gewesen zu sein. Dann kann es sehr wertvoll sein, wenn Sie sich folgende Fragen beantworten:

> **KLÄRUNG** ▶ Wer handelte (damals) eigentlich? Entsprachen meine Vorstellungen tatsächlich einer realistischen, erwachsenen Weltsicht?

Es kann durchaus schwerfallen, diese Fragen ehrlich zu beantworten. Hinzu kommt: Wissen alleine ändert nichts. Selbst wenn Sie wissen, dass Sie eine kindliche oder kindische Idee verfolgen, bedeutet es noch lange nicht, diese auch aufgeben zu können. Friedrich Dürrenmatt nannte es so: *Das Rationale am Menschen sind seine Einsichten; das Irrationale, dass er nicht danach handelt.*

Wie kommen Sie sich nun selbst auf die Schliche? In der Regel haben wir als Erwachsene sehr wohl ein Gefühl dafür, was stimmig oder passend ist und was nicht. Manuela beispielsweise beklagt sich, immer wieder – wie sie es ausdrückt – auf dieselben Männer hereinzufallen. Tobias findet es merkwürdig, immer wieder Aufgaben in seinem Beruf anzunehmen, die andere ihm aufschwatzen. Aaron fällt auf, dass er stets Geldprobleme hat, obwohl er eigentlich genug verdient. Unsicherheit in der Partnerwahl, nicht Nein sagen zu können oder kein Maß zu finden bei den eigenen Ausgaben sind keine erwachsenen Verhaltensweisen. Hier ist mit hoher Wahrscheinlichkeit ein Problem aus der Kindheit nicht gelöst worden.

Als Erwachsener können Sie das erreichen, was Sie als reifes Wesen erreichen können. Das hat oftmals nichts mit dem zu tun, was ein Kind im Erwachsenen gerne hätte. Dazu gehört beispielsweise bedingungslose Liebe. Oder ohne Anstrengung ein Star zu werden. Oder von jedem geliebt zu werden. Oder Zuwendungen zu erhalten, ohne selbst etwas zu geben. Oder Macht über andere Menschen zu haben. Oder die

Vorstellung, dass einem stets geholfen wird. Oder die Idee, dass *alles* gut ausgeht. Das sind häufige und zugleich nicht erfüllbare Wünsche von Erwachsenen. Aber es sind keine erwachsenen Wünsche! Es gibt eine Reihe von Dingen, die wir wirklich erreichen können. Dazu zählen Erfolg im Beruf, genug Geld zu verdienen, Freunde zu finden und zu behalten, anerkannt zu werden, eine Familie zu gründen und mit dieser liebevoll zu leben.

Es geht nicht immer gerecht auf der Welt zu. Oft stehen wir alleine da oder müssen alleine vorangehen. Oft müssen wir auch etwas tun, obwohl uns wesentliche Informationen dafür fehlen. Mit diesem Wissen den eigenen Weg weiterzugehen, das ist erwachsen.

6 Ein Blick ins Gehirn

Die mehr extrovertierten Menschen sind risikofreudig und impulsiv und schießen deshalb nicht selten über das Ziel hinaus. Die emotional sensitiven Typen sind risikoscheu und ängstlich und wagen deshalb zu selten etwas. Zwischen diesen zwei Polen findet sich ein jeder Mensch wieder. Die Pole beschreiben das Temperament. Das Temperament selbst ist einer der zwei wesentlichen Faktoren für unsere Entscheidungen.

Der andere Faktor ist die Persönlichkeit des Menschen. Unsere Persönlichkeit ist uns nur zum allerkleinsten Teil bewusst. Sie ist außerdem zu einem noch kleineren Teil rational. Neurobiologen haben sie in einem definierten Bereich unseres Gehirns lokalisiert. Diese Persönlichkeitsstruktur ist mittendrin zu finden, in höheren Anlagen, welche zuerst während der embryonalen Zeit gebildet werden.

Betrachten wir zunächst andere, zentrale Bereiche genauer (Roth 2012): Wir alle haben eine für unser Überleben notwendige Ebene in unserem Gehirn (untere limbische Ebene), die für wesentliche und sehr effektive angeborene Impulse notwendig ist. Hier wird festgelegt, ob wir schlafen oder wach sind. Hier wird über unsere Nahrungsaufnahme entschieden, wie aggressiv wir sind, ob wir eher zur Verteidigung neigen oder zur Flucht, wie leicht wir wütend werden, ob wir eher dominant oder unterwürfig sind.

Diese Ebene wird sowohl durch unser Erbgut definiert als auch durch vorgeburtliche Einflüsse. Vor nicht allzu langer Zeit hat die Wissenschaft nachgewiesen, von welch hoher Bedeutung es ist, was wir vor unserer eigenen Geburt erleben. Von Faktoren wie dem Alkoholkonsum der Mutter wissen wir das. Auch hat vieles, was auf die Mutter seelisch eingreifend wirkt, Auswirkungen auf den werdenden Menschen. Ereignisse und Situationen, welche das werdende Kind negativ beeinflussen, sind beispielsweise: eine Depression der Mutter, eine schwere, andere Erkrankung der Mutter, Trauer, Verlustsituationen, andauernder Stress, gleich welchen Ursprungs, ob finanziell, mitmenschlich oder beruflich. Je stärker die Mutter während der Schwangerschaft belastet ist, umso eher werden diese zentralen Bereiche des Gehirns eines entstehenden Menschen negativ besetzt. Es werden damit grundlegende Persönlichkeitsmerkmale festgelegt. Dazu gehören Offenheit oder Verschlossenheit, Kreativität, Vertrauen oder Misstrauen, der Umgang mit Risiken, Neigung zu Ordnung oder Chaos, Zuverlässigkeit oder Unzuverlässigkeit, Bewusstsein für die eigene Verantwortung oder Nachlässigkeit.

Grundsätzliche Persönlichkeitsmerkmale aus diesem Bereich unseres Gehirns heraus sind unverrückbar festgeschrieben. Schlimme, vorgeburtliche Ereignisse haben einen besonders schwerwiegenden Effekt auf markante Persönlichkeitsstörungen. Zudem wird dadurch einprogrammiert, wie widerstandsfähig wir auf Stress reagieren können. Dies alles läuft über chemische und hormonelle Faktoren ab.

Vermutlich kennen wir alle Menschen, die sich sehr leicht aufregen und nicht abregen können. Das liegt letztlich nicht in deren Gewalt. Oftmals liegt bei ihnen eine frühkindliche oder vorgeburtliche Schädigung vor. Diese Traumatisierung greift während des gesamten Lebens störend in den Abbau von Stresshormonen ein.

Es ist uns nicht möglich, auf diese Ebenen unseres Gehirns Einfluss zu nehmen. Was dort ist, bleibt dort, wirkt dort und lässt sich praktisch nicht verändern. Hier gilt also ganz klar: Es ist, was ist. Was in dieser Ebene entschieden wird, hat sichtbare Auswirkungen, die wir im Verhalten des Menschen erleben können. So können wir beispielsweise sagen, ob es sich um einen zuverlässigen oder eher weniger zuverlässigen Menschen handelt. D. h., die von dieser Ebene ausgehenden Effekte sind offensichtlich. Jedoch nicht für uns selbst, uns ist diese Ebene vollkommen unbewusst. Niemals wird unser Bewusstsein in diese Regionen vordringen können. Das hat einfache, anatomische Gründe. Aus bestimmten Hirnregionen führen quasi nur Leitungen heraus und keine wirksamen hinein.

Wer mehrere Kinder hat, wundert sich nicht selten, mit welch unterschiedlichen Persönlichkeiten er es zu tun hat. Dies liegt zu einem guten Teil an der Ausprägung der zentralen Anteile in deren Gehirn.

Eine zweite Ebene ist die mittlere limbische Ebene. Sie trägt ebenfalls wesentlich zur Persönlichkeit eines Menschen bei. In dieser Ebene ist die unbewusste emotionale Konditionierung angesiedelt. Wenn ein Mensch zur Welt kommt, ist er schutzlos und ohne helfende Menschen dem Tod geweiht. In der Regel ist es die Mutter, welche für diesen schutzlosen Menschen vorrangig verantwortlich ist. Sie ist nun einmal diejenige, welche natürlicherweise den Säugling ernähren kann. Innerhalb kurzer Zeit nach der Geburt versteht dies der junge Mensch und baut, wenn alles gut geht, eine Bindung zu dieser wichtigsten Bezugsperson auf. Ist dieser Bindungsaufbau gelungen, vertraut der Säugling der Beziehungsperson (der Mutter). Damit ist die wesentliche Basis geschaffen worden, um später Selbstvertrauen aufbauen zu können. Denn Selbstvertrauen ist letztlich nichts anderes als die Wiederholung oder Kopie des Vertrauens anderen Personen gegenüber. Solange man sich selbst nicht als eigenständige Person wahrnehmen kann (etwa bis zum Alter von eineinhalb Jahren), kann man entsprechend keine Bindung zu sich selbst fühlen und ebenso kein Vertrauen oder Misstrauen sich selbst gegenüber aufbauen.

Ist der Bindungsaufbau gestört, kommt es zu wesentlichen, die spätere Persönlichkeit prägenden Störungen. Üblicherweise ist der Bindungsaufbau gestört, wenn die Mutter fehlt oder nicht in der Lage ist, eine solche Bindung aufzubauen. Wenn die Mutter fehlt, kann jedoch der Bindungsaufbau über andere liebende und sich kümmernde Personen genauso positiv vonstattengehen.

Während der ersten Lebensmonate werden in der mittleren limbischen Ebene unsere elementaren Emotionen festgelegt. Das sind Furcht und Angst, Freude und Glück, Verachtung und Ekel, Neugierde und Hoffnung, Enttäuschung und Erwartung. Diese spielen eine maßgebliche Rolle dabei, wie wir später Entscheidungen treffen.

Gemeinsam mit der unteren limbischen Ebene wird hier der Kern unserer Persönlichkeit festgeschrieben. Die Entwicklung findet zunächst sehr rasch statt, dann in Phasen und ist mit dem Eintritt der Geschlechtsreife mehr oder minder abgeschlossen.

> **PRINZIP** ▶ Etwa im Alter von 15 Jahren ist die Persönlichkeit eines Menschen determiniert.

Nur sehr starke emotionale und/oder langandauernde Einwirkungen können danach noch gewisse Veränderungen möglich machen. Dies geschieht beispielsweise bei einer effektiven Psychotherapie, die sich deshalb über eine relativ lange Zeit erstrecken muss. Effekte auf die untere limbische Ebene sind jedoch durch eine Psychotherapie nicht möglich.

Die Ausgeglichenheit eines Kindes und auch des späteren Erwachsenen wird in dieser Zeit und dieser Ebene festgelegt. Beruhigungs- und Selbstberuhigungsfähigkeiten werden dann und dort gelernt.

Im mittleren limbischen System wird etwas Wesentliches für jede Entscheidung bewertet: Ist eine Belohnung zu erwarten oder eine konkrete Belohnung bereits vorhanden? Eine Belohnungserwartung ist nichts weiter als das Versprechen des Gehirns für eine Belohnung. Die Aussicht auf eine Belohnung (Zuneigung, Sex, Geld, Status, Anerkennung usw.) oder die Belohnung an sich oder das Wissen, nicht bestraft zu werden (kein Schmerz, kein Statusverlust, keine Beleidigung, keine Demütigung) sind unsere tatsächlichen Motivationen. Damit sind diese drei Inhalte (Belohnung, Belohnungserwartung oder Verzicht auf Strafe) der Kern einer jeden Entscheidung. Dies gilt auch für scheinbar altruistische Entscheidungen.

Die meisten von uns wissen, wie ein menschliches Gehirn aussieht.

Die Regionen, um die es bislang ging, sind von außen nicht sichtbar. Sie befinden sich in der Mitte des Gehirns. Das gilt auch für ein weiteres System in unserem Gehirn, die obere limbische Ebene. In dieser werden unsere Erfahrungen abgespeichert, die mit unseren Emotionen und unserem Sozialverhalten zu tun haben. Hier sind wesentliche Anteile unserer Mitmenschlichkeit verankert. Freundschaft, Liebe, soziale Annäherung, ethische und moralische Inhalte sowie unser Gewinnstreben und unser Streben nach Erfolg. Diese überaus menschlichen Fähigkeiten entwickeln sich erst in der späten Kindheit und in der Jugend. Dabei spielen die in dieser Zeit gemachten emotionalen und sozialen Erfahrungen eine wesentliche Rolle. Entsprechend sind sie auch nur so veränderbar. Die obere limbische Ebene wird deshalb als Sozialisierungsebene bezeichnen. Sie ist der Sitz unseres sozialen Gewissens. Gemeinsam mit einer bestimmten Region der Großhirnrinde (Orbitofrontaler Cortex) ist sie maßgeblich an unseren Entscheidungen beteiligt.

Unser Sozialverhalten und alle für unsere soziale Persönlichkeit wichtigen Merkmale werden vom Orbitofrontalen Cortex mit beeinflusst. Dazu gehört unser Wunsch, eigene Ziele zu erreichen und sie zuvor festzulegen, unsere Fähigkeit zur Kommunikation mit anderen, auch unser Machtstreben oder unsere Dominanz. Etwas dem Menschen Einmaliges ist auch hier, in der Großhirnrinde, angesiedelt: unsere Fähigkeit zur Empathie. Zu dieser ist kein anderes Lebewesen auf der Erde fähig. Um einen anderen Menschen einzuschätzen, brauchen wir in etwa 600 Millisekunden, also nicht mehr als etwa eine halbe Sekunde. In dieser Zeit haben wir entschieden, was wir vom anderen zu halten haben. Bis uns dies bewusst wird, kann es jedoch deutlich länger dauern. Damit nicht genug. Im Kasten 1 ist zusammengefasst, was alles in diesen Bereichen unseres Gehirns abläuft.

Kasten 1: Aufgaben unserer Großhirnrinde (alphabetisch)

- aktuelle Verarbeitung von Schmerz, Leiden, Verlust und anderen, negativ bewerteten Emotionen
- Bewerten der Folgen des eigenen Verhaltens
- Bewertung und Festlegung von eigenen und fremden Handlungsmotiven und Handlungsantrieben sowie von Zielen
- Einschätzen von sozialen Risiken
- Emotionen anderer korrekt einschätzen können (Teil der Empathie)
- Erinnerung an Gedächtnisinhalte im emotionalen Zusammenhang (Was hat mir schon einmal Spaß gemacht? Wer hat mich schon einmal verletzt? Warum klappte etwas damals schon nicht und hat mich enttäuscht? Auf den kann ich mich immer verlassen. Bei dem muss ich vorsichtig sein.)
- Kontrolle der eigenen Emotionen (in der Regel: Lasse ich sie zu? Muss ich sie dämpfen?)
- Kontrolle von Impulsen (Schlage ich jetzt zu oder doch nicht?)
- Kontrolle, ob Fehler vorliegen
- Lernen und Steuerung von sozial adäquatem Verhalten
- Rechtfertigung finden
- Schmecken
- Schmerzen handhaben
- Selbstdarstellung
- sich die Welt erklären und anderen die Welt erklären
- Sprechen
- Steuerung unserer Aufmerksamkeit
- Verluste empfinden können
- Wahrnehmung von Belohnung oder Bestrafung

Wenn wir Kasten 1 durchlesen, wirkt es imposant, was alles in der Großhirnrinde stattfindet. Wir könnten deshalb auf die Idee kommen, dort würden unsere Entscheidungen gefällt werden. Schlimme Versuche, welche vor Jahrzehnten mittels Operationen am Gehirn durchgeführt wurden, und insbesondere neuere Messungen mittels Kernspintomographie und auch Erfahrungen von Patienten, die Erkrankungen im Gehirn hatten, zeigten eines eindeutig: Sobald es keine Verbindung von der Großhirnrinde (vereinfachend gesagt dem Bewusstsein) in das limbische System (vereinfachend dem Unbewussten) hinein mehr gibt, sind Menschen unfähig zur Entscheidung. Sie können sich nicht mehr festlegen.

PRINZIP ▶ Wir können ausschließlich dann Pläne umsetzen, wenn uns Informationen aus dem Unbewussten zur Verfügung stehen.

Diese Informationen entsprechen unserer emotionalen Konditionierung. Die unbewussten Informationen sind festgelegt. Sie formen und bestimmen unsere Motivation. Sie beeinflussen wie ein Taktgeber unsere Körper- und Gefühlsreaktionen. Dieses Unbewusste bildet unsere Persönlichkeit und unser Temperament ab, und nur gemeinsam mit beiden können wir tatsächlich Entscheidungen treffen. Es ist unmöglich, ohne die von dort stammenden Informationen sich sozial adäquat im Alltag zurechtzufinden.

Der sogenannte affektive Zustand (Gefühlszustand), in dem wir uns befinden, ist extrem wichtig für unsere Entschlüsse. Dabei spielt das Ausmaß unserer Vorerfahrungen eine Rolle. Je mehr Erfahrung wir haben mit einer bestimmten Situation, umso ruhiger werden wir in der Regel sein. Nicht zuletzt ist bedeutsam, welche Ängste und Befürchtungen mit unserer Wahl in Verbindung stehen. Wenn uns mögliche Risiken oder von uns unerwünschte Konsequenzen klar sind, wird uns die Entscheidung schwerer fallen. Das, was so banal als Sachlage bezeichnet wird, ist oftmals ein belastender oder bedrückender Inhalt.

Die Psychologie ist sich noch immer uneins darüber, welche und wie viele Grundfaktoren unsere Persönlichkeit ausmachen. Für Entscheidungen sind zwei von zentraler Bedeutung: die Extraversion und der Neurotizismus, auch als emotionale Labilität bezeichnet. Diese Einteilung geht auf Eysenck zurück. Einer seiner Schüler, Gray, hat letztlich dieses Prinzip aufgenommen und eine etwas andere Formulierung gewählt: Impulsivität und Ängstlichkeit. Die impulsiven Menschen sind eher empfänglich für Belohnungen. Die ängstlichen Menschen konzentrieren sich mehr auf mögliche Bestrafungen. Das bewirkt einen großen Unterschied. Die einen wollen etwas haben und die anderen wollen etwas vermeiden. In unserem Kulturkreis ist die überwiegende Zahl der Menschen eher ängstlich und will somit etwas vermeiden. Die Anteile in uns, welche unseren Stoffwechsel steuern, steuern übrigens auch unser Verhalten. Das ist der Grund dafür, weshalb wir zum Beispiel in unangenehmen Situationen zugleich fliehen wollen als auch Angstschweiß entwickeln.

Vertiefung

Versuchen Sie folgende Selbstreflexion:
Stellen Sie sich eine Skala von 1–10 vor. Eins bedeutet »Ich habe praktisch nie Angst« und zehn bedeutet das genaue Gegenteil. Wo auf der Skala schätzen Sie sich ein? Seien Sie dabei so ehrlich wie möglich mit sich selbst. Vielleicht helfen Ihnen folgende Fragen:
- Überlegen Sie sich Situationen, in welchen Sie Mut gebraucht haben oder gebraucht hätten. Wie schwierig war es für Sie, eine entsprechende Situation zu bewältigen?
- Meinen Sie, es wird schon wieder gut gehen oder befürchten Sie eher, was alles Schlimmes passieren könnte?
- Macht es Ihnen etwas aus, alles auf eine Karte zu setzen?
- Empfinden Sie eine gewisse, Ihnen angenehme Spannung in Situationen, in denen andere bereits sich vor Angst in die Hose machen?
- Können Sie wirklich ruhig schlafen, wenn Sie in einer ungewissen Lage sind?
- Besteigen Sie vollkommen cool ein Flugzeug einer Fluggesellschaft, die in Europa nicht mehr landen darf? Oder sagen Sie sich: Gott wird es schon richten?

7 Zentrum der Lust

Wenn unser Unbewusstes einen Gewinn erwartet, der besonders hoch oder verlockend ist, strengen wir uns mehr an. Solche Aussichten empfindet unser Gehirn als lustvoll. Wir wollen belohnt werden – dabei hilft uns eine Vielzahl von Belohnungen (Kasten 2).

Kasten 2: Belohnungen für unser Gehirn

- 13. Monatsgehalt
- Anerkennung
- Applaus
- Essen
- Geld
- Gerechtigkeit und Genugtuung
- Hierarchieaufstieg
- Kauf von materiellen Dingen
- Lob
- Macht
- Prämien
- Sex
- Status
- Trinken
- Verehrt werden

Sehr ähnlich wirkt die angestrebte Vermeidung von unerwünschten Gefühlen. Hierhin gehört, weniger Verlust zu erleiden. Das ist der Trick von billigeren Preisen oder Sonderangeboten. Sie zielen in unseren Kern.

PRINZIP ▶ Wir gieren nach Gewinn – je verlockender, umso mehr strengen wir uns an.

Bestrafung

Menschen neigen dazu, moralisch positives Verhalten zu belohnen und Verletzungen von moralisch inadäquatem Verhalten zu bestrafen. Warum eigentlich? Weil es uns befriedigt. Das Lustzentrum in unserem Gehirn wird hochaktiv, wenn wir andere bestrafen können. In Kurzform:

PRINZIP ▶ Bestrafung macht Spaß!

Sadismus ist dem Menschen also eigen. Begründet wird dies für die Umgebung damit, dass die Gerechtigkeit endlich ihren Lauf nehme, und das sei auch gut so. In uns wird jedoch unsere Lust befriedigt.

Philanthropie und Helfen
Schauen wir uns die prominenten Menschen an, die in ihren früheren Zeiten mittels Gier, Glück, Können, Durchsetzungsfähigkeit, juristisch grenzwertigem Verhalten unvorstellbare Reichtümer angehäuft haben. Nichts, was sie sich verdient haben, wenn wir das Wort »verdienen« in seinem tatsächlichen Sinn betrachten. Heute treten manche von ihnen als Philanthropen auf. Sie gründen dafür meistens Stiftungen, die Geld verteilen oder es beispielsweise für Kunst ausgeben. Das ist pure Machtausübung. Philanthropen sind eine Maximalvariante von Egomanen, die schlauer oder weniger offensichtlich handeln als früher. Damals rafften sie das an sich, was heute andere nicht mehr besitzen. Jetzt können Sie sich als göttlich, zumindest als bewundernswerte Menschen aufspielen. In der Tat behalten sie ihren Einfluss dadurch. Denn sie bestimmen, wo es langgeht. Sie bestimmen, was wofür ausgegeben wird. Mit einem demokratisch legitimierten Prozess hat dies nichts zu tun. Philanthropie ist ein selbstbefriedigendes, perfides Machtspiel. Eine besondere Form des Selbstbetrugs, die wunderbare Gefühle im Gehirn verursacht und dabei hilft, vergessen zu machen, wie man an das Vermögen herangekommen ist oder wer deshalb heute weniger besitzt.

Wie ist es mit all jenen, die sich Hilfe spendend wie eine Mutter Teresa fühlen? Warum legen sich Menschen für andere krumm und haben scheinbar nichts davon? Nun, weil Altruismus in unserem Inneren überhaupt nicht existiert – nach außen schon: der schöne Schein. Jeder Mensch tut das, für das er belohnt wird oder bei dem er eine Bestrafung vermeidet. Die Wohltätigkeit, die wir anderen zuteilwerden lassen, aktiviert unser Lustzentrum. Je stärker sich jemand als Philanthrop oder Helfender gibt, umso aktiver wird sein Lustzentrum. Jede Tat, die als altruistisch bewertet wird, ist in Wirklichkeit Egozentrik. Mutter Teresa fühlte sich einfach richtig wohl bei dem, was sie tat.

Gerade dieses Gefühl, anderen Gutes zu tun, was im Englischen als *warm glowing* bezeichnet wird, streben viele an. Gutes zu tun belohnt uns egozentrisch.

PRINZIP ▶ Gutes tun tut gut.

Sollten wir deshalb auf entsprechende Handlungen verzichten? Gewiss nicht. Denn wir tun damit ja tatsächlich Gutes. Nur sollten wir uns selbst und besonders bekannte Menschenfreunde vielleicht nicht mehr unter einem solchen Heiligenschein sehen, sondern in einer ruhigen Minute und in einer ruhigen Ecke uns selbst eingestehen, warum wir und sie dies tun. Öfters liegt einem helfenden Verhalten auch die Absicht zugrunde, nicht schuldig werden zu wollen. Das entspricht der Vermeidung einer – als solche empfundenen – Strafe.

Menschen, die sich für selbstlose, liebevolle Helfer halten, machen sich nur nicht klar, was ihre tatsächliche Motivation ist. Sie verstehen nicht, welche tatsächliche Belohnungserwartung in ihnen darauf lauert, erfüllt zu werden. Alle Belohnungen haben eine letzte, immer gleiche Endstrecke im Gehirn. Wer sich daran freut, scheinbar vollkommen selbstlos gehandelt zu haben, unterliegt einem Selbstbetrug. Auch jede altruistische Handlung führt zu einer chemischen Belohnung im Gehirn. Wenn wir etwas tun, *muss* es etwas Positives in uns bewirken, ansonsten tun wir es nicht, außer wir werden mit vorgehaltener Pistole dazu gezwungen. Aber selbst dann wirkt in uns ein wahrlich großes, wichtiges Ziel – das eigene Leben zu erhalten.

Wenn also die tatsächliche Mutter Teresa als Sinnbild der hingebungsvollen und niemals an sich selbst denkenden Nonne tatsächlich keine positiv wirkenden Botenstoffe in ihrem Gehirn gebildet hätte, wäre sie nicht Mutter Teresa geworden. Auch deshalb ist das ganze kirchliche Wesen der Heiligsprechung überaus fragwürdig.

8 Zwei markante Hindernisse

Hindernis 1: Das Unbewusste
Wir haben keinen privilegierten Zugang zu uns selbst. Das bedeutet, unsere eigenen Motive, die tatsächlichen Ziele, können wir oft nicht oder nur schwer erkennen. Das kann anderen besser gelingen als uns selbst. Was wir erfahren, ist unsere eigene Interpretation von den Inhalten, die uns unser Unbewusstes oder unser Vorbewusstes freigibt (siehe Kapitel 27).

Der Charakter des Unbewussten stellt somit eine gewisse Herausforderung dar. Manche denken, wenn sie anderen etwas sagen, was außerhalb von deren Bewusstsein liegt, würden diese das dann schon verstehen. Dem ist nicht so.

> **PRINZIP ▶** Unbewusst bedeutet: Gleich, was geschieht, gleich, welche Intervention von einem selbst oder von anderen stattfindet, es ist nicht und bleibt nicht verfügbar.

Es ist so wie die Rückseite des Mondes, welche die Menschen von der Erde aus nicht sehen können. Wir wissen, es gibt sie. Wenn uns Fotos davon gezeigt werden, können wir vertrauen, dass sie stimmen oder auch nicht. Wir alle sind unfähig, »the dark side of the moon« zu sehen und merken deshalb beispielsweise nicht, wie viel heller diese Seite scheint als die Hälfte, die der Erde zugewandt ist.

Hindernis 2: Mangelnde Erfahrung
Auch lebensbestimmende Entscheidungen wie die Berufswahl finden in Wahrheit unbewusst statt. Viele Menschen haben keine zufriedenstellende Erklärung, weshalb sie ihren Beruf ergriffen haben.

>> *Annegret hatte einen leidlich guten Schulabschluss, weshalb sie ohne großes Nachdenken eine Ausbildung zur Industriekauffrau machte. Vermutlich, weil ihre beste Freundin den gleichen Weg ging. In einem Unternehmen, das Teile für die Autoindustrie herstellt, blickte sie auf eine*

gewisse Karriere zurück. Fast 20 Jahre später war Annegret hoch unzufrieden mit ihrem Leben. Sie warf sich vor, wie sie jemals diesen Beruf ergreifen konnte.

Einen solchen Verlauf beklagen recht viele Menschen. Wenn wir uns anschauen, was dahinterstecken kann, dann ist es auch die fehlende Übung in Entscheidungen in unseren beiden ersten Lebensjahrzehnten. Nicht selten werden uns fast 20 Jahre lang praktisch alle wesentlichen Vorhaben abgenommen – wir üben nur an banalen Inhalten wie Fruchtgummi oder Milchschokolade. Wir erhalten keine Möglichkeit, grundsätzliche Maßnahmen selbst vorzunehmen. Das tun meistens die Eltern oder der Staat (Beispiele: Schulpflicht oder Impfpflicht) für uns. Umso härter trifft es manche, die dann ab Ende der zweiten Lebensdekade Weichen in ihrem Leben stellen müssen, obwohl ihnen die Lernerfahrung für eigene Entscheidungen fehlt.

Kinder und Jugendliche haben noch kein ausgereiftes Motivationssystem in sich. Deshalb ist es sehr schwierig bis unmöglich, sie für weit in die Zukunft ausgerichtete Ziele zu motivieren. Erst etwa ab dritten Lebensdekade sind wir dafür bereit. Dies liegt an der Reifung der Seele. Unsere Seele reift ebenso wie unser Körper. Wer Reaktionen und Aktionen eines kleinen Kindes mit denen von Jugendlichen und mit denen von Erwachsenen vergleicht, spürt dies. Unter anderem reift unser Selbst, also die Instanz in unserem Inneren, die ein recht klares Abbild unserer Person und Persönlichkeit darstellt. Erst wenn unser Selbst einigermaßen ausgebildet ist, können wir das Gefühl entwickeln, *selbst*wirksam zu sein. Das ist typischerweise etwa im Alter von 21 Jahren der Fall. Uns werden also letztlich bei der Berufs- oder Ausbildungswahl zu früh Entscheidungen zugemutet, die wir nicht erwachsen treffen können.

Wer etwas nicht kann, weil er es früh nicht lernen konnte, den strengt es in aller Regel besonders an, ein solches Verhalten zu leisten. Wer als Säugling nicht erleben konnte, wie eine Bindung funktioniert (das ist in der Regel die Bindung an die Mutter), der wird sein Leben lang es als mühsam empfinden, eine Bindung aufzubauen.

Es gibt also zwei grundlegende Hindernisse für unseren Erfolg: Das, was in unserem Unbewussten abläuft, und unzureichende Erfahrung.

III. Was in Entscheidungen steckt

9 Entscheidungsformen und Entscheidungstypen

Persönlichkeit

Die Persönlichkeitsstruktur eines Menschen formt maßgeblich seine Entscheidungen. 80 Prozent der Menschen gehen mehr oder minder gerne oder häufig ein Risiko ein. Knapp 10 Prozent der Menschen sind extrem risikofreudig, in etwa ebenso viele extrem risikoscheu. Die Risikofreude ist ein zentraler Faktor für viele unserer Entschlüsse. Auch der im Moment der Festlegung vorliegende emotionale Zustand hat große Bedeutung. Es macht nun mal einen Unterschied, ob wir gelassen an eine Sache herangehen oder ob wir gerade wütend sind wie Adrian:

> »Adrian fuhr längere Zeit hinter einem Auto, das der Verkehrssituation unangepasst langsam war. Adrian, zunächst noch geduldig, riss irgendwann der Geduldsfaden. Er regte sich mehr und mehr auf, er kochte geradezu vor Wut. Endlich, der Wagen vor ihm bog ab. Adrian kam bald darauf an eine Ampel, die schon länger Gelb zeigte. Das brachte das Fass zum Überlaufen. Der wütende Adrian dachte gar nicht daran, sich weiter sein Vorankommen vorschreiben zu lassen. Voller Verve trat er auf das Gaspedal und fuhr bei Rot über die Kreuzung. Erst danach baute sich langsam die Energie, die Wut in ihm ab. Für sich selbst rechtfertigte er sein Handeln damit, er habe nun wirklich keine Zeit mehr.

Inhalte, für die es klare Regeln gibt, sind von vornherein auch klar zu entscheiden. Jeder Erwachsene weiß, dass er nicht stehlen darf. Wer sich daran hält, schränkt sein Handlungs- und Auswahlspektrum ein. Und das ist gut so, für alle anderen nämlich. Hielten sich alle Menschen daran, gäbe es kaum Probleme mehr. Das bedeutet auch:

> **PRINZIP** ▶ Sobald etwas *sicher* zu entscheiden ist, können wir uns nicht mehr entscheiden.

Das gelingt dann nur, wenn wir wissentlich etwas falsch machen, wie bei Adrian eben. Machen Sie also trotzdem etwas anderes, wird dies mit einem Risiko verbunden sein. Risiken sind, entdeckt und bestraft zu werden, ausgeschlossen zu werden von der Gemeinschaft, Strafe zahlen oder leisten zu müssen und anderes mehr.

Solche Situationen und Inhalte kennen wir allesamt aus unserer Kindheit. Wir mögen noch so sehr auf das Glas mit der Cola gestiert haben, unsere Eltern hatten längst entschieden, uns Orangenlimonade zu bestellen. Deshalb braucht es kein Buch für Dinge, die von vornherein entschieden werden können. Hier geht es um Situationen mit zunächst nicht zu entscheidenden Optionen. Das Buch dient Ihnen wie ein Klarspüler, um an Ihren Kern der Frage und der Lösung zu gelangen. Damit erhalten Sie die Kraft, mit ausgeglichenem Gefühl selbst aktiv zu werden. Sie werden Ihr Eigenes noch besser als bisher in Ihr Leben einfließen lassen.

Entscheidungsformen

Entscheidungen gibt es in drei Formen: Picking, Choosing und Opting (Ullmann-Margalit 2017).

Picking bedeutet, sich aus einem bestehenden Angebot etwas herauszupicken. Ein typisches Beispiel ist ein Essensbuffet in einem Lokal oder einem Hotel. Dort ist vorgegeben, was es gibt. Wir können immerhin wählen, was wir uns davon nehmen und was wir nicht wollen. Jeder übliche Einkauf in einem Supermarkt entspricht diesem Picking. Es ist heute auch durchaus möglich, Inhalte weit jenseits von Nahrungsmitteln in einer solchen Weise sich herauszupicken. Dafür gibt es Apps wie beispielsweise Tinder. Wenn man mit einem Wisch den nächsten möglichen Sexualpartner weggewischt und innerhalb von wenigen Sekunden dasselbe beim nächsten und übernächsten tun kann, ist es genau dasselbe wie zwischen Sauerkirsch- und Himbeermarmelade zu entscheiden.

Choosing ist etwas komplizierter. Hier ist praktisch eine Vorstufe notwendig, bevor es zur tatsächlichen Wahl kommt. Um bei den beiden Beispielen zu bleiben: Wir sind in einem sehr großen Hotel, das mehrere Lokale bietet. Dann müssen wir zunächst auswählen (Choosing), in welches Lokal wir gehen wollen, um dann dort wieder Picking zu betreiben. Oder wir stehen auf dem Parkplatz eines großen Einkaufscenters mit einem Supermarkt, einem Bioladen, einer Bäckerei und weiteren Lebensmittelgeschäften. Auch hier steht zunächst die Auswahl an, bevor wir konkret einkaufen können. Uns sollte klar sein, dass auch die Auswahl eine Form der Entscheidung ist. Sogar eine, welche maßgeblich beeinflusst, was uns danach möglich ist.

Opting gehört zu den in Kapitel 10 geschilderten Kategorien III und IV. Hier geht es um große und oftmals fundamental wirksame Inhalte: Welchen Beruf möchte ich ergreifen? In welcher Stadt oder in welchem Stadtteil möchte ich leben? Zu welchem Geschlecht fühle ich mich hingezogen? Sollte ich mich jetzt von meiner Partnerin oder meinem Partner trennen? Möchte ich Kinder? Diese Entscheidungen werden in aller Regel als weitgehend empfunden. Das betrifft sowohl ihren Inhalt, sie sind also bedeutungsschwer, als auch den Zeitrahmen, in welchem sie ablaufen. Im Alltag sind dies wohl die Situationen, bei denen uns die Wahl am schwersten fällt. Das ist auch gut so, weil ihre Auswirkungen eben viel markanter sind, als heute eher Dinkelbrot oder doch Roggenbrot zu kaufen.

Dennoch laufen in unserem Gehirn bei allen Entscheidungen sehr ähnliche Vorgänge ab. Rationale Entscheidungen sind auch deshalb so schwierig, weil bestimmte Grundprinzipien bei fast jedem Menschen wirken. Bei unseren Entscheidungen läuft ein eigentlich bewährtes Schema ab. Unser Unterbewusstsein scannt in rasender Geschwindigkeit: Ist das neu? Wenn das verneint wird und uns somit bereits bekannt ist, läuft alles ab wie bisher. Erkennt es etwas Neues, dann beurteilt es zunächst, ob das Neue wichtig ist. Erst wenn beide Fragen bejaht werden, wird uns die Sachlage bewusst. Das kann sich dann fatal auswirken, wenn wir früher ähnliche gelagerte, falsche Entscheidungen getroffen haben.

> **PRINZIP** ▶ Alles, was uns bekannt ist, wichtig oder nicht, wird von unseren inneren Instanzen zunächst automatisiert bearbeitet.

Entscheidungstypen

Fast alle Filme und fast alle Romane der Erde sind nicht nur verkappte oder offensichtliche Liebesgeschichten. Sie haben meistens auch einen Helden und einen Bösewicht – sie erzählen die ewige Geschichte vom Kampf zwischen dem Guten und dem Bösen. Wir sind froh, wenn am Ende die, der oder das Gute gewinnt und können beruhigt schlafen gehen. Ähnlich ist es mit Entscheidungen. Wenn wir klar zwischen gut und nicht gut trennen können, wissen wir, was wir tun sollen. Nur macht es uns das Leben nicht immer so leicht. Es gibt unendlich viele Facetten zwischen dem, was sicher gut ist, und dem, was uns sicher schadet. Das Leben ist also nicht unbedingt eindeutig. Das gilt auch für Situationen, in welchen wir einen Weg festlegen wollen.

Es gibt zwei grundsätzliche Entscheidungstypen (nach B. Weimer, in Roth 2019). Einmal die Erfolgs-Zuversichtlichen, die realistische, mittelschwere Ziele verfolgen. Zum anderen die Misserfolgs-Ängstlichen, die zu hohe oder zu niedrige Ziele haben.

> **PRAXIS** ▶ Wenn Sie bislang einige Ziele nicht erreicht haben, überprüfen Sie sich. Kann es sein, dass Sie sich zu hohe Ziele setzen?

Damit wird ein Teufelskreislauf initiiert. Wer sich aus einer ängstlichen Stimmung heraus ein schweres Ziel setzt und dies verfehlt, wird noch ängstlicher werden. Es ist wie eine selbsterfüllende Prophezeiung.

Je übervorsichtiger ein Mensch wird, umso höher erscheint ihm das Risiko zu sein, falsche Maßnahmen zu treffen. Auch wenn Übermut selten guttut, gehört eine gewisse Portion Mut zum Leben dazu. Das hat viel mit der Grundeinstellung des Menschen zu tun. Es gibt zwei: Pessimisten und Optimisten. Pessimisten zeichnen sich durch negative Denkketten aus; dazu gehört auch, das eigene helle Licht unter den Scheffel zu stellen. Ein Beispiel für eine solche Denkkette:

- Wenn ich die Maschine für mein Unternehmen anschaffe, wird sie nicht ausgelastet laufen können.
- Dann kann ich die Finanzierung nicht bezahlen.
- Dann genügen die Aufträge nicht mehr.
- Ich werde pleitegehen!

Das ist ein *Worst-Case-Szenario*.

Ein Optimist hat ein anderes Risiko, er kann zu Überheblichkeit neigen. Seine positive Denkkette ist zum Beispiel:
- Wenn ich die neuen Versuche im Labor beginne, werde ich was Tolles entdecken.
- Darauf wird die Wissenschaftsgemeinde gewartet haben.
- In Stockholm wird man auf mich aufmerksam.
- Ich bekomme einen Nobelpreis.

Das ist ein *Best-Case-Szenario*.

Beide, Worst Case und Best Case, kommen im Leben eher selten vor. Meistens geschieht nicht alles schlecht und meistens geschieht nicht alles gut. Wahrscheinlich ist, dass manches gelingt und manches nicht. Solange wir uns mit dieser Realität einverstanden erklären, haben wir genug Kapazitäten, uns auf das Leben, wie es ist, einzustellen. Deshalb plädiere ich für ein *Realistic-Case-Szenario*.

Für dieses genügt eine Grundeinstellung, die sich sagt:

PRAXIS ▶ *Es wird schon nicht alles schiefgehen.*

Die Grundeinstellung entspricht einem leicht pessimistischen Blick auf die mögliche Zielerreichung. Damit ist sie meist nahe dem tatsächlichen Verlauf. Sich die Zukunft zu rosig auszumalen, ist ebenso fragwürdig, wie die Vergangenheit zu schwarz zu sehen.

Letztlich finden sich die in der Realität vorkommenden Verläufe mit hoher Wahrscheinlichkeit in einem nicht besonders breiten Korridor – dem Realistic-Case-Korridor (Abbildung 1). Wer seine Vorstellungen zu weit aus diesem entfernt, dem droht ein Realitätsverlust.

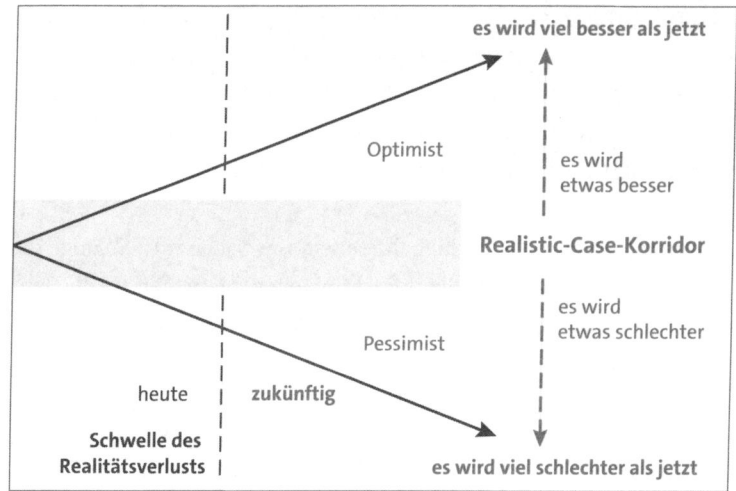

Abbildung 1: Der Realistic-Case-Korridor

Neben Pessimisten und Optimisten kommen zwei weitere Typen häufig vor: Beharrende und Fliehende.

Die Beharrenden halten bevorzugt an etwas fest. Es sind Menschen, die oft denken, es gäbe keine Alternative. Sie neigen zur Starrheit. Sie beharren auf ihrer Meinung, ihrer Weltsicht und darauf, alles möge so bleiben, wie es gerade ist. Die meisten von ihnen schließen Dinge gerne ab, geben sie jedoch nicht gerne ab. Anders die Fliehenden. Sie mögen oder brauchen stets etwas anderes, immer wieder Neues. Deshalb neigen sie dazu, Dinge nicht fertigzustellen. Die Gefahr dabei ist, nach Abwechslung und Ablenkung zu gieren, um die tatsächlich zu lösenden Probleme nicht angehen zu müssen:

>> *Silke und Rudolf waren seit Jahren verheiratet. Ihre Wohnung war groß und wurde von ihnen Jahre zuvor renoviert. Trotzdem fehlten alle Innentüren, auch die zur Toilette. Die Böden in zwei Räumen blieben ohne Belag. Die Küche war ein einziges Provisorium. Die meisten Besucher vermuteten, ihnen sei das Geld ausgegangen. Dann kauften sie sich ein Grundstück direkt am See; kein billiges Vergnügen. Sie bauten ein modernes Haus und mehr als zwei Jahre nach dem Einzug standen*

zwei teure Wagen vor der Türe. Aber auch hier fehlten alle Bodenbeläge, es waren Holzplanken über die Fußbodenheizungsrohre gelegt. Um die Dusche herum war nicht gefliest, stattdessen schützte eine Bauplane die Wand vor Wasserschäden. Die Stimmung zwischen den beiden wurde offenkundig immer angespannter. Später trennten sie sich.

Mit genug Abstand betrachtet ahnen wir, was Sache war: Solange die beiden die Baustelle im Haus aufrechterhielten, brauchten sie die Baustelle ihrer Beziehung nicht anzugehen. Zugleich spiegelte die äußere Baustelle die innere.

Beide Formen der Entscheider, die Beharrenden und die Fliehenden, sind nicht wirklich effektiv. Die auf Dauer am besten funktionierende Variante ist die der Loslassenden. Das sind die Menschen, welche Überholtes einfach sein lassen können und sich dem Leben realistisch stellen.

Vertiefung

Viele Menschen neigen eher zur Passivität als zur Aktivität. Deshalb gibt es immer wieder Situationen, in welchen Menschen zu lange warten, bis sie in die Tat kommen. Darin gleichen sie der Maus, die vor der Katze ausharrt. Bei der Maus hat das meist fatal-finale Folgen. Andererseits gibt es Menschen, die ständig etwas tun müssen, auch wenn nichts zu tun wäre. Sie spüren einen Aktivitätsdruck, freundlich Geschäftigkeit genannt. Zu welcher Gruppe gehören Sie eher? Oder unterscheidet es sich je nachdem, ob es um materielle oder persönliche Ziele geht?

Sind Sie

- Erfolgs-Zuversichtliche/r?
- Misserfolgs-Ängstliche/r?
- Beharrende/r?
- Fliehende/r?
- Loslassende/r?
- Optimist/in?
- Pessimist/in?

Die ehrliche Botschaft: So, wie Sie sind, sind Sie. Ob Sie eher optimistisch oder pessimistisch denken, lässt sich kaum verändern. Ähnliches gilt dafür, ob Sie eher ängstlich oder zuversichtlich sind. Da Sie vermutlich volljährig sind, ist fraglich, ob Sie noch großartige Veränderungen Ihrer Wesensart erreichen. Das muss auch nicht sein.

Was wir, wenngleich durchaus nur mit Engagement und Durchhaltevermögen, verändern können, ist unser Verhalten. Ob wir zu lange beharren oder zu rasch aus Situationen herausgehen, ob wir eher an Inhalten und Dingen kleben oder sie loslassen können: Das alles sind eher Möglichkeiten für Veränderungen. Wie kommen Sie weiter? Oftmals ist es hilfreich, die Fremdsicht zu nutzen. Wir alle haben ein recht festes Bild von uns selbst. Das ist auch notwendig, um eine gewisse Grundsicherheit in unserem Handeln zu erreichen. Da schadet es nicht, andere, denen wir vertrauen, zu fragen, wie sie uns bezüglich der hier aufgeführten Eigenschaften beurteilen. Hören Sie genau hin und fragen Sie nach, woran konkret der andere das ausmacht. Öffnen Sie sich für dessen Ansichten und überprüfen Sie in Ruhe und mit einem gewissen zeitlichen Abstand, was Sie davon annehmen mögen und was beim anderen bleiben darf. Wenn sich Änderungswünsche ergeben, ist es immer Ihre Entscheidung, ob und in welcher Weise Sie ihnen folgen.

10 Entscheidungskategorien

Es gibt folgende Kategorien von Entscheidungen:
I. Automatisierte Entscheidungen
II. Bauchentscheidungen
II b Pseudo-rationale Entscheidungen
III. Verstandesentscheidungen (reflektierte Entscheidungen)
IV. Intuitive Entscheidungen

In allen Kategorien kommen Inhalte mit oder ohne Zeitdruck vor; meistens treffen wir bei Zeitdruck Bauchentscheidungen (Typ II). Der Grund ist schlicht: Weder unsere Intuition (Typ IV) noch unser Verstand (Typ III) sind bei akuter Zeitnot zuverlässige Ratgeber.

I. Automatisierte Entscheidungen

Ein Beispiel für vollkommen automatisch ablaufende Prozesse ist das Autofahren. Sobald wir es gelernt haben, handeln wir, ohne über die einzelne, notwendige Aktion nachzudenken. Für solche Schritte ist kein Wille erforderlich. Diese Entscheidungen können wir uns bewusst machen. Meistens verzichten wir jedoch darauf.

Experten zeichnen sich genau dadurch aus, dass viele ihrer Entscheidungen automatisiert sind. Dazu gehört auch das Stellen einer Diagnose. Sie erkennt eines und schließt fast alles andere aus. Ein Gärtner weiß genau, wo er Obstbäume oder Rosen zu beschneiden hat. Laien überlegen jeden einzelnen Schnitt. Für sie sind es Verstandesentscheidungen.

> **PRINZIP** ▶ In welche Kategorie ein und dieselbe Entscheidung fällt, hängt nicht vom Inhalt der Entscheidung ab, sondern von dem, der sie trifft.

II. Bauchentscheidungen

Impulsive Bauchentscheidungen sind *nicht* die klugen intuitiven Entscheidungen (s. u.), sondern das vollkommen spontane Handeln. Dabei machen wir uns über mögliche Vor- oder Nachteile keine Gedanken. Meistens laufen sie unter einem seelischen oder zeitlichen Stress ab. Ein Beispiel ist eine Ohrfeige, die man jemandem gibt, und es sofort danach bedauert. Solche Schritte werden manchmal als Zwang empfunden. Dann sagt man später: »Das war ich eigentlich nicht. Sonst handle ich nie so.«

Auch Bauchentscheidungen laufen oft automatisch ab, sogar wenn es sich um eher komplexe Inhalte handelt. Typische Bauchentscheidungen kommen wieder beim Autofahren vor. Stellen wir uns vor, eine Ampel springt auf Gelb. Die Entscheidung, ob wir auf die Bremse treten oder aufs Gaspedal, ist komplexer, als man meinen mag. Wir versuchen in kürzester Zeit unter anderem Folgendes zu beachten:
- Ist es eine Ampel mit Blitzanlage?
- Fährt mir jemand dicht hinterher?

- Kann ich die Kreuzung überblicken?
- Habe ich schon Punkte in Flensburg?
- Wie stark ist der Motor meines Wagens?

Und das sind noch nicht alle Aspekte. Bauchentscheidungen haben oft mit emotionalem Druck zu tun. Wir fahren eher bei Dunkelorange durch, wenn wir uns gehetzt fühlen oder gestresst. Letztlich spielt es in den allermeisten Fällen überhaupt keine Rolle, ob wir wegen der Ampel eine Minute warten müssen oder nicht. Das bedeutet: Sobald wir eine Bauchentscheidung treffen, können wir uns fragen, ob wir uns wirklich unter Druck setzen sollten.

Dieser Entscheidungstyp spielt eine bedeutende Rolle bei Gesprächen. Wir müssen sekundenschnell einschätzen, wie wir etwas unserem Gegenüber sagen. Was wir verschweigen, was wir vorwerfen oder besonders betonen. Wenn ich jemanden berate, ist einer meiner Lieblingssätze: »Ich weiß, was ich denke, wenn ich höre, was ich sage.« Das ist ganz ernstgemeint. Unsere Sprache funktioniert viel automatischer, als wir bewusst denken können. Das ist nicht immer von Vorteil – auch in der Beratung erst nach langem Training.

Gewiss gibt es Situationen, in denen wahrhaftig Zeitdruck herrscht. Gespräche gehören jedoch nicht dazu. Wer soll uns hindern zu sagen: »Das muss ich mir erstmal überlegen.« oder »Darüber muss ich nachdenken.« statt wie aus der Pistole geschossen einen echten Schnellschuss loszulassen, der auch nach hinten losgehen kann. Zeitdruck ist deshalb oftmals eingebildet, sagen wir es freundlicher: selbstgemacht.

PRAXIS ▶ Setzen Sie sich bei wichtigen Entscheidungen nicht unter Zeitdruck und lassen Sie nicht zu, wenn andere es versuchen.

Ein Beispiel ist, wenn ein Makler ein Haus oder eine Wohnung zum Verkauf anbietet und behauptet, wir müssten uns bis morgen entscheiden. Wenn wir am nächsten Tag nicht völlig sicher sind, ist es besser, das Objekt sausen zu lassen, als das Risiko einer so teuren Fehlentscheidung in Kauf zu nehmen.

II. b Pseudo-rationale Entscheidungen

Es gibt eine Vielzahl von Vorhaben, bei denen egal ist, wie sie ausgehen. Es ist für unseren Lebenslauf in der Regel ohne Belang, ob wir uns die grauen oder die schwarzen Schuhe kaufen. Es hat auch keine überdimensionalen Auswirkungen, ob wir einen Van oder SUV kaufen. Auch werden wir in fünf Jahren kaum darüber nachdenken, ob wir den Urlaub dieses Jahr auf Rügen oder Ibiza verbracht haben – oder überhaupt keinen. Bei solchen Inhalten gibt es also nichts vorwiegend rational abzuwägen. Damit ist der Bauch dran: Was mag ich lieber? Wohin zieht es mich mehr? Wozu tendiert meine Familie oder mein Partner?

Wozu neigen Menschen dennoch? Vielleicht als Beschäftigungstherapie? Sie grübeln tage- und wochenlang über solche Entscheidungen nach. Damit versuchen sie, aus einer Bauchentscheidung eine Verstandesentscheidung zu machen. Eine Alternative wäre, stattdessen ohne Grübelattacken zu leben oder sich um wirklich wichtige Dinge des eigenen Lebens zu kümmern. Wie ist das richtige Vorgehen? Bei der Schuhfarbe das Gefühl befragen. Beim Autotyp den Partner oder die Kinder. Beim Urlaub dem Partner den Vorrang lassen. Und wenn es den nicht gibt: notfalls die Münze werfen.

III. Verstandesentscheidungen oder Willensentscheidungen

Willensentscheidungen sind das Ergebnis eines konsequenten Nachdenkens über mögliche Lösungen. Dazu gehört abzuwägen, welche Vorteile oder Nachteile aus einem Vorhaben erwachsen. Dazu gehört auch, über Alternativen nachzudenken. Es ist der Typ von Entscheidung, bei dem wir klar sagen können: *Ich* habe entschieden. Eine solche Willenserklärung schenkt uns das Gefühl von Freiheit.

Es gibt eine Theorie der rationalen Entscheidungen. Diese war über Jahrzehnte so beliebt, dass mehrere Menschen für ihre Ausarbeitung den Nobelpreis erhalten haben. Diese Theorie sagt, dass der Mensch bei seinen Voten und Handlungen weitestgehend ökonomisch vorgehe. Das bedeutet, er macht eine ausführliche Kosten-Nutzen-Analyse. Dadurch erkennt er, welcher Entschluss den größtmöglichen Gewinn verspricht. Gewinne können dabei sowohl Geld sein als auch Erfolg oder Lust oder Ansehen, Status und vieles andere mehr. So mancher glaubt auch von sich selbst, immer genau so vorzugehen. Dabei zeigt die Lebenserfahrung, wie oft wir nicht rational und nicht nach Gewinnmaximierung vorgehen. Nach dieser Theorie wäre jedes Verhalten unüblich oder irrational, welches nicht nach maximalem Profit giert. Dieses »unübliche« Verhalten nennen Nicht-Wirtschaftswissenschaftler übrigens menschliches Verhalten. Gewiss, wer für ein großes Unternehmen zahllose Notebooks kaufen muss, wird nach Gewinnmaximierung streben. Aber das ist die verlangte Weise, wie bestimmte Berufe auszuüben sein sollen. Das hat mit üblichem menschlichen Verhalten nicht viel zu tun. Tatsächlich gibt es Menschen, die so berechnend vorgehen. Es handelt sich um Menschen mit Persönlichkeitsstörungen, welche soziale Aspekte nicht in ihr Handeln und Denken integrieren. Der Mensch hat grundsätzlich eine soziale Natur, und nach dieser handelt er auch. Das bedeutet, in sehr viele Pläne lassen wir soziale Überlegungen einfließen. Das muss uns nicht bewusst sein, aber es findet auf jeden Fall statt. Zudem spielen immer emotionale Inhalte eine wichtige Rolle. Wer beispielsweise einmal nach individuellen Wünschen ein Auto zusammengestellt und dann gekauft hat, kennt das Phänomen. Rational wäre es beispielsweise, nicht 500 oder 1000 Euro für eine Sonderfarbe auszugeben. Die meisten gehen anders, nämlich emotional, vor: Für sie *muss* es auf jeden Fall eine bestimmte Farbe sein. Wir beziehen nicht nur unsere eigenen Gefühle mit ein. Wir achten auch auf die Rahmenbedingungen. Wenn in einer Gruppe Menschen aufgefordert werden, etwas zu spenden, und alle können sehen, wie viel der Einzelne gibt, führt dies zu einem anderen Spendenverhalten, als wenn es geheim geschieht.

Wie bereits erläutert, sind unbewusste Entscheidungen an der Tagesordnung. Eine rationale Theorie schließt solche unbewussten Vorgänge praktisch aus. Die wenigsten Menschen machen eine wahrhaftige, betriebswirtschaftlich Kosten-Nutzen-Analyse. Der Grund ist einfach: Es gibt kaum Wünsche ausschließlich materieller Art. Wer ein technisches Teil wie ein Smartphone kauft, überlegt: Ist es das wert?

Auch dabei werden schon Urteile gefällt, die einer objektiven Überprüfung nicht standhalten würden. Wie sinnvoll ist es, hunderte Euro für einen Apfel als Logo auszugeben oder den neuesten Prozessor haben zu müssen?

Mit einer standesamtlichen Trauung ist man ebenso verheiratet wie mit einem großen Hochzeitsfest, zu dem Dutzende und mehr Gäste eingeladen sind. Trotzdem wählen viele die betriebswirtschaftlich sinnlose große Feier. Weil es uns um mehr geht als um Geld. Ganz einfach. Uns ist wichtig, gute Erinnerungen zu haben. Uns ist wichtig, mit uns wohlgesonnenen Menschen gemeinsam zu feiern. Uns ist unser Bild nach außen wichtig. Kurzum: Unsere innere Abstimmung erfolgt fast nie allein aufgrund der finanziellen Kosten. Es geht nahezu immer auch um emotionale und seelische Gewinne. Beide tauchen bei Betriebswirten offiziell nicht auf. Ob sie den Menschen nicht verstanden haben oder sich für ihn überhaupt nicht interessieren, wer weiß es? Etwas rein Rationales existiert bei Menschen nicht. Rationale Entscheidungen bedeuten, etwas geistig zu erfassen, etwas abzuwägen und dann die Wahl zu treffen. Dabei gilt: Wo Urteile verlangt werden, sind Vorurteile nicht weit. Es ist eine der großen Leistungen unserer Seele, uns selbst rationales Vorgehen vorzutäuschen.

> **PRINZIP ▶** Wer einen Kauf auf materielle Aspekte beschränkt, lässt das Menschliche außer Acht.

IV. Intuitive Entscheidungen

Bei intuitiven Entscheidungen verstehen wir das Problem, wägen die Alternativen und die Risiken ab und lösen das Problem aus einem Gefühl oder auch aus einer Ahnung heraus. Unser Wille spielt dabei keine wesentliche Rolle.

Stellen wir uns einmal vor, wir sind in einer fremden Stadt. Unser Stoffwechsel verlangt nach einem guten Essen. Wir gehen aus dem Hotel die Straße entlang und tatsächlich, es gibt gleich zwei italienische Lokale, Bella Napoli und Villa Sorriso. In welches gehen? Schon versagt unser Bauch, der Kopf ohnehin. Nun muss unsere Intuition übernehmen. Vielleicht schauen wir draußen stehend beide Speisekarten an. Vielleicht schauen wir durchs Fenster ins Lokal. Dennoch, die Wahl treffen wir intuitiv. Wenn es geschmeckt hat, freuen wir uns. Wenn nicht, hat immerhin unsere Intuition irgendetwas gelernt.

Indem wir unserem Gehirn Futter anbieten (Lokalname, Speisekarte, Blick ins Lokal) hoffen wir zugleich, unsere nicht bewussten Anteile mögen etwas daraus machen (Genaueres über unser Bewusstsein und Unbewusstes in den Kapiteln 4, 6, 7, 8). Vielleicht waren wir als Kinder einmal auf Sardinien in einem Hotel namens Villa Sorriso und der Urlaub dort war schön, schon hat das Lokal einen Pluspunkt. Auch dann, wenn wir uns überhaupt nicht mehr bewusst an den Namen des Hotels erinnern. Unsere Intuition beinhaltet unsere ganze Lebenserfahrung. Sie ist nutzbar, kann jedoch nicht erzwungen werden. Entweder Instanzen in uns geben sie frei – oder nicht. Man kann sie als vorbewusst bezeichnen – sie sind uns nicht wirklich bewusst, aber immer einmal wieder abrufbar.

Wenn wir unserer Intuition folgen, sollten wir nur nachdenken, um uns die Situation selbst zu schildern. Dazu gehört auch, unseren Verstand und unsere Gefühle zu Wort kommen zu lassen. Wir sollten uns ebenfalls die Rahmenbedingungen bewusst machen. Und Schluss. Sich das zu verdeutlichen, dafür genügt ein Selbstgespräch. Wer mag und nicht gerade mit leerem Magen vor einem Lokal steht, kann es aufschreiben oder an einem Flipchart aufzeichnen. Sobald die Situation und ihr Umfeld klar sind, sollten wir uns etwas Zeit schenken. Bei komplexen Entscheidungen sollte man sich ablenken. Im Notfall genügen hierfür 15 Minuten. Besser ist es, eine oder einige Nächte darüber zu schlafen. Wir vertrauen damit die Entscheidung dem eigenen Nicht-Bewussten an. Wir lassen die Frage zunächst ruhen. Wenn wir etwas Glück haben, geben uns unsere inneren Strukturen dann Hinweise.

11 Was Gewicht hat

Wichtig sind alle Entscheidungen, die zu bedeutsamen Veränderungen führen können. Sie wirken sich also in irgendeiner Weise eingreifend auf Ihr Leben aus. Sie müssen nicht schwer zu treffen sein. Wenn es in Ihrer Wohnung brennt, ist es wichtig, sie sofort zu verlassen. Wer Pilze sammeln geht, sollte nur essbare pflücken.

> **PRINZIP** ▶ Wichtig wird eine Entscheidung durch die möglichen *Folgen* oder *Auswirkungen*. Das Gegenteil sind unwichtige Entscheidungen.

Wer bei der Bestimmung von Pilzen wenig oder keine Erfahrung hat, für den wird diese wichtige Entscheidung zusätzlich noch schwer. Wer nach einem Sturz in einer brennenden Wohnung hilflos am Boden liegt, für den kann es unmöglich werden herauszukommen. Das bedeutet also: Wichtige Entscheidungen können schwer oder leicht fallen. Bei ihnen geht es darum, welche Bedeutung sie für unser Leben haben, welche Auswirkungen wir kennen oder vermuten. Diese Bewertung ist vollkommen individuell. Wer eine Nahrungsmittelallergie hat und damit das Risiko eines allergischen Schocks, für den kann die Wahl einer Speise alles andere als banal sein. Aber schwierig sollte sie nicht werden (siehe Abbildung 2).

Die Big 5 der wichtigen (leicht oder schwierig zu treffenden) Entscheidungsbereiche sind:

1. Ausbildung und Beruf (Ortswechsel, unpassender Beruf, Wechsel der Stelle),
2. Gesundheit (Behandlung ja oder nein, und welche; mit Einschränkungen leben lernen),
3. Partnerschaft (Trennung oder nicht, sich einlassen oder nicht),
4. Familie und Erziehung (welche Schule, wer soll zur Geburtstagsfeier eingeladen werden),
5. materiell hochwertige Dinge (Porsche oder Dacia, Zara oder Gucci, Luxuschalet oder Mietwohnung).

> **PRINZIP ▶** *Schwierige* Entscheidungen können wir nur mit einer gewissen Mühe treffen. Hierbei geht es also um die Entscheidungsfindung. Das Gegenteil sind leichte Entscheidungen.

Das wirkt in uns unabhängig davon, ob diese wichtig sind oder nicht. Es gibt Menschen, für die es fast unmöglich ist, bei einem Restaurantbesuch in einer akzeptablen Zeit das für sie passende Essen zu wählen. Letztlich messen sie der Wahl eine zu große Bedeutung bei. Sie wollen sich vielleicht nicht festlegen, obgleich das kaum Auswirkungen hätte. Sie übersehen dabei die Banalität des einzelnen Essens oder sie wollen unbedingt einen Fehler vermeiden. Es ist sehr sinnvoll, sich in solchen Momenten zu fragen, ob es sich wirklich um eine schwere oder nur um eine mühsame Entscheidung handelt. Letztere können wir bedenkenlos abkürzen. Dazu gehört, sich die Trivialität der einmaligen Wahl zwischen Käsespätzle und Brokkoliauflauf zu verdeutlichen.

> **PRINZIP ▶** Als schwierig empfundene Entscheidungen müssen nicht wichtig sein. Dann sind sie jedoch mühsam.

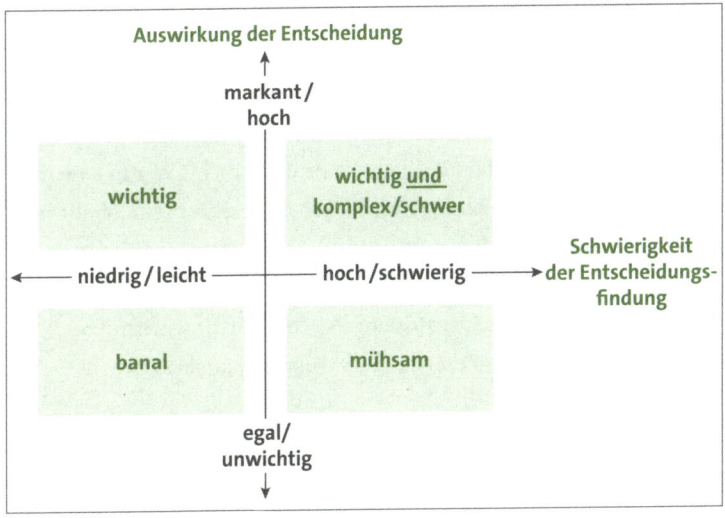

Abbildung 2: Wie wir Entscheidungen empfinden

Gute Entscheidungen können in jedem der vier Bereiche getroffen werden. »Gut« bedeutet, Sie bewerten Ihre Wahl positiv.

Entscheidungen nach Schwierigkeitsgrad

Entscheidungen, die so weit wie nur möglich rational sind, sind nur für einfache Situationen sinnvoll. Einfache Situationen sind solche, die schon mehrfach aufgetreten sind und gut gelöst wurden. Einfach sind auch Situationen, die von einem oder ganz wenigen überschaubaren Faktoren abhängen. Ein Beispiel mag sein, ob wir mit dem Auto oder mit öffentlichen Verkehrsmitteln zu einem Ereignis fahren. Wenn vorher klar ist, dass keine Parkplätze vorhanden sein werden, ist ein rein rationales Vorgehen sinnvoll. Einfach bedeutet meistens, wir können eine klare Ursache-Wirkung feststellen: Wenn ich jetzt nicht einkaufen gehe, dann haben die Geschäfte für heute zu. Also gehe ich jetzt los. Oder: Ich habe Durst, also trinke ich nun ein Glas Wasser.

Komplex werden alle Situationen, in denen der weitere Verlauf von mehreren oder vielen oder unklaren Faktoren abhängt (siehe Kapitel 49). Es sind oft auch Inhalte, die tatsächlich unvorhersehbar sind. Deshalb sind komplexe Entscheidungen schwierig zu treffen; und sie haben bedeutsame Folgen. Wer während der Prüfungsvorbereitung den Mut zur Lücke hat und ein bestimmtes Fach nicht lernt, kann Glück haben. Dann kommen nur wenige oder keine Fragen dazu in der Prüfung vor. Jedoch kann das Risikoverhalten auch weniger gut ausgehen und man besteht deshalb die Prüfung nicht. Wer in eine neue berufliche Position wechselt, kann vorher nicht sicher sein, ob ihr oder ihm diese auch passt.

> **PRINZIP** ▶ Komplexe Entscheidungen sind meistens schwierig zu treffen und haben weitreichende Auswirkungen – zumindest ist ihr Effekt unklar.

Vertiefung

Nun können Sie für einige Situationen überlegen, welchen Charakter diese für Sie meistens haben. Fallen die Entscheidungen Ihnen leicht oder schwer? Finden Sie diese eher komplex oder kommen sie in Ihrem Leben praktisch nicht vor?

Charakter: Ist für mich ...	banal	mühsam	wichtig/ leicht zu treffen	wichtig/ schwer zu treffen
Beispiel für eine Entscheidung				
Was ich heute anziehe	☐	☐	☐	☐
Wohin ich in Urlaub fahre	☐	☐	☐	☐
Welche Zusatzausbildung ich anstrebe	☐	☐	☐	☐
Ob ich XY einen Besuch abstatte	☐	☐	☐	☐
Welches Auto ich kaufe	☐	☐	☐	☐
Ob ich ein Auto kaufe oder lease	☐	☐	☐	☐
Was ich koche	☐	☐	☐	☐
Was ich im Fernsehen anschaue	☐	☐	☐	☐
Welches Konzert ich besuche	☐	☐	☐	☐
Ob ich den Geschirrspüler ein-/ausräume	☐	☐	☐	☐
Ob ich umziehe	☐	☐	☐	☐
Ob ich mich vom Partner trenne	☐	☐	☐	☐
Auf welche Schule ich mein Kind schicke	☐	☐	☐	☐
Ob ich einen Streit beginne oder nicht	☐	☐	☐	☐
Wann ich ins Bett gehe	☐	☐	☐	☐
Wonach ich strebe	☐	☐	☐	☐
Wonach ich mich sehne	☐	☐	☐	☐
Was ich beruflich erreichen will	☐	☐	☐	☐

Sie können nun schauen, was Ihnen leicht und was Ihnen schwerfällt. Gibt es einen Unterschied zwischen Inhalten, die Sie allein für sich treffen, und solchen, bei denen Sie die Belange anderer mitberücksichtigen sollten? Fällt es Ihnen eher leicht oder schwer, sich weit in die Zukunft festzulegen? Haben Sie eher Probleme damit loszulegen, oder fällt es Ihnen schwer, an einer Sache dranzubleiben?

Beantworten Sie sich nun auch folgende Frage:

Was fällt mir inhaltlich am schwersten? Vermutlich wurde das in der Liste nicht aufgeführt.

12 Hin oder weg?

Es geht bei Entscheidungen immer um konkrete Inhalte. Es geht nicht um philosophische Aspekte. Vorhaben stehen ausschließlich dann an, wenn wir entweder

- einen anderen Zustand erreichen wollen (ein Ziel haben) oder
- den vorhandenen Zustand erhalten wollen und befürchten, dass er so nicht bleibt (Stillstand, den jetzigen Stand bewahren) oder
- etwas nur loswerden wollen ohne einen Ersatz hierfür.

D. h., entweder haben wir einen Veränderungswunsch (neues Haus, neues Auto, neue Yacht, neuer Partner, neuer Job, Erleuchtung) oder wir haben eine Veränderungssorge. Ein Beispiel hierfür sind viele der schönheitschirurgischen Angebote, bei denen das irrige Ziel verfolgt wird, jung zu bleiben oder zumindest zu erscheinen. Die eine Position ist eher aktiv und flexibel und zukunftsgerichtet, die andere eher festhaltend und damit auch starr. Die aktive Form kann entweder zielgerichtet sein, dann ist es eine Hinbewegung, oder einer Flucht entsprechen. Dann fehlt ihr oftmals eine Richtung: Hauptsache weg. Das geschieht nicht nur bei zufälligem Kontakt mit Säbelzahntigern, sondern immer wieder auch in Partnerschaften.

» *Miriam war Anfang Vierzig und arbeitete zufrieden als Oberärztin bei einer großen Klinikkette im Westen. Seit Jahren führte sie eine On-Off-Beziehung mit Silvia. Beide konnten nicht ohne einander und auch nicht miteinander. Im Moment hatte Miriam einmal wieder genug von ihrer Beziehung, fand jedoch nicht die Kraft zur erneuten Trennung. Auf einem Kongress in Hamburg kam sie mit der Personalleiterin einer anderen Klinik ins Gespräch, die sie letztlich von den Vorteilen Hamburgs überzeugte. Sie nahm die Stelle als Leitende Oberärztin dort an. Nach ihrem Umzug traf sie sich noch wenige Male mit Silvia, dann machte sie Schluss. Danach saß sie allein in Hamburg und grübelte über ihr Leben. Langsam dämmerte ihr, wie gerne sie in der früheren beruflichen Position gearbeitet hatte. Der nach außen kommunizierte berufliche Aufstieg diente ihr vorrangig zur definitiven privaten Trennung.*

Bei einer politischen Wahl kommt ein entsprechendes Phänomen ebenso vor. Wird ein anderer Kandidat als die bisherige Führungskraft als Wunschkandidat gewählt? Oder will man nur den bisherigen Politiker loswerden?

> **PRINZIP ▶** Die Motivation für eine Entscheidung können wir anhand des Ziels nicht sicher erkennen.

Es gibt übrigens nicht immer ein bereits tatsächlich bestehendes Problem, wenn wir eine Veränderung wünschen. Auch die Angst vor einer möglichen oder ausgedachten, fantasierten Schwierigkeit in der Zukunft kann zu Veränderungen führen. Probleme sind damit nur *ein* Grund für notwendige Entscheidungen, wenngleich der häufigste. Am zweithäufigsten sind es Befürchtungen. Das sind Zustände, die wir uns vorstellen. Diese sind mehr oder minder Fantasien.

13 Entscheidung im Quadrat

Die Vier-Felder-Tafel beschreibt ein Phänomen bei vielen Entscheidungen. (Abbildung 3). Es gibt folgende Elemente:
I. Es existiert etwas, das ich weiß: das Bewusste oder das Bekannte.
II. Es gibt etwas, von dem ich weiß, dass ich es nicht weiß: das Unbekannte, aber Erschließbare.
III. Es gibt Inhalte, die ich wissen könnte, aber nicht wahrnehme: das Verdrängte und das Unbewusste oder das unbekannte Bekannte.
IV. Es gibt Inhalte, von denen ich noch nicht einmal weiß, dass ich sie wissen sollte: der blinde Fleck oder das unbekannte Unbekannte.

»*Irina war zu einem großen Fest eingeladen. Das Buffet war üppig, sie bediente sich, nahm von allem etwas. Mit dem beladenen Teller ging sie an ihren Platz und ließ es sich schmecken. Nach wenigen Minuten wurde ihr schummrig. Ihr Herz begann zu rasen, ihre Zunge und ihr Rachenraum schwollen plötzlich an. Irina schnappte nach Luft, dann wurde sie ohnmächtig. Als sie aufwachte, lag sie in einem Rettungswagen und der Notarzt sagte ihr, sie habe einen allergischen Schock erlitten. Später fanden Ärzte den Auslöser – Irina hatte eine Fischeiweißallergie. Von der wusste sie bisher nichts; auch hatte sie bis zu diesem Festbankett niemals allergisch reagiert. Es war etwas, von dem sie noch nicht einmal wusste, dass sie es wissen sollte. Es war ihr blinder Fleck.*

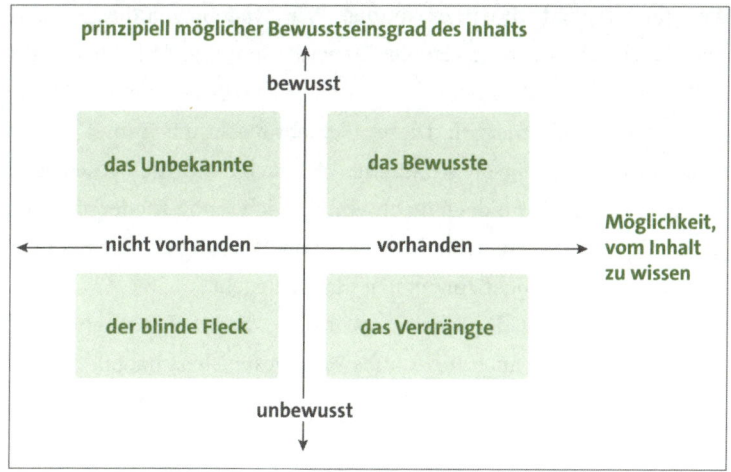

Abbildung 3: Welche Elemente bei Entscheidungen bestehen

Element I ist das unmittelbar verfügbare Wissen. Da es sich nur um eines von vier Elementen handelt, besteht die Gefahr, seine Bedeutung für unsere Entscheidungen *über*zubewerten. Man kann auch sagen, Wissen allein genügt nicht immer für erfolgreiche Entschlüsse.

Element II sind Inhalte, die wir uns durch Recherche erschließen können. Angenommen, Sie planen, eine Wohnung in einer fremden Stadt zu mieten, und kennen sich dort nicht aus, wollen aber in eine »bessere« Gegend ziehen, dann können Sie sich via Internet und Ortsbesichtigung schlau machen. Element II ist also die implizite Aufforderung, noch weitere Informationen einzuholen – zumindest dann, wenn wir meinen, diese zu benötigen.

Element III sind Inhalte, die objektiv bekannt sind oder sein können, die uns selbst subjektiv jedoch nicht verfügbar sind. Es ist das, von dem wir nicht wissen, dass wir es wissen. Hierher gehört der große Bereich mangelnder Selbstehrlichkeit. Hierher gehören auch Dramen und schlimme Ereignisse aus der Kindheit, die in uns wirken und uns nicht bewusst sind. Element III ist das, was wir nicht sehen wollen (verdrängt) oder nicht sehen können (unbewusst oder vergessen). Es sind Inhalte, die wir nicht einfach so ins Bewusstsein holen können, die unbewusst jedoch wirken können. Wir »wissen« von diesen sozusagen nicht, dass wir sie kennen. Deren Bedeutung bleibt uns damit unklar. Mit viel Eigenarbeit können wir sie uns teilweise aufgrund ihrer Auswirkungen klarmachen. Dieses Element macht uns immer wieder einen Strich durch unsere Rechnung. Wer nach der dritten gescheiterten Ehe sagt: »Es kann doch nicht sein, dass ich schon wieder auf denselben Typus reingefallen bin«, der erlebt die Wirkung von Element III. Oder jemand, der nicht zum ersten Mal pleitegeht.

Element IV fasst die Inhalte zusammen, die als Tatsachen unbekannt sind, die wir auch nicht unbewusst gespeichert haben, die uns damit vollkommen unklar sind. Es ist das, von dem wir noch nicht einmal wissen, es *nicht* zu wissen. Hierher gehört auch alles wirklich Neue. Solche Inhalte sorgen im Verlauf für eher unliebsame Überraschungen. Man nennt diese dann Schicksalsschläge oder Krankheiten oder Tod oder Unfälle oder Pleiten von Konkurrenten oder Lieferanten oder einen Lottogewinn. »Damit konnte keiner rechnen«, heißt es dann. Einmal können sie sich erst im Verlauf entwickeln wie ein Zyklon über Mauritius, der bereits kurz nach der Ankunft den Traumurlaub anders ablaufen lässt als geplant. Oder sie bestehen schon längst, waren bislang nur verborgen. Jemand gräbt auf seinem Grundstück ein tiefes Loch, um einen Teich anzulegen. Auf einmal stößt er auf etwas Hartes, buddelt es aus. Es ist eine mittelalterliche Kiste und darin finden sich zahllose Goldmünzen. Die ganze Planung wird über den Haufen geworfen: Er lässt den Teich andere fertig ausheben.

Der erste Bereich ist nutzbar, der zweite sollte bei Bedarf erschlossen werden, der dritte ist etwas für einen Psychotherapeuten oder Partner, je nach dem, und der vierte, der hängt stark vom Zufall ab. Daraus können wir einen Schluss ziehen.

PRINZIP ▶ Jede Entscheidung kann zu überraschenden Wendungen führen. Deshalb ist es kaum möglich, mit vollkommener Sicherheit ein Ziel zu verfolgen.

Immer kann etwas Gutes oder weniger Gutes dazwischenkommen.

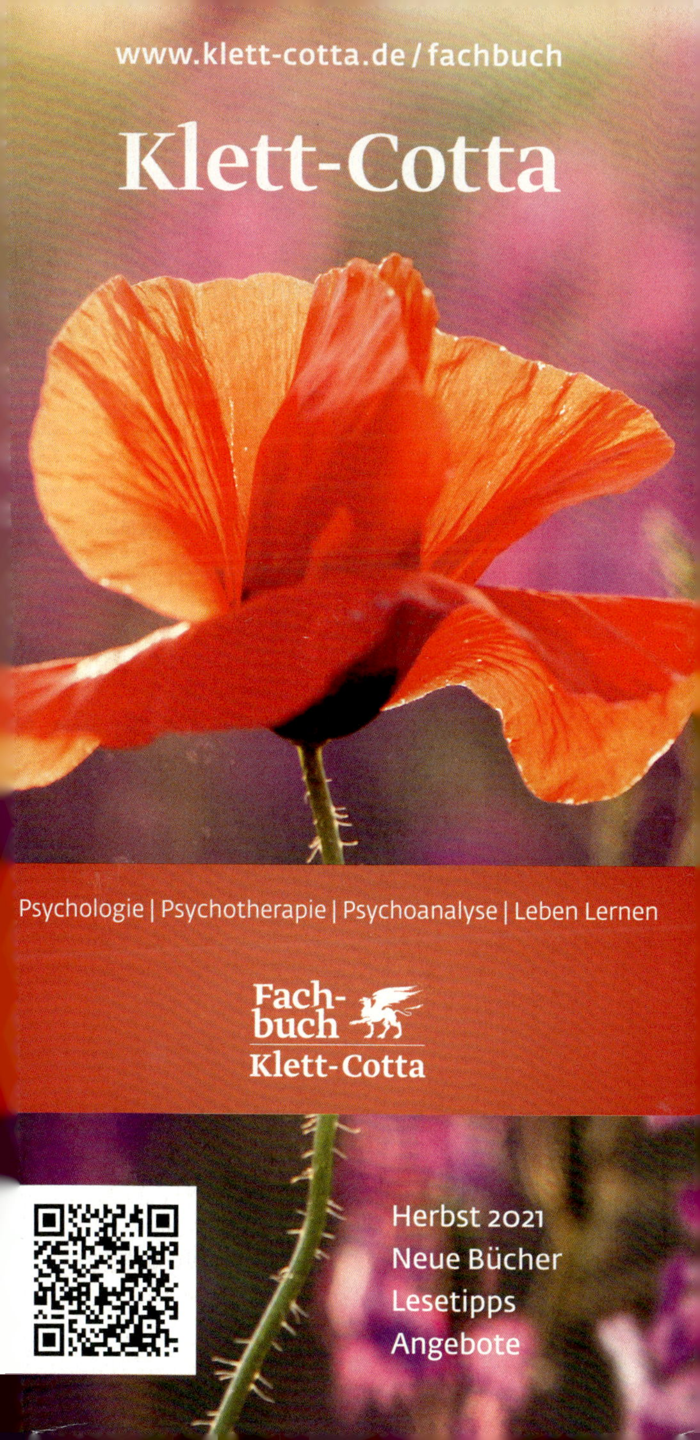

www.klett-cotta.de / fachbuch

Klett-Cotta

Psychologie | Psychotherapie | Psychoanalyse | Leben Lernen

Herbst 2021
Neue Bücher
Lesetipps
Angebote

PSYCHOLOGIE

Jan-Rüdiger Vogler
Die Humorschatzkiste
54 Karten für mehr Lebensfreude

54 therapeutische Karten
und ein Begleitbuch mit 64 Seiten,
Zeichnungen von Daniel Jennewein
ca. € 25,– (D). ISBN 978-3-608-98452-1
Erscheint am 18. September 2021

Mit Humor die Widrigkeiten des Lebens meistern

Humor können Sie lernen! Wer seine Humorfähigkeit trainiert, wird nicht nur zu einem unterhaltsameren Zeitgenossen, sondern tut auch nachweislich etwas für seine psychische und körperliche Gesundheit. Die 54 Karten zeigen, wie Sie mehr Leichtigkeit und Lebensfreude in Ihren Alltag bringen, und bieten ein praktisches Hilfsmittel für Therapie und Coaching.

Basierend auf Erkenntnissen aus der psychologischen Humorforschung behandeln die Karten unterschiedliche Aspekte von Humor. Durch Reflexionsfragen regen sie zum direkten Ausprobieren in Therapie- und Beratungssituationen sowie zum bewussten Einsatz von Humor in Stresssituationen an. Im Begleitbuch finden sich zu jeder Karte ergänzende Hintergründe und Erläuterungen, oft auch ein Vorschlag zum Handeln.

Jan-Rüdiger Vogler

arbeitet als Kommunikationstrainer, Systemischer Coach und freier Journalist in Hamburg. In seinem eigenen Unternehmen »RollenweXel – Hamburger Institut für Humor und Improvisation« (rollenwexel.de) bietet er Coachings und Seminare zu den Themen Humor und Improvisation an, hält Vorträge und ist als Präsentationstrainer tätig.

© Thomas Oberndorfer

www.klett-cotta.de/fachbuch

PSYCHOTHERAPIE

Wolfgang Hantel-Quitmann
Kafkas Kinder
Das Existenzielle in menschlichen
Beziehungen verstehen

ca. 256 Seiten, broschiert
ca. € 25,– (D). ISBN 978-3-608-98410-1
Erscheint am 21. August 2021

Sind wir nicht alle ein bisschen Kafka?

Das Leben und die Romane Franz Kafkas sind geprägt von Themen wie Einsamkeit, Entfremdung, Angst, Schuld, Scham, Ausweglosigkeit, Willkür, Ohnmacht, Verzweiflung und Familienverstrickungen.

»Viele Menschen, die in meine Praxis kommen, leiden an denselben Problemen, die Kafka so eindringlich beschrieben hat. Insofern sind wir heute noch Kafkas Kinder«, stellt der Paar- und Familientherapeut Hantel-Quitmann in seinem Vorwort fest. Schreibend hat Kafka versucht, Antworten zu finden und so seine eigenen Beziehungskonflikte zu lösen. Hantel-Quitmann zeigt anhand von Fallbeispielen aus seiner eigenen therapeutischen Praxis, wie Kafkas Kindern geholfen werden kann, zwischenmenschliche Zusammenhänge besser zu verstehen und die eigenen Beziehungen positiv zu verändern.

Dr. Wolfgang Hantel-Quitmann

war Professor für Klinische Psychologie und Familienpsychologie in Hamburg, Gutachter bei Familiengerichten, Leiter der Weiterbildung in Paar- und Familientherapie. Er lehrt im Masterstudiengang »Angewandte Familienwissenschaften« und arbeitet seit mehr als 30 Jahren als Paar- und Familientherapeut in eigener Praxis.

PSYCHOLOGIE

Christof Eschenröder
Wenn es drauf ankommt
Prüfungsangst und Redeangst
erfolgreich überwinden

ca. 144 Seiten, broschiert
Mit zahlreichen Illustrationen
ca. € 16,– (D). ISBN 978-3-608-86134-1
Erscheint am 21. August 2021

Prüfung bestanden – Auftritt gelungen: Strategien gegen Leistungsangst

Starke Angst vor Prüfungen, Bewerbungsgesprächen und Auftritten aller Art ist ein weitverbreitetes Problem in allen Altersstufen. Im Mittelpunkt zu stehen und bewertet zu werden kann trotz perfekter Vorbereitung Leistungsangst auslösen, die sich mitunter bis zur Panikattacke steigert. Was Betroffene selbst dagegen tun können, fasst der Autor, der sich seit vielen Jahren als praktisch tätiger Psychotherapeut mit dem Thema befasst, in diesem Buch kompakt und übersichtlich zusammen. Aus der Vielzahl der erfolgversprechenden Ansätze wie z. B. Entspannungstechniken, Förderung konstruktiver Gedanken, Übungen zur Selbstakzeptanz und zur Energetischen Psychologie (Klopftechniken) kann ausgewählt und kombiniert werden, was zur eigenen Person am besten passt. Ergänzt wird das Praxisbuch durch Erklärungen, wie Leistungsangst entsteht und aufrechterhalten wird und durch Hinweise zu psychologischen Hilfsangeboten.

Christof Eschenröder

arbeitet als Psychologischer Psychotherapeut mit Schwerpunkt Verhaltenstherapie, aber auch mit Ansätzen aus der Energetischen Psychologie, EMDR und paradoxen Therapiemethoden in eigener Praxis in Bremen; er ist zudem als Supervisor und als Dozent im Bereich der psychotherapeutischen Fortbildung tätig.

www.klett-cotta.de/fachbuch

PSYCHOLOGIE

Friederike Potreck
Ich bin genug!
Wege zu einem starken Selbstwert

ca. 160 Seiten, broschiert
Mit Downloadmaterial
ca. € 17,– (D). ISBN 978-3-608-86140-2

Selbstwert stärken für Fortgeschrittene

Wollen Sie auch in schwierigen Situationen zu sich selbst stehen? Endlich das nagende Gefühl loswerden, nicht zu genügen? Wünschen Sie sich mehr Mut und Zuversicht? Ein schwaches Selbstwertgefühl abzulegen und sich selbst als selbstbewussten Menschen neu zu erfinden, ist eine Aufgabe, die viel Geduld und Konsequenz erfordert. Für alle, die auf diesem Weg schon einiges erreicht haben, aber immer wieder in Selbstwertkrisen geraten oder etwa anlässlich einer Kränkung in alte, überwunden geglaubte Muster zurückfallen, ist dieses Buch der Selbstwert-Expertin und Psychotherapeutin Friederike Potreck gedacht. Anhand von exemplarischen Fallgeschichten werden die zentralen Selbstwert-Themen eingeführt. Leser und Leserinnen werden sich in den Schilderungen selbst wiederfinden und erhalten Antworten darauf, wo es hakt und was sie selbst tun können. Ein attraktiv gestalteter, ausführlicher Übungsteil, den zu bearbeiten Spaß macht, beschließt jedes Kapitel.

Friederike Potreck,

Priv.-Doz. Dr., ist Psychologische Psychotherapeutin in eigener Praxis in Freiburg/Breisgau. Ausgebildet ist sie in Verhaltenstherapie und Gestalttherapie. Sie ist Supervisorin an mehreren Ausbildungsinstituten und Privatdozentin an der Universität Freiburg.

PSYCHOLOGIE

Christian Stadler, Andrea Meents
Verstörende Beziehungen
Psychische Erkrankungen in Familien

Leben Lernen 325
ca. 240 Seiten, broschiert
ca. € 25,– (D). ISBN 978-3-608-89263-5
Erscheint am 20. Oktober 2021

Der Einfluss psychischer Störungen auf das Familiensystem

»Etwas ist seltsam bei uns, aber ich kann nicht genau sagen, was …«, so beschreiben sowohl Eltern als auch Kinder häufig die Beziehungsqualität, die vorherrscht, wenn ein oder beide Elternteile an einer psychischen Störung leiden. Oft entwickeln dann auch die Kinder dieser Familien eine krankheitswertige Symptomatik. Das Buch geht auf alle relevanten Störungsformen ein und beleuchtet in Praxisbeispielen sowohl die Sicht der Eltern als auch die der Kinder und Jugendlichen auf den familiären Alltag. Konsequent anwendungsbezogen zeigen die Autoren, wie die therapeutische Arbeit ein tieferes Verständnis der Familienmitglieder füreinander fördert und damit das Zusammenleben und die Lebensqualität aller verbessert. Ein besonderes Augenmerk liegt auf Themen der transgenerationalen Weitergabe von Belastungen. Schließlich möchte das Buch auch dafür sensibilisieren, dass gerade im System Familie die Zusammenarbeit mit anderen Helfersystemen zum Erfolg führen kann.

Christian Stadler, Dipl.-Psych., Psychotherapeut und Supervisor; Fortbildungsleiter zu Themen von Psychopathologie und transgenerationalen Themen.

Andrea Meents, Dipl.-Psych., Kinder- und Jugendlichenpsychotherapeutin mit Schwerpunkt Psychodrama; Fortbildungsleiterin zu Themen von Therapie mit Kindern, Jugendlichen und Familien und zu transgenerationalen Themen.

www.klett-cotta.de/fachbuch

PSYCHOTHERAPIE

Luise Reddemann
Die Welt als unsicherer Ort
Psychotherapeutisches Handeln
in Krisenzeiten

Leben Lernen 328
160 Seiten, broschiert
€ 24,– (D). ISBN 978-3-608-89277-2

Die Corona-Krise als Herausforderung für die Psychotherapie

Die fortbestehende Covid-19-Pandemie löst bei vielen gravierende Reaktionen aus, wie z.B. Ängste und Depressionen. Besonders betroffen sind Menschen mit Traumafolgeerkrankungen, die sich in ihrem Leben ohnehin nie ganz sicher fühlen können und in Ausnahmesituationen vom Verlust ihrer oft mühsam erarbeiteten Ressourcen bedroht sind. Um vulnerable Menschen gut durch diese und eventuell folgende Krisenzeiten begleiten zu können, braucht die Psychotherapie mehr und zum Teil anderes als das erlernte »Handwerkszeug«. Der Blick der »Existentiellen Psychotherapie« wird hier sinnvoll verknüpft mit den bestens eingeführten und bewährten Grundsätzen und Tools der »Psychodynamisch Imaginativen Traumatherapie« der Autorin. Über den praktisch-klinischen Schwerpunkt des Buches hinaus fließen auch Erkenntnisse aus Soziologie und Geschichte ein, die Hinweise darauf geben können, was wir als Gesellschaft aus Krisenzeiten lernen können.

Luise Reddemann,

Prof. Dr. med., ist Nervenärztin, Fachärztin für psychotherapeutische Medizin und Psychoanalytikerin; Honorarprofessur für Psychotraumatologie und psychologische Medizin an der Universität Klagenfurt. Bis 2003 war sie Leiterin einer Klinik für Psychotherapie und psychosomatische Medizin und entwickelte dort das Konzept zur Behandlung von Menschen mit komplexen Traumafolgestörungen »PITT«.

ACT

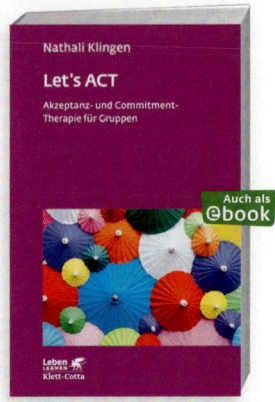

Nathali Klingen
Let's ACT
Akzeptanz- und Commitment-Therapie für Gruppen

Leben Lernen 327
ca. 256 Seiten, broschiert
Mit zahlreichen Illustrationen
ca. € 30,– (D). ISBN 978-3-608-89274-1
Erscheint am 21. August 2021

ACT – mehr als Therapie: Lebenskunst!

In der Akzeptanz- und Commitment-Therapie (ACT), ein Verfahren der »Dritten Welle der Verhaltenstherapie«, werden klassische VT-Techniken mit achtsamkeits- und werteorientierten Strategien zu einem sehr effektiven psychotherapeutischen Neuansatz kombiniert. Die durch und durch erlebens- und erfahrungsbezogene Methode findet bei zahlreichen psychischen Störungen Anwendung, weshalb sie sich auch für die Gruppentherapie in Praxen und Kliniken empfiehlt. Da jede Gruppe unterschiedlich ist und eigene Schwerpunkte setzen wird, erwartet die Nutzer dieses Buches kein starres Manual, sondern variable Praxis-Module, die sich an den ACT-Kernprozessen orientieren. Die Autorin stellt zahlreiche, in ihrer Praxis erprobte Übungen und Materialien vor, mit denen die einzelnen Sitzungen flexibel gestaltet werden können. Und weil man selbst erfahren haben sollte, was man vermittelt, enthält das Buch viele Selbsterfahrungsübungen für Therapeuten und Therapeutinnen.

Dr. Nathali Klingen,
approbierte Psychotherapeutin, Lehrtherapeutin und Supervisorin. Studium der Psychologie in Deutschland und den USA; sie war viele Jahre lang als Coach für Führungskräfte sowie als Fernsehjournalistin tätig; seit 2006 ist sie niedergelassen in eigener psychotherapeutischer Praxis in München-Schwabing. Sie leitet seit 15 Jahren ACT-Fortbildungen, -Seminare und -Workshops.

www.klett-cotta.de/fachbuch

TRAUMATHERAPIE

Roland Kachler
Kinder im Verlustschmerz begleiten
Hypnosystemische, traumafundierte Trauerarbeit mit Kindern und Jugendlichen

Leben Lernen 326
ca. 160 Seiten, broschiert
ca. € 24,– (D). ISBN 978-3-608-89271-0
Erscheint am 21. August 2021

Ein beziehungsorientierter und traumafundierter Traueransatz

Kinder und Jugendliche erleben viel häufiger schwere, nicht selten auch traumatisierende Verlustsituationen als gemeinhin angenommen. Besonders der Verlust von nahestehenden Menschen – das Thema dieses Buches – hat prägende, oft destruktive Auswirkungen auf die Entwicklung von Kindern und Jugendlichen, auch wenn diese von der Umwelt oft nicht wahrgenommen und verstanden werden. Im Zentrum des hypnosystemischen Ansatzes zur Trauerbegleitung von Kindern und Jugendlichen steht erstmals ein innovativer, bindungs- und beziehungsorientierter Grundgedanke: Kinder und Jugendliche dürfen den Verstorbenen als inneren Begleiter bewahren und weiter eine innere Beziehung zu ihm leben. Mit vielen konkreten Anregungen, Methoden und Ritualen zeigt der Autor, wie nach einem schweren Verlust das Trauma des Todes und zugleich die Gestalt des Verstorbenen integriert werden können. Der systemische Ansatz umfasst auch die begleitende Arbeit mit den Angehörigen.

Roland Kachler,
Diplom-Psychologe und approbierter Psychologischer Psychotherapeut und evangelischer Theologe. Der erfolgreiche Buchautor arbeitet in der Trauerbegleitung und als Psychotherapeut in eigener Praxis in Remseck bei Stuttgart.

TRAUMATHERAPIE

Helmut Rießbeck
Existenzielle Perspektiven in der Psychotraumatologie
Kernfragen des Daseins in der therapeutischen Praxis

Leben Lernen 329
ca. 240 Seiten, broschiert
Mit zahlreichen Illustrationen
ca. € 26,– (D). ISBN 978-3-608-89276-5
Erscheint am 17. November 2021

Die vergessene Dimension in der Behandlung traumatisierter Menschen

Die noch junge Wissenschaft und Praxis der Behandlung traumatisierter Menschen hat in den letzten Jahrzehnten große Fortschritte erzielt und eine Vielzahl an Interventionen, Methoden und Techniken hervorgebracht. Ohne diese Erfolge schmälern zu wollen, lenkt der Autor mit diesem Buch die Aufmerksamkeit auf eine bislang bestehende Leerstelle. Um Lebendigkeit und Beziehungsfähigkeit wiederzugewinnen, ist es für die Betroffenen essentiell, mit ihrem Therapeuten, ihrer Beraterin über die existenziellen Dimensionen ihres Erlebens sprechen zu können. Fragen nach Endlichkeit und Tod, nach dem Lebenssinn und Zielen und die Heranführung an eine annehmende Haltung dem Schicksal gegenüber sind Inhalte der existenziellen Psychotherapie, die hier erstmals in praxisorientierter Weise mit Hintergrundüberlegungen, Beispielen und Übungsmöglichkeiten in die Psychotraumatologie integriert werden.

Dr. med. Helmut Rießbeck

ist Allgemeinarzt, Internist, Arzt für Psychotherapie und Psychotraumatologie und in eigener Praxis in Schwabach tätig; er ist außerdem Vorsitzender des Traumahilfezentrums in Nürnberg.

www.klett-cotta.de/fachbuch

Josef Brockmann, Holger Kirsch, Svenja Taubner
Mentalisieren in der psychodynamischen und psychoanalytischen Psychotherapie
Grundlagen, Anwendungen, Fallbeispiele

ca. 304 Seiten, gebunden
ca. € 38,– (D). ISBN 978-3-608-98407-1
Erscheint am 18. September 2021

Was eine moderne Psychotherapie braucht

Die Mentalisierungsbasierte Therapie (MBT) hat sich als erfolgversprechende Methode in der Therapie psychischer Störungen erwiesen.

Dieses Buch legt dar, wie die MBT im Rahmen tiefenpsychologisch fundierter und analytischer Psychotherapien Anwendung finden kann. Die Autoren erläutern die herausragende Bedeutung des Mentalisierens für die gegenwärtige Psychoanalyse und berücksichtigen die wesentlichen konzeptuellen Neuerungen des Mentalisierens, wobei sie den Schwerpunkt auf ambulante Einzeltherapien von Patientinnen und Patienten mit Persönlichkeitsstörungen legen.

Josef Brockmann, Dr. phil., ist Psychoanalytiker, Lehranalytiker; MBT-Practitioner und als Psychotherapeut und Psychoanalytiker in Frankfurt niedergelassen.

Holger Kirsch, Prof. Dr. med., ist Facharzt für Psychosomatische Medizin und Psychotherapie, Psychoanalyse und Sozialmedizin, Lehranalytiker (DGPT/DGIP), an der Evangelischen Hochschule Darmstadt und in eigener Praxis tätig.

Svenja Taubner, Prof. Dr. phil., ist Psychologin und Psychoanalytikerin (DPG), Supervisorin und Trainerin für MBT-A (Anna Freud Center) und Direktorin des Instituts für Psychosoziale Prävention am Universitätsklinikum der Universität Heidelberg.

MENTALISIEREN

Maria Teresa Diez Grieser
Mentalisieren bei Traumatisierungen
Reihe »Mentalisieren in Klinik und Praxis«

ca. 224 Seiten, gebunden
ca. € 30,– (D). ISBN 978-3-608-98386-9
Erscheint am 18. September 2021

Mentalisieren als Schlüsselkompetenz in der Therapie von Traumatisierungen

Menschen, die in ihrer frühen Kindheit und häufig im Verlauf ihres Lebens ungenügende Beziehungserfahrungen gemacht oder Misshandlungen erlebt haben, benötigen Therapieangebote, die ihnen sowohl äußerlich als auch innerlich Sicherheit vermitteln.

Der mentalisierungsbasierte Ansatz bietet Konzepte und Vorgehensweisen, die dazu beitragen, die misslingende Selbst- und Beziehungsregulation von traumatisierten Menschen innerhalb des geschützten Rahmens einer therapeutischen Beziehung zu verstehen, im Hier und Jetzt zu erleben, Narrative dafür zu entwickeln und mentalisierend zu integrieren. Der Leser erhält eine praxisorientierte Darstellung der Grundlagen und der Behandlungstechnik des Mentalisierens bei traumatisierten PatientInnen, die die Autorin durch zahlreiche Fallbeispiele veranschaulicht.

Maria Teresa Diez Grieser,

Dr. phil., Psychotherapeutin und Supervisorin, Dozentin an verschiedenen Instituten und Hochschulen; Leiterin der Forschung in den Kinder- und Jugendpsychiatrischen Diensten St. Gallen; Autorin zahlreicher Artikel und Mitautorin des Buches »Mentalisieren mit Kindern und Jugendlichen« und »Psychodynamische Psychotherapie mit Jugendlichen«.

www.klett-cotta.de/fachbuch

Sebastian Euler
Mentalisieren bei Persönlichkeitsstörungen
Reihe »Mentalisieren in Klinik und Praxis«

ca. 224 Seiten, gebunden
ca. € 30,– (D). ISBN 978-3-608-96288-8
Erscheint am 18. September 2021

Persönlichkeitsstörungen erfolgreich mit MBT behandeln

Die Behandlung von Persönlichkeitsstörungen gilt als Kernstück der Mentalisierungsbasierten Therapie (MBT).

Schwerpunkt dieses Buches ist die praxisorientierte Darstellung der MBT für den gesamten Bereich der Persönlichkeitsstörungen, für die jeweils eigene Behandlungskonzepte vorliegen: für die Borderline-, die antisoziale, die narzisstische und die ängstlich-vermeidende Persönlichkeitsstörung. Der Autor zeigt konkrete Interventionen auf und erläutert ihren Einsatz in unterschiedlichen therapeutischen und klinischen Settings. Zahlreiche Praxisbeispiele veranschaulichen die mentalisierungsbasierte Haltung und Behandlungstechnik. Der aktuelle Stand der Diagnostik und Therapie wird dabei wissenschaftlich untermauert.

Sebastian Euler,

PD Dr. med., ist Facharzt für Psychiatrie und Psychotherapie, Ärztlicher Leiter der Konsiliarpsychiatrie und -psychosomatik am Universitätsspital Zürich (USZ). Er ist Träger des Hamburger Preises Persönlichkeitsstörungen 2017, Mitherausgeber der Psychodynamischen Psychotherapie (PdP) und übt als zertifizierter Trainer und Supervisor eine umfangreiche Lehr- und Supervisionstätigkeit in Mentalisierungsbasierter Therapie aus.

BINDUNGSFORSCHUNG

Karl Heinz Brisch (Hrsg.)
Bindung und psychische Störungen
Ursachen, Behandlung und Prävention

ca. 304 Seiten, gebunden mit Schutzumschlag
ca. € 40,– (D). ISBN 978-3-608-98435-4
Erscheint am 18. September 2021

Neueste Erkenntnisse aus der Bindungsforschung bei psychischen Störungen

Die Bindungstheorie ist inzwischen eine der am besten untersuchten entwicklungspsychologischen Theorien. Sie kann wesentliche Ursachen der Entstehung psychischer Störungen erklären, z. B. von Angst- und Panikstörungen, Depressionen, Borderline-Störungen, posttraumatischen Belastungsstörungen und anderen psychopathologischen Entwicklungen.

Anhand zahlreicher Längsschnittstudien der Bindungsforschung konnte die Entwicklung psychischer Störungen von der Kindheit bis ins Erwachsenenalter nachverfolgt werden, wobei transgenerationale Effekte sichtbar wurden. Dieser Band zeigt, welche neuen Möglichkeiten der Behandlung sich aus diesen Erkenntnissen ergeben und welche Erfolge eine bindungsbasierte Prävention von psychischen Störungen vorweisen kann.

Karl Heinz Brisch,

Univ.-Prof. Dr. med. habil., gilt als der führende Bindungsexperte im deutschsprachigen Raum und ist Vorstand des weltweit ersten Lehrstuhls für Early Life Care und Leiter des gleichnamigen Forschungsinstituts an der Paracelsus Medizinischen Privatuniversität (PMU) in Salzburg.

www.klett-cotta.de/fachbuch

SACHBUCH

Svenja Flaßpöhler
Sensibel
Über moderne Empfindlichkeit und die Grenzen des Zumutbaren

ca. 240 Seiten, gebunden mit Schutzumschlag
ca. € 20,– (D). ISBN 978-3-608-98335-7
Erscheint am 20. Oktober 2021

»Sensibilität ist eine zivilisatorische Errungenschaft. Im Kampf um Anerkennung unterdrückter Gruppen spielt sie eine wichtige Rolle. Aber sie kann auch vom Progressiven ins Regressive kippen. Über diese Dialektik müssen wir nachdenken, um die gesellschaftliche Polarisierung zu überwinden.« *Svenja Flaßpöhler*

Mehr denn je sind wir damit beschäftigt, das Limit des Zumutbaren neu zu justieren. Wo liegt die Grenze des Sagbaren? Ab wann ist eine Berührung eine Belästigung? Svenja Flaßpöhler tritt einen Schritt zurück und beleuchtet den Glutkern des Konflikts: die zunehmende Sensibilisierung des Selbst und der Gesellschaft.

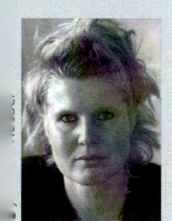

Svenja Flaßpöhler

ist promovierte Philosophin und Chefredakteurin des »Philosophie Magazin«. Ihr Buch »Die potente Frau« wurde ein Bestseller.

SACHBUCH

Gerhard Roth
Bildung braucht Persönlichkeit
Wie Lernen gelingt

Vollständig überarbeitete und erweiterte Neuauflage
ca. 416 Seiten, gebunden
ca. € 25,– (D). ISBN 978-3-608-98072-1
Erscheint am 21. August 2021

Auch als @book

Besser lernen und lehren ist möglich – auch mit digitalen Medien

Der Bestsellerautor Gerhard Roth beantwortet die wichtigsten Fragen zu den Themen Bildung, Persönlichkeit und Lernen.

Die Neuauflage liefert neben der Aktualisierung der wissenschaftlichen Grundlagen einen noch stärkeren Praxisbezug. Neu sind die Themen:
- Digitalisierung und Schule einschließlich des Fernunterrichts per Video
- Die Grundzüge eines Lehrercoaching mit Schwerpunkt auf Unterrichtsgestaltung und Gesprächen mit Lernenden und Eltern
- Die unterrichtsrelevante Beurteilung der Lernfähigkeit und -motivation der Lernenden

Gerhard Roth,
geboren 1942 in Marburg, promovierter Philosoph und Biologe, ist Professor i. R. für Verhaltensphysiologie und Entwicklungsneurobiologie am Institut für Hirnforschung der Universität Bremen. Er war langjähriger Direktor des Instituts, Gründungsrektor des Hanse-Wissenschaftskollegs in Delmenhorst sowie Präsident der Studienstiftung des deutschen Volkes.

www.klett-cotta.de/fachbuch

SACHBUCH

384 Seiten, broschiert, mit zahlreichen Abbildungen
€ 10,– (D). ISBN 978-3-608-98418-7

Ronald D. Gerste
Wie Krankheiten Geschichte machen
Von der Antike bis heute

Pest, Syphilis und Aids haben die Menschen in ihren Epochen bedroht, geprägt und in ihrem Bewusstsein Spuren hinterlassen. Eindrucksvoll zeigt Ronald Gerste, wie Seuchen und die Krankheiten der Mächtigen zu Entscheidungsfaktoren in der Geschichte wurden – bis heute.

ca. 464 Seiten, gebunden mit Schutzumschlag, mit zahlreichen Abbildungen
ca. € 28,– (D). ISBN 978-3-608-98331-9
Erscheint am 18. September 2021

Joseph LeDoux
Bewusstsein
Die ersten vier Milliarden Jahre

Die Urgeschichte des Bewusstseins bei Mensch und Tier entfaltet Joseph LeDoux als überwältigendes Epos: Vier Milliarden Jahre dauerte bereits die Evolution vom Einzeller bis zum Gehirn bei Mensch und Tier. Das menschliche (Selbst)Bewusstsein eröffnet Chancen und Gefahren. Um sie zu begreifen, geht LeDoux zurück an den Beginn der Evolution auf der Erde.

304 Seiten, gebunden mit Schutzumschlag
€ 20,– (D). ISBN 978-3-608-98220-6

Susann Sitzler
Väter und Töchter
Ein Beziehungsbuch

Ob nur Erzeuger, Versorger oder emotionale Hauptperson: Das Buch misst die Möglichkeiten und auch die Leerstellen von Väter-Töchter-Beziehungen aus. Und es handelt davon, wie Väter heute versuchen, einen von der traditionellen Vaterrolle unabhängigen Weg mit ihren Töchtern zu gestalten.

304 Seiten, Klappenbroschur
€ 17,– (D). ISBN 978-3-608-96336-6

Carlotta Welding
Fühlen lernen
Warum wir so oft unsere Emotionen nicht verstehen und wie wir das ändern können

Sympathisch, unterhaltsam und wissenschaftlich fundiert gelingt es der Emotionswissenschaftlerin Carlotta Welding, Ordnung in den Dschungel unserer Gefühle zu bringen. Wer sich nur noch der durchdigitalisierten Welt anpasst, verliert seine eigenen Gefühle.

BESTSELLER FACHBUCH PSYCHOTHERAPIE,

2. Auflage

Hans Hopf
Abgründe
Spektakuläre Fälle aus dem Leben eines Psychotherapeuten
176 Seiten, Klappenbroschur
€ 17,– (D)
978-3-608-98333-3

Brisch, Sperl, Kruppa (Hrsg.)
Early Life Care
Frühe Hilfen von der Schwangerschaft bis zum 1. Lebensjahr. Das Grundlagenbuch
216 Seiten, broschiert
€ 29,– (D)
978-3-608-98186-5

22. Auflage

Carl R. Rogers
Entwicklung der Persönlichkeit
Psychotherapie aus der Sicht eines Therapeuten
408 Seiten, broschiert
€ 32,– (D)
978-3-608-96417-2

17. Auflage

Karl Heinz Brisch
Bindungsstörungen
Von der Bindungstheorie zur Therapie
376 Seiten, gebunden mit Schutzumschlag
€ 35,– (D)
978-3-608-94532-4

Klaus Blaser
Sag Ja zum Nein sagen
Das Trainingsprogramm zur Stärkung der eigenen Grenze
240 Seiten, gebunden
€ 25,– (D)
978-3-608-98324-1

Christine Preißmann
Mit Autismus leben
Eine Ermutigung
192 Seiten, broschiert
€ 19,– (D)
978-3-608-86127-3

17. Auflage

Rudolf Dreikurs
Grundbegriffe der Individualpsychologie
Mit einem Vorwort von Alfred Adler
180 Seiten, broschiert
€ 25,– (D)
978-3-608-98207-7

7. Auflage

Fonagy, Gergely, Jurist, Target
Affektregulierung, Mentalisierung und die Entwicklung des Selbst
572 Seiten, gebunden
€ 55,– (D)
978-3-608-96271-0

www.klett-cotta.de/fachbuch

PSYCHOLOGIE UND FACHRATGEBER

6. Auflage

David Schnarch
Die Psychologie sexueller Leidenschaft

512 Seiten, broschiert
€ 16,– (D)
978-3-608-96109-6

5. Auflage

Schmucker, Köster
Praxishandbuch IRRT
Imagery Rescripting & Reprocessing Therapy bei Traumafolgestörungen, Angst, Depression und Trauer

460 Seiten, broschiert
€ 45,– (D)
978-3-608-89216-1

22. Auflage

Luise Reddemann
Imagination als heilsame Kraft
Ressourcen und Mitgefühl in der Behandlung von Traumafolgen

248 Seiten, broschiert
€ 28,– (D)
978-3-608-89178-2

Andrea Brackmann
Extrem begabt
Die Persönlichkeitsstruktur von Höchstbegabten und Genies

280 Seiten, broschiert
€ 28,– (D)
978-3-608-89258-1

15. Auflage

Friederike Potreck
Von der Freude, den Selbstwert zu stärken

128 Seiten, broschiert
€ 18,– (D)
978-3-608-86047-4

4. Auflage

Franz Ruppert
Frühes Trauma
Schwangerschaft, Geburt und erste Lebensjahre

312 Seiten, broschiert
€ 33,– (D)
978-3-608-89251-2

12. Auflage

Potreck, Jacob
Selbstzuwendung, Selbstakzeptanz, Selbstvertrauen
Psychotherapeutische Interventionen zum Aufbau von Selbstwertgefühl

245 Seiten, broschiert
€ 27,– (D)
978-3-608-89194-2

11. Auflage

Andrea Brackmann
Jenseits der Norm – hochbegabt und hoch sensibel?
Die seelischen und sozialen Aspekte der Hochbegabung bei Kindern und Erwachsenen

236 Seiten, broschiert
€ 25,– (D)
978-3-608-89208-6

HIGHLIGHTS FRÜHJAHR 2021

384 Seiten, gebunden, mit zahlreichen Abbildungen
€ 35,– (D). 978-3-608-98460-6

Robert Bering,
Christiane Eichenberg (Hrsg.)
Die Psyche in Zeiten der Corona-Krise
Herausforderungen und Lösungsansätze für Psychotherapeuten und soziale Helfer

Die Corona-Krise:
Jetzt der Psyche helfen

464 Seiten, gebunden
€ 50,– (D). 978-3-608-98325-8

Hans Hopf
Die Psychoanalyse des Jungen

Das Grundlagenwerk
für die Therapie von Jungen

336 Seiten, broschiert, mit Schaubildern
€ 25,– (D). 978-3-608-98230-5

Petra Friederichs, Edgar Friederichs
Es muss nicht immer ADHS sein
Lern- und Verhaltensstörungen frühzeitig erkennen und erfolgreich behandeln

Neue und effiziente Therapiemöglichkeiten bei Lernproblemen, Aufmerksamkeitsstörungen, Hausaufgabenchaos und Co.

180 Seiten, broschiert, mit zahlreichen Abbildungen
€ 20,– (D). 978-3-608-98345-6

Klaus Onnasch
Trauer und Freude
Das eigene Leben nach schwerem Verlust gestalten

Wie Trauernde ihre Emotionen besser verstehen können und was in schweren Stunden hilft

Leben Lernen 322
248 Seiten, broschiert
€ 26,– (D). 978-3-608-89269-7

Frank-M. Staemmler
Resonanz und Mitgefühl: Wie Trost gelingt

Psychologisch fundierte Hilfe
für erschütterte Menschen

Leben Lernen 320
304 Seiten, broschiert
€ 32,– (D). 978-3-608-89270-3

Luise Reddemann
Psychodynamisch Imaginative Traumatherapie – PITT
Ein Mitgefühls- und Ressourcenorientierter Ansatz in der Psychotraumatologie

Vollständig überarbeitete und erweiterte Neuauflage 2021

www.klett-cotta.de

Die eLibrary

Zugriff auf mehr als 12.000 Artikel

- für PC, Mac und mobiles Arbeiten
- PDF, ePub, Mobi, HTML
- ausgefeilte Suche und Navigation

elibrary.klett-cotta.de

NEU BEI SCHATTAUER

ca. 176 Seiten, Klappenbroschur
ca. € 20,– (D). ISBN 978-3-608-40073-1
Erscheint am 20. Oktober 2021

Manfred Spitzer
Globale Gesundheit
Mensch – Tier – Erde

»Bleiben Sie gesund!« – und unser Planet am besten gleich mit …

---

ca. 304 Seiten, gebunden
ca. € 38,– (D). ISBN 978-3-608-40055-7
Erscheint am 12. Januar 2022

Ulrike Anderssen-Reuster, Michael von Brück
Buddhistische Basics für Psychotherapeuten

Achtsamkeit, Meditation und Mitgefühl in ihren Ursprüngen erfassen

---

ca. 192 Seiten, broschiert
ca. € 35,– (D). ISBN 978-3-608-40071-7
Erscheint am 17. November 2021

Götz Berberich (Hrsg.)
Soziale Ängste bei jungen Erwachsenen
Ein Praxisbuch zur multimodalen Therapie

… ist doch nur ein schüchterner Nerd!

288 Seiten, broschiert
€ 35,– (D). ISBN 978-3-608-40059-5

Thomas Bergner
Mentale Gesundheit für Ärzte und Psychotherapeuten
Ein Praxisbuch zur Verbesserung der Lebensqualität

Wenn Helfer Hilfe brauchen

---

www.klett-cotta.de/fachbuch

NEU BEI SCHATTAUER

Reihe *griffbereit*
ca. 368 Seiten, broschiert
ca. € 38,– (D). ISBN 978-3-608-40043-4
Erscheint am 21. August 2021

Thorsten Heedt
Essstörungen
Das Kurzlehrbuch

Das kompakte Praxisbuch für die Behandlung von Anorexie, Bulimie, Binge-Eating-Disorder und Co.

Kartenset mit Booklet.
ca. € 30,– (D)
ISBN 978-3-608-40070-0
Erscheint am 20. Oktober 2021

Fred Christmann
Ziele erreichen!
64 Coachingkarten für mehr Veränderungskompetenz

Eigene Vorhaben erfolgreich umsetzen – so gelingt es!

ca. 112 Seiten, broschiert
ca. € 28,– (D). ISBN 978-3-608-40060-1

Silvia Fisch, Michael Teut
HypnoStressbewältigung
Das hypnotherapeutischen Gruppenprogramm

Bevor der Stress krank macht

ca. 384 Seiten, gebunden
ca. € 40,– (D). ISBN 978-3-608-40056-4
Erscheint am 21. August 2021

Harald Walach
Brücken zwischen Psychotherapie und Spiritualität

Spiritualität als Ressource für uns Menschen

Schattauer ist unser Partnerverlag.
Bestellen Sie diese Bücher in jeder Buchhandlung oder direkt auf
www.klett-cotta.de/fachbuch

Schattauer

www.klett-cotta.de/fachbuch

Gerne informieren wir Sie unverbindlich und regelmäßig über unsere Neuerscheinungen zum Thema Psychologie / Psychotherapie per E-Mail.

Sie erhalten mehrmals im Jahr Informationen zu unseren neuen

- Büchern,
- Restauflagen,
- Veranstaltungen,
- Lesungen,
- Kongressen

und zu vielen anderen aktuellen Ereignissen.

Tragen Sie sich selbst ein:
www.klett-cotta.de/newsletter
 www.facebook.com/psychologiebuch
 www.instagram.com/klettcotta_fachbuch

Bestellen Sie porto- und versandkostenfrei nach D, A, CH unter www.klett-cotta.de.
Oder Sie bestellen bei der Buchhandlung Ihres Vertrauens.

Ihnen steht ein Widerrufsrecht zu. Näheres unter www.klett-cotta.de/agb. Europreise gelten nur für Deutschland.

Preisänderungen und Irrtümer vorbehalten. **Stand: Juli 2021.**
J. G. Cotta'sche Buchhandlung Nachfolger GmbH, Rotebühlstraße 77, 70178 Stuttgart
HRB 1890, UST-IDNr. DE 811 122517

www.klett-cotta.de/fachbuch

IV. Persönliches und Weltsicht

14 Eine Frage der Moral

Neulich habe ich mein gebrauchtes Sofa über ein Internetportal für 150 Euro verkauft. Der Käufer kam, war sehr zufrieden mit seiner Entscheidung und gab mir 250 Euro. Offenbar hatte er den vereinbarten Kaufpreis vergessen. Ich hätte niemals vertreten können, ihn um 100 Euro zu betrügen und gab ihm diese sofort zurück.

Es geht grundsätzlich darum, sich selbst dort wahrzunehmen, wo Sie sind. Ist es dort, wo Sie sich innerlich zu Hause fühlen? Das bedeutet erheblich mehr als den Wohnort. Sie fühlen sich auch in Weltsichten wohl oder in bestimmten Gruppen, mit bestimmten Interessen oder Hobbys, alleine oder mit vielen anderen zusammen.

> **PRAXIS** ▶ Klären Sie als Erstes, was Sie für sich selbst vertreten können und was nicht.

Wir erfahren täglich über die Presse, wie langjährige Mieter einer Wohnung hinausgeekelt werden. Das Ziel ist immer das gleiche: Luxussanierung und Abkassieren. »Das kann ich so nicht verantworten«, mag der eine sagen, wenn es darum ginge, langjährige Mieter aus einem Haus zu »entmieten« (wie es pervers genannt wird). Andere werden sagen »Was mir gehört, darüber entscheide ich«, und eine Entmietagentur (ebenso pervers) engagieren. Ohne Skrupel.

Wer hat Recht? Vermutlich beide. Es hängt von der Sicht auf die Welt und die Dinge ab.

Was schätzen Sie, wie viele der Kunden oder Mitglieder eines Fitnessclubs die Einrichtung gar nicht nutzen? Wie viele zahlen monatlich stattliche Summen, obwohl sie nie hingehen? Es ist in etwa ein Drittel. Das wissen die Betreiber dieser Clubs genau. Und der Gesetzgeber, der die Kündigungsmöglichkeiten definiert, weiß es vermutlich auch. Fänden Sie es für sich vertretbar, von einem Drittel Ihrer Kunden laufend

Geld zu kassieren, ohne dafür irgendeine Leistung zu erbringen? Das Argument, es würde stetig etwas bereitgehalten werden, zieht nicht. Das tut jeder Laden, jeder Anwalt oder Arzt ebenso. Wie Sie das für sich lösen, ist Ihre Sache.

> **PRINZIP** ▶ Sie müssen Ihre Entschlüsse in allen Aspekten, inhaltlich, ethisch, finanziell, vor sich selbst vertreten können.

Wenn Sie wirtschaftlich erfolgreich sein wollen, sollten Sie das Geld nehmen. Sie tun nichts Gesetzwidriges. Manche würden jedoch sagen, das sei ohne Anstand, Scham oder Ehrgefühl. Nun, das macht offenbar wettbewerbsfähig.

Wer hat Recht? Vermutlich beide. Es hängt von der Sicht auf die Welt und die Dinge ab.

Diese Beispiele zeigen: Nicht nur für notwendige Handlungen brauchen wir Entscheidungen. Auch für geänderte Einstellungen benötigen wir sie. Wer in Zukunft nur noch für tatsächlich abgeforderte Leistungen Geld verlangen würde, bräuchte hierfür eine bestimmte ethische Sicht. Im Privaten gilt das Gleiche. Wenn wir einem Menschen lange Zeit etwas nicht verzeihen können, ändert sich dies nur mit einer neuen Einstellung. Diese Einstellung hat mit der Reife der eigenen Person zu tun.

15 Das eigene Leben gestalten

Das Leben ist weder ein Geschenk noch ein Kampf. Das Leben ist einfach das Leben. Darin fühlen wir uns mal traurig, mal zuversichtlich, mal gelangweilt, mal interessiert, mal voller Liebe, mal voller Ablehnung. Erst die Vielfalt macht das Leben zum Leben. Ich habe aufgrund meiner langjährigen Beratungstätigkeit Einblick in viele Lebensläufe. Kein einziger davon war pausenlos auf der Sonnenseite. Es gibt immer auch Phasen im Leben, in denen es uns nicht besonders gut geht. Wir können nicht immer glücklich sein, genauso sollten wir nicht immer traurig sein. Im Wechsel liegt offenbar eine Eigenart des Lebens.

PRINZIP ▶ Wer immer glücklich sein will, wird unglücklich werden.

Wer sich darauf fixiert, immer oder zumindest sehr häufig glücklich zu sein, wird irgendwann feststellen müssen: Es gibt für keines der Gefühle einen Dauerzustand, auch nicht für das Glück. Diese Erkenntnis ist bestenfalls eine Enttäuschung, bei manchen jedoch führt sie zum Unglücklichsein. Wir sollten uns unsere großen Ziele also genau überlegen. Wer hingegen Zufriedenheit statt Glück anstrebt, wird diese als einen eher lange andauernden Zustand kennenlernen können.

Es gab einmal eine große Welle in der Welt der Ratgeberliteratur. Da konnte man dann Wünsche ans Universum richten, und das Universum (wer oder was auch immer das sei) erfüllte einem dann diese Wünsche. Dahinter steckt der maßlose Anspruch, Gott gleich zu sein. Ihm auf Augenhöhe zu begegnen und ihn auffordern zu können, die eigenen Wünsche wahrzumachen. Zum Universum kann ich nur schreiben: Es dreht sich nicht um uns und ist auch nicht dazu da, unsere Wünsche zu erfüllen. Wir drehen uns im Universum. In diesem sind wir meistens nicht allein, und das ist wundervoll. Es bedeutet einen großen Unterschied, ob grundsätzliche Weichenstellungen komplett alleine getroffen werden können, ob Sie in einer Partnerschaft zu zweit leben oder die Interessen Ihrer Familie mitberücksichtigen möchten. Es ist ebenso ein großer Unterschied, ob Sie angestellt sind und bleiben wollen oder ob Sie selbstständig sind. Zweifelsohne sind die Belange von Menschen, die von Ihnen abhängig ist, mit einzubeziehen. Dennoch, weitreichende Entscheidungen zu treffen, damit ausschließlich ein *anderer* Mensch dadurch glücklicher wird, ist oft nicht der richtige Weg.

»*Johannes war Facharzt, dessen beide Eltern ebenfalls Fachärzte waren und eine große Praxis führten. Obwohl sie nach außen das Gegenteil behaupteten, war Johannes ihre Erwartungshaltung seit seiner Kindheit bereits völlig klar. Sie rechneten fest damit, dass ihr Sohn dasselbe Studium und dieselbe Facharztausbildung wie sie durchlaufen würde. Dann sollte er auch die Praxis übernehmen. Genauso geschah es. Aber Johan-*

nes fühlte sich mehr und mehr unzufrieden. Im Rahmen der Beratung wurde ihm klar, worum es ging: Er hatte bisher versucht, seine Eltern glücklich zu machen, jedoch nicht sich selbst. Heute übt er einen vollkommen anderen Beruf aus und lebt damit den Traum, den er bereits als kleiner Junge hatte.

Es gibt letztlich einige wesentliche Herausforderungen im Leben. Und eine der wichtigsten ist es, sein eigenes Leben zu leben.

16 Die Illusion von Macht

Für viele Menschen ist es nahezu unerträglich, sich Momenten eigener Ohnmacht zu stellen. Etwas zu entscheiden, in welche Form von Tun auch immer zu gelangen, mindert oder verhindert Gefühle fehlender Macht. Das gelingt nur so lange, wie wir uns vormachen, in Wesentlichem tatsächlich über Macht zu verfügen.

》*Manuela hatte wirklich viel Pech in den letzten Jahren. Zuerst wurde ihre Katze vom Auto überfahren, dann gab es einen Wasserschaden durch ihre Waschmaschine. Schließlich hatte sich ihr langjähriger Partner wegen einer anderen Frau von ihr getrennt. Hoffnungsvoll hatte sie sich schließlich bei einem Partnerportal im Internet angemeldet und dachte sich, nun muss es klappen, nun wird alles gut werden. Aber nichts von dem, was ihr zugestoßen war, hatte konkret mit ihrer zukünftigen Partnerschaft zu tun. Und nichts von den bisherigen Ereignissen hatte einen Einfluss darauf, was in Zukunft geschehen würde. Manuela hoffte auf einen Ausgleich durch das Schicksal.*

Wünschen wir ihr einen solchen. Es wäre nichts anderes als ein positiv bewerteter Zufall. Praktisch immer spielt im Leben auch der Zufall eine Rolle. Manche mögen es Schicksal nennen. Wer glaubt, er habe *alles* im Griff, um seine Ziele zu erreichen, ist größenwahnsinnig. Je näher wir unserem Ziel kommen, umso wohler fühlen wir uns meist. Umso eher glauben wir auch, wir hätten die ganze Zeit die Macht über den

Vorgang behalten. Das kann Einbildung sein. Meistens hatten wir auch Glück dabei, war uns der Zufall positiv gewogen. Es gibt Menschen, die behaupten, Zufälle gäbe es nicht. Alles sei Schicksal, von höherer Gewalt gewollt und geplant. Diese Weltsicht teile ich nicht. Zufall bestimmt immer wieder unseren Lebenslauf. Von Anbeginn. Natürlich können wir glauben, genau das eine Spermium aus Abermillionen und die eine Eizelle aus Tausenden, aus denen wir wurden, wären einander vorbestimmt gewesen. Aber wer glaubt das wahrhaftig? Der Zufall hätte so manches, das wir in unserer Vergangenheit erlebt haben, anders lenken können. Das wollen viele deshalb nicht gerne wahrhaben, weil der Zufall uns unsere Macht nimmt und deshalb Angst auslösen kann. Wenn es den Zufall gibt, haben wir eben nicht alles selbst in unserer Hand. Leider läuft im Leben nicht immer alles reibungslos. So manche flüchten sich dann in die Vorstellung, das Schicksal werde schon später einmal einen Ausgleich dafür schaffen, was sie im Moment oder schon länger ertragen müssen. Das ist jedem zu wünschen, in Wahrheit geschieht dies nicht unbedingt. Viele Ereignisse sind eben voneinander vollkommen unabhängig.

Folgender Satz stammt vom Philosophen Wittgenstein (Wittgenstein 1963): *Dass die Sonne morgen aufgehen wird, ist eine Hypothese; und das heißt: Wir wissen nicht, ob sie aufgehen wird.*

Die Geschichte der Menschheit hat bewiesen, dass Gewissheiten immer nur vorläufig sind. Teils traurige bis furchtbare Beispiele lieferte die Medizin ab, die jeweils zum Zeitpunkt ihres Bestehens davon ausging, nun den Stein der Weisen gefunden zu haben. Dabei hat sie im Laufe der Jahrhunderte vermutlich oftmals den anvertrauten Patienten mehr geschadet als genutzt.

Ziemlich wenig liegt in unserer Macht. Das ist ein Satz, der in Ratgeberbüchern kaum vorkommt. Solche Bücher strotzen geradezu davon, dass wir alles erreichen können, wenn wir nur wollen. Das ist Kleinkindgefasel und Wunschdenken. Beispielsweise können wir das Leid anderer Menschen nicht heilen. Zu anderen Menschen zählen sehr wohl auch unsere nächsten Verwandten wie unsere Eltern oder unsere Geschwister. Das Beste, was wir ihnen schenken können, ist unser Mitgefühl, unser Einfühlungsvermögen und unser Verständnis – unsere Liebe.

Die meisten wollen verstehen, was um sie herum geschieht. Manche wollen auch so viel wie möglich davon kontrollieren. Wir können jedoch weder alles verstehen noch das meiste kontrollieren. Das kann auch kein Politiker und kein Vorstandsvorsitzender eines großen Unternehmens. Wir belügen uns ständig, nur um uns nicht eingestehen zu müssen, dass wir keinen Überblick haben. Wir verfügen objektiv über ziemlich wenig Macht, was uns unerträglich erscheint. Viel lieber geben wir uns der Illusion hin, das meiste kontrollieren oder beeinflussen zu können.

» *Anastasia war Mitte 60, da traf sie eine chronisch-entzündliche Erkrankung. Alles schmerzte, sie musste starke, nebenwirkungsreiche Medikamente einnehmen. Anastasia ließ nichts unversucht, um der Erkrankung auf die Schliche zu kommen. Heilpraktiker, Akupunkteure, Ärzte, Kurkliniken – nichts, was nicht ausprobiert wurde. Fast alle sagten ihr, die Erkrankung sei primär oder essenziell oder idiopathisch oder kryptogenetisch. Alles Ausdrücke für ein und denselben Umstand: Kein Mensch weiß, warum sie das hat. Aber nicht mit Anastasia! Sie holte sich vielfachen Rat bei einem Therapeuten, um zu erarbeiten, warum sie nun auf Dauer erkrankt war. Sie wollte unbedingt herausfinden, was sie selbst falsch gemacht hatte. Wo lag ihre Verantwortung? Ein wenig schwang auch ihre Hoffnung mit, wenn sie erst einmal die Ursache verstanden hatte, konnte sie die Erkrankung bezwingen.*

Anastasia versuchte, gegen vielfache Wissensäußerungen von sehr verschiedenen Fachleuten doch eine Ursache erkennen zu können. Der Nutzen eines solchen Vorgehens liegt darin, sich selbst zu täuschen. Wer erkannt hat, weshalb er erkrankt ist, weist sich indirekt die Macht zu, über die Erkrankung zu bestimmen: *Hätte ich das anders getan, wäre ich nicht krank geworden. Selbst wenn ich heute keine Macht mehr über den Verlauf habe, früher hatte ich sie – eigentlich.* Es liegt eine Form von Trost darin – und die irrige Hoffnung, sobald man eine Ursache weiß, auch einen Prozess beeinflussen zu können. Das ist oft nicht der Fall. Wer auf einer eisglatten Fläche fällt und sich einen Bruch zuzieht, weiß die Ursache genau. Dennoch braucht die Heilung so lange, wie sie braucht. Das bedeutet:

> **PRINZIP** ▶ Wer weiß, weshalb etwas geschehen ist, weiß noch lange nicht, wie es wieder rückgängig gemacht werden kann.

Dabei kann ein letztlich banaler kleiner Gallenstein einem die Planung für die nächsten Wochen völlig durcheinanderbringen. Oder auch ein Fehltritt, der zu einem Fußbruch führt; selbst eine schlichte Erkältung kann einen geplanten Tagesablauf schon vollkommen durcheinanderbringen.

Hinter all diesem steckt etwas Wichtiges, das wir uns am Beispiel eines Puddings klarmachen können. Sie haben Milch, Zucker, Speisestärke und zum Beispiel Vanilleextrakt. Sie nehmen die richtigen Mengen, kochen alles auf und lassen es wieder abkühlen. Dann haben Sie einen Vanillepudding hergestellt. Wenn nun ein Alien, der erstmals die Erde besucht, diesen Pudding sieht, käme er vermutlich nicht auf die Idee, dass es sich vorrangig um Milch handelt. Das Endprodukt (also der Zustand) hat durch das Kochen (also den Prozess) nichts mehr mit dem Anfangszustand zu tun. Auch gelingt es nicht mehr, obwohl Sie genau wissen, was geschehen ist, den Pudding wieder in die ursprünglichen Ingredienzien zu teilen. Genau wie beim Körper und seinen Erkrankungen ist es mit vielen anderen Dingen – weit über einen Pudding hinaus:

> **PRINZIP** ▶ Ein Prozess führt zu einem neuen, anderen Zustand.

Wer noch niemals einen Infekt wie Windpocken hatte und nicht geimpft ist, bekommt diese Erkrankung. Wenn sie ausheilt, sieht man nichts mehr von ihr. Aber der Genesene hat einen anderen Zustand erreicht, sein Immunsystem weiß, wie es mit den Viren umgehen kann, das bedeutet, es hat einen anderen Zustand erreicht. Wer sich dann nochmals mit den gleichen Viren infiziert, bekommt eine Gürtelrose. Danach erreicht sein Immunsystem wieder einen anderen Zustand.

> **PRINZIP** ▶ Es ist oft nicht möglich, von außen zu erkennen, welche Änderungen in einem geschehen sind.

Bei einem Infekt läuft dies automatisch ab. Sogar wenn wir meinen, die Macht über das Zustandekommen eines Zustands gehabt zu haben, haben wir noch lange nicht die Macht, ihn zu verändern oder den Ursprungszustand wiederherzustellen.

Den neuen Zustand aufgrund eines Prozesses merken wir nicht unbedingt, im Gegenteil, die meisten meinen auch nach Jahren, sie würden ähnlich empfinden oder werten wie früher. Das stimmt aber nicht – alles, was uns geschieht, hat dauerhafte Auswirkungen, die uns nicht klarwerden müssen. Auch das bewirkt, dass wir niemals die Zukunft vorhersagen können – wir sind ein formbarer Teil im Verlauf unseres eigenen Lebens. Ein Teil der Menschen weiß das und ein größerer Teil hätte es lieber anders. Dabei gilt:

> **PRINZIP** ▶ Je mehr Einflussfaktoren auf ein System einwirken und je länger der zeitliche Ablauf sein wird, umso unklarer und unsicherer werden Prognosen.

Je mehr andere Menschen oder andere Umstände Einfluss darauf nehmen können, wie wir unsere Entscheidungen umsetzen, umso weniger wirksam werden unsere Entscheidungen sein. Was unseren Weg begleitet, kann außerhalb unseres Einflusses sein; mehr als uns lieb sein mag. Von uns unabhängig sind alle anderen Menschen, auch unsere Partner oder Kinder. Von uns unabhängig sind das Wetter, die Entwicklung eines Marktes, unsere Gesundheit oder eine Pandemie, die Geldentwertung oder ein Unfall und unzählige andere Dinge mehr.

Ganz allgemein verstehen wir komplexe Systeme nicht ausreichend. Deshalb können wir sie auch nicht steuern. Die Vernetzungen untereinander und die Rückkopplungen können kaum ausreichend einbezogen werden. Wenn eine komplexe Entscheidung ansteht, dann sollten wir vorsichtig vorgehen, eher kleine Schritte machen, nicht alles auf eine Karte setzen, Geduld entwickeln und wachsam bleiben.

Wer will schon hören, dass unser Leben grundsätzlich nicht steuerbar ist? Alle Sicherheit dahin. Das gilt nicht nur für ein einzelnes menschliches Leben, das gilt erst recht für andere, komplexe Systeme wie die Weltwirtschaft. Die einzig sinnvolle Lösung aus dieser Tatsache heraus ist:

> **PRAXIS** ▶ Konzentrieren Sie sich auf das, was Sie wirklich beeinflussen können.

Legen Sie fest, welche dieser Punkte Ihre wichtigsten sind. Gehen Sie erst einmal nur diese an. Damit erreichen Sie am meisten. Beispiele sind, wie viel Geld Sie für etwas ausgeben oder wo Sie wohnen wollen.

Wenn wir erst einmal akzeptiert haben, dass es Zufälle gibt und sie ziemlich wesentlich für vieles sind, was uns geschieht, entlastet uns das.

> **PRINZIP** ▶ Wir sind nicht für alles verantwortlich.

Differenzieren Sie zwischen Ihrem Einflussbereich und den Grenzen Ihrer Macht.

17 Opfer schauen nicht nach vorn

Stellen wir uns folgende Situation vor: Sie holen ein Erdbeer- und ein Vanilleeis aus dem Tiefkühler und packen es aus. Vor Ihnen steht ein kleines Kind mit großen Augen. Sie sagen ihm, es solle sich für eines von beiden entscheiden. Ein klassisches Dilemma: Nehme ich das eine oder das andere? Das Kind steht vor Ihnen und kann sich nicht entscheiden. Es mag beide Sorten gerne. Das ist ein Beispiel für ein Dilemma mit zwei attraktiven Wahlmöglichkeiten. Es ist nicht so, dass jedes Dilemma uns die Wahl zwischen zwei ungewollten Alternativen bietet.

Das Eis beginnt zu schmelzen. Ihnen kommt die rettende Idee. Sie holen eine Münze und sagen: »Wir lassen den Zufall entscheiden. Siehst du nach dem Wurf die Zahl, isst du das Vanilleeis; ansonsten das Erdbeereis.« Das Kind wirft die Münze, die Zahl liegt oben: Vanilleeis. Was tut das Kind dann eher? Es nimmt das Erdbeereis.

Diese Situation ist alles andere als banal. Wenn das Kind sich anders entscheidet als die Münze, die für den Zufall steht, kann es dafür mehrere Gründe geben – und es kann wichtig sein, welcher zutrifft.

Variante 1: Das Ergebnis des Münzwurfs setzt das Kind unter Druck. Erst dadurch wird ihm klar, was es wirklich will. Die Münze deckt schon vorhandenes Wissen auf. Das eine auf keinen Fall, wird ihm auf einmal bewusst. Oder: Ich will gewiss das andere. Der Druck führt also zur inneren Klarheit. Das Gefühl dabei: Sicherheit, Souveränität, vielleicht Vorsicht (Was wird der Erwachsene dazu sagen? Darf ich das überhaupt? Kann ich meinem Gefühl trauen?).

Variante 2: Sie ist etwas vertrackter. Dann wird ein Glaubenssatz im Kind ausgelöst, der in etwa heißt: Du (Münze oder Schicksal oder Erwachsener) sagst mir nichts. Oder auch: Ich lasse mir nicht vorschreiben, was ich zu tun habe. Dann folgt der Griff nach dem Erdbeereis, um dem Glaubenssatz zu folgen. Die Stimmung dabei ist eher trotzig. Auch Hochmut oder Überlegenheit sind möglich.

Wenn das Kind zum Vanilleeis greift und damit der Münze folgt, gibt es ebenso zwei Möglichkeiten:

Variante 3: Sie entspricht Variante 1. Dem Kind wird klar, was es will. Nur diesmal wird das Gefühl eher Erleichterung sein, weil kein Konflikt mit dem Erwachsenen oder dem Schicksal (der Münze) droht.

Variante 4: Das Kind will eigentlich das Erdbeereis. Es hat aber nicht genug Mut, zu sich und seinem Wunsch zu stehen. Mögliche Gefühle: Ängstlichkeit oder Traurigkeit, aber auch Wut, Ohnmacht oder Beleidigtsein. Variante 4 ist die Opferposition.

Wenn wir nun meinen, so ginge es nur diesem Kind: weit gefehlt! Viele Erwachsene agieren genauso. Viele lassen sich erst unter Druck zu einer für sie passenden Entscheidung bringen. Manche schlucken, was ihnen vorgesetzt wird. Andere machen grundsätzlich das Gegenteil dessen, was eigentlich angeraten scheint. Nur mit einer guten Portion Selbsterkenntnis verstehen wir, wo wir uns gerade befinden. Eine wichtige Erkenntnisquelle ist unser Gefühl, wenn wir uns entschieden haben. Es entspricht am ehesten dem, was für das Kind beschrieben wurde.

Erwachsene in einer Opferposition sind meistens passiv. Sie warten darauf, dass andere Menschen aktiv werden. Sie wollen das Gute im Leben dargebracht bekommen. Quasi wie ein Pharao im alten Ägypten, dem seine Untertanen milde Gaben vorbeibringen. Nur, so funktioniert das Leben nicht. Wir müssen uns aktiv um das kümmern, was wir haben oder erreichen wollen.

> **PRAXIS** ▶ Je stärker Sie in einer Opferposition feststecken, umso wichtiger wird der Entschluss für tatkräftige Entscheidungen.

Andererseits sind solche Menschen in einer Art von lauernder Position. Sie erwarten, gerettet zu werden. Um dieses Thema konstruieren sie ihre Entschlüsse. Dann hat ihr Retter ihnen stets zu dienen. Meistens ist dies die Partnerin oder der Partner. Anfangs gelingt das Spiel noch, später werden die Ansprüche immer größer, und der Retter gibt letztlich auf, weil das Leid, um das es eigentlich geht, von ihm selbst nicht aufgelöst werden kann.

Im Alltag werden Erwachsene meistens nicht gerettet. In Märchen oder Filmen kommt so etwas vor, im normalen Leben nicht. Deshalb sind solche Fantasien von vornherein zum Scheitern verurteilt. Wer in einer entsprechenden Position festhängt, meint vielleicht auch, nicht arbeiten zu müssen wie alle anderen Menschen. Je nach innerem Selbstbild fühlen sich diese Menschen als Prinzessin oder auch Kaiserin, als Prinz oder auch Kaiser. Manche meinen auch, sie hätten bereits so viel Leid im Leben erlebt, dass nun ihr Leben nur noch mit positiven Inhalten zu füllen sei. Alles für sie und um sie herum muss bestens sein, nur sie selbst wollen dafür nichts oder nicht genug tun.

Diese grundsätzlich wie betonierte, passive Position führt dann auch dazu, passende Angebote auszuschlagen und somit falsche Entscheidungen zu treffen. Das Ziel, Opfer zu bleiben, wird unbewusst als höchstes definiert. Wenn diese Menschen Erfolg haben, tun sie zu wenig, um den Erfolg zu erhalten. Spätestens dann meinen sie, ein Happy End sei nun nah und sie müssten nichts mehr tun. Sie fühlen sich als zu gut für diese Welt.

> **PRINZIP** ▶ Eine Opferposition verhindert erwachsene und vernünftige Entscheidungen.

Schauen wir uns die Opferposition genauer an. Ohne jeden Zweifel können wir Opfer einer Situation oder einer schlimmen Handlung werden. Da dies – zumindest beim ersten Mal – niemand will, kommt es darauf an, was man daraus macht.

> **PRAXIS** ▶ Opfer kann man werden. Aber Opfer braucht niemand zu bleiben.

Die Opferposition bedeutet, den weiteren Verlauf, nachdem man Opfer wurde, als Worst-Case-Szenario zu interpretieren oder sogar zu gestalten. Ein Opfer tut, als habe es auf den *weiteren* Verlauf keinen eigenen Einfluss. Für ein Kind kann das gelten, aber nicht für Erwachsene. In deren Macht liegt es, wie sie mit etwas umgehen. Sie können aktiv reagieren, zumindest was ihre Einstellung zu dem Geschehen betrifft. Kehren wir die Situation um, wird es vermutlich leichter nachvollziehbar: Sie gewinnen in einem Glücksspiel eine sehr hohe Geldmenge. Daraufhin können Sie sich entschulden, ein Haus kaufen, haben genug Geld, um ohne finanzielle Sorgen Ihr ganzes Leben genießen zu können. In der Realität verarmen so manche Lottogewinner jedoch. Der eindeutig positive Schicksalsschlag wird von ihnen schlecht gemanagt. Sie prassen mit dem Geld, und in wenigen Jahren ist es weg. Hier würde jeder sagen: eigene Schuld! Das trifft auch zu. Genauso trifft aber auch zu, wenn ein Mensch von einem negativen Schicksalsschlag sein Leben lang »zehrt« und alles, was danach geschah, dem ursprünglichen Täter zuweist. In dieser Position kann man es sich richtig bequem machen – denn immer sind die anderen schuld –, selbst wenn deren Tat Jahrzehnte zurückliegt. Erwachsene Opfer bleiben Kleinkinder, sie haben niemals Schuld und fühlen sich deshalb für fast nichts verantwortlich. Sie entwickeln unrealistisch hohe Erwartungen an das Leben. Es sind Menschen, die immer mehr und mehr wollen. Meistens wollen sie auch immer mehr emotionale Geschenke bekommen. Diese Maßlosigkeit kann ein Hinweis auf eine eher unglückliche Kindheit sein. Wer als Kind über längere Zeit Defizite gespürt hat oder zu einem Opfer wurde, kann unbewusst irgendwann die Entscheidung treffen, eine Art Wiedergutmachung für die früheren Zeiten des Unglücks verlangen oder erwarten zu können. Manche meinen, sogar ein Recht auf immerwährende Wiedergutmachung zu haben. Diese Menschen sind im Erwachsenenleben kaum zufriedenzustellen. Einige von ihnen sind nach außen überaus erfolgreich und treten als Macher auf. Der größere Anteil ist ständig enttäuscht, weil er wieder zu wenig abbekam, und zieht sich in sein Schneckenhaus zurück. Die als Kind erlernte Opferposition ist im Erwachsenenleben überaus hinderlich. Unbewusst treffen diese Menschen dann Entscheidungen, damit vieles *nicht* so geschieht, wie sie es nach außen gerne hätten, und bestätigen ihre Rolle als Opfer damit. Letztlich sind diese Menschen bedauernswert. Sie bauen ihren eigenen Erfolg und ihr Leben auf der Kraft von anderen auf. Dies ist ein deutlicher Hinweis auf fehlendes Selbstvertrauen. Sie meinen nur, sich selbst zu lieben und zu achten. Tatsächlich heben sie sich auf eine übermenschliche Stufe, was nichts anderes ist als eine Missachtung des eigenen Wesens.

Das, was ihnen früher einmal angetan wurde, gibt ihnen scheinbar das Recht, sich nie mehr anstrengen zu müssen. Das Unrecht, welches sie einmal erlebt haben, dient ihnen als eine Form von Freibrief für das ganze Leben. Denn Unrecht muss nicht nur gesühnt, sondern wiedergutgemacht werden. Sie richten ihr ganzes Leben und viele ihrer wichtigen Entscheidungen danach aus, belohnt oder beschenkt zu werden. Sie selbst brauchen nichts mehr zu tun, andere haben es zu erledigen. In ihrer Fehlwahrnehmung kreieren sie eine Form von Gerechtigkeit, die an den Realitäten des Lebens vorbeigeht. Gerecht ist für sie, auf

Händen getragen zu werden. Einfach weil es sie gibt, sollen andere ihnen dienen.

> **PRAXIS** ▶ Wenn Sie Ihre Entscheidungen von der Vergangenheit lösen und wahrhaftig nach der Zukunft ausrichten, können Sie eine Opferposition beenden.

Es sind kindliche oder kleinkindliche Fantasien, die zu so einer solchen Einstellung führen. Es ist eine rückwärtsgewandte Sicht, welche eine eigengestaltete Zukunft nahezu verhindert. Menschen mit diesen Problemen arbeiten sich praktisch an ihrer Vergangenheit wieder und wieder ab und vergessen dabei, in ihre Zukunft zu starten. Die alten Verletzungen werden nicht wahrhaftig betrachtet und betrauert und damit abgeschlossen. Sie dienen dazu, eine erwachsene, eigenverantwortliche Position zu vermeiden. Sie dienen der eigenen Bequemlichkeit.

Wenn Sie wissen mögen, ob Sie ähnliche Neigungen haben, beantworten Sie sich folgende Fragen:

> **KLÄRUNG** ▶ Habe ich mir immer einmal wieder gewünscht, ein anderer Mensch möge mich erlösen?
> Denke ich, etwas Besonderes zu sein und deshalb auch von jedem anderen Menschen besonders behandelt werden zu müssen?
> Meine ich, irgendwann als Star, in welchem Fachbereich auch immer, entdeckt werden zu müssen?
> Wenn es Ihnen schon längere Zeit nicht gut geht, glauben Sie an eine Art Happy End wie in einem Märchen oder einem Film, das Ihnen widerfahren wird?

Je mehr dieser Fragen Sie bejahen, umso wahrscheinlicher neigen Sie dazu, sich als Opfer zu inszenieren.

18 Entschieden sein, bevor entschieden wird

Der nun folgende Ausflug zu unseren Vorurteilen ist wichtig, weil sie meistens unbewusst sind und deshalb besonders prägend auf Entscheidungen einwirken.

Alles, was unbewusst ist, ist niemals verbal, wird also nicht durch die Sprache ausgedrückt. Sobald wir etwas ausdrücken können, kann es nicht mehr unbewusst sein. Ein wichtiger Faktor in unserem Unbewussten sind unsere automatisiert ablaufenden Vorurteile. Vorurteile heißen so, weil wir uns ein Urteil gebildet haben, bevor unser Verstand eingesetzt hat.

Diese gibt es nicht nur Menschen aus anderen Ländern oder anderer Hautfarbe gegenüber oder Menschen mit anderer Sexualität als der eigenen. Nein, wir alle haben auch Vorteile bestimmten Marken gegenüber. Die einen würden niemals ein Smartphone mit einem Apfel auf der Rückseite kaufen, die anderen nur dieses. Das alles sind Vorurteile, denn es gibt keinen wirklich objektiven Grund, die eine oder die andere Marke zu bevorzugen oder auszuschließen (Roth 2012).

Nehmen wir einen Jugendlichen, der unbedingt ein solches apfelverziertes Smartphone sein Eigen nennen will. Was auch immer er damit assoziiert (nur das darauf installierte Betriebssystem anwenden zu wollen, cool zu sein, zur Gruppe zu gehören, mehr wert zu sein, das schönste Smartphone in der Hand zu halten, sonst ausgeschlossen zu werden), es hat nichts mit dem technischen Teil an sich zu tun. Die Eltern können diesem Jugendlichen hundertmal erzählen, worum es tatsächlich geht, er wird es nicht verstehen können. Denn solange es unbewusst ist, kann es auch nicht durch die Sprache anderer ausgedrückt werden. Davon unabhängig darf durchaus bezweifelt werden, ob die Eltern tatsächlich verstehen, warum es genau dieses Smartphone sein muss. Erst wenn sich das Vorurteil seinen Weg ins Bewusstsein gebahnt hat, es sprachlich formuliert werden kann, kann es verändert werden.

Untersuchungen haben gezeigt, wann Vorurteile besonders fatal wirken. Gehen wir zunächst vom Fall aus, jemand hat sich für etwas bewusst entschieden. Dieser Mensch wird meistens bei seiner Meinung bleiben. Entweder ist er längst seinen Vorurteilen gefolgt oder er hat sie erfolgreich überhört. Dabei gibt es auch gewisse Wechselwirkungen. Was wir uns gedanklich zurechtlegen, wirkt auch in gewisser Weise auf unser Unbewusstes. Ein solcher Mensch wird kaum von Werbung beeinflussbar sein. Wenn er in ein Geschäft geht und unbedingt die Seife der Marke Super Sauber kaufen will, wird er mit hoher Wahrscheinlichkeit nicht von den Vorteilen der Seife von Reinigt Porentief überzeugt werden können. Ganz anders sieht die Sache bei unentschiedenen Personen aus. Sie sind ihren Vorurteilen erheblich stärker ausgesetzt. Ihre eigenen, unbewussten Assoziationen haben großen Einfluss auf ihr tatsächliches Verhalten. Wer nicht bewusst entschieden hat, wird meistens diesen unbewussten Überzeugungen folgen. Sie bestimmen also, und nicht der bewusste Mensch. In diesem Falle lassen sie sich von Werbung gut beeinflussen, oft sogar vollständig. Das ist unter anderem die hohe Kunst des Verkaufsfernsehens. Jemand zappt in eine Sendung hinein, wusste bis zu dieser Sekunde nicht, was ihm angeblich fehlt, und entscheidet sich spontan, auch diesen gänzlich neuen und völlig anders wirkenden Wischmopp zu kaufen.

PRINZIP ▶ Viele Menschen treffen unbewusst eine Wahl, weil sie versäumt haben, sich zuvor rational zu entscheiden.

Wenn wir in ein Fast-food-Lokal gehen und uns von den bunten Tafeln mit verlockenden Burgern verleiten lassen, werden wir ziemlich sicher zu viele Kalorien zu uns nehmen. Entscheiden wir uns vorher rational, ausschließlich einen Burger ohne Softdrink und ohne Pommes frites zu nehmen, bleibt unser Gewicht unberührt.

PRINZIP ▶ Unbewusste Entscheidungen können Sie vermeiden, wenn Sie sich rechtzeitig rational entscheiden.

PRAXIS ▶ Um unerwünschten Einflüssen möglichst auszuweichen, gilt es, sich vor einem Kauf genau zu überlegen, was Sie wollen, und dies auch schriftlich als Einkaufszettel mitzunehmen.

Lassen Sie sich nicht von irgendwelchen Angeboten verführen. Das führt zur Frage, die ehrlich beantwortet werden muss:

> **KLÄRUNG** ▶ Bin ich schon entschieden oder nicht?

Es gibt eine interessante Untersuchung zum Einkaufsverhalten. Ein Psychologe fragte Menschen, bevor sie in einen Supermarkt gingen, was sie dort kaufen wollten. Dann sagten sie beispielsweise:
- Zwei Flaschen Cola der Marke Franz Cola,
- fünf Packung Kaugummi der Marke Chew's Best und
- ein Vollwaschmittel von Sauberer Geht's Nicht.

Als diese Menschen den Supermarkt nach dem Einkauf wieder verließen, fragte der Psychologe nach, ob sie denn genau das gekauft hatten, was sie vorgehabt hatten. In vollkommener Überzeugung sagten alle, sie hätten genau das gekauft, was sie beim Eintritt gewollt hatten. Dann schaute der Psychologe in die Einkaufstüte. Darin befanden sich beispielsweise:
- Vier Flaschen Orangenlimonade der Marke Fresh Pressing,
- zwei Packungen Kekse der Marke Knusperzart und
- ein Weichspüler von Duftstark.

Als sie darauf hingewiesen wurden, etwas völlig anderes gekauft zu haben, als sie vorher angegeben hatten, wiesen sie das empört von sich.

Weicht das, was wir tun, von dem ab, von dem wir überzeugt waren, dann schreiben wir nachträglich unser Gedächtnis um.

> **PRINZIP** ▶ Wir selbst programmieren aktiv Inhalte in unserem Gehirn um, damit sie uns gefallen.

Ein typisches Beispiel dafür sind politische Überzeugungen. Nehmen wir einen ganz normalen Bürger. Dieser mag jahrzehntelang der festen Überzeugung gewesen sein, ausschließlich eine christliche Partei wählen zu können. Aus irgendeinem Grund wechselt er ins sozialistische Lager. Seine Argumentation wird sein: Ich war schon immer Sozialist. Oder Menschen, die sicher sind, schon immer Bio eingekauft zu haben. Dabei tun sie dies erst seit wenigen Monaten. Oder Menschen, die einer Automarke ewige Treue geschworen haben und dann doch das Fahrzeug einer anderen Marke kaufen.

Es ist inzwischen nachgewiesen, wie wir nachträglich unsere Erinnerungen umschreiben. Wir ändern also innerlich unsere eigene Geschichte ab. So erzählt ein Mann im Rahmen einer Psychotherapie eindringlich und plastisch, wie er an einem Abend miterleben musste, dass sich seine Eltern gegenseitig schlugen. Kurze Zeit später hätten sie sich getrennt und schließlich scheiden lassen. Dieser Abend habe ihn veranlasst, unverzüglich ins Studentenheim umzuziehen. In der Tat schrien sich seine Eltern an, aber nicht an diesem Abend. Geschlagen haben sie sich nie. Einzig die Tatsache ihrer Trennung und Scheidung ist korrekt abgespeichert. Woran liegt das? Wir haben Überzeugungen von uns und unserem Wesen. Wenn etwas, das wir tun, davon abweicht, ertragen wir dies nicht. Unser Gehirn ist wie versessen darauf, in sich selbst eine Harmonie zu spüren. Es ist ihm fast unerträglich zu erleben, wie wir etwas tun, was wir ursprünglich nicht wollten, was nicht in unser Bild von uns selbst passt. So sorgt es für eine hohe Selbstkonsistenz. Lügen sind dem Gehirn dafür egal.

PRINZIP ▶ Wir empfinden uns immer sehr ähnlich oder gleich und sind auch der festen Überzeugung, dies sei so. Dabei sind wir eher ein Fähnlein im Wind unserer Erinnerungen.

19 Widersprüchliches

Weltbildfixierung

Bei Entscheidungen geht es oft nicht nur um uns selbst, sondern auch um andere Menschen. Häufig sind es Menschen, die uns nahestehen wie unser Partner oder unsere Kinder. Diese Beziehungsebene spielt in unsere Entscheidungen hinein – nicht nur, weil wir selbstsüchtig unsere Bindungen behalten wollen, sondern vorrangig, weil wir andere Menschen lieben und ihnen beistehen möchten.

Erziehung erfolgte früher und vermutlich auch heute ganz hauptsächlich dadurch, den Kindern mitzuteilen, was *nicht* richtig ist. Uns wurde ständig gesagt, was wir nicht tun sollten. Bei einigen Inhalten wie beispielsweise nicht auf eine heiße Herdplatte zu fassen, mag dies lebenslange Gültigkeit besitzen. Ansonsten stimmt vermutlich das meiste nicht, was uns früher untersagt war. Andererseits ist es schwierig, wenn sich aufgrund von solchen »Befehlen« in einem das Gefühl von Trotz entwickelt. Wer aus diesem Trotz heraus Entscheidungen trifft, trifft sie vermutlich falsch. Trotz ist letztlich nichts anderes als eine milde, eher passive Form der Rache, und Rache macht blind. Und so wurde uns vermutlich auch gesagt, wie wir am ehesten zu sein haben: still oder lieb. Auch diese Verhaltensanweisung von früher ist heute schlicht falsch.

Dann wurden wir in aller Regel mit widersprüchlichen Erwartungen konfrontiert. Wer als Junge einem anderen Jungen einen heftigen Boxhieb verpasst hat, mag von seinem Vater vor den Augen und Ohren der anderen getadelt worden sein, zugleich hat ihm sein Vater nonverbal über ein Augenzwinkern oder ein Lächeln mitgeteilt, wie stolz er doch auf seinen mutigen Sohn ist.

Das Weltbild ihrer Eltern hat auf viele Menschen lebenslang maßgeblichen Einfluss. Auch inhaltlich komplett falsche Überzeugungen haben über Jahrzehnte auf uns eingewirkt. Mein Vater sagte oftmals: »Wer reich ist, ist ein Verbrecher.« Das trifft nur manchmal zu. Man kann reich sein, weil man im Lotto gewonnen hat. Oder weil man geerbt hat (waren dann die Vorfahren Verbrecher?). Oder weil man einfach Glück hatte oder in eine reiche Familie geheiratet hat. Man kann auch reich sein, weil man sich sehr eingesetzt hat.

Wir folgen oft den Erwartungen und Weltbildern der Eltern, selbst wenn diese schon tot sind. Wir sollten dies nicht tun.

> **PRINZIP** ▶ Wir sollten nicht erfüllen, was andere sich vorstellen, weil es uns selbst nicht erfüllt.

Besser streben wir danach, was wir selbst zutiefst möchten. Oft können wir das auch erreichen. Die einzige Bedingung: Wir betrachten uns wirklich ehrlich in dem Spiegel, in dem wir – im übertragenen Sinn – ganz nackt sind, einfach nur wir selbst.

Wer auf Dauer die Erwartungen der Eltern erfüllt, handelt nicht selbstbestimmt. Dadurch kann das Gefühl wahrer Selbstwirksamkeit nicht entstehen. Was sich hingegen entwickeln wird, ist eine lebenslange Unzufriedenheit. Die ungeschriebenen Gesetze der Eltern spüren wir als Kinder ganz genau und verhalten uns entsprechend. Dabei wirken diese Gesetze sogar, wenn sie noch nicht ein einziges Mal ausgesprochen werden:

》*Marcus fühlte sich bereits als Siebenjähriger zu anderen Jungen hingezogen. Dessen war er sich nicht bewusst. Als sein Körper zu reifen begann, verliebte er sich das erste Mal in seinen Mitschüler James. Bis zu diesem Zeitpunkt hatte Marcus von seinen Eltern schon über ein Jahrzehnt merkwürdige Kommentare über schwule Männer gehört. Der ist von hinten, Herrenreiter, andersherum, vom anderen Ufer, ein 175er, merkwürdiges Kichern der Mutter, wenn sich zwei Männer auch nur irgendwie näher beieinander zeigten. All das waren Hinweise, die Marcus verstanden und verinnerlicht hatte. Schwul zu sein, gehörte sich nicht. So sehr er sich auch nach James sehnte, er zwang sich wegzuschauen, wenn er ihn auf dem Schulhof sah. Erst mit Anfang 30, Marcus wohnte schon seit zehn Jahren nicht mehr zu Hause, folgte er seiner Sehnsucht und begann, schwul zu leben.*

Für Marcus war das Risiko, die Liebe der Eltern zu verlieren, zu groß. Er fühlte sich nicht fähig und war bis Anfang 30 nicht bereit, zu seiner Sexualität zu stehen. Er wollte keine Kommentare seiner Eltern hören. Letztlich wollte er nicht aus dem Familienverbund ausgeschlossen werden. Marcus konnte die Preise für sein sexuelles Wohlbefinden und sein partnerschaftliches Leben nicht zahlen. Heute, er ist nun Mitte 40, sagt er: »Es war ein Fehler. Ich hätte zu mir stehen müssen und mein Leben führen. Ich habe nämlich nur eines.«

Doppelbindung

Über Schuld gibt es ganze Bücher und das zu Recht. Schuld ist ein Gefühl, welches die meisten Menschen kaum ertragen können. Deshalb lenkt Schuld und insbesondere das Verlangen, Schuld zu vermeiden, viele unserer Entscheidungen. Schuld bedeutet, sich für etwas verantwortlich zu fühlen und zugleich das, was man getan hat, als falsch oder schlecht zu werten. Eine milde Form der Schuld ist die sogenannte Verpflichtung. Das kennen Ärzte, die regelmäßig Geschenke von Pharmareferenten bekommen. Je mehr oder teurere Geschenke ein Pharmareferent verteilt, umso größer fühlen manche Ärzte die Verpflichtung dem Unternehmen gegenüber, für das der Vertreter arbeitet. Das ist eine Doppelbindung (double bind). Eine solche sollten wir immer und tunlichst vermeiden, weil sie ein Nährboden für Konflikte sein kann. Die eine Bindung ist in diesem Beispiel die Arbeitsebene zwischen Arzt und Referent, der seine Informationen über »objektive Eigenschaften« eines Medikaments weitergibt. Die andere ist eine Form von »Freundschaft«, in der Geschenke gemacht werden. Eine Double-bind-Konstellation stört Entscheidungen.

>> *Jens war acht Jahre alt. Seine Eltern hatten sich vor wenigen Wochen getrennt. Er hörte seine Mutter laut weinen. Er schlich ins ehemalige Elternschlafzimmer, wo seine Mutter allein auf der Bettkante hockte und weiter weinte, als sie ihn sah. Dann zog sie ihn an sich heran und sagte: »Du musst nun der starke Mann sein.«*

Die Mutter wollte getröstet werden vom Kind. Damit tauschte sie die Rollen und die Erwartungen an die Rollen (Mutter, Kind) um 180 Grad. Sie ging in die kindliche Rolle, was Jens überforderte. Die Doppelbindung bestand darin, zugleich Kind zu sein und Erwachsener sein zu sollen. Aus Liebe wollte Jens alles versuchen, um den mütterlichen Vorstellungen gerecht zu werden. Jens sollte führen und zugleich als Kind gehorchen – ja, was denn nun? Das fragt sich die Seele dann und findet keine gute Antwort. Sie spürt, wie unvereinbar die zwei oder mehr Forderungen miteinander sind.

Grundsätzlich sind solche Konstellationen auch zwischen Erwachsenen häufig. Als Erstes muss dafür eine Bindung zwischen zwei Menschen bestehen. Dabei ist gleich, ob diese Bindung persönlicher, sexueller, beruflicher oder wirtschaftlicher Natur ist. Dann verlangt der eine vom anderen etwas, das im anderen einen Rollenkonflikt auslöst und dadurch einen inneren Widerspruch initiiert. Wenn das Spiel über Jahre oder gar Jahrzehnte geht, sind die Rollen perfekt eingeübt. Die daraus resultierenden Unklarheiten und Unwahrheiten können deftige Probleme verursachen, die oft nicht ohne fremde Hilfe erkannt oder gelöst werden können.

> **PRINZIP** ▶ Auch bei Bindungen sind wir nur zu Monotasking fähig. Zwei Bindungen mit einem Menschen machen uns Probleme.
>
> **PRAXIS** ▶ Wir haben für klare und einfache Bindungen zu sorgen.

»Fritz war der jüngere Bruder von Susanne. Er war 17 Jahre alt, noch unerfahren und sehr schüchtern. Seine fünf Jahre ältere Schwester hatte vor kurzem einen Suizidversuch unternommen. Der Anlass war die Trennung von ihrem ersten Freund. Für einige Zeit danach wohnte Susanne wieder zu Hause; die Eltern sorgten sich, was sie falsch gemacht hätten. Susanne war seelisch instabil. Sie ging zu ihrem Bruder und weinte dort jämmerlich. Detailliert erzählte sie ihm, der keinerlei Erfahrungen in sexuellen Dingen hatte, was alles vorgefallen war.

Susanne suchte nach Trost und auch danach, ihren Bruder Fritz als Therapeuten zu nutzen, was nicht funktionieren konnte. Sie versuchte, eine Doppelbindung aufzubauen.

Doppelbindungen gehören vermieden oder schleunigst gelöst. Sie erschweren gute Entscheidungen oder machen sie unmöglich. Je länger sie bestehen, umso schwieriger wird die Klarstellung und umso verstrickter die Situation. Es gibt eine richtige Vorgehensweise: Die Rolle sofort klären, sobald der Konflikt erstmals zutage tritt. Jens hätte also sagen müssen: »Mama, du bist die Große und ich bin der Kleine. Leider kann ich dich nicht wirklich trösten. Ich bin ja selbst so traurig.« Das konnte er als Kind natürlich nicht leisten. Letztlich wurde er missbraucht. Fritz hätte sagen müssen: »Ich bin dein Bruder und will dich trösten. Aber ich bin nicht dein Therapeut.« Ein Erwachsener in einer Doppelbindungssituation ist zum Beispiel der Fahrer eines Finanzministers, der vom Minister wiederholt angepumpt wird, damit der sich eine Bratwurst kaufen kann.

> **PRINZIP** ▶ Je klarer und definierter eine Beziehung ist und eingehalten wird, umso leichter fallen uns Entscheidungen.

Der Grund ist: Je nachdem, welcher Art unsere Bindung an einen anderen Menschen ist, wird dies zu unterschiedlichen Entscheidungen führen.

20 Die eigene Stimme finden

Manche neigen dazu, immer das Gleiche zu tun. Natürlich sind sie schlau genug, es so zu gestalten, dass dies nicht auffällt, sogar ihnen selbst nicht. Typische Sätze sind dann: Warum falle ich immer auf den gleichen Typ Mann / Frau rein? Warum muss mir das schon wieder geschehen? Der Grund liegt in unseren inneren Überzeugungen.

> **PRINZIP** ▶ Wer immer den gleichen Fehler macht, hat wahrscheinlich ein Problem mit den eigenen Lebensmustern oder Kernüberzeugungen.

Wir alle bilden in unserer Kindheit bestimmte innere Handlungsanweisungen aus, die als Satz formuliert werden können. Sie nutzen uns als eine Art innerer Leitfaden. Sie dienen dazu, im Dschungel von immer neuen Herausforderungen unseren Weg zu finden. Anhand dieser inneren Leitsätze treffen wir wesentliche Entscheidungen. Typische Kernüberzeugungen lauten:
- Ich will tun, was ich will.
- Ich will unbedingt geliebt werden.
- Nur wenn ich etwas leiste, bin ich etwas wert.

Zwar ist vieles in unserem Leben angeboren und damit letztlich unveränderbar. Auch die Grundstimmung eines Menschen, die bei manchen eben eher glücklich und bei anderen eher traurig sein mag, kann durch kein Buch und durch keinen Ratschlag verändert werden. Lebensmuster oder Kernüberzeugungen hingegen sind erworben. Sie können wie das meiste, das wir uns freiwillig angeeignet haben, auch wieder losgelassen werden. Auch wenn dies verdammt mühsam sein kann. Zu lange haben sie uns im Stillen gedient. Alte Freunde lassen wir ungern los, selbst wenn sie hinderlich sein mögen. Lebensmuster haben viel mit unserer Erziehung zu tun. Aus ihnen sprechen nicht selten unsere Eltern. Für ein zufriedenes Leben kann es deshalb sehr nützlich sein, die eigene Stimme zu finden. Einige Beispiele für Lebensmuster und wie sie sich auf unsere Entscheidungen auswirken:

Kernüberzeugung: Mir kann niemand helfen. Ich muss es (alleine) schaffen.

》*Yannick war ein süßer Säugling. Als seine Eltern mit ihm im zarten Alter von fünf Lebenstagen nach der Entbindung nach Hause kamen, zeigten sie ihm stolz sein eigenes Zimmer. Ab dieser Nacht durfte Yannick allein schlafen. War die erste Nacht für ihn noch ungewohnt und schlief er deshalb schnell aus Erschöpfung ein, kamen in der zweiten Nacht bereits kleine, böse Dämonen, die ihn aufweckten. Alles um ihn herum war dunkel, schwarz und ruhig. Keine vertrauten Geräusche, kein Herzschlag der Mutter, nichts, was ihm zeigte, dass er nicht allein war. Yannick bekam Todesangst. Denn ein Säugling ist unfähig, ohne die Hilfe anderer Menschen zu überleben. Er atmete ein, konnte aber nicht mehr ausatmen. Er bekam seinen ersten Pseudo-Krupp-Anfall. Er drohte zu ersticken. Erst nach einer Ohnmacht, als die spastischen Anspannungen in seinem Körper wichen, konnte er schreien. Seine Mutter kam schlaftrunken in sein Zimmer und versuchte ihn zu trösten. Sie kam zu spät, der Anfall war ja bereits vorbei. Sie erschrak wegen seiner blauen Lippen.*

Jahrzehnte später saß mir Yannick als erwachsener Mann mit einer Angsterkrankung gegenüber. Er war als Säugling und Kleinkind seelisch vernachlässigt worden. Im Laufe unserer gemeinsamen Zeit stellte sich heraus, wie Yannick »schon immer« versucht hat, alles alleine zu lösen. Für ihn war es sehr schwierig, Hilfe anzunehmen. Er lebte zurückgezogen, fast wie ein Einsiedler. Er hasste es, von anderen abhängig zu sein und führte ein Ein-Mann-Unternehmen, nachdem er mehrfach aus angestellten Positionen ausgeschieden war. Eine seiner wirksamen Kernüberzeugungen war: »*Niemand hilft mir.*« Yannick vermied soweit irgend möglich Hilfe und Beistand. Letztlich gab er sich damit immer selbst die Antwort auf seine Frage. Sie lautete: »Ich muss es alleine schaffen.« Seine Kernüberzeugung war mit fünf Worten das Abbild dessen, mit dem er – unbewusst – in jüngsten Jahren stets konfrontiert worden war.

Kernüberzeugung: Niemand mag mich

»*Als Christine zur Welt kam, war ihr Bruder Samuel sechs Jahre alt. Sie stieß ihn vom Thron des Nesthäkchens. Auf einmal drehte sich die gesamte Welt zu Hause um sie und nicht mehr um Samuel. Wie sauer wurde er auf sie! Sie war schuld daran, dass er nicht mehr genügend Liebe bekam. Zumindest fühlte er es so. Das Verhältnis zwischen Samuel und ihr empfand Christine von Kindheit an als angespannt. Nur konnte sie viele Jahre lang nicht verstehen, was eigentlich vorging. Samuel war eifersüchtig auf sie. Er konnte nicht ertragen, wenn sie Aufmerksamkeit oder Lob bekam. Das gab er ihr nonverbal deutlich zu verstehen, weshalb sie sich unwohl fühlte, wenn sie in der Schule besser war als Samuel. Gewiss, ihre Eltern akzeptierten sie, aber ihr Bruder eben nicht. Sie fühlte bei jedem Erfolg, wie sehr sie damit Samuel störte. Schließlich verschwieg sie ihre guten Schulnoten und verschloss sich mehr und mehr nicht nur Samuel, sondern auch anderen Menschen gegenüber.*

Christine hatte ihren eigenen Lebensweg damit an die Eifersucht ihres Bruders gebunden. Das war eine fatale Verbindung, weil Christine für die Probleme ihres Bruders überhaupt nichts konnte. Es hatte auch keine guten Auswirkungen auf die Beziehung der beiden untereinander. Die Erfahrung zeigt, dass Menschen wie Samuel ihr Leben lang eifersüchtig bleiben können, gleich wie es dem Geschwister geht.

Seine Kernüberzeugung: *Ich bin nichts wert.*

Wer als Kind das Gefühl vermittelt bekam, nichts wert oder nicht erwünscht zu sein, wird Schwierigkeiten damit haben, einen eigenen Wert aufzubauen. Diese Selbstwertprobleme verschwinden nicht einfach so. Das geht so weit, als Erwachsener die feste Überzeugung zu vertreten, so wertlos zu sein, dass niemand einen lieben dürfe. Es fühlt sich dann völlig normal an, ungeliebt durchs Leben zu gehen. Dabei hat jeder Mensch das Recht darauf, geliebt zu werden. Jeder Mensch ist einmalig und wundervoll und als solcher bereits liebenswert.

Wer der festen Überzeugung ist, nicht liebenswert zu sein, meint jedes Mal, wenn er doch freundlich oder liebevoll behandelt wird, das nicht wert zu sein. Er glaubt dann, überhaupt nicht gemeint zu sein. Nach außen wirkt das oft schroff und abweisend. Entscheidungen werden dann so getroffen, dass die Kernüberzeugung erfüllt wird.

Kernüberzeugung: Ich will mich nicht festlegen. Niemand kriegt mich. Du kriegst mich nicht.

Es gibt einen bekannten Satz der lautet: Wer immer offen ist, ist nicht ganz dicht.

> **PRINZIP** ▶ Wer sich *alle* Optionen offenhalten möchte, kommt meistens nicht dazu, auch nur eine konsequent zu verfolgen.

Nichts zu tun oder zu wenig oder das Falsche zu tun sind die möglichen Folgen.

Manche haben ein fundamentales Problem damit, sich festzulegen. Letztlich haben sie Angst davor, dann wie in einer Falle oder Einbahnstraße festzustecken. Das ist nur selten der Fall. Es gelingt zwar nicht immer, den kompletten Weg wieder zurückzukehren. Es ist uns jedoch fast immer möglich, mit etwas aufzuhören. Menschen sind keine Feststoffraketen, die einmal entzündet nicht mehr aufzuhalten sind. Wir können im besten Sinne immer auch den Hahn zudrehen. Insofern sind wir eher Raketen, die mit Flüssigbrennstoff arbeiten. Dieser Brennstoff nennt sich Motivation, eine Beimischung davon ist der Wille und es ist wundervoll, wenn auch noch Liebe und Leidenschaft für andere Menschen und die Sache mit hineingemischt werden. Das gilt gleichermaßen auch für Verbindungen. Jede Bindung kann beendet werden. Eine solche Beendigung nennen wir Scheidung oder Trennung.

Kernüberzeugung: Ich gehöre nicht dazu. Ich will nicht dazugehören.
Es gibt so etwas wie innere Brandzeichen, Inhalte, die keiner von uns ändern kann. Einer Frau, die auf Frauen steht, der können noch so viele Adonisse angeboten werden. Wer lieber zurückgezogen auf dem Land lebt, dem werden alle Vorteile einer Stadt nicht ausreichen. Die Lösung in solch einem Fall ist einfach: Unsere inneren Brandzeichen werden wir nicht ändern. Wie wir damit umgehen, das können wir ändern. Nicht mehr ängstlich, sondern forsch. Nicht mehr zurückhaltend, sondern neugierig. Nicht mehr leise, sondern selbstbewusst.

Wenn wir uns mit einem Entschluss abseits einer Gruppe stellen, der wir zugehörig sind oder der wir zugehörig sein möchten, wird uns das besonders schwerfallen. Was sollen wir tun, wenn wir beispielsweise die Werte nicht teilen, die innerhalb einer Gruppe oder auch einer Familie herrschen? Die Frage können wir mit einem Vergleich lösen. Wer Oliven nicht essen mag, sie sich dennoch hineinzwängt, dem wird auf Dauer übel. Wir haben uns unseren Geschmack genauso wenig ausgesucht wie unsere Werte. Beide sind im Laufe unseres Lebens gewachsen und haben sich gefestigt. Wir können sie nicht beliebig ändern. Wir können jedoch dazu stehen, was unseres ist. Wir können unsere Werte genauso wie unseren Geschmack mit Selbstverständlichkeit und auch mit einer gewissen Würde gegenüber den anderen erläutern. Etwas anderes sollte damit klar sein: Gleichgesinnte werden wir nicht finden, wenn wir in einer unpassenden Gruppe bleiben. Wer lieber zu Hause vor dem Computer oder dem Fernseher sitzt, bleibt im wahrsten Sinne des Wortes sitzen. Wer sich nur mit Menschen umgibt, welche andere Werte haben, wird in sich eine Frage immer stärker wahrnehmen:

> **KLÄRUNG** ▶ Was will ich hier eigentlich?

Das Gefühl, verloren zu sein, wird sich einstellen. Erst dann, wenn wir bereit sind, Gleichgesinnte zu suchen, werden wir einer Lösung näherkommen. Anfangs kann das schwerfallen. Sich aus dem bekannten Umfeld in ein neues vorzuwagen, ist eine Hürde. Etwas anderes zu tun, als Sie es bisher über lange Zeit getan haben, kann sich anfühlen, als würden Sie eine Art Regel verletzen. Hier hilft Güte sich selbst gegenüber. Ohnehin: Wer sollte Sie für Ihre Entscheidung bestrafen können? Sie sind erwachsen und brauchen unangenehme Konsequenzen anderer Menschen in aller Regel nicht zu fürchten. Wenn Sie dennoch Angst in sich spüren, versuchen Sie eines herauszufinden:

> **KLÄRUNG** ▶ Spüre ich vielleicht die Angst des Kindes in mir vor der Bestrafung durch ein »böses Schicksal« oder durch die Eltern?

Kernüberzeugung: Ich bin besser als du. Du kommst nicht an mich heran.

Henry, ein Arzt, erzählte mir einmal folgende Geschichte:

»*Niemals kam ich auf die Idee, dass mein eigener Vater mich als Konkurrent betrachten könnte. (Anmerkung: Das ist ein überaus häufiges Verhalten zwischen Männern, auch innerhalb einer Familie.) Mit meiner Berufswahl, die nichts mit seinem Beruf als Architekt zu tun hatte, ging ich einer Konkurrenzsituation aus dem Weg. Schließlich, als es an die Planung meiner eigenen Praxisräume und der Möbel für diese Räume ging, kam es zu einer interessanten Begebenheit. Ich hatte mich intensiv über Möbelbau informiert und sagte meinem Vater, der die Zeichnungen der Inneneinrichtung machen wollte, dass die Schubladen einen Vollauszug mit unsichtbarer Führung, Aufschiebemontage und integrierter*

Dämpfung haben sollten. Mein Vater starrte mich entsetzt an und fragte mit kaltem Ton: »Woher weißt du das?«

Henry war offensichtlich in den Bereich seines Vaters eingedrungen und war damit zum Konkurrenten geworden. Jungen entscheiden sich für einen der drei Wege, um der Konkurrenz des Vaters zu begegnen. Entweder sie wählen einen vollkommen anderen Beruf und vermeiden so jede Konfrontation. Oder sie ergreifen den gleichen oder einen ähnlichen Beruf. Dann bleiben sie entweder unterwürfig und demonstrieren, nur die Nummer Zwei zu sein – oder sie trumpfen auf und zeigen es ihrem Vater. Im besten Fall akzeptiert er, nun selbst auf Nummer Zwei gesetzt zu sein.

Weltsicht überprüfen

»Geld ist dreckig. Frauen in höheren Positionen haben sich hochgeschlafen. Politiker können alle nichts. Wer hoch kommt, hat Dreck am Stecken. Wer bekannt ist, ist selbstverliebt. Ein Junge weint nicht. Gegessen wird, was auf den Tisch kommt. Der Teller wird leergegessen.«

Nicht alle werden entsprechende Sätze aus ihrer Erziehung kennen, aber vermutlich viele meiner Generation. Wenn solche und ähnliche Sätze in Ihnen wirken, fragen Sie sich, wer da eigentlich spricht. Sind Sie wirklich der Überzeugung, dass Frauen nur über Sexualität eine höhere berufliche Position erreichen können? Meinen Sie wirklich, dass Geld dreckig ist? Oder ist es nicht eher so, dass die meisten Menschen auf anständige Weise Geld verdienen? In der Regel sind es unsere Eltern, die so sprechen und deren Ideen wir ohne weiter nachzudenken übernommen haben. Das ist auch kein Wunder, wenn wir über Jahre und Jahrzehnte mit immer den gleichen Aussagen konfrontiert wurden. Weltbilder sind ein Teil dessen, was wir Gewohnheiten nennen.

Unser Leben ist ein stetiger Fluss. Das machen wir uns oftmals nicht klar. Einmal darin, möchten wir mit ihm mitschwimmen. Auch wenn es heißt, man kann niemals zweimal denselben Fluss besteigen, weil das Wasser sich ändert, bleibt unser Leben dennoch immer dieser eine

Fluss. Seine Bahnen haben sich bereits ausgebildet. Das bedeutet nichts anderes, als dass wir auch als Erwachsene unser Leben so führen, wie wir es als Kinder gelernt und unbewusst beschlossen haben. Es geschieht selten, dass wir innehalten und überlegen, ob längst gefasste Beschlüsse oder feste Überzeugungen auch heute noch Gültigkeit haben. Nur wenn es zu schlimm wird, wenn wir unser Leben nicht mehr aushalten, fragen wir uns, ob wir es noch angemessen führen und gestalten.

Unser Leben besteht zu überwältigend großen Anteilen aus Gewohnheiten. Viele unserer Tage sind nichts anderes als eine Aneinanderreihung dieser Gewohnheiten. Je öfter wir auf gleiche Weise handeln, umso unbedingter erscheint uns, es so zu tun. Wir fragen uns also immer weniger, ob es eigentlich noch unser Leben ist, das wir erleben.

Viele Erwachsene meinen, sie hätten sich quasi freigeschwommen von ihrer Erziehung und ihrer Kindheit. Sie würden unabhängig von anderen oder auch von den Eltern ihre Entscheidung treffen können. In der Realität ist das oft nicht so. Selbst wenn unsere Eltern schon gestorben sein sollten oder wir ein besonders schlechtes Verhältnis zu ihnen haben, kann es extrem schwierig sein, sich von ihren Erwartungen wirklich freizumachen. Nicht selten habe ich über 50 Jahre alte Menschen beraten, denen dann schrittweise klar wurde, wie sie auch heute noch von dem abhängen, was ihnen in der Kindheit vorgelebt oder eingetrichtert wurde. Diese Inhalte sind ihnen von anderen übergestülpt worden. Sie haben wenig oder nichts mit den eigenen Wünschen und den eigenen Talenten zu tun.

Wenn wir uns einmal klargemacht haben, woher welche Überzeugung kommt und ob diese Überzeugung tatsächlich dem Stand unserer heutigen Persönlichkeit und unsere Entwicklung entspricht, dann können wir diese Überzeugung auch freundlich verabschieden. Danach spüren wir eine neue, sehr viel freiere Welt in uns selbst und werden Entscheidungen anders treffen. Wenn wir dann noch das Folgende berücksichtigen, wird es gut weitergehen:

Lebenslanges Lernen

Eine nächste Möglichkeit, mit mehr Weitsicht in die Zukunft zu gehen, ist lebenslanges Lernen. Wer regelmäßig und freiwillig Fortbildungen besucht, wird feststellen: Es gibt keine Fortbildung, von der wir nicht auch profitieren. Immer ist etwas dabei, was wir bisher nicht wussten oder nicht beachtet haben oder wieder vergessen haben. Das gilt für jeden Beruf. Jeder Beruf ermöglicht uns, wenn wir uns öffnen und es zulassen, neue Erfahrungen zu machen und somit zu profitieren. Durch Nichtstun oder Warten kommt nichts Besseres vorbei.

21 Spieglein an der Wand

Je näher sich unsere Entscheidungen an der Wahrheit orientieren, umso höher ist die Aussicht auf Erfolg. Zum einen, weil wir dadurch viele Umwege vermeiden, also schneller zum Ziel kommen können, zum anderen, weil wir uns von vornherein auf die wichtigen Inhalte unseres Vorankommens konzentrieren können, also Energie sparen. Deshalb mal so unter uns eine vielleicht etwas unangenehme Frage. Die Antwort darauf geben Sie nur sich und so, dass sie niemand hören kann. Also mal ganz ehrlich:

> **KLÄRUNG** ▶ Neige ich zur Selbstüberschätzung?

Etwas besser einzuschätzen, als es ist, spielt keine Rolle, solange es nur unser Käsefondue für die Gästerunde am Abend ist. Bei dem geht es allenfalls darum, angenehme verbale Streicheleinheiten zu bekommen. Anders, wenn wir unsere kommerziellen Produkte und unsere beruflichen oder unsere partnerschaftlichen Fähigkeiten einschätzen. Dann müssen wir uns der Realität stellen. Einige Tatsachen dazu, wie wir Menschen ticken (nach Dobelli 2011):

Beispielsweise überschätzen wir grundsätzlich unsere Fähigkeit, etwas korrekt zu schätzen, also eine Prognose abzugeben. Da können wir arg danebenliegen. Viele Untersuchungen haben gezeigt: Am meisten überschätzen wir uns selbst.

> **PRAXIS** ▶ Gehen wir also zur Vereinfachung davon aus, dass wir alles in allem weniger wissen, als wir zu wissen meinen. Und dass wir etwas weniger können, als wir zu können meinen.

Männer neigen stärker als Frauen zu diesem Effekt, und Optimisten stärker als Pessimisten. Wenn wir entscheiden, was wir tun wollen, ist es deshalb sinnvoll, von einem *leicht* pessimistischen Szenario auszugehen. Dieses dürfte am ehesten dem dann stattfindenden Ablauf entsprechen.

Auf der Überschätzung eigener Fähigkeiten beruht ein wichtiger Teil unserer Fehlentscheidungen. Einige klärende Fragen sind dann nützlich, sofern sie ehrlich beantwortet werden, wie beispielsweise – je nach Situation:

- Bin ich wirklich fähig, Kaltakquise zu betreiben?
- Bin ich wirklich so sozial umgänglich, dass andere danach streben, mich zu treffen?
- Habe ich wirklich verstanden, wie sich Waren verkaufen lassen?
- Bin ich wirklich kompetent, schlechte Weine von guten zu unterscheiden?
- Habe ich wirklich genug Ahnung vom Aktienmarkt, um mich finanziell darin zu engagieren?

Das sind mögliche Fragen, die Sie allein für sich beantworten können, bevor Sie eine weitreichende Entscheidung treffen. Zugleich dürfen Sie sich erlauben zu sagen: Ich kann es nicht entscheiden, deshalb höre ich auf den Rat eines echten Experten. Dann gilt noch zu klären, wer ein Experte ist und wer nicht (Kapitel 57).

Sich selbst zu überschätzen kann sogar zur Präsidentschaft eines Landes führen. Meistens sind wir durchschnittlicher, als wir von uns meinen oder uns lieb wäre. Selbstüberschätzung bedeutet auch, einen zu starken Optimismus auszuleben. Wer Glück hat, erlebt die Konsequenzen dieser Selbsterhöhung nicht mehr, aber spätestens die Erben oder Nachfolger werden es.

PRINZIP ▶ Je mehr man unberechtigt von sich selbst überzeugt ist, umso höher wird das Risiko für falsche Entscheidungen.

Damit ist die Gefahr von Enttäuschungen vorprogrammiert. Andererseits ist die Welt übervoll von Menschen, die sich selbst klein machen und ihre Größe und Fähigkeiten nicht richtig erkennen. Einmal mehr geht es um das richtige Maß. Die meisten Menschen geben sich der Illusion hin, sie seien unverletzlich. Auch wenn die eigene Lebenserfahrung zeigt, wie oft man schon hingefallen ist und sich verletzt hat, wird dieser Irrglaube nur ungern aufgegeben. Auch das kann eine Entscheidung in die falsche Richtung bringen. Wenn wir in unsere Wahl einbeziehen, dass wir schwach oder krank werden können, werden wir manche Entscheidung vermutlich anders treffen. Die Dosis macht das Gift oder sie führt zu Tatkraft, mutigen Entscheidungen und zum Erfolg. Denn wir können durchaus auch über uns selbst hinauswachsen.

Weil wir dazu neigen, unsere Fähigkeiten etwas besser zu interpretieren, als sie tatsächlich sind, gibt es vielfältige Folgen (Tabelle 2).

Tabelle 2: Wie wir uns überschätzen

Überschätzte Fähigkeit	Beispiel
zu hohe Risikobereitschaft	Autofahren mit Unfall
zu wenige finanzielle Rücklagen	zu geringe Rente, fehlende Sicherheit der Arbeitsstelle
zu hohe Kosten	Verkaufsprodukt weniger erfolgreich als gedacht
falsch gewählter Zeitpunkt	Designleuchte (siehe folgendes Beispiel)
zu positive Einschätzung eigener Fähigkeiten	Renovierung doch durch Fachleute notwendig
falsche Kernüberzeugungen	Ich kann alles. Mich hält nichts auf.

Auch den Zeitpunkt für ein Vorhaben können wir falsch einschätzen: Wenn es um den richtigen Zeitpunkt geht, denken Sie vielleicht daran, etwas verpasst zu haben, also zu spät zu sein. Der richtig gewählte Zeitpunkt für eine Entscheidung kann durchaus auch zu früh sein.

»Vor mehr als zwei Jahrzehnten führte Theresa einen Laden für Wohnaccessoires in der Hamburger Innenstadt. In diesem Zusammenhang besuchte sie auch die Einrichtungsmesse »Ambiente« in Frankfurt, auf der sie eine besonders ansprechend designte Tischleuchte entdeckte. Sie kaufte vier Stück ein und bot sie zum vom Hersteller empfohlenen Preis im Geschäft an. Die Leuchten standen wie Blei im Verkaufsregal. Nach über einem Jahr war eine verkauft; Theresa erbarmte sich der drei anderen, zahlte den Einkaufspreis auf das Geschäftskonto ein und brachte die Leuchten nach Hause. Kurze Zeit später nahm das New Yorker Museum of Modern Art diese Leuchte in seine Dauerausstellung auf; ein Ritterschlag. Darüber wurde in den wichtigsten Inneneinrichtungszeitschriften berichtet, woraufhin mehrere Kunden in Theresas Laden stürmten, um die Leuchte zu kaufen. Bei ihr waren sie zu spät dran – und sie selbst eindeutig zu früh.

Das eigene Produkt
»Vor langer Zeit brauchte Tim für seine ersten Vorträge eine technische Möglichkeit, um seine Sprache mit Musik zu unterlegen. Er hatte kein Geld, ein entsprechendes Gerät zu kaufen, aber er kannte Jim. Jim war ein begeisterter Bastler. Nach einigen Wochen präsentierte er Tim seine Lösung, einen kleinen, unscheinbaren schwarzen Kasten. Jim war völlig begeistert von seinem Werk. Tontechniker hätten sich ab jetzt warm anzuziehen, meinte er. Beim ersten Versuch war Tim erstaunt. Das lauteste, was dieses Wunderwerk der Technik zu produzieren vermochte, war ein stetes, helles Rauschen. Sowohl die Musik als auch sein Vortrag gingen darin unter.

Etwas, das wir selbst gefertigt haben, schätzen wir als deutlich besser ein als vergleichbare, auch bessere, Produkte. So gibt es vermutlich so manche Schriftsteller, die nach Fertigstellung ihres neuesten Werkes glauben, damit einen Weltbestseller geschaffen zu haben. Die Erfahrung zeigt jedoch, dass das meistens nicht gelingt.

Eine schlimme Botschaft
Es gibt Untersuchungen, die belegen:

> **PRINZIP** ▶ Je inkompetenter ein Mensch auf einem bestimmten Gebiet ist, umso höher ist das Risiko, dass er seine Kompetenz überschätzt.

Das kennen wir alle aus dem Alltag als Autofahrer. Wer würde sich schon als durchschnittlichen Autofahrer oder gar als schlechten beschreiben? (Dunning-Kruger-Effekt)

Dahinter steckt eine einfache Erklärung: Wer nicht kompetent ist, kann auch nicht wissen, wie Kompetenz sich zeigt oder erworben wird. Dieser Mensch fühlt Kompetenz niemals wahrhaftig und in der Einbildung kann man sich alles vorstellen. Umgekehrt ist es genauso. Wenn jemand wirklich kompetent ist, hat er dafür meistens viel, sehr viel lernen müssen. Schließlich wird ihm das Wissen selbstverständlich. Dann können die wenigsten verstehen, welches Niveau passt, um für andere verständlich zu bleiben. Ein Beispiel ist ein misslungener Dialog zwischen Arzt und Patient. Manche bereiten sich übervorsichtig vor, obgleich sie kompetent sind – wie der Business-Coach Frank:

>> *Als ich vor langer Zeit begann, Menschen zu beraten, hatte ich dafür mehrere Aktenordner an Arbeitsmaterialien vorbereitet. Ich hatte große Sorge, akut nicht weiterzuwissen. Das wollte ich mir und meinen Klienten ersparen. In den Ordnern befanden sich unter anderem Tests, die ich meinen Klienten hätte anbieten können, quasi als Überbrückung der peinlichen Stille. Auch diverse Schemata, mit denen ich etwas hätte erklären können. Ich habe diese Ordner jahrelang in meinem Coachingraum gelagert und niemals angetastet. Irgendwann wusste ich, ich werde sie niemals brauchen und entsorgte sie.*

Diesen Zustand erreichen wir alle, wenn wir Erfahrung und Können aufbauen. Dann können wir uns selbst vertrauen.

V. Falsche Vorstellungen

22 Die Wundertüte

Vielleicht kennen Sie einen vor langer Zeit ausgestrahlten Sketch mit Dieter Hallervorden: »Die Kuh Elsa«. Er ist nach wie vor im Internet verfügbar. Darin wird der Graf von Seidewitz von seinem Butler angerufen. Der Butler teilt dem Grafen mit, die Kuh Elsa sei verstorben. Das kümmert den Graf nicht wirklich. Er verweist auf über 3000 Kühe, die sein eigen seien. Er fragt wenig interessiert seinen Butler, woran die Kuh verschieden sei. Dann entwickelt sich eine Kette: Der Stall habe gebrannt, das Dach sei auf den Kopf der Kuh gefallen. Schließlich kommt heraus, dass der Stall gebrannt hat, weil das Feuer vom Landsitz des Grafen übergegriffen hatte. Der Landsitz wiederum brannte ab, weil der Sohn des Grafen beim Sturz auf einer Treppe sich beide Arme gebrochen hatte. Dabei hatte er den Leuchter mit brennenden Kerzen fallen lassen. Diese Kerzen sollten an das Totenbett der plötzlich verstorbenen Frau Gräfin gebracht werden. Der Butler wird nicht müde, immer wieder das Leid der Kuh Elsa hervorzuheben. Nur nebenbei wird dem Grafen mitgeteilt, dass seine Frau unerwartet gestorben ist.

In meist umgekehrter Abfolge kann es sehr ähnlich mit unseren Vorhaben ablaufen. Irgendetwas fordert uns zum Handeln auf. So kann eine kleine, scheinbar unbedeutende Tatsache das Potenzial in sich tragen, das ganze Leben zu ändern. Sie kann eine Kette von Vorkommnissen auslösen, die mit der ursprünglichen Sache nichts mehr zu tun haben. Zum Zeitpunkt der Entscheidung ist uns das vollkommen unklar. Wir wissen es nicht, weil wir es nicht wissen können.

So ging es im Sommer 1977 der jungen Cornelia:

»*Cornelias Eltern luden sie in ein Eiscafé ein, um ihr etwas mitzuteilen. Direkt nach Cornelias Abitur im nächsten Jahr würden sie von einer süddeutschen Kleinstadt in eine norddeutsche Großstadt ziehen. Das war Cornelia gar nicht recht. Sie begann dann ihr Studium in Regensburg,* brach es jedoch noch im ersten Semester ab und zog 1978 notgedrungen ihren Eltern hinterher nach Norddeutschland. Sie kam in eine Stadt, die sie nicht kannte, und in der sie nicht leben wollte. Über 40 Jahre später lebte sie noch immer dort. Beide Eltern kehrten nach wenigen Jahren nach Süddeutschland zurück. Cornelia fühlte sich längst sehr wohl im Norden und wollte dableiben. Wegen einer wieder rückgängig gemachten Entscheidung ihrer Eltern fand Cornelia den Ort, der zu ihrer eigenen Heimat wurde.

> **PRINZIP ▶** Oft wissen wir vorher nicht, wie sich eine Entscheidung tatsächlich auswirkt. Auch scheinbar unbedeutende Entschlüsse können weitreichende Folgen haben.

Ein anderes Beispiel:

»Norbert lebte seit über zehn Jahren in einer Partnerschaft mit Iris. Beide hätten ihre Beziehung als gefestigt und sicher bezeichnet. Vor kurzem war Norberts Mutter gestorben. Er hatte das Gefühl, mit ihr noch etwas klären zu müssen. Ihm wurde von einer Arbeitskollegin geraten, sich bei einer Familienaufstellung anzumelden. Zwar glaubte er nicht an einen Erfolg dabei und ging auch lustlos hin. Das verkehrte sich im Laufe des Wochenendes ins Gegenteil. Er war begeistert von der Methode. Kurzentschlossen meldete er sich zu einer entsprechenden Ausbildung an. Während dieser traf er Mareike und verliebte sich in sie. Schließlich kam es zur Trennung von Iris, zur Aufgabe seines ursprünglichen Berufs und zur Geburt zweier gemeinsamer Kinder mit Mareike. Aus dem Versuch, an einem Wochenende etwas zu klären, entwickelte sich ein vollkommen anderes Leben.

Jede Entscheidung berührt das eigene Leben, mal kurzfristig, mal eingreifend. Damit kann jeder Entschluss wichtig werden. Wenn wir etwas festlegen, können wir oft nicht die Auswirkungen einschätzen. Zutiefst wissen wir um die Möglichkeit von weitreichenden Wirkungen. Das liegt daran, dass wir bereits als Kinder markante Situationen erlebt haben. Man kann sie als Kulturschocks bezeichnen. Diese finden meistens dann statt, wenn Schwellen überschritten werden. Typische Schwellensituationen im Leben sind die Einschulung, Änderungen des Wohnortes, Scheidungen oder Neuverlieben der Eltern, der Beginn des Arbeitslebens oder ein Stellenwechsel. Es sind immer Situationen, in denen wir bisher sicher Geglaubtes aufgeben müssen und Neuland betreten. Wir wissen dann oftmals nicht, woran wir im Moment sind. Je älter wir werden, umso leichter gelingt uns ein solcher Schwellenübertritt. Nicht deshalb, weil der Übertritt an sich leichter geworden ist, sondern weil wir uns selbst nähergekommen sind. Wer eher eine korrekte Vorstellung von sich selbst hat, verfügt über eine stabilere innere Basis, um mit den Unbilden im Äußeren zurechtzukommen.

23 Rationale Entscheidungen – ein Märchen

Objektive Entscheidungen gibt es. Wer schon einmal von einem Blitz getroffen wurde, kennt sie. Ich jedenfalls gehe nicht davon aus, dass die Gewitterwolke es persönlich auf mich abgezielt hatte. Ich saß gerade in Texas auf einer Terrasse, als wenige Meter neben mir ein Blitz einschlug. Ich weiß insofern, wovon ich spreche. Auch ein umstürzender Baum ist objektiv, selbst wenn er einen Menschen unter sich begräbt. Es handelt sich um einen wirklichen, furchtbaren Zu-Fall.

Wer schon länger als ein paar Jahre auf der Erde weilt, kennt das Phänomen genau. Meistens fällt es uns bei uns nahestehenden Personen stärker auf als bei anderen. Wir fragen uns immer wieder, nicht selten verzweifeln wir sogar, weshalb ein für uns vollkommen irrationales Vorgehen vom anderen gewählt wird. Es kommt auch durchaus vor, dass man eine nahestehende Person nicht von allergrößten Dummheiten abhalten kann. So manches erscheint irrational. Und das ist es auch.

Bei jedem Entschluss konkurrieren zwei Ebenen miteinander, der »Bauch« und der »Kopf« (im Sinn von Verstand). Der Bauch geht schnell voran, auch unbedacht und oftmals stereotyp. Der Kopf ist eher langsam, versucht Logik einfließen zu lassen und wägt das Für und Wider ab. Das Problem dabei ist: Die wenigsten Entscheidungen lassen sich logisch treffen. Allein schon deshalb, weil viel zu viele Variablen existieren, auf die wir keinerlei Einfluss haben. Wir können auch nicht alles vorab sehen. Trotzdem fühlen wir uns dann wohl, wenn Bauch und Kopf im Einklang sind. Wenn unser Votum zu keinerlei Grübeln oder Zweifeln führt und uns ein angenehmes Gefühl verschafft, meinen wir, richtig entschieden zu haben.

In komplexen Situationen kommen wir mit dem Kopf oder Verstand alleine nicht weiter. Es ist gewissermaßen so wie die tägliche Aufgabe eines Meteorologen. Je länger er in die Zukunft schauen muss, umso schwieriger wird es, umso unwahrscheinlicher tritt das ein, was er vermutet. Unser Verstand ist für solche Einschätzungen nicht unterdimensioniert, sondern die Möglichkeiten sind letztlich unendlich und können deswegen nicht wirklich überschaut werden. Nehmen wir ein einfaches Beispiel: Am nächsten Wochenende erwarten wir zwei Gäste, von denen wir nicht wissen, was sie gerne essen. Wir wollen eine Vorspeise, eine Hauptspeise und eine Nachspeise zubereiten. Das sind also drei verschiedene Essen, die von zwei verschiedenen Personen entweder gemocht werden oder nicht. Unseren eigenen Geschmack bewerten wir dabei nicht. Damit ist rein mathematisch die Wahrscheinlichkeit, die zwei Gäste zufriedenzustellen, eins zu 64. Das bedeutet, in 63 von 64 Fällen wird zumindest ein Gericht einem von beiden nicht schmecken. Das gilt natürlich nur, wenn die Chancen für »schmeckt / schmeckt nicht« jeweils genau 50 Prozent betragen.

Wir leiden an einer sehr begrenzten Rationalität (nach H. Simon, Roth 2012). Oftmals kennen wir noch nicht einmal die Hauptbedingungen, die auf eine Situation Einfluss nehmen. Bezüglich des Beispiels mit zwei eingeladenen Gästen bedeutet dies: Ist ein Frutarier dabei? Ein Vegetarier oder ein Veganer? Hat jemand eine Nussallergie? Oder eine Glutenunverträglichkeit? Mag jemand auf keinen Fall irgendwelche Knochen auf dem Teller sehen? Kann einer Rosenkohl nicht ausstehen? Gut, das ist eher wahrscheinlich.

Die Nebenbedingungen, von denen es oftmals viele gibt, sind uns meistens noch weniger bekannt. Letztlich sind sie, wenn wir es ehrlich beurteilen, oftmals überhaupt nicht berechenbar. Nebenbedingungen im Beispiel eben sind neben vielen anderen etwa die Stimmung am Abend, ob die Gäste hungrig oder satt ankommen, gestresst oder entspannt, ob beide gesund sind oder nicht.

Eine Abendeinladung für gerade einmal zwei Gäste auszugestalten, ist jedoch um Dimensionen einfacher als beispielsweise eine Berufsausbildung zu ergreifen. Gewiss gibt es Menschen, die schon in recht jungen Jahren genau wissen, was sie beruflich machen wollen. Bei den meisten ist es jedoch anders. Da man sich selbst gegenüber ziemlich blind ist, können Jugendliche ihre tatsächlichen Stärken auch oftmals nicht richtig einschätzen. Andererseits möchten sie sich nicht vorschreiben lassen, was sie zu tun haben. Aus dieser Gefühlsmelange heraus eine passende Option zu wählen, die möglichst auch noch ein ganzes Leben lang hält, ist eher unwahrscheinlich.

Unsere Ratio kann oft nicht tief genug eindringen, um tatsächlich rational vorzugehen.

> **PRINZIP** ▶ Je komplexer die Situation, umso schwieriger wird es, rational zu handeln.

Darin liegt ein gewisses Paradoxon, denn komplexe Situation erscheinen uns oftmals schwierig oder eben undurchschaubar und machen uns dadurch Angst. Gerade in solchen Situationen wollen wir möglichst genau und möglichst durchdacht entscheiden. Unsere Psyche ist dann ein Hindernis für Entscheidungen. Unser Job ist, sie zumindest so weit zu verstehen, dass wir sie nutzen und nicht von ihren Entscheidungen manipuliert werden. Viele Situationen verlangen deshalb nach einer Fähigkeit des Menschen, die wir als Intuition bezeichnen. Dabei handelt es sich um eine auf eigener Erfahrung basierende Vermutung.

Gleich wie wenig rational sie sein mag: Gnädig mit unserer Wahl stimmen wir uns selbst. Inzwischen wurde wissenschaftlich nachgewiesen, dass wir uns meistens an das, wofür wir uns entschieden haben, nicht nur gewöhnen. Nein, wir mögen es sogar, einfach deshalb, *weil* wir uns dafür entschieden haben. Dann hören wir Sätze wie: »Am

Anfang mochte ich das (Hobby, Ding) gar nicht. Aber je länger ich es mache oder habe, umso mehr mag ich es.«

> **PRINZIP** ▶ Wir entscheiden uns nicht nur für das, was wir mögen. Wenn wir uns für etwas entschieden haben, beginnen wir meistens auch, es (deshalb?) zu mögen.

24 Die Grenzen der Intuition

Intuition ist oftmals ganz, ganz leise. Das ist keine Stimme, die sich in den Vordergrund spielt. Intuition ist oft noch nicht einmal wahrnehmbar, dennoch folgen wir ihr.

So sinnvoll und nützlich Intuitionen sind – sie können uns auch einen Streich spielen. Wenn wir auf einem intuitiven Weg zu einem Ergebnis gekommen sind, verzichten wir oft darauf, noch einmal rational und mit einer gewissen Distanz das Ergebnis zu betrachten. Dadurch werden falsche Entscheidungen wahrscheinlicher. Intuition ist schnell, unsere Logik und Ratio sind dagegen langsam und eher träge. Wir sollten ihnen immer genug Zeit geben und uns von dem raschen Aufblitzen unserer Intuition nicht blenden lassen.

> **PRAXIS** ▶ Sobald es um wichtige Inhalte geht, sollten wir immer auch, soweit es uns möglich ist, rational denken und nicht nur intuitiv handeln.

Wenn irgendein Guru in Interviews behauptet, aufgrund einer »Bauchentscheidung« (womit vermutlich eine Intuition gemeint ist) Investition getätigt zu haben, die sich dann als der Hit herausgestellt hat, kann das zwar stimmen. In der Regel wird auch dieser Guru sich genügend Informationen beschafft haben, bevor er vermeintlich seiner Intuition gefolgt ist.

Allgemein gilt bei Zahlen, erst recht bei prozentualen Verhältnissen und noch mehr bei exponentiellen Verhältnissen: Wir besitzen dafür kein Gefühl. Es ist von Natur aus nicht vorgesehen (siehe auch Kapitel 67–69). Unser Gehirn hinkt quasi unserer kulturellen Entwicklung hinterher. Das Gute ist, dass wir seit etwa 50 Jahren einen Taschenrechner haben. Das bedeutet, bei Prognosen im wirtschaftlichen Bereich nutzt einem ein Taschenrechner erheblich mehr nützt als Erfahrungen oder Intuitionen, Meinungen oder Gefühle. Intuition funktioniert anders als Mathematik. Zur Mathematik gehört die Berechnung von Wahrscheinlichkeiten.

PRINZIP ▶ Wir können Wahrscheinlichkeiten *niemals* intuitiv erfassen.

Wir haben deshalb auch kein intuitives Gefühl für Risiken, erst recht nicht im Bereich von Zahlen, wozu Aktien oder andere Geldanlagen gehören. Wenn wir uns bei entsprechenden Themen so wahrhaftig wie möglich um die Risiken kümmern wollen, müssen wir uns relativ stark in Unternehmensgeschichten und in Marktberichte vertiefen. Dann gilt es zu rechnen, nicht seinen Bauch zu befragen. Wer das tut, kauft niemals mehr ein Los einer Lottogesellschaft. In einem Jahr werden bei uns etwa 100 Menschen zu Lottomillionären. Das bedeutet in etwa, dass es innerhalb eines Jahres in einer Stadt der Größe Kölns einen Millionär mehr gibt. Ziemlich unwahrscheinlich, genau dieser eine zu sein. Viele Untersuchungen zeigen, dass wir kaum zwischen den verschiedenen Chancen und Risiken unterscheiden können. Das Einzige, was wir verstehen, ist ein Nullrisiko. Das ist einer der Gründe, weshalb Versicherungen so erfolgreich sind. Wir sind nämlich bereit, übermäßig viel Geld dafür auszugeben, auch das kleinstmögliche Restrisiko zu umgehen. Wichtig ist hierfür zu verstehen und zu akzeptieren, dass nichts sicher ist. Gesundheit kann nicht mit völliger Sicherheit durch ausreichend Sport oder gesunde Ernährung aufrechterhalten werden. Eine Ehe kann scheitern, Freundschaften können auseinandergehen, Ersparnisse können sich nahezu in Luft auflösen. Das Einzige, was einem nicht genommen werden kann, ist das eigene Wissen, solange man nicht dement wird.

25 Wahrheit und andere Illusionen

Verstrickung

》 *Jonas kam voller Überzeugung mit seinem selbstentwickelten Computerspiel zu mir. Er wollte die Frage klären, warum er dieses Spiel nicht an einen Hersteller verkaufen konnte. Immer, wenn er es vorgestellt hatte, wurde die Individualität des Spiels gelobt. Aber niemand war bereit, es in das Programm aufzunehmen und zu vertreiben. Tatsächlich war Jonas aufgrund seiner persönlichen Verbindung und all der Programmierarbeit, die er in das Projekt gesteckt hatte, ein wenig blind für das, was zählt. Jonas hatte alle Figuren, die Story und die Regeln wundervoll ausgearbeitet. Jedoch war alles zusammen einfach nicht marktfähig. Die Regeln des Spiels waren erheblich zu schwierig. Das Design wirkte nicht professionell genug, sondern eben selbstgemacht. Trotzdem gab es eine gute Lösung. Die eigentliche Story, welche er verfasst hatte, war inspirierend und interessant. Das war seine wirkliche Stärke. Er nutzte diese. Statt eines Spiels schrieb er ein sehr fantasievolles Buch auf der Basis des Spieleinhalts.*

Einem ähnlichen Effekt unterliegen auch die meisten Menschen, die ihr Haus oder ihre Wohnung verkaufen wollen. Persönliche Verbundenheit treibt die Preiserwartung in wenig realistische Ebenen. In aller Regel wird der Wert zu hoch eingeschätzt. Die Erinnerungen, die mit der Immobilie verbunden sind, werden sozusagen mit einberechnet. Diese Erinnerungen haben nur die Verkäufer, nicht die Käufer.

> **PRINZIP ▶** Bei jedem Verkauf gilt als unverrückbare Regel: Was ist es *dem anderen* wert? Es geht nie darum, was es einem selbst wert ist.

Ein weiteres Problem tritt auf, wenn Interessenten die Immobilie besichtigen und überhaupt nicht angetan sind. Dies wird dann von den Verkäufern als persönliche Verletzung gewertet. Das ist der wichtigste Grund, weswegen bei emotional gebundenen Verkäufen eine unbeteiligte Person oder eine neutrale Instanz wie eine Internet-Verkaufsplattform dazwischengeschaltet sein sollten.

Der goldene Käfig

Wir neigen dazu, einen irrationalen Wunsch zu rationalisieren. Wir wollen also unsere aktuelle geistige Irrung nicht wahrhaben. Das funktioniert gut, indem wir nur noch Gleichgesinnte zu Wort kommen lassen. Befürchteter Gegenwind lässt uns Gespräche über das Thema vermeiden: eine klare Form von Selbstbetrug. Das ist das Verhalten von Politikern, wenn sie zu lange an der Macht sind. Sie leben in einer Art Elfenbeinturm. Sie bekommen nicht mehr mit, was in der Bevölkerung tatsächlich geschieht. Sie hören nur Experten an, deren Meinung ihrer gleicht. Es ist sozusagen das Problem des Diktators, das zu dessen Sturz führen kann. Denn Kontakt mit Gegenargumenten zu vermeiden ist riskant. Es zeugt von Hochmut. Der kommt bekanntermaßen vor dem Fall.

Ignoranz

Es gibt eine klare Tatsache:

> **PRINZIP** ▶ Wissen allein ändert gar nichts.

Am leichtesten ist das bei einer Sucht nachzuvollziehen. Wir können davon ausgehen, dass jeder Raucher weiß, wie gefährlich und unnütz seine Sucht ist. Genauso wie alle Menschen von den Gefahren von Alkohol, zumindest zu viel Alkohol, wissen – und die meisten ihn dennoch konsumieren. Erst wenn es weh tut, und oftmals sogar dann nicht, überdenken Menschen ihr Tun.

Anders ausgedrückt:

> **PRINZIP** ▶ Menschen ignorieren ständig Tatsachen.

Es geht nicht nur um Kernüberzeugungen wie:
- Ich will es nicht wissen.
- Du sagst mir nichts.
- Da kann man sowieso nichts machen.

Es geht um eine dem Wesen des Menschen innewohnende Eigenschaft.

Wahrheitsillusion und instrumentalisierte »Wahrheit«

> **PRINZIP** ▶ Es gibt Wahrheit, aber es gibt keine objektiven Entscheidungen.

Die Wahrheit ist außerhalb von uns. Sie ist das, was tatsächlich besteht. Was wir daraus machen, wird durch uns bestimmt und gefärbt.

Gute Entscheidungen treffen Sie soweit wie möglich entlang der Wahrheit. Wenn Sie diese nicht kennen, fehlt Ihnen eine wesentliche Führungskraft, die Ihnen den Weg weisen könnte.

Diese Führungskraft sitzt grundsätzlich in uns selbst. Wir sind jedoch immer wieder blind für die Wahrheit, weil wir uns nicht ausreichend um sie kümmern. Sie will quasi gepflegt werden wie eine junge Pflanze. Es gibt auch den Zustand, dass wir von etwas überzeugt sind, was nicht der Wahrheit entspricht. Das wird Wahrheitsillusion genannt. Diese unterscheidet sich in einem einzigen Punkt von einer Lüge: Wer lügt, weiß, dass er lügt. Wer einer Wahrheitsillusion aufgesessen ist, kriegt das nicht mit. Insofern ist es ein weniger guter Zustand als zu lügen – beim Lügen weiß man, was Sache ist.

Es gibt auch die instrumentalisierte Wahrheit: Wahr ist, was mir nützt. Ein weit verbreitetes Phänomen, nicht nur bei Populisten, ganz allgemein bei Politikern, sondern bei jederfrau und jedermann:

»*Otto, ein älterer Herr, war früher als Bauingenieur tätig und wohnte seit langem in einem von ihm selbst entworfenen Haus. Er merkte, dass er es nicht mehr lange machen würde, und spürte eine immer stärkere Sehnsucht danach, an den Ort seiner Kindheit zurückzukehren. Leider stand sein Haus 500 Kilometer entfernt davon. Und leider wollten seine zwei Söhne ihn an Ort und Stelle wissen. Welch ein Zufall: An einer Ecke in Ottos Haus bestand seit langem ein Setzungsriss, der sich nicht ausdehnte und völlig harmlos war. Je länger Otto darüber nachdachte, umso klarer wurde ihm, welche Gefahr von dem Riss ausging: Sein Haus war akut einsturzgefährdet; eine Wahrheitsillusion, die instrumentalisiert wurde. Er berief am nächsten Sonntag ein Familientreffen ein und wies mit großen Worten unter Hinweis auf seine jahrzehntelange berufliche Erfahrung auf den Riss hin. Argumente wie: »Den Riss kennen wir seit 20 Jahren« ließ er abblitzen. Nach diesem Sonntag war keiner der Söhne wirklich überzeugt. Übernächsten Sonntag das gleiche Spiel. Der eine Sohn begann dann schon zu zweifeln. Nur noch wenige Familientreffen und allen war klar: Das Haus musste schnellstmöglich verkauft werden. So geschah es auch. Otto war frei, hatte Geld und zog in den Ort seiner Kindheit, wo er nach drei Jahren verstarb. Das verkaufte Haus stürzte übrigens in den nachfolgenden Jahrzehnten nicht ein und musste noch nicht einmal saniert werden.*

Wahres über die Wahrheit

Wir alle sind Sachverhaltsverzerrer. Mit der Wahrheit meinen wir es nicht so ernst, denn wir nehmen die Welt nicht objektiv wahr. Das können wir nicht. Außerhalb von uns ist die Wahrheit oder Objektivität. Um diese in uns hineinnehmen zu können, benötigen wir als erste Filterinstanz unsere Sinnesorgane. Wenn wir uns überlegen, wie anders bereits das aufgenommene Bild der Umgebung sein kann: Eine Fliege mit ihren Facettenaugen sieht es völlig anders als wir. Ein Chamäleon, das beide Augen unabhängig voneinander sogar nach hinten bewegen kann, noch anders. Ein Raubvogel nimmt Details war, zu denen unsere Augen nicht fähig sind. Welches Lebewesen bildet die Wahrheit am besten ab? Diese Frage ist nicht zu beantworten. Hätten wir Röntgenaugen, sähen wir alles vollkommen anders – nur die Oberfläche könnten wir aber nicht abbilden. Bei Tönen und Geräuschen ist es genauso: Wir können im Gegensatz zu Fledermäusen Ultraschall nicht wahrnehmen. Das alles existiert außerhalb von uns. Unsere Sinnesorgane filtern gnadenlos aus, was die Evolution für uns als unnötig erachtet hat. Wir bekommen nur das in uns hinein, was sich im Laufe von Jahrmillionen als sinnvoll herausgestellt hat. Jeder Sinneseindruck erzeugt einen Eindruck in uns, eine körperliche Reaktion. Wenn diese stark ausfällt, wie Ekel bis hin zum Übergeben bei schlimmen Gerüchen oder optischen Signalen, wird sie uns bewusst. Ansonsten ist sie unbewusst, aber messbar. Durch den Eindruck wird ein Gefühl initiiert, das zu einer Stimmung (eher langfristig) oder einem Gedanken führt. Gefühle und Gedanken tragen zur Motivation bei, die maßgeblich von unserer Vorgeschichte und Persönlichkeit gefärbt wird. Erst daraus bilden wir einen Handlungsimpuls und schließlich eine Entscheidung, auf die eine Handlung folgt.

Es ist faszinierend, wenn wir uns das im Detail einmal angeschaut haben. Was alles geschieht, bevor wir ein Glas Wasser an den Mund nehmen und trinken. Oder bevor sich jemand entscheidet, dass ein paar Menschen zum Mond fliegen sollen, und dafür viele andere hinter dem Ziel vereint.

Stellen wir uns einmal vor, ein Kind namens Elias, vier Jahre jung, übt gerade das Fahrradfahren und fällt dabei hin. Dann sagen wir: Elias ist beim Fahrradfahren gestürzt. Der Satz drückt einen wahren Inhalt aus und ist auf diese Weise der sprachlich korrekte Ausdruck eines Sachverhalts.

Wahrheit ist deshalb auch die Eigenschaft von Sätzen, zutreffende Sachverhalte zu benennen. Wenn der Inhalt des Gesprochenen oder Geschriebenen mit dem übereinstimmt, was ist, nennen wir das die Wahrheit. Tatsachen beruhen auf der Wahrheit. Sie sind unser Versuch, die Wahrheit in Sprache zu überführen.

Ein Sachverhalt wird also durch unsere Sprache zur Wahrheit. Jeder Sachverhalt ist einfach da. Hartnäckig. Er verschwindet nicht. Er ändert sich nicht. Er bleibt. Er ist von uns oder unserer Bewertung unabhängig. Wenn also beispielsweise der Klimawandel geleugnet wird, dann verschwindet er deshalb nicht. Was in keiner Weise bedeutet, dass diese Tatsache von jedem akzeptiert oder gemocht oder anerkennt wird. Es gibt keine neutrale Beobachtung eines Sachverhalts. Jede Beobachtung hat ein Eigeninteresse. Wer etwas nicht anschauen mag, tut dies aus eigenem Interesse. Wer einen Sachverhalt nicht korrekt ausdrückt und darum wissen kann, der leidet an der oben beschriebenen Wahrheitsillusion.

Tatsachen sind von Fakten zu trennen. Fakten werden vom Menschen gemacht. Ein Beispiel: Der Herbst fängt am 1.9. (Meteorologen) an. Herbstbeginn ist der 21.9. (Sonnenstandsdefinition). Fakten haben einen kulturellen Zusammenhang. Der Kilimandscharo heißt deshalb so, weil irgendein Mensch oder eine Gruppe von Menschen diesen Berg so benannt hat. Wenn nun jemand daherkäme und wollte den Berg Rafumpel nennen und bekäme eine Mehrheit dafür zustande, wäre es eben der Rafumpel. Das ändert nichts an der Tatsache des Bergs selbst. Genauso wie Istanbul bis ins 20. Jahrhundert hinein als Konstantinopel bezeichnet wurde.

Ein häufig gehörtes Argument ist, man müsse sich Fakten unterwerfen. Das bedeutet nichts anderes, als seine eigene Freiheit aufzugeben, um sich den von Menschen gemachten Inhalten zu unterwerfen.

PRINZIP ▶ Alternative Fakten können existieren, alternative Tatsachen hingegen nicht.

Fakten spiegeln insofern die Wirklichkeit, als sie zeigen, was wir Menschen empfinden und definieren. Tatsachen spiegeln die Wahrheit, also was ist, wie es ist. Tatsachen bestehen unabhängig vom Menschen. Dass die Erde annähernd rund ist, ist eine Tatsache. Der muss ich mich nicht beugen, sondern ich muss sie verstehen und nutzen. Zum Beispiel, indem ich rundherum fliege ohne die »Scheibe« (die Erde ist eine Scheibe …) zu verlassen.

Früher ging es darum, die Voreingenommenheit hinter den Tatsachen zu minimieren. Heute geht es darum, die Voreingenommenheit so darzustellen, dass die Tatsachen keine Rolle mehr spielen – fake news.

Tatsachen haben eine unschätzbar wertvolle Eigenart: Sie nutzen uns, um Probleme zu lösen. Tatsachen, nicht Fakten, nutzen uns, um

Entscheidungen zu treffen. Es ist viel sicherer, wirkungsvoller und auf Dauer beruhigender, wenn wir Entscheidungen treffen, weil wir uns die Tatsachen klargemacht haben – statt aufgrund von Ideen, Vorstellungen, Meinungen oder Glaubenssätzen zu hoffen, mit unseren Entscheidungen schon richtig zu liegen. Tatsachen gehören dabei immer zur Aufgabe, denn sie bilden die Ist-Situation ab.

> **PRAXIS** ▶ Machen Sie sich vor einem Entschluss die Tatsachen klar. Diese können ganz anders sein als die Fakten.

Ein Beispiel: Wissenschaftliche Tatsache ist der überragend hohe Nutzen der meisten Impfungen. Wer schon einmal einen wirklich leidenden Erwachsenen mit der »banalen« Kinderkrankheit Windpocken erlebt hat, weiß das. Wer aus seiner Jugend noch Menschen mit Kinderlähmung kennt, weiß es auch. Wen bleibende, unerträgliche Schmerzen nach einer Gürtelrose plagen, erlebt es am eigenen Körper. Das hindert eine größere Gruppe von Menschen nicht, andere Fakten zu behaupten. Dann wird aus Impfungen ein Teufelswerk.

Ein eigenes Ziel hingegen muss nicht unbedingt mit bereits bestehenden Tatsachen zusammenhängen. Es kann etwas Neues erschaffen, das als Tatsache noch nicht existiert.

Selektive Wahrnehmung

Je weiter unser Blick, umso besser kann es uns gelingen, unsere tatsächlichen Ziele zu erkennen, Pläne zu machen und sie auch in die Realität umzusetzen. Dafür ist es nützlich, unserer selektiven Wahrnehmung auf die Schliche zu kommen und einmal zu forschen, woher eigentlich unsere Weltsicht stammen mag.

Jeder neigt zur selektiven Wahrnehmung. Was wir gerne hören, das hören wir auch. Den Rest nicht unbedingt. Grundsätzlich haben wir unmittelbar vier Schubladen zur Verfügung, in die wir eine Information hineinpacken (Abbildung 4):

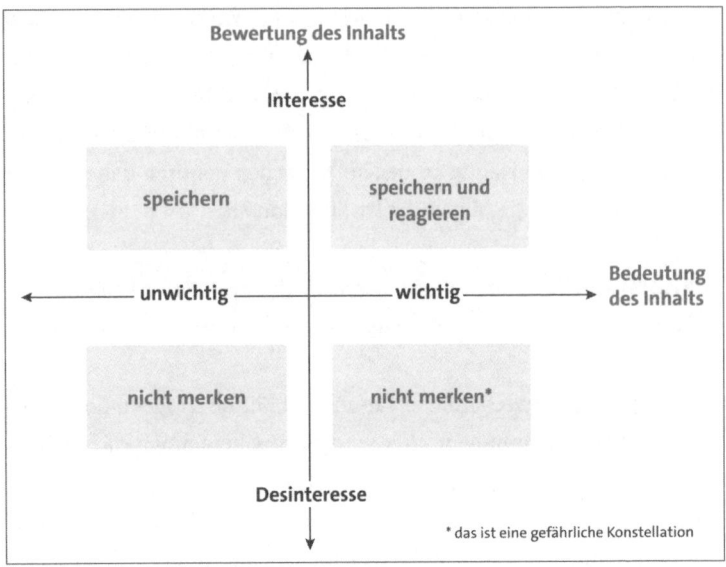

Abbildung 4: Wie wir mit Informationen umgehen

Dabei spielt unser Zustand eine wesentliche Rolle. Wenn wir gehetzt sind oder krank oder gerade betrunken, dann sind andere Inhalte für uns bedeutsam, als wenn wir etwas in einem ruhigen, gesunden Moment bewerten. Ein auf uns zurasender Wagen ist wichtig, wenn wir im Straßenverkehr unterwegs sind, und unwichtig, wenn wir ihn gerade auf einen Bildschirm anschauen.

Diese selektive Wahrnehmung hat Vorteile. Die meisten Informationen um uns herum sind nicht für uns bestimmt und würden uns unnötig belasten. Für bestimmte Tätigkeiten ist die einschränkende Wahrnehmung sogar überaus nützlich. Einige Beispiele:

Sie sitzen in einer großen Halle und ein Freund sitzt irgendwo anders. Sie wollen ihm zuwinken. Wie sollen Sie ihn inmitten von 10.000 anderen Menschen entdecken? Mit Ihrer selektiven Wahrnehmung.

Wenn Sachbuchautoren hunderte oder tausende Literaturquellen sichten müssen, trainieren sie sich im Lauf der Zeit darauf, in möglichst kurzer Zeit das herauszulesen, was für ihr Buchprojekt wichtig sein könnte.

Es gibt Patienten, die kommen mit unzählig vielen Symptomen zum Arzt. Eine Aufgabe für den Arzt ist es, entweder alle Symptome unter einer Erkrankung zu subsumieren; oder er muss die wirklich wichtigen Symptome rasch erkennen und für alle anderen eine große, virtuelle Kiste namens »Hat nichts zu bedeuten« aufmachen.

Es geht also nicht darum, die selektive Wahrnehmung zu verteufeln. Es geht darum, sich klarzumachen, dass jeder Mensch nur so wahrnimmt. Jeder Mensch nutzt bei weitem nicht alle Informationen, die für ihn wichtig sein könnten. In der Folge beruht jeder Entschluss auf einer Vorauswahl und ist allein dadurch bereits hoch subjektiv – und selektiv.

Objektive Entscheidungen sind niemandem möglich, übrigens erst recht nicht denen, die sie für sich reklamieren, wie Führungskräfte in Wirtschaft (Personalabteilung) oder Politik (Kanzler*in und Minister*innen). Die Stärke der selektiven Wahrnehmung dieser Personengruppen beruht darauf, dass vorgeschaltet diverse Menschen vorab Informationen auswählen. Der größte Teil der tatsächlich verfügbaren Informationen wird ihnen also gar nicht gegeben, sondern eine Art von Essenz, auf deren Zusammensetzung sie in der Realität keinen Einfluss haben.

Ein konkretes Beispiel für selektive Wahrnehmung:

»*Arnd kam zu mir, weil er nicht kommunizieren könne. Seine Frau habe ihn hergeschickt. Ich sprach eine Weile mit ihm und stellte keinerlei Probleme seiner Kommunikation fest. Er sprach klar und nachvollziehbar. Er hatte genügend Modulationen während des Sprechens. Er war fähig, Geschichten zu erzählen. Er nutzte Gestik und Mimik. Ich hörte ihm gerne zu. Er konnte Bilder und Gefühle gut ausdrücken. Er verstand meine Fragen und beantwortete sie kreativ und ausführlich. Er meinte, in seiner Kanzlei als Rechtsanwalt sei er beliebt und mit den Fachangestellten gäbe es oft gute Gespräche. Schließlich sagte ich ihm, er habe keine grundsätzlichen Kommunikationsprobleme, aber offenbar welche mit seiner Frau. Er schaute mich mit großen Augen an und wollte wissen, woran es dann hapern könnte. Meine Antwort war: »Vielleicht haben Sie beide sich nichts mehr zu sagen.« Einige Zeit später ließen sie sich scheiden.*

Unser Blickfeld kann überaus beschränkt sein. Es ist sinnvoll, dies ein wenig zu erweitern. Erst recht, wenn Probleme auftauchen. Wichtig ist, eine häufige Ursache für die eigenen Scheuklappen zu verstehen, die Selbsttäuschung:

26 Die Selbsttäuschung

Das ausgeblendete Thema und das ausgeblendete Risiko

Manchmal gehen wir zu große Risiken ein. Das geschieht, wenn wir diese zunächst nicht wahrnehmen. Ein typisches Beispiel ist eine zu eng konzipierte Hausfinanzierung, die nur funktionieren kann, wenn das Risiko eines Arbeitsplatzverlustes ausgeblendet wird. Solche Probleme hat Simon eher nicht, dennoch unterliegt er einer Selbsttäuschung:

»Simon hatte es geschafft. Sein Softwareunternehmen, vor über 20 Jahren gegründet, hatte auf die richtigen Inhalte gesetzt. Mehrere hundert Mitarbeiter folgten Simon treu und leisteten, was sie nur konnten. Simons Vorteil: Geldknappheit kannte er nicht. Vor weniger als zehn Jahren hatte er sich im zweitnobelsten Stadtteil eine stattliche Villa geleistet; Neubau nach seinen Vorstellungen. Natürlich mit Schwimmbad im Keller. Leider war die Doppelgarage für den Autosammler inzwischen viel zu klein. Viel schlimmer war der unverzeihliche Fehler des Schwimmbadbauers: Die Pumpe gluckerte – sogar bis ins Schlafzimmer im zweiten Stock drang das Geräusch des Nachts hoch, wenn ansonsten alles still war. Der Aufwand, das zu ändern, wäre immens, sagte Simon. Seine Lösung: Er kaufte sich für viele Millionen Euro ein freies Grundstück im allernobelsten Stadtteil und baute gleich neu. Bescheiden, wie er meinte, nur knapp 500 Quadratmeter Wohnfläche und eine Tiefgarage für seine 20 Autos. Mehr nicht. Alles in allem kostete diese Lösung dann doch etwas mehr, als die gluckernde Pumpe zu ändern.

Wählen wir ein weniger abgehobenes Beispiel: Wie für alles andere, gibt es auch für Autos Bewertungsportale im Internet. Da lassen sich dann erwachsene Menschen darüber aus, wie furchtbar ihr Wagen sei, weil das Bild der Rückfahrkamera verpixelt wirke. Sie planen eine Neuanschaffung und tausende oder mehr Euro auszugeben, weil der Bildschirm so schlecht ist. Anstatt sich hinzusetzen und in Ruhe zu fühlen, worum es tatsächlich geht. Denn wenn das Bild der Rückfahrkamera beim nächsten Auto noch so gut sein mag, vielleicht knarzt da das Armaturenbrett. Vielleicht stört einen sogar etwas ganz anderes, was man nicht anschauen oder gar lösen will? Geht es wirklich um das Auto? Oder geht es um das teure, neue Auto des Nachbarn, welches er neuerdings vor seiner Garage parkt? Oder fehlt die Liebe vom Partner?

Was ist der wirkliche Grund für eine geplante Aktivität oder für eine anstehende Entscheidung? Worum geht es wirklich? Auch »notwendige« Inhalte können durchaus die Ablenkung von einem belastenden Thema sein. Daneben haben manche Entscheidungen den Charakter einer Beschäftigungstherapie, um Langeweile nicht ertragen zu müssen.

> **KLÄRUNG** ▶ Welches Problem sollte ich wahrhaftig lösen? Welches ist der ehrliche, wahrhaftige, tatsächliche Grund für meine Entscheidung?

Diese Fragen können sehr schwierig zu beantworten sein. Wir sollten uns die Situation genau und selbstkritisch anschauen. Es geht darum wahrzunehmen, was uns tatsächlich antreibt.

Nicht jeder, der über einen anstrengenden Job klagt, hat wirklich einen. Vielleicht geht die Energie ganz woanders verloren? Wie wäre es mit den Streitigkeiten in der Partnerschaft? Vielleicht gibt es seit langer Zeit ein ganz anderes Thema, welches traurig stimmt und nicht bearbeitet wird? Vielleicht ist der Job nicht stressig, sondern schlicht der falsche? Was ist der zentrale Veränderungswunsch? Es geht also hier um die unbewusste Unaufmerksamkeit, das unbekannte Unbekannte – und das ist eine Herausforderung.

Wenn es schwierig ist, sich zu durchschauen, kann es nützlich sein, vom Symptom über die vermutete Ursache sich zur tatsächlichen Ursache vorzuarbeiten. Um sich selbst auf die Schliche zu kommen, können Sie also eine Art Kettenlauf rückwärts vornehmen. Es wird dafür die Methode empfohlen, sich dreimal hintereinander die Frage nach dem Warum zu beantworten (Meissner 2019). Probieren Sie diese Technik einfach aus (siehe auch Vertiefung am Ende des Kapitels). Meiner Erfahrung nach kann dies einen Fortschritt bringen. Jedoch fehlt eine entscheidende, abschließende Frage, um wirklich hinter die eigenen Kulissen zu schauen. Beantworten Sie die Frage nach dem Wofür. Im Beispiel von eben: Worum streite ich mich mit dem Partner? In der Regel ist Streit ein Zeichen dafür, dass wir eine Meinungsgleichheit wiederherstellen wollen. Insofern könnte es sein, dass wir einfach nach Harmonie streben. Das bedeutet nichts anderes als wieder zu einem gemeinsamen Ziel zu finden. Meistens ist das nur ein Teil der Wahrheit. Es könnte zum Beispiel sein, über den Streit das Gefühl erhalten zu wollen, jemandem bedeutsam zu sein. Es kann auch sein, dass man Angst hat, alleingelassen zu werden, so wie damals bei der Scheidung der eigenen Eltern. Im Anschluss nach dem Wofür kann uns auch die Frage nach dem Woher weiterbringen. Vielleicht wird uns dann klar, wie stark der Streit mit dem Partner eine Art Ersatzfunktion hat. Weil wir früher mit unseren Eltern nicht auf gleicher Augenhöhe waren und wir uns endlich wehren können.

> **PRINZIP** ▶ Wer das Wofür und das Woher verstanden hat, kann sich viel besser dem Wohin widmen.

Denn letztlich geht es bei einer Entscheidung darum, wohin wir damit wollen.

Vereinfacht geht es auch bei Plänen erst einmal um uns selbst. Es geht nicht unbedingt um das, was von außen einwirkt. Eine Ausnahme mag die Beziehung zwischen Eltern und ihren Kindern sein. Eltern nehmen sich oft selbst sehr stark zurück, um ihren Kindern Gutes zu tun. Dann stehen tatsächlich deren Interessen im Mittelpunkt (Ausnahme: »Mutter Teresa«, Kapitel 3). Ob dies berechtigt ist, ist eine ganz andere Frage.

Die Konzentration auf ein einziges Thema kann ungut enden, nicht nur, wenn andere Menschen für den eigenen Lebenssinn herhalten müssen. Beispielsweise auch wenn die Rolle des Berufes überreizt wird. Sich nur über seinen Beruf zu definieren, birgt Risiken. Aufgrund von Arbeitslosigkeit oder Krankheit kann ein Beruf unerwünscht schnell Vergangenheit sein. Wer sich dann bei seiner Selbstachtung und seinem Selbstwert ausschließlich auf den Beruf verlassen hat, wird mit Problemen konfrontiert werden. In den Wörtern »Selbstachtung« und »Selbstwert« taucht das Wort Selbst und nicht das Wort Beruf auf.

Die andere Meinung

Es freut mich, wenn Ihnen das Buch bisher gefällt. Dann wäre es schön, wenn Sie es weiterlesen wollen. Wenn ich Ihnen nun zehn Argumente nennen würde, weshalb Sie das Buch sofort aus der Hand legen sollten, werden Sie dies vermutlich nicht tun. Denn folgendes Prinzip wirkt.

> **PRINZIP** ▶ Wir alle filtern neue Informationen so, dass sie unsere bisherigen Auffassungen bestätigen.

Es kann nicht sein, was ich nicht haben will. Die richtige Einstellung ist allerdings eine andere, eine wache, in welcher wir Beobachtungen zulassen, die unseren bisherigen Einstellungen oder unserem bisherigen Wissen widersprechen. Es wäre also immer mal wieder sinnvoll, genau anders zu handeln, als der Mensch es üblicherweise tut.

Wir können eine gegensätzliche Meinung haben als andere. Das kann eben auch bedeuten, dass wir falsch liegen. Die anderen können durchaus Recht haben. Meistens empfinden wir anderslautende Meinungen erst einmal als falsch. Wenn jemand eine andere Meinung äußert, empfinden das viele als eine Art Angriff. Reflexartig denken wir, wir hätten uns das doch schon gut überlegt. Unser Gegenüber ist uns nicht wohlgesonnen. Dabei kann gerade eine andere Meinung zu äußern eine Form von Mitmenschlichkeit darstellen.

> **PRINZIP** ▶ Wir neigen dazu, die eigene Meinung als unantastbar richtig zu definieren.

Das können Sie bei nahezu jeder Diskussionsrunde, gleich ob im Fernsehen oder im Unternehmen, erleben. Es ist eine der größten Fehlerquellen für Entscheidungen. Vor Weggabelungen mit weitreichenden Folgen sollten wir sehr bewusst auf Gegenargumente achten. Gegenargumente sind nicht nur passiv zu »ertragen«, sondern aktiv einzufordern. Es ist für viele Menschen sehr schwierig zu akzeptieren, dass Kritik kein Angriff ist. Kritik bedeutet schlicht, eine andere Sichtweise zu haben. Wir sollten sogar anstreben, besonders krasse Gegenargumente zu finden. In der Tat läuft es oft anders: Kaum ein akademisch gebildeter Psychotherapeut würde sich regelhaft mit Therapeuten, die »nur« eine Ausbildung zum Heilpraktiker haben, zusammensetzen. Umgekehrt gilt es genauso. Dabei ist es in jeder Hinsicht erfüllend, über den Tellerrand hinauszublicken. Kritiker nehmen uns die Entscheidung nicht ab. Sie bereichern unsere Perspektive. Sie erweitern sie. Kritiker sind nicht unsere Feinde. Wenn wir keine Möglichkeit haben, uns über das anstehende Thema mit anderen auszutauschen, können wir uns folgende zwei Fragen beantworten:

> **KLÄRUNG** ▶ Was würde mir mein ärgster Feind raten? Und was mein bester Freund?

Aus dem, was unser ärgster Feind meint, können wir Fallstricke erahnen. Vielleicht erkennen wir etwas, das uns sonst auf dem Weg ungut überrascht hätte. Es geht meist nicht um eine 180° Kehrtwende. Und wenn sie doch sinnvoll wäre – was können wir dafür, heute schlauer zu sein als gestern?

Einbildung verhindert vieles

Es passiert häufig, dass wir Entscheidungen von Ängsten abhängig machen und deshalb verharren, statt mit Zuversicht und Tatkraft voranzugehen. Beispielsweise sprechen die meisten Menschen ungern vor größeren Gruppen. Ihr Hindernis ist häufig die Angst zu versagen. Auch die Scham, irgendwie peinlich zu wirken, kann eine Rolle spielen. Oder die Angst, bei einer minderen Leistung nicht mehr gemocht zu werden. Das sind Herausforderungen, die durchaus hinderlich sind, aber nicht wahrhaftig. Wer schon viele Vortragende erlebt hat, wird bereits Zeuge davon geworden sein, dass ein Vortragender seinen Text vergessen hat oder auch kurz aufhören musste, weil er eine Schwächeattacke hatte. Was passiert in solch einem Fall? Niemals wird Häme über ihn ausgeschüttet. Immer sorgen sich die Zuhörer und haben Verständnis für die anspannende oder erschöpfende Situation. Das bedeutet, dass es fast nie es ein tatsächliches Hindernis dafür gibt, vor großen Gruppen zu sprechen. Dieses Hindernis ist also eingebildet und deshalb hoch wirksam. Tatsächliche Hindernisse können wir überwinden.

> **PRINZIP ▶** Eingebildete Hindernisse sind fast unüberwindbar.

Was nur in der Fantasie besteht und sich darin festgefressen hat, kann nicht oder nur äußerst mühsam wieder entfernt werden. Ein echtes Hindernis beim Vortrag vor einer größeren Gruppe wie ein fehlendes Mikrofon kann hingegen problemlos durch eine andere Raumbeschallung gelöst werden. Fragen Sie sich als Erstes, ob die Hindernisse, die Sie empfinden, real existieren oder in Ihrer Fantasie.

> **KLÄRUNG ▶** Besteht das Hindernis wahrhaftig?

Wenn Sie ein Hindernis als Fantasieprodukt entlarvt haben, können Sie einen ersten kleinen Schritt gehen. Versuchen Sie zumindest, trotz des eingebildeten Hindernisses Ihren Weg zu beginnen und entscheiden Sie sich, in die Tat zu kommen. Sich auf die tatsächliche Situation einzulassen ermöglicht, dass ein Hindernis verschwinden kann. Es war ja nur eingebildet. Wer hingegen weiterhin zu Hause hockt und sich seinen Angstfantasien hingibt, wird diese dadurch stärken. Es ist ein himmelweiter Unterschied, sich etwas vorzustellen oder etwas zu tun. Das kann so oder so ablaufen. Wer beispielsweise im Internet eine Bekanntschaft macht und sich mehr und mehr vorstellt, wie schön es mit diesem Menschen sein muss, und ihn dann das erste Mal tatsächlich erlebt, kann eben auch sehr enttäuscht werden. Andererseits ist es genauso gut möglich, nur mit einem gewissen Widerwillen beispielsweise eine Veranstaltung zu besuchen, um dann währenddessen festzustellen, dass einem beinahe etwas Tolles entgangen wäre.

Was bewirkt unsere Angst also? Sie entfernt uns von unseren Zielen. Sich nicht nur die eigene Angst zu verdeutlichen, sondern dann auch sich willentlich dazu zu bringen, voranzugehen, die Schwelle hin zum Handeln zu überschreiten, ist die Lösung. Es führt bei Angst kein Weg daran vorbei, die Realität zu überprüfen. Ansonsten kann die Angst nicht verschwinden. Selten kann es sein, dass man feststellt, dass die Angst tatsächlich berechtigt war. Erst dann hat man einen berechtigten Grund, zukünftig sich darauf passend einzustellen.

Selbsterkenntnis als Selbsttäuschung

Die größte Täuschung ist die Form von Selbsttäuschung, die als »objektive Selbsterkenntnis« tituliert wird. Auch wenn manche meinen, von Täuschung frei zu sein, und diese immer nur bei anderen entdecken: Niemand kann sich selbst gegenüber strikt objektiv sein.

> **PRINZIP** ▶ Kein Mensch, und sei er noch so selbstkritisch, schätzt sich wirklich wahrhaftig ein.

Wir alle haben gewisse Neigungen.

1. Wir unterstellen anderen Menschen sehr ähnliche Ziele und Meinungen, wie wir selbst haben. Der positive Effekt dieser Wahrheitsillusion: Unsere eigene Meinung wird dadurch noch mehr wert.
2. Wir sind oftmals blind für eigene Defizite und eigene Fehler, beachten beides bei anderen gerne erheblich aufmerksamer. Auch dies dient dazu, unseren Selbstwert zu erhalten.
3. Wir überschätzen die eigenen Kompetenzen und unterschätzen eher die anderer Menschen. Dieser Selbstbetrug führt ebenfalls zu einer Steigerung unseres Selbstwertgefühls. Es ist übrigens keine Selbst-

lüge. Eine Lüge ist eine bewusste Falschaussage mit Täuschungsabsicht. Bewusst ist den meisten bei ihrem Selbstbetrug gar nichts. Grundsätzlich ist lügen eine wichtige Fähigkeit. Je früher wir sie lernen, umso eher können wir uns in die Lage des Gegenübers versetzen. Kinder lernen sie meistens im Alter von drei Jahren, indem sie den Aufforderungen von Erwachsenen nicht mehr folgen – ohne das kundzutun. Etwas selbst entscheiden zu wollen, ist dem Menschen heilig.

Je mehr wir uns selbst betrügen und je weniger uns dies bewusstwird, umso besser kann sich eine Situation anfühlen. Wehe, das Außen setzt uns dann die notwendigen Grenzen: Der Aufprall nach dem Fall aus dem Himmel des Selbstbetrugs kann sehr hart sein. Manche Politiker erleben ihn, wenn die Wahlergebnisse vorliegen; andere lügen weiter und versuchen, ihr vermeintliches Recht auf das Präsidialamt mittels Gerichtsentscheidungen zu erzwingen. Zu lügen kann auch bedeuten, andere zu schützen: »Das Kleid steht dir richtig gut« verletzt nicht. Die Wahrheit: »In dem Kleid siehst du aus wie eine Quellwurst« schon eher.

1. Manche leiden hingegen am Hochstaplersyndrom, eine besondere Form der Selbsttäuschung. Obwohl sie gute bis herausragende Ergebnisse ihres Tuns nachweisen können, glauben sie, das alles sei ein Fake. Sie könnten nichts und würden die anderen geschickt täuschen, die dies alles nicht mitbekämen. Diese Menschen degradieren ihre Fähigkeiten, ihre Leistungen und letztlich sich selbst.
2. Wir unterstellen anderen Menschen umso eher ego-zentrierte Vorteile, je mehr wir das Gefühl haben, von ihnen kritisiert zu werden. Das kann sozusagen nur der tatsächliche Grund sein, denn wir selbst sind ja immer gut …
3. In Konfliktsituationen schätzen wir unsere eigene Position eher als defensiv, zumindest nicht als aggressiv ein. Die Position der anderen hingegen werten wir als offensiv. Ganz allgemein gilt: Aggressiv sind die anderen. Diese Fehleinschätzung ist von wesentlicher Bedeutung für die Gefährdung des Friedens auf der Welt. Damit lassen sich viele Kriege führen.

Beobachtung oder Bewertung?

»*Anja hatte gestern Tortenböden gebacken, die sie heute füllen wollte. Es sollte eine Torte mit mehreren Stockwerken werden. Die drei Böden waren schon gefüllt und perfekt aufeinandergestapelt, nun fehlte noch die äußere Dekoration. Die untere Ebene: einwandfrei. Die mittlere Ebene: besser ging es nicht. Doch dann, bei der oberen Ebene geschah es: Die kunstvolle Dekoration kippte um, riss die mittlere zum Teil mit nach unten, um auf der unteren zerstörerisch aufzukommen. Was wäre eine typische Reaktion: Sch… und andere Wörter der Fäkalsprache, sämtliche sind Bewertungen. In diesem Fall eine gegen sich selbst. Wie gut, dass Anja es bei einer Beobachtung beließ und sagte: »So hab' ich das nicht gewollt.« Wie wahr – und wie wenig aufregend. Seelenfrieden at it's best. – Wie mache ich das Beste daraus?*

Es ist von großer Bedeutung, ob wir für unser Denken Beobachtungen nutzen oder Bewertungen einsetzen. Beobachtungen sind uns – in unserem Rahmen – mittels der Sinne möglich (siehe Tabelle 3) Bewertungen nutzen entweder Beobachtungen oder Ideen, also Vorstellungen, um eine persönliche Beurteilung hinzuzutun. Eine Beobachtung ist näher an der Objektivität (auch Beobachtungen durchlaufen unsere Wertungskaskade, siehe Kapitel 25) als eine Bewertung. Diese ist immer vollkommen subjektiv. Es gibt eine schlichte Frage, um Bewertungen auf die Schliche zu kommen. Sie lautet:

KLÄRUNG ▶ Kann ich das auch anders sehen?

Tabelle 3: Beobachtung versus Bewertung

Beobachtung	dazu mögliche Bewertung
Das Raumthermometer zeigt 27 Grad	Es ist heiß hier drin
Der Kaffeeautomat gibt Kaffeearoma ab	Riecht das lecker nach Kaffee
Der Pianist spielt die Appassionata	Furchtbare Musik! (oder: Ich liebe Beethoven ...)
Am Strand liegen scharfkantige Steine	Es tut weh, wenn man hier barfuß laufen muss.
Der Koch tat 50 Gramm Salz ins Nudelwasser	Die Nudeln sind versalzen

Was nutzen wir meistens für Entscheidungen – und auch für unser Denken? Bewertungen! In aller Regel besetzen wir unsere Beobachtungen fast unmittelbar mit unseren Bewertungen. Nach der ersten Grundeinteilung in »gefährlich / ungefährlich« folgenden weitere Schubladen wie »gefällt mir / will ich haben« versus »gefällt mir nicht / will ich nicht haben«. Im Alltag funktioniert das ganz gut, für komplexere Fragestellungen weniger.

Vertiefung

Ein Beispiel, wie Sie sich selbst hinterfragen können: Stellen wir uns vor, Sie fragen sich, welcher Teufel Sie neulich ritt, sich ein zweites Mal mit Kunigunde oder Egon (je nach Ausrichtung) zu treffen, obwohl Sie doch schon nach dem ersten Abend, was schreibe ich, nach fünf Sekunden, wussten, die oder der ist doch nichts für ein schönes Leben zu zweit.
Nun sitzen Sie ihr oder ihm erneut gegenüber, das Gespräch ist überaus zäh und Sie sehnen sich danach, der Kellner möge endlich die Rechnung bringen. Zu Hause dann stellen Sie sich die Fragen nach dem Warum.

Erster Durchlauf: Warum habe ich mich ein zweites Mal getroffen?
Ihre Antwort: *Weil ich nichts Besseres vorhatte (jede andere Antwort ist genauso möglich wie: weil jeder eine zweite Chance verdient).*
Zweiter Durchlauf: Warum hatte ich nichts Besseres vor?
Ihre Antwort: *Weil ich nicht weiß, was ich mit mir oder meiner Zeit anfangen soll.*
Dritter Durchlauf: Warum weiß ich nicht, was ich mit mir oder meiner Zeit anfangen soll?
Ihre Antwort: *Weil ich seit Jahren mich zu nichts aufraffen kann und traurig bin.*

Damit haben Sie eine gewisse Klärung erreicht: Ihr Treffen mit einem uninteressanten Menschen diente Ihnen dazu, Ihre innere Lähmung zu beenden, zumindest vergessen zu machen, und Ihre Traurigkeit zu verdrängen. Aber jetzt wird es wirklich interessant, denn Sie fragen sich nach dem Wofür oder Wozu oder Weshalb, je nach Kontext.
Vierter Durchlauf: Weshalb bin ich seit Jahren antriebslos und traurig?
Ihre Antwort, deren Aussagekraft einen direkten Bezug zur Selbstehrlichkeit hat, kann Sie hinter das Geheimnis des zweiten Treffens mit Kunigunde oder Egon blicken lassen.

VI. Die eigene Vorgeschichte

27 Wer entscheidet tatsächlich?

Bei allem, was wir über uns und unser Denken wissen, mag Entscheidungsfreiheit ein schwer erreichbares Ziel sein. Zugleich ist sie etwas besonders Wichtiges, das wir anstreben sollten. Menschen und ihre Lebenswege sind hochkomplex und deshalb nur zum Teil vorhersehbar. Es kann mathematisch nachgewiesen werden, dass komplexe Systeme niemals ganz genau berechenbar sind. Ein gewisses Überraschungsmoment bleibt also immer, auch bei unseren Entschlüssen:

>> *Jeremy und Kevin sind beide vier Jahre alt. Seit einiger Zeit spielen sie mit ihren Figuren und Backformen im Sandkasten. Alles ist ruhig, sie harmonieren miteinander und streiten sich nicht. Auf einmal schlägt Jeremy Kevin mit geballter Faust so heftig auf den Kopf, dass er zur Seite kippt. Kevin versteht die Welt nicht mehr. Warum hat Jeremy das getan?*

Selbst wenn es wie bei Jeremy keine von außen erkennbare Begründung für Vorgänge gibt, gibt es Gründe. Grundloses Verhalten existiert nicht, genauso wie es keine grundlosen Entscheidungen gibt. Entweder gibt es Auslöser und Ursachen, die uns bewusst sind, oder solche, die uns nicht bewusst sind. Es gibt auch durchaus Gründe, die von anderen initiiert werden. Daneben gibt es noch den Zufall. Diesen können wir Schicksal nennen oder von einer höheren Macht geschickt, wie auch immer. Das hat jedoch nichts mit Jeremys Faust zu tun. Auch wenn wir ihn nicht verstehen, sein Schlag hatte einen Grund.

Max Planck hat das Zukunftsparadox beschrieben. Das bedeutet, dass unser zukünftiges Verhalten nur dann festgelegt sein kann, wenn es uns *nicht* bekannt ist. Denn wenn es uns bekannt wäre, könnten wir unser Verhalten ändern. Damit wäre es wiederum nicht festgelegt. Wäre unser Verhalten festgelegt, was auch bedeutet, wären unsere Entscheidungen festgelegt und wir wüssten darüber Bescheid, dann hätten wir jedoch in der Mehrzahl der Fälle tatsächlich die Wahl, uns anders zu entscheiden. Wir könnten sozusagen der Festlegung ein Schnippchen schlagen. Daraus ist nur ein Schluss zu ziehen: Unser Verhalten ist eben nicht komplett festgelegt.

Unterliegen wir bei unseren Vorhaben vollkommen der Natur? Sind wir also Sklaven dessen, was unbewusst in uns vorgeht? Ganz sicher nicht. Allein die Tatsache, etwas kulturell zu leisten, bedeutet eine relative Unabhängigkeit des Menschen von der und von seiner Natur. Wir sind also nicht determiniert wie letztlich offenbar alle anderen Wesen auf der Erde, die keine Kultur aufbauen oder aufbauen konnten.

Können wir uns andererseits über unsere tatsächlichen Motive hinwegsetzen? Vermutlich ist dies auf Dauer nicht möglich, es ist einfach zu anstrengend. Hierfür brauchen wir unseren Willen und der erschöpft sich irgendwann (Kapitel 2). Letztlich ist das gut so, denn unsere tatsächlichen Motive spiegeln unsere Individualität wider. Was wir wollen, hat entsprechend mit uns zu tun und mit dem, was in uns stattfindet. Davon können wir nicht frei sein. Wären wir es, würde auf der Welt Chaos herrschen. Unser Verhalten wird letztlich immer von bewussten oder unbewussten Motiven dominiert. Wesentlich ist, dass es sich um unsere eigenen Motive handelt. Hätten wir keine solchen, wären wir dem Zufall oder der Willkür ausgesetzt. Das ist offenkundig nicht der Fall.

Manche mögen sich diese Frage noch gar nicht gestellt haben, jedoch ist sie von wesentlicher Bedeutung: Wer entscheidet, wenn wir entscheiden?

Dazu sollten wir uns kurz klarmachen, was eine freie Entscheidung bedeutet. Sie ist dann frei, wenn wir die Wahl zwischen verschiedenen Alternativen haben. In einem politischen System, in dem eine einzige Partei existiert, die gewählt werden kann, besteht keine freie Wahl. Selbst dann nicht, wenn verschiedene Parteien existieren, die alle genau die gleichen Ziele haben, ist die Wahl nicht frei. Eine freie Wahl bedeutet, dass sich die Handlungsalternativen tatsächlich unterscheiden. Zudem müssen wir uns ohne jeden Zwang für eine uns passende Alternative entscheiden können. Freiheit bedeutet, dass unterschiedliche Handlungsalternativen wahrhaft existieren. Für uns ist dieses Gefühl der Willensfreiheit von hoher Bedeutung. Ansonsten fühlen wir uns eingeengt, bevormundet oder in einem Zwang.

> **PRINZIP** ▶ Freiheit bedeutet Entscheidungsfreiheit. Wichtig ist dafür, die innere Unabhängigkeit zu spüren.

Wovon wird also unser Handeln bestimmt?
Im Wesentlichen sind es drei verschiedene Dinge:
1. Unsere Erbanlagen
2. Unsere vorgeburtlichen und frühkindlichen Erfahrungen und Prägungen
3. Unsere seelischen und sozialen Erfahrungen zwischen der frühen Kindheit bis etwa zum Abschluss der Pubertät.

Mit etwa 15 Jahren ist dann unsere Persönlichkeit relativ festgelegt. Damit ist ab diesem Zeitpunkt unser Verhalten in einem gewissen Maß vorhersehbar.

Die drei Hauptfaktoren werden in Verbindung gebracht mit der aktuell bestehenden Situation. Aus der gesamten Gemengelage heraus wird die Wahl getroffen.

Wir können nur so entscheiden, wie wir entscheiden können. Immer sind es wir selbst, sind es unsere Erbanlagen, unsere Erfahrungen und Prägungen, die zum Entschluss führen. Wir haben letztlich die Wahl, bis zu dem Zeitpunkt der Wirksamkeit einer Maßnahme uns umzuorientieren. Wir alle haben schon eine solche Geschichte gelesen. Jemand entscheidet sich aus irgendeinem Grund ganz kurz vor dem Antritt einer Reise dazu, diese zu verschieben oder abzusagen. Das Flugzeug, mit dem dieser Mensch ansonsten geflogen wäre, stürzt ab. Nur deshalb hat er überlebt. Dinge sind genau dann festgelegt, wenn sie geschehen. Vorher nie. Es lässt sich nur zu einem gewissen Maß vorhersehen, was tatsächlich geschehen wird. Es gibt immer auch Überraschungen im Leben, mal positiv empfundene, mal weniger gute.

Vergessen Sie auch deshalb die Vorstellung, *alles* richtig machen zu müssen. Das geht nicht. Viel wichtiger ist, das Richtige zu machen.

> **PRAXIS** ▶ Machen Sie das für Sie Richtige. Das ist wesentlicher, als alles richtig zu machen.

Das Richtige ist in Beziehungen oft zugleich auch das Vorhersehbare. Was wir tun, muss zu einem gewissen Grad für andere abschätzbar sein. Darauf basiert unsere Welt. Auch wenn es heißt, Politiker würden nach der Wahl etwas anderes tun, als sie vor der Wahl sagen, haben wir dennoch einen gewissen Rahmen, welchen wir einem Politiker zutrauen. Würde ein kapitalistischer Politiker auf einmal sozialistische Ideen haben und verwirklichen, wären wir völlig irritiert. Genauso funktioniert es auch im privaten Leben. Eine Partnerschaft ist für längere Zeit nur dann erträglich, wenn wir mit hoher Wahrscheinlichkeit abschätzen können, wie sich der andere verhält. Dazu kann auch gehören, die Spontaneität eines Partners zu kennen. Mit Überraschungen rechnen zu müssen, bedeutet Vorhersehbarkeit.

Warum ist es für unsere Pläne sinnvoll, unsere unbewussten Erfahrungen einzubeziehen? Weil sie die beste Aussagekraft für uns haben. So ist die Welt bisher für mich gewesen, so ist es bisher abgelaufen und deshalb tue ich es in dieser Weise. Damit erreichen wir, sozial eingebunden zu bleiben. Wer völlig willkürlich Optionen wählt, was bei seelisch kranken Menschen vorkommt, setzt sich aufgrund seines Verhaltens in der Regel von der Gruppe ab, was viele Nachteile hat. In die Abwägungen beziehen wir sowohl unsere konkrete Vergangenheit ein als auch unsere Vermutungen über die Zukunft.

Wenn es keine äußeren oder inneren Zwänge gibt, besitzen wir eine wahrhafte Wahlmöglichkeit. Wir haben in jedem Moment die Möglichkeit, unsere Vorhaben zu ändern, bis etwas tatsächlich begonnen hat. Wenn wir uns entschließen, den Fallschirmsprung tatsächlich auszuführen und das Flugzeug in einigen 1000 Metern Höhe verlassen haben, ist die Entscheidung getroffen. Erst dann können wir sie nicht mehr ändern.

Dabei sollten wir komplett emotional oder affektiv gesteuerte Entscheidungen vermeiden. Völlig impulsive Wünsche sind meistens falsch. Das kennt jeder mit Gewichtsproblemen, wenn er sich spontan entscheidet, die nächste Tüte mit Chips zu öffnen.

Ins Zaudern kommen wir, wenn jede mögliche Alternative Probleme mit sich bringt. Wenn auch nur eine Alternative glasklar ausschließlich Vorteile hat, ist unsere Wahl vorgegeben. Erst dann gibt es keine ernst zu nehmende Alternative mehr. Aber das kommt kaum vor.

Trotzdem bleiben genug Irritationen (Kasten 3):

> **Kasten 3: Was es erschwert, unsere Ziele zu erkennen**
> - Unsere wahren Ziele sind uns oft nicht bewusst.
> - Unsere Ziele sind fast nie widerspruchsfrei.
> - Wir handeln nicht unbedingt konsequent zielgerichtet.
> - Wir stecken viel zu viel Energie hinein, Informationen einzuholen.
> - Wir suchen Ersatz für etwas, das wir nicht wahrhaben wollen.
> - Wir verarbeiten Informationen nicht immer korrekt.
> - Wir verzichten darauf, noch fehlende Informationen einzuholen.
> - Wir wollen etwas nicht wahrhaftig erkennen.

Das alles ist menschlich. Wir sind keine Computer. Erfreulicherweise.

Genau deshalb sollten wir wenigstens Folgendes so genau wie möglich beantworten.

> **KLÄRUNG ▶** Was will ich wirklich?
> Dazu gehört ein eindeutiges Ja zu folgenden Inhalten.

> **KLÄRUNG ▶** Ist mir das Ziel den notwendigen Einsatz wert?
> Will ich wirklich dahin?

Wir handeln in den seltensten Fällen wirklich rational. Unsere Rationalität wird durch persönliche und soziale Faktoren und durch unsere individuelle Vorgeschichte begrenzt. Schauen wir uns an, was uns einschränkt und damit auch lenkt (Kasten 4):

> **Kasten 4: Die Grenzen unserer Rationalität**
> - begrenzte Selbsterkenntnis
> - begrenzte Zeit
> - begrenzter Informationsstand
> - begrenztes Verständnis bei Fachfragen
> - begrenztes Verständnis für seelische Abläufe in uns und bei anderen
> - begrenztes Wissen allgemein

28 Das Kind, das niemals Ruhe gibt

Das, was jetzt kommt, führt nur scheinbar weit hinaus aus einem Buch, in welchem es um erfolgreiche Entscheidungen geht. Fast die Hälfte aller Menschen in Deutschland (44 Prozent) hat psychisch belastende Probleme in der Kindheit erlebt. Dazu zählen Alkohol- oder Drogenmissbrauch in der Familie, emotionale Misshandlung oder Vernachlässigung, Scheidung oder Trennung der Eltern. Einige mussten zwei oder mehr solcher Kindheitserfahrungen mitmachen. Vor allen diese Betroffenen leiden als Erwachsene unter Depressivität oder Ängstlichkeit. Sie haben eine verminderte Lebenszufriedenheit (Anonymus 2020).

Die Lebenszufriedenheit als Erwachsener ist umso geringer, je mehr negative Faktoren die Kindheit beherrscht haben. Wir können uns vor einen Spiegel stellen und uns ständig sagen, wie toll doch das Leben heute, als Erwachsener, ist. Funktioniert das wirklich? Besser ist es, wenn wir uns erst einmal darüber bewusstwerden, wie stark die kindlichen Erfahrungen auch heute noch wirken. Dann können wir uns fragen, ob wir das zulassen wollen oder nicht. Und wenn nicht, wie es uns möglich ist, *mit* – nicht trotz – der eigenen Vorgeschichte zufrieden und immer einmal wieder glücklich leben zu können. Als Erwachsene haben wir viel erlebt und viele Erfahrungen; darunter auch solche, wie wir es uns gut gehen lassen können.

Die Vergangenheit ist zum Teil in unserem Bewusstsein abgespeichert, zu einem guten Teil jedoch auch in unbewussten Anteilen unseres Gehirns. Dort kann sie unverändert ruhen oder aktiv verändert werden.

> **PRINZIP** ▶ Es gibt keine Waschmaschine für unser Gehirn. Was darin ist, bleibt darin.

Das Gehirn entscheidet selbst, ob es eine Erinnerung aufgibt oder behält. Wir haben keine andere Wahl, als unsere Vergangenheit in uns selbst mitzunehmen. Niemals wird unser Gehirn damit einverstanden sein, unsere Vergangenheit komplett zu löschen. Das wäre eine Form von Suizid. Unsere Lebenserfahrung ist viel zu wertvoll und zu mühsam erlangt. Wer keine Wahl hat, hat als einzige sinnerfüllende und durchaus herausfordernde Chance, das anzunehmen, was war. Das bedeutet in keiner Weise, das Geschehene gutzuheißen oder zu billigen.

Davon unabhängig ist natürlich unsere Vergangenheit zu einem großen Teil das, was uns heute ausmacht. Kein Mensch käme auf die Idee zu sagen, ich finde meine Beine hässlich und mein linkes Ohr auch, die lass ich jetzt hier und gehe ohne sie weiter. Seien Sie stolz auf all das, was Sie erlebt haben und wie Sie damit gelernt haben umzugehen. Nehmen Sie all das mit. Es macht Ihre Tiefe aus.

Franklin D. Roosevelt sagte einmal (zit. in Walz 2015): »Die Menschen sind nicht Gefangene ihres Schicksals, sondern nur ihres Denkens.« Das kann man auch anders sehen. Erwachsene sind durchaus in der Lage, neue Aspekte in ihr Denken einfließen zu lassen. Die »Gefangenschaft« liegt woanders – im Unbewussten und damit meistens in der eigenen Kindheit. Menschen sind in gewisser Weise Gefangene der eigenen Vergangenheit. Die Weichen, die damals gestellt wurden, wirken ein Leben lang. Gerade weil uns vieles unbewusst ist und immer bleiben wird, kann es zu Schwierigkeiten beitragen. Nur was wir kennen, von dem wir wissen, können wir aktiv verändern. Solange wir ein Gefängnis als solches nicht wahrnehmen, hat es einen grundlegenden Einfluss auf unsere Entscheidungen, was wir allerdings nicht erkennen können. Wir meinen, frei zu handeln oder zu entscheiden, sind jedoch dabei wie determiniert. Auch unsere Persönlichkeit ist nahezu fest. So wie wir sind, sind wir. Das ist nicht schlimm. Es ist schlicht der Ausdruck unserer Individualität.

Entscheidungen, die wir anders treffen sollten, als wir es tun, haben oft mit Themen aus unserer Vergangenheit zu tun. Oftmals versuchen Kinder als Erwachsene, ihre Mutter oder ihren Vater zu retten oder deren Träume zu erfüllen oder endlich deren Liebe zu erhalten. Fragen Sie sich deshalb bei wichtigen Entscheidungen, ob Sie diese für sich selbst treffen oder für Ihre Eltern – oder für eine andere Bezugsperson.

Thema: Mitmenschlichkeit hilft, wenn Liebe fehlt
》*Christopher wohnt inzwischen seit Jahrzehnten an der Nordsee. Damals war er froh, endlich vom Elternhaus wegzukommen. Sein Verhältnis zu beiden Eltern war schon recht früh von Spannungen geprägt, die bei den wenigen und kurzen Treffen pro Jahr jedoch nicht aufbrachen. Seine Eltern und er hatten sich gut arrangiert, indem sie genug Abstand hielten. Nach einer wenig glücklichen Ehe wurde Christopher geschieden, sein Sohn wohnte bei ihm. Christopher kam alles in allem gut mit der Situation zurecht. Vor einigen Jahren starb sein Vater. Bei den Telefonaten mit seiner Mutter fiel ihm auf, wie ihre mentalen Fähigkeiten mehr und mehr schwanden. Da beide Großeltern an Demenz litten, war Christopher klar, was bei seiner Mutter vorging. Als einziges Kind fühlte er sich verantwortlich. Er entschied sich, seine Mutter in seine Nähe zu holen. Schließlich kümmerte er sich jahrelang um sie, was ihn viel Kraft kostete. Er traf diese Entscheidung auch für seinen Seelenfrieden. Christopher hätte sich schuldig gefühlt, hätte er seine Mutter im Stich gelassen. Letztlich jedoch kam er aus Mitmenschlichkeit heraus zur Entscheidung, der Mutter zu helfen. Erst als die Pflege zu Hause nicht mehr möglich war und die Mutter in ein Heim gebracht werden musste, wich die Last von ihm.*

Auch wenn es Christopher viel Kraft gekostet hat: Er wollte sich unbedingt weiter im Spiegel anschauen können. Menschliches Verhalten ist dann menschlich, wenn es mitmenschlich ausgerichtet ist. Damit ist es niemals optimiert, sondern empathisch. Es geht nicht um eine bessere Welt für alle. Das ist eine Lüge, hinter der sich die maßlose Gier bestimmter »aufstrebender« Unternehmen versteckt. Eine bessere Welt entsteht, wenn wir uns im Eins-zu-eins-Kontakt würdig verhalten.

Thema: Zu frühe Verantwortung

»Francesco war das älteste von vier Kindern eines Paares, das Anfang der 1960er Jahre aus Süditalien nach Deutschland gekommen war. Sein Vater war Alkoholiker, immerhin von der freundlichen Sorte. Durch besondere Aggression fiel er weniger auf, vielmehr fiel er aus, komplett. Francescos Vater verlor seine Arbeit, hing betrunken zu Hause vor dem Fernseher oder in der Kneipe herum. Als Francesco neun Jahre alt war, stürzte sein Vater so unglücklich, dass er nach Wochen des Bangens verschied. Seine Mutter nahm Francesco kurze Zeit danach zur Seite und sagte ihm, ab nun sei er der Mann im Haus. Francesco fühlte sich in all seiner Trauer gebauchpinselt. So jung und schon der Chef. Er machte seine Aufgabe gut, seine drei jüngeren Geschwister nahmen ihn gern als Führenden und Vorbild an.
Wie überlastet sich Francesco fühlte, wurde ihm erst drei Jahrzehnte später klar. Da hatte er bereits eine Privatinsolvenz hinter sich und ein gescheitertes Großprojekt einer großen internationalen Umweltorganisation zu verantworten. Das grundsätzliche Schema hatte sich seit seinem zehnten Lebensjahr nicht verändert: Francesco nahm mehr Verantwortung auf sich, als er schultern konnte. Deswegen scheiterte er immer wieder, zutiefst nahm er sich als – berechtigt – überfordert wahr.

Die hier geschilderte Situation ist häufig. Kinder, denen aus welchen Gründen auch immer zu früh zu viel Verantwortung aufgelastet wurde, üben sich einerseits als Führungskräfte, andererseits überlastet es sie. Diesem Wechselbad der Gefühle folgen in der Erwachsenenzeit meist große Ziele und auch durchaus das große Scheitern. Die Lösung hat zwei Seiten: sich selbst als erwachsen und fähig zu hervorragenden Leistungen zu verstehen und die Überlastung als Kind fühlen – und meist mit professioneller Hilfe verarbeiten lernen.

Thema: Was einem genommen wurde

》Jenny war als Schülerin die Beste ihrer Jahrgangsstufe. Schon damals ließen ihre Eltern keine Gelegenheit aus, alle anderen an den bewundernswerten Leistungen ihrer Tochter teilhaben zu lassen. Dabei war ihnen egal, dass sich Jenny der Lobpreisungen ihrer Eltern heftig schämte. Ihnen war auch egal, ob der andere überhaupt an den Leistungen ihrer Tochter interessiert war. Hauptsache, die Eltern konnten sich darin sonnen. Als gute Tochter, die Jenny war, studierte sie dem Wunsch ihrer Eltern entsprechend Zahnmedizin. Auch diese Botschaft wurde von den Eltern voller Stolz in die weite Welt getragen. Und wie die Brust ihrer Eltern dann schwoll, als Jenny eine große eigene Zahnarztpraxis aufbaute! Jenny allerdings wurde zunehmend traurig und wusste bald nicht mehr, ob sie überhaupt eine Entscheidung im Leben richtig getroffen hatte.*

Jenny war letztlich eine Marionette der Wünsche ihrer Eltern, die sie aus dem Wunsch nach Liebe erfüllte. Ob sie dabei ihren eigenen Wünschen folgte? Ob sie ihr Leben lebte oder den Selbstwert ihrer Eltern stärkte? Stolz darf jeder auf seine eigenen Leistungen sein. Wer hingegen so prominent stolz ist auf die Leistungen seines Kindes, nimmt dem Kind etwas. Stolz ist etwas Eigenes. Auf jemanden stolz zu sein, zumindest darauf zu gieren, entspricht einer Grenzverletzung. Statt Stolz empfiehlt sich Freude an dem, was das Kind zu schaffen in der Lage ist. Denn Freude können wir teilen, Stolz nicht.

Thema: Eifersucht und Missgunst

》Bastian war das vierte und jüngste Kind. Wie hatten sich seine Eltern Mitte der 1970er Jahre gefreut, weil nach drei Mädchen endlich der ersehnte Stammhalter zur Welt kam. (Anmerkung: Wie blöd kann man sein. Als ob das Geschlecht eines Kindes irgendeine Rolle spielen sollte.) Dem bisherigen Nesthäkchen, Angela, war Bastians Erscheinen alles andere als recht. Sie hatte schon als junges Mädchen das Gefühl, fünftes Rad am Wagen zu sein. Ihre Enttäuschung über eine dritte Tochter konnte besonders die Mutter kaum verbergen, was sie Angela auch spüren ließ. In Angelas kindlicher Welt war Bastian schuld, weil ihr von der

Mutter nicht genug Liebe geschenkt wurde. Seit Bastians Ankommen fühlte sich Angela nur noch im Nachteil. Die Mutter starb, als Angela Mitte 30 war. Einige Jahre später erkrankte Bastian schwer, was Angela insgeheim wohlwollend aufnahm. Als dann jedoch ihr Vater Bastian Geld schenkte, damit dieser eine drohende Pleite abwenden konnte, brach ihre Missgunst wieder hervor. Das änderte sich nicht mehr, bis auch der Vater starb. Sie hatte sich bereits einen Plan gemacht, wie sie die Erbauseinandersetzungen gerichtlich führen wollte, und diesen Plan zog sie durch. Das besiegelte den endgültigen Bruch zwischen ihr und Bastian.

Wenn jemand, öfters ein Geschwister, auf Sie missgünstig oder eifersüchtig ist oder war, werden Sie dessen Einstellung vermutlich nicht ändern. Weder dadurch, dass Sie erfolglos bleiben oder klein, noch dadurch, dass Sie erfolgreich werden und etwas aus sich machen. Auch Geldgeschenke stimmen einen Neidhammel nur kurzfristig gnädig. Denn es geht in aller Regel gar nicht um das Geld, sondern um die vermisste oder nicht angenommene Liebe. Nur versteht der Neidende das selbst als Letzter oder nie.

> **PRAXIS** ▶ Geben Sie die Vorstellung auf, irgendeinen anderen Menschen verändern zu können. Setzen Sie hingegen alle Energie ein, Ihr eigenes Verhalten zu ändern, sofern das sinnvoll ist.

Das bedeutet, Ihr Verhalten und Ihre Einstellungen so zu ändern, dass Sie mit Ihrem eigenen Leben zufrieden sind.

Thema: Platzhalter für die Vorstellungen der Eltern sein

❱❱ *Marie war Ende 20, als sie ihre erste Wohnung einrichten konnte. Bis dahin wohnte sie bei ihren Eltern. Nun endlich verdiente sie genug Geld, das sie gerne mit vollen Händen ausgab. Am teuersten waren der Wohnzimmertisch – echt vergoldet mit Glasplatte –, das Bett – verchromt und vergoldet – und ein Regal für ihre Nilpferdsammlung – ebenfalls bicolor. Nach einiger Zeit kam sie erschöpft von der Arbeit in ihre Wohnung und ging das erste Mal mit einem anderen Bewusstsein durch. Marie trug seit*

Jahren nur gedeckte Töne, bevorzugte klare, schnörkellose Designs. Auf einmal merkte sie: Die Wohnung haben ihre Eltern eingerichtet, das ist deren Geschmack. Obwohl Marie die Möbel selbst und alleine gekauft hatte, entschieden hatte jemand anderes.

Um Entscheidungen zu treffen, die wirklich von Ihnen selbst ausgehen, gehören zwei Dinge gelöst. Sie müssen Ihren Eltern und deren Vorschriften und Wünschen Einhalt gebieten. Das gilt sogar dann, wenn Ihre Eltern bereits tot sind. Deren Vorstellungen haben eine unglaubliche Zähigkeit in ihren Kindern. Das Zweite ist, dass Sie allgemein der Vergangenheit danken können, um sie ruhen zu lassen. Sie können nur mit Ihrer eigenen Vergangenheit im Gepäck in die Zukunft gehen. Ihre Beschlüsse hingegen sollten Sie ausschließlich in die Zukunft gewandt fällen.

Thema: Wenn Rechte nicht zugestanden wurden

Ein Säugling hat das Recht, genährt und gepflegt und geliebt zu werden. Ein Kleinkind hat zusätzlich das Recht, an die Hand genommen und vorsichtig, Schritt für Schritt, an das Leben herangeführt zu werden. Ein Kind hat das Recht, eine gute Schulbildung zu bekommen. Ein Jugendlicher hat das Recht, Freiheit für sich selbst geschenkt zu bekommen und an langer Leine dennoch geführt zu werden.

Sobald diese grundsätzlichen Rechte, die Menschen haben, missachtet werden, werden in unterschiedlicher Weise das persönliche Wachstum von Selbstachtung und Selbstvertrauen gestört. Das kann einen Menschen sehr lange Zeit schwächen.

Thema: Trennungserlebnisse und Beziehungsverlust

»*Natascha war sieben Jahre alt, als ihr Großvater Hermann starb. Es war die erste Beerdigung, auf die sie mitgenommen wurde. Wenige Wochen zuvor hatte sie ihren Großvater zum letzten Mal lebend gesehen. Der groß gewachsene, stattliche, starke Mann lag eingefallen, zittrig und mit schwacher Stimme auf dem Krankenbett. Natascha war völlig überwältigt davon, was Krebs mit einem Menschen macht. Nun, das wusste sie, lag ihr geliebter Großvater in der Kiste aus Holz. Wie in einer Trance erlebte Natascha die Zeremonie. Monate später noch überlegte sie sich trotz ihres jungen Alters, ob sie selbst auch einmal sterben würde. Irgendwann verblassten ihre Erinnerungen, ihre Familie zog an einen anderen Ort. Erst ein Vierteljahrhundert später kam sie aus beruflichen Gründen für zwei Tage wieder dorthin. Irgendetwas befahl ihr geradezu, das Grab ihres Großvaters zu besuchen. Sie sorgte sich, ob sie das Grab auf dem großen Hauptfriedhof finden könne. Kaum hatte sie den Friedhof durch das mächtige, schmiedeeiserne Tor betreten, wusste sie genau den Weg. Fast alle Grabmale kamen ihr bekannt vor, so gut hatte sie sich diese lange Zeit zuvor eingeprägt. Schließlich erreichte sie das Grab. Eine unendliche Traurigkeit bahnte sich fast schreiend, laut weinend, ihren Weg. Natascha hatte keine Kraft mehr, selbst zu stehen und sank auf das Grab. Minutenlang weinte sie bitterlich. Das erste Mal verstand sie, wie sehr sie um ihren Großvater trauerte, wie sehr sie ihn liebte.*

Bei Inhalten, deren Auswirkungen wir lange Zeit spüren, handelt es sich oft um Trennungen. Kontaktabbrüche, gerade in Familien, können einem lebenslang zusetzen; genauso ist es mit Todesfällen. Sie können eine latente, lange bestehende Traurigkeit verursachen. Wenn es um von uns initiierte Trennungen geht, sollten wir von Zeit zu Zeit die Entscheidung reflektieren. Bleibt es dabei, dass sie richtig war? Selbst wenn das so ist, ist ein Kontaktabbruch immer auch ein Verlust.

Wahrhaftigkeit der eigenen Vergangenheit gegenüber ist von zentraler Bedeutung für das zukünftige Leben. Barbara Sher hat das treffend so beschrieben: »Wenn Sie nicht über die Sache weinen, die Sie einst wirklich traurig gemacht hat, dann werden Sie ewig weinen, und zwar über die falschen Dinge« (Sher 2011). Trauer ist eine Form von Arbeit, die unsere Traurigkeit nur dann löscht, wenn wir um das trauern, um das es tatsächlich geht.

Wer heute traurig ist, bekommt oftmals gute Ratschläge von anderen, damit seine Traurigkeit doch möglichst schnell verschwinden könne. Traurigkeit ist ein Gefühl, das unsere heutige Gesellschaft kaum haben oder akzeptieren will. Dabei hilft sie uns über das hinwegzukommen, was geschehen ist. Sätze wie: »Nun lass mal gut sein« sind Blödsinn.

> **PRAXIS** ▶ Gut ist es dann, wenn es für Sie selbst gut ist und Sie bereit sind, *mit* Ihrer Vergangenheit in Ihre Zukunft zu gehen.
>
> **PRINZIP** ▶ In fast jedem Leben gibt es Momente, in denen wir verstehen müssen, dass wir etwas niemals mehr bekommen, was wir gerne gehabt hätten.

So ist das Leben.

Vertiefung

Das waren nun eher heftige Beispiele für das, was grundsätzlich unsere Entscheidungen beeinflussen kann. Mir ging es darum, Ihnen zu zeigen, wie sehr die Kindheit das weitere Leben prägen kann. Damit Sie eine vielleicht etwas angenehmere, andere Seite der Vergangenheit reflektieren, empfehle ich Ihnen eine kleine Nachfühlpause: Nehmen Sie ein Blatt Papier und etwas zu schreiben. Oben auf das Blatt schreiben Sie: Wofür ich dankbar bin. Dann lassen Sie Ihren Erinnerungen freien Lauf und schreiben alles auf, das Ihnen im Moment dazu einfällt. Wenn das eine Blatt nicht genügt, wunderbar.

Wenn Sie für den Moment fertig sind, lesen Sie sich alles noch einmal in Ruhe durch. Machen Sie sich bewusst, wie vielen Menschen und Begebenheiten in Ihrem Leben Sie dankbar sind. Machen Sie sich bewusst, wie viele Menschen Ihnen schon geholfen haben. Erleben Sie Ihre Dankbarkeit und drücken diese auch aus.

VII. Gefühle sind Entscheidungsmacher

29 Gefühle sind nichts für Rosinenpicker

Eine der wesentlichen Chancen, um seine Fähigkeiten zu verbessern und effektiv seine Ziele zu erreichen, ist, auf die eigenen Gefühle zu achten. Fatal wirkt es sich aus, wenn man sich dabei selbst betrügt. Keimt Hoffnung auf oder ist es doch Zuversicht? Ist es eine erwartungsvolle Anspannung oder eine voller Furcht? Sind wir nur erleichtert, endlich irgendetwas entschieden zu haben, oder erleichtert, weil wir nun sicher sind, wie es gut weitergehen soll?

Zunächst verstehen wir mit etwa vier Jahren, negative Gefühle zu regulieren, also nicht unbedingt zu zeigen. Mit etwa sechs Jahren verstehen wir, wie ungut es wirken kann, positive Gefühle zu zeigen, und schließlich mit etwa acht Jahren verstehen wir den Zusammenhang zwischen Inhalten und unseren Gefühlen und halten sie gezielt geheim.

Mit unseren Gefühlen geht kein Rosinenpicken. Wir können uns nicht einfach aussuchen, was wir gerne hätten, und dann entstehen auch diese Gefühle. Wir müssen quasi nehmen, was kommt. Je stärker wir uns innerlich gegen unsere eigene Gefühlswelt aufbäumen, umso eher werden sich unsere unerwünschten Gefühle bemerkbar machen. Sie wollen ernst genommen werden. Die Lösung ist, die Gefühle im Augenblick anzunehmen, wie sie sind. Manche Menschen meinen, sie könnten ihre Gefühle erfolgreich unterdrücken. Dies gelingt allenfalls nach außen. Gefühle verschwinden nicht einfach, weil wir das wollen.

Gefühlsaufforderungen

Einen Klassiker aus der Kategorie dummer Sprüche zur Gefühlswelt kennen die meisten. Jemand ist angespannt, warum auch immer, und wird dann mit Verve aufgefordert: »Nun entspann dich doch!« Wie soll das gehen?

Andere, typische und blödsinnige Sätze lauten:
»Nun sei doch mal fröhlich!«
»Nun sei doch mal spontan!«
»Freust du dich denn gar nicht über das Geschenk?«
»Du musst einfach selbstständiger sein«
»Das musst du ganz locker sehen (oder angehen).«

Jedes Mal werden wir mit solchen Aufforderungen zu einem bestimmtem Gefühl oder einer bestimmten Einstellung aufgefordert, als ob dies auf Befehl hin möglich wäre. Die Spontaneität oder die Freude oder die Selbstständigkeit, die gefordert werden, sind nicht spontan herstellbar. Es sind also unerfüllbare Aufforderungen. Noch ein paar Beispiele aus dem Leben?

»Wenn du die Mama lieben würdest, dann würdest du gerne Kutteln essen.«

»Wenn du mich lieben würdest, hättest du an die Blumen zu unserem Hochzeitstag gedacht.«

Wie kommen wir aus der Falle? Indem wir den Aussprechenden auffordern, konkrete Hinweise zu geben, wie das Geforderte machbar wird oder wie wir etwas wiedergutmachen können.

Widersprüchliche Aufforderungen sind an der Tagesordnung bei Menschen. Sie bringen uns in Verlegenheit oder aus einem inneren Gleichgewicht. Wir können unserem Gefühl nicht vorschreiben, wie es sein soll. Auch kann unserem Herz niemand diktieren, was es zu wollen hat. Das hat einen Grund: Gefühle sind Signale, die wir *uns selbst* senden. Sie haben Sinn und Nutzen. Wer auf die beiden Signale aus seinem Inneren, Herzenswünsche und Gefühle, nicht hört, nutzt nicht das volle Spektrum seines Lebens. Diese Botschaften wahrzunehmen bedeutet keineswegs, ihnen blind zu folgen. Auf jeden Fall sind unsere Gefühle jedoch wesentliche Hinweise und verdienen es, gewürdigt zu werden.

Oft zeigen sie sich nur nicht mehr direkt. Gefühle, die nicht wahrgenommen werden wollen, kleben an uns wie ein ausgespucktes Kaugummi, in das wir getreten sind. Bei jedem Schritt klebt es.

Welches Gefühl tritt direkt nach einem Entschluss auf? Die Gefühle direkt danach beziehen sich üblicherweise auf die Entscheidung selbst und nicht auf das damit angestrebte Ziel. In der Regel sind wir erleichtert über unsere innere Klärung. Wir haben uns selbst damit quasi eine Bürde genommen. Ganz anders sind die Gefühle in der Zeit davor. Oftmals sind es Gefühle, die wir als negativ bewerten wie Unsicherheit, Zweifel, Unklarheit oder Belastung.

PRINZIP ▶ Wenn eine Entscheidung nicht zu einem »guten« Gefühl führt, überprüfen Sie diese nochmals.

Auch dann stimmt etwas nicht, wenn die Gedanken nach getroffenen Maßnahmen weiter um die Wahl kreisen. Insofern können wir aufgrund unserer eigenen seelischen Antwort auf eine Entscheidung Wichtiges verstehen. Dies gilt nicht bei rein materiellen Inhalten. Für Zahlen und Geld ist unsere Gefühlswelt nicht gemacht. Gefühle haben drei zentrale Funktionen: Sie sichern unser Überleben, sorgen für die Bindung an eine Gruppe oder an andere Menschen und sie sorgen dafür, selbst vieles schaffen zu können.

Das gute Dutzend

Wir schöpfen alle unsere Gefühle aus dem Pool der Grundgefühle. Diese sind in Kasten 5 aufgeführt (nach Bergner 2013).

Kasten 5: Unsere 12 Grundgefühle

- Angst
- Ekel
- Freude
- Glück
- Liebe
- Neugier
- Scham
- Schuld
- Traurigkeit
- Überraschung
- Verachtung
- Wut

Praktisch jedes konkrete Gefühl wie Abscheu, Interesse, Belustigung, Verwirrung, Falschheit und so fort, lässt sich einer dieser Kategorien zuordnen. Wohin sie im konkreten Fall gehören, kann nur aus dem Kontext verstanden werden. Interesse für eine Sache oder einen Menschen kann sowohl für Liebe stehen als auch für Neugier.

Wenn Sie diese zwölf uns grundsätzlich möglichen Gefühle betrachten, stellen Sie fest, dass eine Minderzahl von ihnen positiv bewertet wird. Die Überzahl unserer Gefühle ist uns nicht angenehm. Das liegt an ihrer ursprünglichen Warnfunktion. Die Evolution hatte für positive Gefühle weniger Spielraum als für diejenigen, die unmittelbar lebenserhaltende Auswirkungen haben können.

Mit unseren Entscheidungen streben wir immer die positiv empfundenen Gefühle an – also die in der Minderzahl – oder versuchen, die Mehrheit der negativen Gefühle nicht erleben zu müssen, zumindest sie abzuschwächen.

30 Im Nebel heftiger Gefühle

Starke Gefühle erschweren es, den klaren Kopf zu behalten, der für erfolgreiche Entscheidungen nötig ist. Ein schönes Beispiel ist das Verliebtsein. Die meisten Gefühle sind jedoch weniger beliebt. Wir können den eigenen Verstand also nur dann in voller Klarheit nutzen, wenn in uns einigermaßen Ruhe herrscht. Ist dies nicht der Fall, werden wir »kopflos«. Das belegen in schrecklicher Weise die Reaktionen bei einer Panik. Aufwühlende Gefühle sollten als Aufforderung verstanden werden – sofern es irgend geht – erstmal Dampf abzulassen. Sich zu beruhigen, runterzukommen, in ein Gleichmaß zu finden; auch wenn es Zeit in Anspruch nimmt. Erst dann sollten wir entscheiden oder auch nur zu diskutieren beginnen.

> **PRAXIS** ▶ Sobald Sie von einem Gefühl dominiert werden, verschieben Sie schwere oder komplexe Entscheidungen.

Je heftiger ein Gefühl in uns wirkt – oder je weniger bewusst und damit unbeeinflussbar –, desto stärker wird es unsere Entscheidungen beeinflussen. Es führt uns damit weg von einer erwachsenen Sicht, welche nicht nur die Gefühlsaspekte, sondern objektive Tatsachen und realistische Ziele einfließen lassen sollte. Schauen wir uns die Gefühle an, welche dabei oft eine Rolle spielen:

Gier

Wenn jemand sehr gierig ist (Gier ist ein Gefühl) und immer mehr und mehr materielle Dinge hortet, möge der sich fragen, was die Gier ihm eigentlich sagen will. Wenn wir hinter die Kulissen von Gier (aktive Form) und Geiz (passive Form) schauen, geht es zunächst darum, so viel wie möglich zu besitzen. Jetzt, unbedingt, her damit – das sagen Gier und Geiz. Es gibt etwas Unabdingbares, das unser Leben ausmacht: Wir haben es. Wir besitzen unser Leben. Unser Leben ist tatsächlich unser wichtigster Besitz. Verlieren wir es, dann haben wir nichts mehr. Das Materielle haben dann unsere Erben. Die Schlussfolgerung aus einer Hubschrauberperspektive heraus lautet: Gier und Geiz sollen uns vor dem Tod bewahren, genauer, unsere Angst vor dem Tod mindern. Das Problem dabei: Der Besitz des Lebens lässt sich mit nichts, erst recht nicht mit etwas Materiellem, erhalten. Diese Methode, mit der eigenen Grundangst umzugehen, braucht stetig Steigerung, weil alles Materielle nach Steigerung verlangt oder sie zumindest ermöglicht. Darin gleichen Gier und Geiz jeder Sucht. Und wie sie funktioniert Gier dennoch nie. Das hindert keinen Gierigen, es weiter zu versuchen. Die maßlose Gier unserer Zeit ist ein Spiegel der Angst vor dem Tod. Denn niemals in der Menschheitsgeschichte der letzten Jahrtausende war diese Angst so stark wie heute. Das liegt vermutlich am abnehmenden Einfluss der Religionen. Wurde früher dem Menschen einmal das Paradies nach dem Tod versprochen und glaubten dies die meisten auch, gibt es dafür heute keinen Ersatz. Wer rafft, versucht, die innere Anspannung zu dämpfen. Wenn Sie also einmal Ihre Gier spüren oder andere Ihnen freundlich mitteilen, sich weniger gierig oder etwas großzügiger zu zeigen, liegt die Lösung nicht in irgendwelchen materiellen Dingen. Die Lösung liegt auf einer Ebene darüber, im Seelenfrieden. Übrigens lässt sich aus der prinzipiellen Verbindung zwischen Gier – auch Machtgier – und der Angst etwas Pikantes exprimieren: Je machtgieriger ein Mensch ist, umso angstvoller ist er. Oder: Diktatoren und Autokraten sind die größten Feiglinge. Es sind allesamt übrigens Männer.

Ein Beispiel dafür, wie Gier blind macht, ist das Verhalten bei Auktionen, online genauso wie in Auktionshäusern. Wenn sich Menschen entschieden haben, etwas ersteigern zu wollen, kann es sein, dass sie immer mehr bieten, sogar wenn das Produkt neu weniger kostet als auf der Auktion. Gier vernebelt den Blick. Deshalb ist Gier auf Dauer teuer. Zumindest kostet sie Lebensqualität.

PRAXIS ▶ Wenn Sie etwas Teures kaufen oder ersteigern wollen, legen Sie vorher Ihren Maximalpreis fest – und halten Sie sich strikt daran.

Es dem Tod zeigen

Das alltägliche Leben bietet oft nur flache Gefühle, nichts, was besonders wirkt oder tiefgeht. Wer den Kick sucht, dem bietet ein normales Leben vielleicht nicht genug. Diese Menschen werden von sich aus aktiv, beispielsweise indem sie eine riskante Sportart betreiben. Die Suche nach dem Kick kann auch der Versuch sein, es dem Tod zu zeigen. Du kriegst mich nicht, ich bin stärker als du. Das klingt vermutlich merkwürdig, deshalb ein Beispiel aus der Beratung.

▶▶ *Alexander verlor als Kind seinen Vater durch einen tragischen Unfall beim Skifahren. Die Bilder, wie der Schwerverletzte vom Krankenwagen weggebracht wurde, haben sich in ihm eingefressen. Das Nächste, woran er sich erinnert, ist die furchtbare Stille in der Wohnung. Geweint hat er damals nicht ein einziges Mal. Alexander wurde von einer liebevollen Mutter und seinem älteren Bruder mental gestützt. Nach außen wirkte sein weiterer Werdegang normal. Später wurde Alexander ein echter Draufgänger. Er wurde ein erfolgreicher Geschäftsmann mit zwei außergewöhnlichen Hobbys: Freeclimbing und Autorennen fahren. Er kam wegen einer konkreten Fragestellung zu mir, mehr nebenher erzählte er von einem schweren Verkehrsunfall vor wenigen Wochen. Mit viel Glück und ohne Verletzungen konnte er dem Wrack entsteigen. Es brauchte eine gewisse Zeit, und schließlich war klar, worum es ihm ging. Er wollte dem Tod zeigen, wer der Stärkere ist – seit damals, als sein Vater starb. Deshalb ging er immer wieder und immer weiter an die Grenze zwischen Leben und Tod heran. Als er sich und sein Verhalten und das reell existierende Risiko verstand, kamen ihm die Tränen. Er entschied sich, zumindest auf das Freiklettern zu verzichten.*

Entscheidungen haben oft einen Hintergrund, den wir selbst nicht unmittelbar verstehen können. Wir sind einfach mit uns selbst viel zu sehr verstrickt. Wir sehen sozusagen den Mischwald unserer zahlreichen Möglichkeiten vor lauter Bäumen unserer innerlichen Themen nicht.

Hoffnung

Hoffnung hat einen recht guten Ruf. Der ist bei genauer Betrachtung nur eingeschränkt gerechtfertigt. So wie Trauer eine Funktion hat, nämlich die Traurigkeit zu bearbeiten, um sie irgendwann loszuwerden, hat auch Hoffnung eine Funktion. Sie hilft uns, Hoffnungslosigkeit zu ertragen – oder uns von ihr abzulenken hin zu einer besseren Zeit. Die effektivere Lösung ist stattdessen Zuversicht aufzubauen. Manchmal bleibt aber nur die Hoffnung. Dann kann sie uns sehr helfen.

Eine der wohl am weitesten verbreitete Form der Hoffnung ist, dass etwas wie das Verhältnis zur Mutter doch Liebe, wahre Liebe, gewesen sein mag. Sich der Erkenntnis zu stellen, von einem Elternteil nicht wirklich geliebt worden zu sein, ist hart. Was versuchen manche? Sie unterwerfen sich, ihr Leben, ihre Entscheidungen dem »höchsten« Ziel, irgendwie damit doch die so vermisste Liebe zu bekommen. Das ist im wahrsten Sinn vergebliche Liebesmühe.

Zu gute Stimmung

Wenn in Ihnen eine besonders positive Stimmung herrscht, besteht die Gefahr, dass Sie sich mit Inhalten einverstanden erklären, die Ihnen sonst missfallen würden. Eine gute Stimmung birgt also das Risiko für die Zukunft, einen falschen Weg zu wählen. So mancher dürfte ein an sich harmloses Beispiel dafür kennen: schrill-hässliche, im Alltag untragbare Klamotten, die in bester Laune unter heißer Sonne gekauft wurden.

Furchtsamkeit

Wir blenden all das gerne aus, was wir tun sollten, uns aber unangenehm ist. Damit überlassen wir unserer Furcht die Entscheidung, was wir tun. Die Lösung wäre, die Furcht wahrzunehmen und trotzdem die eigenen Belange zu verteidigen. Ein Beispiel: Sie sitzen in einem Lokal, haben sich so auf richtig leckere Nudeln mit frisch gekochter Tomatensauce gefreut. Ihnen wurden Billignudeln mit Fertigsauce serviert. Meckern Sie? Statistisch gesehen tun das nur wenige. Sie nutzen eher die größte Form der Machtausübung, den Entzug. Sie gehen also nicht mehr in das Lokal. Die unangenehme, direkte Konfrontation mit der Bedienung oder dem Koch wird gescheut. Manchmal führt der Weg durch das Unangenehme jedoch zu einer überaus angenehmen Situation. In diesem Fall könnte es im Erlass der kompletten Rechnung des Lokals liegen.

Wut

Auch Wut lenkt uns von einer Angst ab. Das ist ihre hauptsächliche Funktion. Die andere Funktion ist, trotz Widerständen von außen seine eigenen Ziele zu erreichen oder zu verteidigen. Aber Wut kann zur geistigen Unklarheit bis hin zu innerlichem Erblinden führen – und zu falschen Entscheidungen.

Rache

Rache ist sexy, kann es zumindest sein. Der Grund liegt in unserem limbischen System, also in einem zentralen Bereich unseres Gehirns. Das findet »gerechte« Strafe richtig geil, das feuert voll der Freude, wenn jemand zu Recht bestraft wird. Wohl auch deshalb waren in früheren Zeiten öffentliche Hinrichtungen ein Spektakel, das man sich nicht entgehen ließ. Dabei ist Rache niemals ein guter Berater. Sobald wir etwas aus Rache tun, tun wir es gegen uns selbst. Ein guter, anerkannter Held steht moralisch über dem Täter – und das schließt Rache von vornherein aus. Genauso gilt dies für jede Heldin.

Wenn wir Entscheidungen aufgrund von Rachegelüsten treffen wollen und uns dagegen entscheiden, sind wir im besten Fall erlöst, weil wir auf die geilen Gefühle dabei verzichten können.

Rache und Wut neigen zur Eigenjustiz. Irgendwann haben die Menschen dieser einen wirksamen Riegel vorgeschoben. Dieser Riegel heißt das Recht.

PRAXIS ▶ Wenn Sie etwas aus Rache planen oder tun: Lassen Sie es sein.

Ein wichtiges Beispiel, wo nichts zu tun die beste Wahl darstellt, und ein besonders beeindruckendes Beispiel für den richtigen Umgang mit Rache zeigte der große Literaturkritiker Marcel Reich-Ranicki, der, obwohl ihm und seiner Familie Schlimmstes angetan wurde, nach dem Zweiten Weltkrieg nach Deutschland zurückkehrte. In seinen Erinnerungen (Reich-Ranicki 1999) schrieb er dazu: »Nicht Rachsucht, sondern Sehnsucht trieb mich nach Berlin.« Er ließ sich von seiner Liebe zur deutschen Literatur und zu einem Ort leiten. Daraus kann man etwas ableiten.

PRAXIS ▶ Wer sich nach Rache sehnt, sollte sich um seine anderen Sehnsüchte kümmern.

Einsamkeit

Wer sich einsam fühlt, fühlt sich nicht gebunden. Eine fehlende Beziehung zu anderen Menschen bewirkt auch das Gefühl des Fremdseins. Einsamkeit wird dadurch oft von einer Art von Entfremdung dem Leben gegenüber begleitet. Stetig verminderter Kontakt kann zu fehlgeleiteten Entscheidungen führen. Im eher harmlosen Fall kommt es zu Frustkäufen.

Positive Gefühle

Uns wurden viel mehr negativ wirkende oder empfundene Gefühle geschenkt als positive, siehe dazu die Liste der Grundgefühle. Das mag uns wenig erfreuen, hat aber einen lebenserhaltenden Sinn. Viele der »schlechten« Gefühle schützen uns, beispielsweise vor zu riskantem Verhalten. Sie warnen uns vor Angriffen, sie sorgen für unsere Integrität. Das ändert nichts daran, wie wundervoll es ist, wenn uns positive Gefühle erfüllen; das sind meistens Varianten von Freude, Glück oder Liebe. Da wir diese auch als eine Form von Belohnung verstehen, beeinflussen sie maßgeblich, wofür wir uns entschließen. Um sich auf eine Entscheidung festzulegen, sind *zu* starke positive Gefühle nicht unbedingt hilfreich. Sie machen uns eher unvorsichtig, zu optimistisch und damit entfernen sie uns von der Realität. Das ist ja gerade das, was wir dabei genießen. Wir sollten eine Traumwelt eher außen vor lassen, wenn es um den Moment des Entschlusses geht.

> **PRAXIS** ▶ Wenn wir uns zu sehr freuen, wenn wir verliebt sind, wenn wir besonders locker sind, weil etwas Alkohol uns puscht, sollten wir nichts Wichtiges entscheiden.

In einer solchen Stimmungslage sollten wir wenigstens eine Nacht über unsere Optionen schlafen. So manch einer, der sich zu einer Sofortehe in Las Vegas hat hinreißen lassen, musste dies teuer bezahlen.

In eine ähnliche Kerbe schlägt die Einschätzung, was etwas wert ist. Fragen Sie sich, ob es nur Ihnen so viel wert ist oder von anderen in gleicher Weise bewertet wird.

Wenn etwas mit positiven Emotionen besetzt ist, ist es uns – aber nur uns – mehr wert als anderen. Das Kuscheltier, millionenfach hergestellt, zur Unkenntlichkeit bespielt, ist einmalig und für das Kind unverzichtbar. Das gleiche Kuscheltier, neu gekauft, wird ohne weiteres Interesse links liegengelassen. So ist es zum Beispiel auch mit Immobilien. Deren Preisfindung geht nach recht klaren Kriterien, weshalb es oftmals besser ist, über einen Makler zu verkaufen als von privat. Makler bilden eine Form von Puffer zwischen den zu hohen, weil positiv besetzten, Erwartungen und dem, was der Markt hergibt.

Je mehr Mühe es uns machte, etwas zu erwerben (materielle Dinge ebenso wie immaterielle), umso schwerer fällt es uns, uns davon zu trennen und umso mehr Geld oder einen anderen Lohn wollen wir dafür bekommen. Ein zu hoher Preis stellt eine Art von Bezahlung für den »Trennungsschmerz« dar.

> **PRINZIP ▶** Gier, Geilheit, Genusssucht, Eitelkeit, Hochmut, Größenwahn, Neid, Rachsucht, Eifersucht, Wut, Angst, Belastungen, Stress, Scham, Schuld, Verliebtsein und andere heftige Gefühle blenden die Realität aus.

Vertiefung

Im Nebel heftiger Gefühle entscheiden sich manche vorschnell für den kompletten Abbruch einer Beziehung. Im Amerikanischen gibt es den Satz »Don't burn the bridges«. Wenn wir vorangehen im Leben, ist es nicht unbedingt notwendig, alle Brücken hinter uns abzubrechen. Oftmals ist es besser, eine Beziehung nicht weiter zu fördern, statt sie aktiv zu beenden. Niemand kann in die Zukunft schauen. Zukunft ist die Sekunde nach der jetzigen. Diese Unsicherheit, die viele kaum ertragen können, darf ein Grund sein, Bindungen zu anderen Menschen nicht leichtfertig aufzugeben. Sie müssen weder gleich jeden umarmen noch müssen Sie sich klar, definitiv und brutal von anderen trennen. Wenn Sie im Moment mit jemandem nichts zu tun haben wollen, können Sie sich auch zurückziehen, ohne gleich die Brücken gänzlich abzubrechen.

31 Wenn Entscheidungen Trauer tragen

Einige Zeit habe ich einen Bäcker beraten, der aufgrund einer lebensbedrohlichen Mehlstauballergie seinen Beruf aufgeben musste. Selbst diese unumstößliche Tatsache genügte ihm zunächst nicht, alle Kraft hineinzugeben, sich um einen neuen Beruf zu kümmern. Der Mann war mit Herzblut Bäcker geworden, und nun einen vollkommen anderen Beruf zu erlernen, schien ihm wie ein Schlag ins Gesicht. Auch Berufe können teilweise so ähnlich wirken wie Menschen, ihr Verlust kann nicht unbedingt ersetzt werden. Das bedeutet nicht, den Rest des Lebens in Trauer und Traurigkeit zu verbringen. Hilfreich ist, diese Trauer zuzulassen, um dann das Schicksal anzunehmen. Erst nach einer Phase der Trauer (Trauer ist eine Form von Arbeit, um einen Verlust zu verkraften) können wir aktiv werden. Über einen solchen Verlust einfach so hinwegzugehen, lässt unsere Seele nicht unbedingt zu.

Erst wenn wir uns gegenüber wahrhaftig waren, was in der Trauer zum Ausdruck kommt, kann unsere Traurigkeit gehen. Tränen, die wir nicht weinen, bleiben in uns und belassen uns in der Traurigkeit. Unsere Seele ist dabei erheblich langsamer als unser Körper. Verletzungen des Körpers heilen meistens innerhalb von Tagen, maximal innerhalb von Monaten. Verletzungen unserer Seele heilen meistens erst nach Monaten bis Jahren, manchmal auch erst nach Jahrzehnten. Dieser Vorgang kann nahezu nicht von außen verändert werden.

Ein häufiges, wenig nutzbringendes Hindernis ist, zunächst tatsächlich kaum trauern zu können. Wer einen Todesfall zu beklagen hat, muss sich um vieles kümmern, was die Trauerarbeit erschwert. Beerdigung, Wohnungsauflösung und anderes mehr stehen im Vordergrund. Wenn alles erledigt ist, wollen viele nicht mehr trauern. Dann ist es ihnen unangenehm, ihnen genügte die Belastung der ganzen Abwicklung. Manchmal rächt sich das später, denn einfach so verschwindet Traurigkeit nur äußerst selten.

Manche wechseln im Lauf der Zeit aus ihrer Traurigkeit in Bitterkeit. Sie verbittern am Leben, an dem, was ihnen geschehen ist oder angetan wurde. Bitterkeit ist oft nicht berechtigt, sondern das Endergebnis einer wenig sinnvollen Bewertung. Die eigene Bitterkeit täuscht dann eine Art von aktivem Umgang vor. Dabei führt Bitterkeit weg von uns selbst. Sie verhindert den einzig möglichen und notwendigen Vorgang, eben die Trauer. Insofern wirkt Bitterkeit wie eine Art Lähmung auf unserem Weg zu einer besseren Zukunft. Wenn Sie merken, dass

Sie verbittert sind, schauen Sie Ihre Verletzung ganz genau an. Gehen Sie dann ganz in dieses Gefühl hinein. Tun Sie dies so lange, bis die ersten Tränen entstehen. Und lassen Sie Ihre Tränen zu.

Ein ähnliches Fluchtverhalten gibt es auch, wenn wir erkrankt sind. Oftmals suchen wir selbst oder unsere Angehörigen dann den Schuldigen. Weil ich mich zu wenig bewegt habe, habe ich einen Herzinfarkt bekommen. Weil ich zu viel getrunken habe, geht es mir schlecht. Weil ich zu viel gearbeitet habe, droht nun ein Schlaganfall. Selbst wenn es statistisch gesehen Zusammenhänge zwischen dem einen und den anderen geben sollte, sind Erkrankungen Schicksalsschläge. Wenn wir einen kausalen Zusammenhang zwischen unserem Verhalten und einer möglichen Erkrankung aufbauen, tun wir so, als hätten wir es in der Hand gehabt, die Erkrankung zu vermeiden. Dieser Vorgang ist wieder einer, der uns vortäuscht, Macht über einen Vorgang zu haben, über den wir meistens keine Macht besitzen. Wir sind nur überaus eingeschränkt für unsere eigenen Erkrankungen verantwortlich, im Allgemeinen überhaupt nicht. Das ändert nichts daran, dass wir nach heutigem Wissensstand möglichst gesund leben sollen. Es bedeutet einfach, von vornherein auf Selbstvorwürfe zu verzichten. Sie bringen im Erkrankungsfall überhaupt nichts. Im Gegenteil, durch die selbst vorgetäuschte Macht können Sie verhindern, sich einer vielleicht wirkenden, höheren Macht anzuvertrauen.

Sie sind nicht für das Schicksal verantwortlich. Schicksal bedeutet wörtlich: das geschickte Heil – im Sinne von heil werden. Das Wort »geschickt« weist darauf hin: Unser Schicksal kommt von außen. Das bedeutet auch, Sie können Ihr Schicksal genauso wenig beeinflussen wie irgendein anderer Mensch. Sie sind nicht für Erkrankungen verantwortlich. Das sollte Sie in keiner Weise davon abhalten, sich klug zu verhalten. Dafür genügen folgende Regeln: ausreichend Sport betreiben, nicht zu viel oder zu extrem. Sich gesund ernähren, das bedeutet ausgewogen mit Betonung auf vegetarischer Kost. Genug Schlaf, für die meisten sind dies sechs bis acht Stunden täglich. Auf Suchtmittel weitgehend verzichten. Das wissen Sie. Nur: Wissen genügt nicht; es geht darum, sich für das richtige Verhalten zu entscheiden.

Sie sind auch nicht dafür verantwortlich und auch nicht dafür gemacht, immer das Optimum zu bieten oder herauszuholen. Wenn Sie eine Aufgabe übernehmen, sind Sie verantwortlich, diese sachgerecht zu erfüllen. Ansonsten sind wir alle verantwortlich für uns selbst, unseren Besitz und unsere Tiere und bis zum Erwachsenenalter für unsere Kinder und für das, was wir ab jetzt tun werden und natürlich für das, was wir bisher getan haben. Dabei bietet sich uns ein unendlich breites Spektrum an Möglichkeiten. Das ist erwachsene Selbstbestimmung.

Was ist ein sinnvoller Umgang mit unerwünschten, schwierigen Gefühlen? Lassen Sie diese zu, drücken Sie sie aus. Achten Sie dabei Ihre eigenen Grenzen und besonders die der anderen. Gefühle drücken wir entweder über Sprache aus, indem wir weinen oder schreien, lachen oder singen, tanzen oder trommeln, indem wir irgendeine sportliche Tätigkeit mit besonderer Akribie ausüben. Währenddessen können wir versuchen, in einer Art Außenposition uns und die eigenen Gefühle zu beobachten. Wenn sie wahrhaftig und hinreichend ausgedrückt wurden, dürfen wir sie freundlich verabschieden.

Ein Beispiel, wie Sie damit umgehen können, wenn Sie zu viel grübeln: Sobald Sie sich dabei erwischen, können Sie Ihrem Grübeln danken und ihm dann sagen: Heute Abend im Anschluss an die Nachrichtensendung schenke ich dir 15 Minuten Zeit. Dann können Sie sich zunächst anderen Inhalten widmen. Nutzen Sie jedoch tatsächlich die mit Ihrem Grübeln vereinbarte Zeit dafür.

Schmerzhafte oder negativ empfundene Gefühle können wir nicht verhindern. Wir können sie in Bahnen lenken, indem wir die Zeit, die wir ihn schenken, begrenzen. Wichtig ist, Klarheit darüber zu gewinnen, woher die Gefühle kommen und ob sie im jetzigen Leben berechtigt sind.

Wenn Sie frustriert sind, wäre es in aller Regel falsch, zu resignieren. Wer frustriert ist, sollte sein Handeln ändern. Wenn Sie lernen und verstehen, wie Sie sich auf Frustrationen einstellen und an ihnen wachsen, werden Sie Selbstvertrauen entwickeln.

Das kann sehr schwierig sein, weil sich sozusagen die Katze in den eigenen Schwanz beißt: Wer traurig ist, dem fallen bereits aufgrund dieses Gefühls Entscheidungen schwer oder sie sind ihm sogar unmöglich. In diesem Fall kann man an eine wichtige, hilfreiche Instanz in einem selbst appellieren, an den Willen. Mit ihm kann es gelingen, die Kraft für Richtungsänderungen oder einen Neuanfang zu erhalten.

32 Die Angst vor der falschen Entscheidung

Als Gott den Menschen schuf, hat er dabei alle Folgen bedacht? Wurde bei der Entwicklung und Ausgestaltung der Erde alles richtig gemacht? Denken Sie an Naturkatastrophen, Hungersnöte, Dinosauriersterben, angeborene Behinderungen, Pandemien, Lawinen, Tsunamis, Rost, Witterung oder einstürzende Felsen. Sie meinen, dafür sei niemand verantwortlich, zumindest niemand Höheres? Nun kommen Sie bitte nicht mit dem Totschlagargument, das sei alles eine Prüfung für uns. Was soll das mit göttlicher Liebe zu tun haben?

Es geht hier jedoch keineswegs um religiöse Inhalte. Es geht einfach darum, dass sogar höhere Mächte nicht alles in ihre Gedanken einbezogen haben könnten. Sollten Sie sich das dann nicht auch zubilligen?

Nicht wenige Menschen folgen der Vorstellung: Besser keine Entscheidung als die falsche. Dabei übersehen sie, dass keine Entscheidung eben doch eine Entscheidung ist. Konkret wird damit zumindest erreicht, zunächst den Jetztzustand beizubehalten. Es gilt:

> **PRINZIP** ▶ Man kann nicht nicht entscheiden.

Dabei gibt es vier Möglichkeiten, ob wir eine Entscheidung treffen oder nicht, was sinnvoll sein kann oder nicht (Abbildung 5).

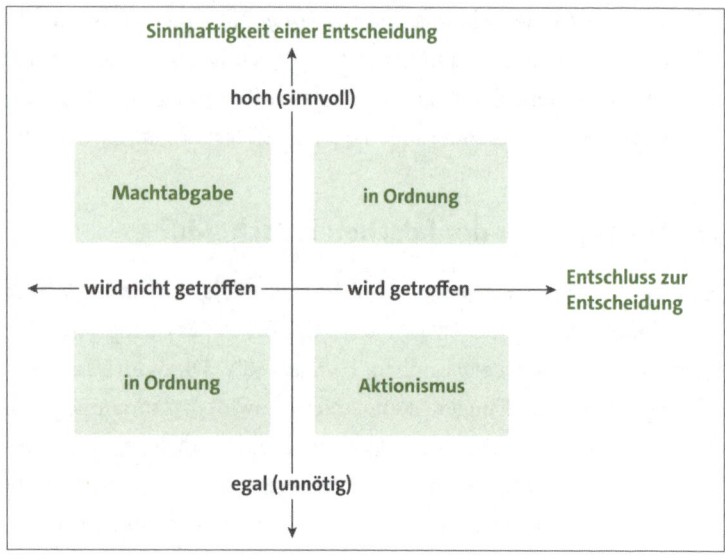

Abbildung 5: Unerwünschte Auswirkungen von Entscheidungen

Wenn wir eine Änderung anstreben und diese sinnvoll ist, ist alles in Ordnung. Genauso, wenn wir keine möchten und auch dies richtig ist. Kritisch sind die beiden anderen Konstellationen. Wir ändern etwas, das im Moment keine Maßnahme erfordert. Wir greifen aktionistisch in die Situation ein. Oder obwohl ein Schritt ansteht, gehen wir diesen nicht. Da wir nicht im menschen- und luftleeren Raum leben, werden dann andere aktiv werden: Wir geben unsere Macht an sie ab. Durch fehlende Initiative können wir viele Chancen verpassen. In jedem Fall bewirken wir also etwas, auch wenn wir meinen, dies nicht zu tun.

PRINZIP ▶ Die Angst vor einer falschen Entscheidung verhindert richtige, passende Maßnahmen.

Und sie führt zu noch mehr Angst.

Es bleibt – zumindest langfristig – niemals alles, wie es ist. Das gilt besonders dann, wenn wir nichts tun. Wenn wir uns zu einem gegebenen Zeitpunkt kein neues Smartphone kaufen, wird das jetzige ohne Sicherheitsupdates auskommen müssen. Wir gehen ein Risiko ein. Wenn wir uns kein neueres Auto anschaffen, wird irgendwann das alte versagen. Wir gehen ein Risiko ein. Wenn wir uns nicht ausreichend um unseren Partner kümmern, wird der sich von uns abwenden – oder fremdgehen. Wir gehen ein Risiko ein.

Es ist meistens richtig, sich zu bewegen, statt starr zu verharren. In jeder Starre steckt das Risiko für Fehlentwicklungen, denn: Panta rhei – alles fließt. Viele vermeiden Entscheidungen, weil sie es nicht mögen, rechtzeitig über die negativen Folgen ihrer Entschlüsse nachzudenken. Genau das wäre notwendig. Lieber treffen sie überhaupt keine Wahl.

Es gibt ein paar Fragen, um sich der Wahrheit zu nähern – zunächst mit dem Hilfsmittel eines erdachten bösen Mitmenschen.

> **KLÄRUNG ▶** Was kann sich ein Mensch, der es gar nicht gut mit mir meint, in seiner Fantasie ausmalen, was alles schiefgehen könnte? Oder kann er sogar real etwas gegen mich unternehmen?
> Was bedeutet ein komplettes Scheitern meines Vorhabens?
> Was konkret könnte zum Scheitern führen?
> Wie kann ich diesen Verlauf verhindern?

Wenn Sie nicht an Menschen denken möchten, die Ihnen nicht wohlgesonnen sind, gibt es einen anderen Trick: Entwerfen Sie ein inneres Bild. Wie sieht Ihr Leben aus, wenn Sie in einem halben Jahr oder einem halben Jahrzehnt feststellen, dass Ihre Schritte zu einem Totalausfall führen? Was tun Sie nun? Was erleben Sie? Wie kam es dazu? Was geschieht dann? Spielen Sie also unbedingt das Worst-Case-Szenario durch. Malen sie sich dieses in düsteren Farben aus. Entscheiden Sie dann, was Sie von vornherein einplanen müssen, damit es anders weitergeht. Typischerweise sind dies:

- Geldpuffer,
- Zeitpuffer sowie
- Möglichkeiten, die Ausgangssituation wiederherzustellen, sofern machbar.

Vertiefung

PRINZIP ▶ Der vermutlich größte, grundsätzliche Fehler ist, unbedingt keine Fehler machen zu wollen.

Erinnern Sie sich nun an eine der Situationen in früheren Zeiten, die Sie vor dem Lesen dieses Buches als Fehlentscheidung bezeichnet hatten. Beantworten Sie folgende Fragen, indem Sie den vorgegebenen Kettenlauf durchgehen:

KLÄRUNG ▶ War meine Entscheidung objektiv falsch (mit heutigem Wissen)?

Ihre Antwort: Nein! Dann schenken Sie sich Ruhe, was das Thema angeht.
Ihre Antwort: Ja. Dann fahren Sie fort:

KLÄRUNG ▶ Habe ich das damals schon sehen können?

Ihre Antwort: Nein. Dann schenken Sie sich Ruhe, was das Thema angeht.
Ihre Antwort: Ja. Dann beantworten Sie:

KLÄRUNG ▶ Kann ich das oder dessen Auswirkungen heute noch ändern?

Ihre Antwort: Ja. Dann tun Sie es. Oder vielleicht haben Sie es bereits getan.
Ihre Antwort: Nein. Dann schenken Sie sich Ruhe, was das Thema angeht.
Wenn Sie jemanden um Verzeihung bitten sollten, tun Sie es. Wenn Sie diese Person nicht mehr erreichen können, versuchen Sie es mit einer rituellen Entschuldigung, die Sie alleine ausführen.

33 Angst erkannt – Angst gebannt

Es gibt Menschen, die erscheinen auf den ersten Blick sehr stabil. Sie wissen, was sie tun, sie wissen, was sie können. Wenn sie dann zu einer Entscheidung kommen sollen, flüchten sie sich in irgendwelche Tätigkeiten, um die Festlegung hinauszuschieben oder nicht treffen zu müssen. Gerade dann, wenn sie ihre volle Kraft bräuchten, werden sie schwach. Sie betreiben eine Art Selbstsabotage. Dahinter steckt oftmals Angst.

Viele Menschen sind eher vorsichtig. Bestimmt gibt es in deren Vorgeschichte einen oder viele gute Gründe für diese Vorsicht, die durchaus Vorteile verschafft. Beispielsweise ist das Risiko, auf diese Weise einen anderen Menschen zu verletzen, sehr gering. Wenn wir unser Leben jedoch zu vorsichtig angehen, bilden sich daraus wirksame Nachteile. Da es vollkommene Sicherheit nicht gibt (jeden Moment kann uns ein Blitz treffen oder ein Meteorit auf den Kopf fallen, jeden Moment kann ein kleines Gefäß in uns platzen und uns töten), ist es jedoch falsch zu vermuten, es hätte Vorteile, *zu sehr* auf Sicherheit zu setzen. Der hauptsächliche Nachteil ist die dadurch verlorene Lebenszeit. Wer zu vorsichtig ist, versucht nicht genug und erlebt damit zu wenig. Diese Menschen vergeben damit viele Chancen, ihr Leben vielseitiger zu gestalten. Sie vergeben zentrale Chancen zu erkennen, wie sie sind und wie sie leben möchten. Wir alle kennen den Satz, man bereue nur die Dinge, die man nicht getan habe. Dieser Satz ist grundsätzlich richtig. Natürlich gibt es auch Dinge, die wir getan haben und trotzdem bereuen. Aber erst weil wir sie getan haben, können wir überhaupt zu diesem Urteil kommen. Ich frage meine Klienten manchmal, was sie am meisten in ihrem Leben bereuen. Ich habe sehr selten jemanden erlebt, der mir daraufhin von etwas berichtet hat, was er aktiv getan hat. Ich habe noch nie einen Klienten erlebt, der mit ausreichend zeitlichem Abstand von einem Scheitern berichtet hat, welches er bis heute bedauert. Scheitern gehört zum Leben. Jeder Klient weiß von einem oder mehreren Momenten in seinem Leben, in denen er sich zu etwas *nicht* hat durchringen können, was Jahre oder auch Jahrzehnte später in ihm noch Groll verursacht. Feigheit ist ein wesentliches Hemmnis auf dem Weg zu guten Vorhaben.

So wie bei Fabian.

❯❯Fabian kann seine Augen kaum von Florentina lassen, die seit wenigen Tagen als Arbeitskollegin in seinem Team arbeitet. Er weiß nicht viel von ihr, umso mehr spürt er seine eigenen Gefühle. Fabian ist verliebt. Nun hat er zwei Möglichkeiten: erstens, er kann seine Gefühle unterdrücken, seine Feigheit weiterleben und alleine bleiben. Zweitens, er kann Florentina Schritt für Schritt oder auf einmal seine Verliebtheit offenbaren. Dafür braucht er Mut.

Nehmen wir an, er bringt diesen Mut auf und Florentina gibt ihm einen Korb. Geht er so vor, hat er zwei große Vorteile. Es herrscht Klarheit und er braucht sich niemals vorzuhalten, es nicht versucht zu haben. Da es noch mehr Florentinas auf der Welt gibt, wird er noch viele Chancen vom Schicksal geboten bekommen, erneut zu fragen.

> **PRINZIP** ▶ Feigheit verhindert gute Chancen.

Auf den ersten Blick ist es ganz einfach. Wenn wir Angst vor einer Entscheidung haben, haben wir Angst vor einer falschen Wahl. Was bedeutet das im Konkreten? Dass wir uns schuldig machen? Dass wir uns ab sofort nicht mehr unter Menschen trauen dürfen? Dass gegen uns ein Bann ausgesprochen wird? Oder sprechen wir uns selbst schuldig, niemand sonst?

Wie es auch immer auf den ersten Blick sein mag: Wenn wir hinter unsere eigenen Kulissen schauen, geht es um unsere drei Grundängste. Kurz befassten wir uns im Zusammenhang mit unserer Motivation bereits damit. Eine ist die Angst zu versagen, also nicht die Leistung bringen zu können, die wir oder andere von uns erwarten. Die zweite ist die wirkstärkste Angst, die vor dem Vergehen. Es ist die Angst vor dem Tod. Auf sie kann man letztlich jede Angst zurückführen. Die dritte ist unsere Angst, verlassen zu werden. Sie entspricht der Angst, nicht geliebt zu werden. Alle Bindungen zu anderen Menschen zu verlieren, macht uns letztlich völlig verletzlich und ist lebensbedrohlich. Selbst der einsamste Einsiedler braucht irgendwann einen Arzt oder ein Taxi oder Essen, wenn im Winter sein Grundstück keinen Ertrag mehr abwirft und seine Vorräte zur Neige gehen.

Nehmen wir eine scheinbar banale Situation. Wir stehen auf einem Fünf-Meter Sprungturm, meinen, alle Augen im Schwimmbad seien auf uns gerichtet. Wir können uns zunächst nicht entschließen, ob wir springen oder doch die sichere Leiter nach unten nutzen. Immerhin diente sie uns zuverlässig auf dem Weg nach oben. Eigentlich ist uns danach, klammheimlich wieder hinunterzuklettern. Dann würden wir uns schämen. Scham weist auf ein Problem mit sich und seinem Körper hin. Zum Beispiel schämen sich Menschen, wenn sie dick sind oder ein körperliches Gebrechen haben.

Klammheimlich können wir ohnehin nicht runtersteigen, wir meinen ja, dass uns alle anstarren. Um die Scham zu vermeiden, springen wir. Leider kommen wir voll mit dem Bauch auf, es tut verdammt weh, und statt uns voller Mitgefühl zu trösten, scheinen uns alle auszulachen. Jetzt schämen wir uns erst recht. Unsere Entscheidung hatte einen hohen Preis, körperliche und seelische Schmerzen.

Das, was wir vermeiden wollten, meinen wir vielfach mehr zu erhalten. Schauen wir uns einmal an, was uns zur Entscheidung getrieben hat. Es ist die Angst, ausgelacht zu werden. Wer ausgelacht wird, fühlt sich ausgegrenzt. Die Angst ist also in der Tat, nicht mehr dazuzugehören. Diese Angst hat einen Namen. Man nennt sie Verlassensangst, die Angst, eine Bindung an einen anderen Menschen zu verlieren. Es ist die Angst, Liebe zu verlieren. Auf einmal hat die Entscheidung, die wir auf dem 5-Meter-Sprungturm treffen, eine ganz andere Bedeutung, als wir ursprünglich meinten. Hätten wir uns nun die Zeit genommen, dort oben in luftiger Höhe, dann hätten wir noch weitergedacht. Ist uns wirklich wichtig, wenn uns Fremde auslachen? Wollen wir wirklich mit diesen eine liebevolle Beziehung eingehen? Wohl nicht. Dennoch haben wir uns durch das Hochklettern zu einer falschen Bewertung gebracht, nämlich in einer Sackgasse festzustecken. Was zeigt uns das Beispiel?

> **PRINZIP** ▶ Entscheidungen treffen wir am besten dann, wenn wir versuchen, uns innere und äußere Freiheit dafür zu erhalten.

Wir können auch noch in anderer Richtung weiterdenken. Es hätte auch sein können, dass wir Lob für den Mut erhalten hätten, wieder heruntergeklettert zu sein. Zu uns und unseren Ängsten gestanden zu haben. Warum soll man etwas tun, wie sich aus großer Höhe fallenzulassen, vor das einem eine innere Instanz warnt?

Die Angst dort oben war auch die vor Schmerzen oder einer Verletzung. Es ist die wichtigste und unser Leben begleitende Grundangst, die Angst vor dem Tod. Diese wird automatisch aktiviert, sobald wir in eine uns unbekannte Situation kommen. Wer schon Dutzende oder hunderte Male aus größerer Höhe gesprungen ist, weiß, dass er alles gut meistern kann. Erst durch diese wiederholte Erfahrung verringert sich die Angst. Keine Angst bei einem Sprung zu spüren, bedeutet keineswegs, dass sie nicht da ist.

Die dritte Grundangst ist die zu versagen. Auch diese spielte auf dem Turm eine Rolle. Denn etwas nicht zu tun, zu dem man sich entschieden hat, kann von einem selbst und von anderen als Versagen interpretiert werden. Ziemlich komplex, was in fünf Metern Höhe in uns vorgehen mag.

Ein anderes Beispiel: Es gibt eine Vielzahl von fatalen Verquickungen in Menschen, die sich selbst im Weg stehen. Es gibt Menschen, die immer dann, wenn sich ihr Erfolg abzeichnet, aufgeben. Sie können letztlich nicht ertragen, ein besseres Leben zu führen als ihre Eltern. Sie fühlten sich deshalb schuldig. Für sie fühlte es sich falsch oder unerträglich an, erfolgreich zu sein.

Die Versagensangst kann auf diese Weise die Angst vor dem eigenen Erfolg verdecken. Versagensangst führt in der Regel dazu, passiv zu werden und nichts mehr zu tun oder etwas anderes zu tun, als man eigentlich möchte. Damit führt Versagensangst oftmals zu Misserfolgen. Sie hat viel von einer selbsterfüllenden Prophezeiung. In Fällen ausgeprägter Versagensangst ist es sinnvoll, das Worst-Case-Szenario durchzuspielen.

> **KLÄRUNG** ▶ Was geschähe tatsächlich mit mir, würde ich nicht das schaffen, was ich vorhabe?
> Was kann sonst noch schlimmstenfalls geschehen?
> Wie kann ich in diesem Fall weitermachen?

Nutzen der Angst

Friedrich Schiller sagte einmal: »Nehmt die Angst hinein in euren Willen und sie wird euer Untertan«. Angst stellt für sich eine Energie dar. Angst bindet zugleich auch viel Energie. Wenn wir sie als Antrieb zu nutzen verstehen, nehmen wir ihre Hinweise wahr und ernst und entscheiden dann vernünftig. Auf diese Weise dominiert sie nicht mehr uns, sondern hilft uns in unserer Tatkraft.

Angst kann ein besonders guter Ratgeber sein. Sie hat der gesamten Menschheit und jedem Einzelnen von uns mit Sicherheit das Überleben ermöglicht. Wir sollten der Angst ein Denkmal setzen, sie ehren und ihr danken. Das gilt nicht für Angsterkrankungen, um die es hier nicht geht. Davon zu trennen ist Ängstlichkeit und Zögerlichkeit, die aufgrund von persönlichen Vorerfahrungen existieren, jedoch nichts mit der tatsächlichen, aktuellen Situation zu tun haben müssen. Sobald wir Angst spüren, die unser Denken beeinflusst, sollten wir uns ehrlich folgende Fragen beantworten.

> **KLÄRUNG** ▶ Wie wahrscheinlich geschieht das, vor dem mich die Angst warnen möchte?
> Was wäre wirklich, wenn das Befürchtete einträte?

Angst führt zur Vorsicht. Vorsichtig zu handeln ist nicht unbedingt gleichzusetzen damit, vorsichtig handeln zu *wollen*. Das Erstgenannte entspricht einer aktiven Auseinandersetzung mit dem Thema und bedeutet zugleich, dem Ziel näher zu kommen. Vorsichtig handeln zu wollen hingegen führt zu einer passiven Situation, in welcher nicht selten andere über einen entscheiden. Und dies kann erheblich schwerwiegendere Folgen haben. Im Grunde wissen wir das meistens. Deshalb spielt sich in unserem Inneren oftmals ein Kampf ab. Ein Kampf zwischen unserer Feigheit und der verzweifelten Frage, was aus ihr folgen mag. Dennoch, Zögerlichkeit muss kein Zeichen für übertriebene Angst sein. Zu Zögern kann überaus vernünftig sein, in der Erkenntnis, im Moment keine Änderung anstreben zu sollen. Der Umgang mit Angst kann also ein schwieriger Balanceakt sein.

Angst vor der Zukunft
Da kein Mensch in die Zukunft schauen kann, ist es wenig sinnvoll, vor ihr Angst zu haben. Sinnvoll ist es, die jetzige Situation richtig einschätzen zu lernen, um dann aufgrund der bisher gemachten Erfahrungen die richtigen Maßnahmen einzuleiten. Angst ist zeitlich auch nach hinten gerichtet, zur Vergangenheit hin. Erfahrungen, die irgendwann früher gemacht wurden, werden letztlich willkürlich in einen Zusammenhang gesetzt mit dem, was in Zukunft geschehen könnte.

Vertiefung

Es gibt ein recht gut funktionierendes Schema, das Sie nutzen können, wenn die Angst droht überhandzunehmen (nach MacKay in Bergner 2018). Sie lesen nach dem Schema *kursiv gesetzt* ein Beispiel aus dem Leben. Beantworten Sie dabei unbedingt alle Fragen so wahrhaftig Sie können. Wenn möglich, fassen Sie jede Ihrer Antworten in einem einzigen Satz zusammen.

1. Was befürchten Sie konkret?
2. Vielleicht sehen Sie die Sache zu einseitig. Gibt es etwas, von dem andere meinen könnten, Sie reden es sich ein? Übertreiben Sie etwas vielleicht ein wenig?
3. Wenn 1 bedeutet, Sie haben praktisch keine Angst, und 10, Sie leiden an größtmöglicher Angst, wo stehen Sie im Moment?
4. Wenn 100 Prozent bedeutet, Sie werden vollkommen sicher einen Misserfolg erleben, wie wahrscheinlich schätzen Sie Ihr Risiko dafür ein?
5. Was geschähe im allerschlimmsten Fall konkret? Was wären die schlimmsten Konsequenzen?

6. Sie haben schon viel erlebt im Leben. Gibt es etwas, das Ihnen beim Umgang mit dem aktuellen Problem helfen kann?
7. Was können Sie konkret tun, um das Problem zu bewältigen?
8. Können Sie schon Ihre Aussage von eben (zur Frage 1) revidieren?
9. Wenden Sie erneut das Angstschema von 1 bis 10 (Frage 3) an: Welche Angst spüren Sie bei der revidierten Aussage?
10. Muss das allerschlimmste Resultat (Frage 5) wirklich eintreten?
11. Welche anderen Resultate wären noch möglich?
12. Wie bewerten Sie nun Ihre Angst (Maßstab von 1 bis 10)?
13. Wie wahrscheinlich ist der befürchtete Misserfolg jetzt?

Wer sich seiner Angst – auch »nur« mental – stellt, vermindert sie in der Regel.

Ein Beispiel (gleiche Reihenfolge wie eben):

1. *Meine Ehe wird scheitern. Mein Partner und ich haben uns auseinandergelebt.*
2. *Nein, mein Partner geht seit Monaten fremd.*
3. *8*
4. *(Misserfolg ist in dem Fall die Scheidung) 90 Prozent*
5. *Ich bleibe allein und muss mich allein um meine Kinder kümmern. Meinen Beruf kann ich an den Nagel hängen.*
6. *Meine Mutter könnte mir zeitweise die Kinder abnehmen. Mein Bruder auch. Ich habe schon längere Zeit vor der Ehe ohne Partner gelebt und es geschafft.*
7. *Ich kann schauen, ob ich eine Halbtagsstelle bekommen kann.*
8. *Eher nicht.*
9. *5*

(Zwischenfrage: Warum? *Weil ich erwachsen auf Probleme reagieren kann?*)

10. *Vielleicht nicht.*
11. *Ich kriege das schon irgendwie hin. Meine Liebe zu meinen Kindern überdauert auch diese Krise. Ich bin gut in meinem Job. Man wird mich behalten wollen.*
12. *4*
13. *Immer noch hoch. Aber ich bin zuversichtlicher als eben.*

VIII. Wie wir sind

34 Wie Menschen ticken

Ungerechtigkeit

Stellen Sie sich vor, Sie sitzen zu zweit an einem Tisch. Ein Dritter kommt dazu. Er schlägt Ihnen ein Spiel vor. Er hat 100 Euro in der Hand und gibt sie Ihnen. Sie haben nun zu wählen, wie viel von den 100 Euro Sie selbst behalten und wie viel Sie Ihrem Begleiter weitergeben. Sie haben dabei die völlig freie Wahl, alles zu behalten oder alles wegzugeben oder irgendeinen Betrag dazwischen. Ihr Gegenüber hat jedoch die Macht, Ihre Wahl anzunehmen oder abzulehnen. Wenn er sie ablehnt, bekommen Sie beide nichts. Wie werden Sie sich verhalten? Schauen wir uns vier mögliche Lösungen an. Zunächst könnten Sie höchst altruistisch handeln und sich sagen: »Was soll's, ich freue mich, wenn der andere alles hat. Ich brauche das Geld nicht so dringend.« Sie geben ihm 100 Euro, er wird zustimmen und das sogenannte Ultimatum-Spiel ist vorbei. Sie könnten jedoch auch höchst egozentrisch handeln und sagen: »Wenn ich schon die 100 Euro in der Hand halte, will ich sie auch behalten.« Das Risiko, dass diese Lösung vom Mitspieler abgelehnt wird, ist jedoch überaus hoch. In diesem Fall haben Sie beide nichts. Üblich wäre, Sie geben 50 Euro ab und behalten selbst 50 Euro. Auch in diesem Fall ist die Wahrscheinlichkeit der Zustimmung des Mitspielers hoch. Beide haben den gleichen Gewinn. Interessant wird es erst, wenn Sie sich überlegen, wie weit Sie gehen können. Akzeptiert Ihr Mitspieler, nur 40 Euro zu bekommen, während Sie 60 Euro behalten? Vermutlich ist das der Fall. Die Erfahrungen aus entsprechenden psychologischen Untersuchungen zeigen, dass ein Verhältnis von sechs zu vier wird meistens noch akzeptiert wird. Die Obergrenze liegt in der Regel bei 80 Prozent. Das bedeutet, wenn Sie 80 Euro behalten und geben dem anderen nur 20 Euro, wird der mit hoher Wahrscheinlichkeit ablehnen. Rational ist das Verhalten des anderen jedoch nicht. Denn wenn er ablehnt, bekommt er gar nichts. Er will also lieber so etwas wie Fairness oder Gerechtigkeit als das Geld. Getreu dem Motto: Lieber hat niemand etwas als ich zu wenig. So ticken wir Menschen. Unter rationalen Gesichtspunkten ist das völlig blödsinnig. Es führt zu einem freiwilligen Verzicht auf Geld, das wir ansonsten bekommen hätten.

Wir mögen auf keinen Fall unfair behandelt werden, jedenfalls nicht von Menschen. Untersuchungen zeigen nämlich auch: Wenn es sich beim Mitspieler nicht um einen Menschen, sondern um einen Computer handelt, akzeptieren wir praktisch jede Entscheidung. Von Maschinen lassen wir uns also betrügen, von Menschen jedoch möglichst nicht. Beim Computer sagen wir uns: »Der kann ja nichts dafür.«

Unser einmaliger Sinn für Fairness ermöglicht uns auch, Dinge zu tun, von denen wir direkt nichts haben. Wir helfen spontan. Schon kleine Kinder sind altruistisch (siehe dazu auch Kapitel 7). Wenn sie erkennen, dass ein anderer Mensch eine falsche Tür wählt, rufen sie, er solle die andere Tür nutzen.

Dazu gehört auch der Versuch, andere abzustrafen, wenn sie sich nicht fair verhalten. Das tun wir selbst dann, wenn wir von der Bestrafung persönlich überhaupt nichts haben. In uns klingt der Satz: *Gerechtigkeit muss sein.* Menschliche Empathie ist einzigartig. Gerechtigkeit ist ein Teil von ihr.

Unsere sozialen und moralischen Handlungen unterscheiden sich stark von denen aller unserer nahen tierischen Verwandten. Affen, obwohl sie immer in Gruppen leben, sind in keiner Weise empathisch. Sie nehmen alles ohne Hemmungen, wenn der andere nichts abbekommen kann. Sie zeigen keine Empathie, sondern vollkommene Egozentrik. Das System funktioniert trotzdem, weil jeder Schimpanse dem anderen Schimpansen seine Egozentrik lässt und sich nicht darüber aufregt. Das bedeutet, sie helfen anderen auch dann, wenn sie selbst nichts abbekommen und der andere alles. Im Gegensatz zum Menschen haben Affen offenbar eine coole Rationalität (Roth 2012).

Das Gefühl, ungerecht behandelt zu werden, stört unsere Entscheidungsfindung. Dieses Gefühl können die meisten nicht aushalten und streben daraufhin nach Ausgleich. Weniger freundlich ausgedrückt, lechzen sie nach Rache. Jeder Scheidungskrieg und die meisten Erbauseinandersetzungen haben damit zu tun. Da streiten sich erwachsene Menschen vor einem Gericht durchaus auch einmal wegen alter, abgenutzter Bettwäsche.

Wir möchten einfach nicht das trockene Brot essen, wenn unser Gegenüber ein frisch zubereitetes Menü vom Drei-Sterne-Koch bekommt. Die meisten wollen dann die empfundene Ungerechtigkeit bestrafen. Das ist ihnen wichtiger, als sich selbst einen Vorteil zu verschaffen. So kommt der mir nicht davon – dieser Satz tönt in ihnen. Es gibt ein Problem an der Sache.

> **PRINZIP** ▶ Das Leben verteilt viel und nichts davon gerecht.

Es verteilt sogar so viel, dass viel mehr als trockenes Brot oder ein Drei-Sterne-Menü ins Angebot kommt. Sich ungerecht behandelt zu fühlen, verursacht einen Tunnelblick. Er basiert auf dem menschlichen Konstrukt der Gerechtigkeit.

Halo-Effekt (vom Englischen »halo«, also Schein): Das Offensichtliche

Wir schließen von einem offensichtlichen Eindruck, den ein Mensch macht, auf alles andere, was den Menschen betrifft. Aber ein toller Mensch muss wirklich kein toller Finanzberater sein. Eine heißblütige Loverin keine liebende Mutter und ein attraktiver Mann kein liebevoller Vater und Partner. Natürlich gibt es wundervolle Menschen, die viele positive Eigenschaften in sich vereinen. Es kann sein, muss jedoch nicht. Der Grundfehler ist, von etwas Offensichtlichem auf alles andere zu schließen. Offensichtlich kann auch ein plakativ freundliches Verhalten sein. Dahinter mag sich ein menschliches Ekel höchster Ausprägung verstecken. Ähnlich handeln wir bei negativen Inhalten. Ein guter Rat von einem uns vermeintlich negativ gesonnenen Menschen? Den nehmen wir nicht an – und versuchen es deshalb meistens erst gar nicht.

Ein Beispiel von Michael, der berichtete:

》 *Vor vielen Jahrzehnten hatte ich einen Lateinlehrer, bei dem sich meine Schulnote bedrohlich der Abstiegsgefahr näherte. Ich fand ihn vollkommen ungeeignet, mir die Sprache näherzubringen. Übrigens gewiss ein Fehler: Ich wollte nur mein mangelndes Talent für und völliges Desinteresse an Fremdsprachen nicht wahrhaben.*
Irgendetwas sagte mir, dass ich ihn dennoch in der Oberstufe als Geschichtslehrer wählen sollte. Heute würde ich sagen, es war meine erste wegweisende Intuition. Sein Geschichtsunterricht hat mir neue Perspektiven, eine erwachsene Sicht auf vieles ermöglicht. Er war sicher der wichtigste Lehrer während meiner gesamten Schulzeit. Ich schätze und ehre ihn bis heute. Damit habe ich übrigens meine Lektion gelernt, von einem ersten und sogar von einem zweiten Eindruck nicht auf alles andere zu schließen.

PRAXIS ▶ Auch wenn es schwerfällt: Wagen Sie es ab und zu, die Entscheidung des ersten Augenblicks noch einmal zu korrigieren.

Beharren

Es ist eine menschliche Eigenart, so wie es eine tierische und sogar eine pflanzliche ist, nur ungern Änderungen anzugehen. Menschen haben ein besonders großes Beharrungsbestreben. Was ich hab', das hab' ich. Wer weiß, was dann kommt? Es passt schon so. Nur nichts ändern, keine Experimente. Wer kennt sie nicht, solche Aussagen. Damit kann man jahrzehntelang als Politiker an der Macht bleiben, auch wenn notwendige Maßnahmen in Bildung oder Infrastruktur versäumt werden.

Fast jeder von uns kennt Menschen, die dazu neigen, sich ständig Neues anzuschaffen. Immer mehr und mehr. Auch sie zeigen ein beharrliches Verhalten, Besessenes nicht aufzugeben. Da wird der Stauraum oft knapp.

Wenn wir uns von etwas trennen müssen, tut uns das meistens weh. Erst dann, wenn das Kommende, das Neue, interessanter, besser, verlockender erscheint als das, was wir bislang haben, gehen wir den Schritt. Ein alter Partner wird oft erst dann verlassen, wenn der neue wirklich besser erscheint. Was das auch immer sein mag. Ein Wohnort wird erst dann gewechselt, wenn es einen gewichtigen Grund gibt wie eine neue, bessere Stelle oder das Ende der Arbeitslosigkeit.

Jedes Lebewesen einschließlich des Menschen ist konservativ. Vermutlich spiegelt dies den Wunsch jedes Lebewesens, sein Leben zu behalten. Die Alternative ist nicht verlockend.

Weiterzumachen wie bisher finden etwa 80 Prozent aller Menschen gut. Das bedeutet, für sie fühlt sich das gut an. Das können wir als unsere lieben Gewohnheiten bezeichnen, fachlich wird es als Besitztumseffekt bezeichnet. Wir schätzen das höher oder hochwertiger ein, was wir bereits besitzen. Bis uns Neues wirklich verlockt, muss es schon überaus verlockend sein. Wenn wir also etwas »nur« Gleichwertiges erreichen können, indem wir unser Handeln ändern, streben wir es meistens nicht an. Der Wunsch, den wir vielleicht an unseren Partner oder unsere Kinder richten: »Ändere dich bitte, du musst doch erkennen, welche Vorteile du dadurch hast«, wird nicht erhört.

> **PRINZIP** ▶ Der Besitztumseffekt verhindert eine objektive Bewertung.

Verlustschmerz

Wir bewerten Verluste stärker als wir Gewinne schätzen. Als Faustregel gilt:

> **PRINZIP** ▶ Ein Verlust wird mindestens als doppelt so stark empfunden wie ein objektiv gleich hoher Gewinn.

Ein Verlust wird, relativ gesehen, erheblich unangenehmer empfunden als ein Gewinn angenehm. Wenn wir also einen Zehn-Euro-Schein auf der Straße verlieren, sind wir erst versöhnt, wenn wir einen Zwanzig-Euro-Schein finden. Menschen hassen Verluste. Wir reagieren erheblich empfindlicher auf negative Dinge als auf positive. Auch das sollten wir einbeziehen, wenn wir einen Entschluss fassen. Sowohl unter dem Aspekt, ob es wirklich so schlimm ist, wenn etwas Negatives passiert als auch unter dem Gesichtspunkt, mögliche negative Erlebnisse von vornherein zu minimieren.

Grundsätzlich versucht der Mensch alles zu behalten, was er einmal besessen hat. Lieber kein Risiko und damit auch keine Chance, etwas Besseres zu bekommen. Das, was ich habe, genügt mir, sagen sie sich dann. Der Grund ist ein schlichter: In unserem Gehirn werden Verluste genauso empfunden wie Schmerzen.

Die Verrechnung findet dabei nicht in den für rationale Inhalte zuständigen Anteilen unseres Gehirns statt. Dort, also in der Großhirnrinde, werden unsere Verluste genauso wie unsere Gewinne zwar registriert, jedoch ohne irgendeine emotionale Beteiligung. In diesem Bereich funktionieren wir quasi wie eine normale Registrierkasse, in die etwas hineingetan oder wieder herausgegeben werden kann. Unser Großhirn freut sich nicht, noch ist es enttäuscht oder sauer. Diese Emotionen werden ausschließlich in unseren unbewussten Anteilen gebildet. Sie werden auch unbewusst gesteuert. Wir können uns also quasi nicht wehren, wenn entsprechende Gefühle auftreten. Das bedeutet, unserer Verlustaversion sind wir ausgeliefert. Da ist es doch gut, dass wir auch ein Großhirn besitzen, das regulierend eingreifen kann. Dennoch, unser Entscheidungsverhalten wird maßgeblich durch unsere unbewussten Anteile beeinflusst.

PRINZIP ▶ Wir können uns gegen uns selbst nicht ausreichend wehren.

Verlustaversion hat viel mit der Persönlichkeit zu tun. Wer eher ein Risiko vermeiden will, dem tut ein Verlust besonders weh. Wer gerne ins Risiko hineingeht, ist meistens von Verlusten emotional weniger beeinträchtigt. Die Vorgänge in unserem Gehirn sind dabei extrem komplex. Verschiedene Anteile kooperieren ununterbrochen miteinander, ohne dass wir es merken. Wir wägen unbewusst ab, ob sich unser Aufwand auch lohnen wird. Eine Ausnahme ist, wenn sich jemand so unfair behandelt fühlt, dass er unbedingt Gerechtigkeit herbeiführen will. Dann gilt: Koste es, was es wolle.

Dass uns ein Verlust etwa doppelt bis dreimal so stark belastet wie uns ein Gewinn erfreut, hindert uns daran, Neues auszuprobieren. Dabei wäre eine stimmige, ausgeglichene Abwägung der Risiken sinnvoll, um mit Mut voranzugehen. Es geht damit auch um die eigene Zuversicht für die vorhandenen Chancen. Das Missverhältnis zwischen dem deutlich höheren Gewinn zum Ausgleich eines niedrigeren Verlusts ändert sich nie. Wie lange wir auch über eine Entscheidung grübeln, diesem Grundprinzip entkommen wir nicht. Der erste Schritt ist, sich das bewusst zu machen. Im zweiten Schritt sollten wir uns die Frage beantworten, die wahrscheinlich die Worst-Case-Szenarien tatsächlich sind. Im dritten Schritt ist eine Frage zu beantworten, die auf den ersten Blick vielleicht etwas merkwürdig anmutet:

KLÄRUNG ▶ Würde ich weiterleben, wenn das Schlimmste einträte?

Meistens leben wir weiter. Jeder Mensch blickt in seinem Leben auch auf weniger gute Entscheidungen zurück. Wie liefen diese ab? Hatten Sie die Fähigkeit, darauf zu reagieren? Hatten Sie den Mut und die Kraft, um Ihrem Leben die richtige Balance zurückzugeben? Vermutlich schon.

Die eine Nacht

PRAXIS ▶ Jede wichtige Entscheidung muss mindestens einer Nacht, einer Schlafphase überantwortet werden.

So alt diese Aussage ist, so richtig ist sie. Bedeutende Entscheidungen sollten wir dem eigenen Unterbewusstsein anvertrauen. Das funktioniert besser als wieder und wieder, Tag für Tag, über eine Sache zu grübeln. Es ist nutzlos, wenn unsere Gedanken immer um dasselbe Thema kreisen und zu keinerlei Fortschritt führen. Wenn wir mit unserem Bewusstsein nicht weiterkommen, müssen wir andere Instanzen aktivieren. Die sitzen auch in unserem Kopf, an anderer Stelle, im Unterbewusstsein. Das ist zwar immer da. Über Nacht, wenn es sonst still ist, wirkt es jedoch besonders gut. Es kann also hilfreich sein, ein Thema gezielt zur Seite zu legen. Und zwar im wörtlichen Sinn: Die Unterlagen weglegen, sich ablenken.

Wer kennt das nicht? Wir träumen etwas ganz Besonderes, wachen mitten in der Nacht auf. Unbedingt wollen wir uns das merken und denken ganz fest daran. Wir spielen noch einmal alles durch. Es sitzt. Wir schlafen wieder ein. Am kommenden Morgen erinnern wir uns noch ganz genau. Allerdings nur an die Tatsache eines wichtigen Traums an sich. Der Inhalt ist weg. Wir kommen absolut nicht mehr ran. Die Konsequenz aus diesem Geschehen ist klar. Wenn wir in einem wesentlichen Entscheidungsprozess stecken, sollten wir immer etwas zum Schreiben verfügbar haben. Legen Sie also ein Notizheft und einen Stift neben Ihr Bett.

Im Schlaf wird unsere Impulsivität heruntergeregelt. Im besten Fall kommen wir zur völligen Ruhe. Wir alle wissen, in der Ruhe liegt die Kraft, auch die Kraft für Entscheidungen. Das wissen zum Beispiel auch Verkaufssender. Gewiss können wir ein Produkt wieder zurückschicken. Viele haben dann doch Hemmungen oder sind zu träge, das zu tun. Deshalb bieten diese Sender nur an, bis 24 Uhr eines Tages die Bestellung zu stornieren. Danach wird sie aktiviert. Damit wird verhindert, dass wir eine Nacht darüber schlafen können. Dem Unternehmen ist offenbar klar, dass es seinen Umsatz sichert, indem es diese Möglichkeit nicht zulässt.

> **PRAXIS** ▶ Wenn Sie aus irgendwelchen Gründen keine Nacht über eine wichtige Festlegung schlafen können, versuchen Sie, sich einige Minuten lang komplett abzulenken.

Auf jedem Smartphone sind auch Computerspiele installiert. Wenn Sie in einem Meeting zu einer Entscheidung kommen müssen, dann gehen Sie zwischendurch auf die Toilette. Spielen Sie dort einige Minuten lang ein solches Computerspiel. Sie können auch in der Zwischenzeit ihre Oma Änne anrufen und mit ihr plaudern. Aber erzählen Sie ihr nichts von dem anstehenden Beschluss. Fragen Sie nach ihrem neuesten Rollator mit Allradantrieb. Lassen Sie sich dessen Vorzüge im Vergleich zum Vorderradantrieb schildern.

Wenn genug Zeit für eine wichtige Entscheidung ist, vermeiden Sie in diesem Zeitraum möglichst jede Zufuhr von Substanzen, die auf Ihre Stimmung und Ihr Denkvermögen Einfluss nehmen. Alkohol, Schlafmittel und andere Drogen sind (auch) dann tabu.

35 Eine Frage der Ethik

Schon die griechischen Philosophen haben sich mit moralischen Dilemmata befasst. Nehmen wir ein Beispiel der Moderne: Stellen Sie sich einmal vor, Sie würden einen Bus mit vielen Fahrgästen lenken. Der Bus fährt im Moment eine steile Straße herunter und Sie merken, dass alle Bremsen auf einmal versagen. Vor Ihnen auf der Straße befinden sich mehrere Personen, etwa fünf, die unweigerlich getötet werden, wenn Sie weiter auf der Straße bleiben. An der Seite gibt es jedoch eine steil nach oben führende Bremsspur mit einem Kiesbett, die extra für schwere Wagen gebaut wurde. Damit werden die Wagen im Fall des Bremsenversagens angehalten. Direkt in der Mitte dieser Bremsspur steht jedoch ein alter Mensch, der nicht weglaufen kann. Wenn Sie den Bus auf die Bremsspur lenken, wird der alte Mensch überfahren werden. Das Dilemma, in dem Sie sich nun befinden, welches Sie innerhalb von ein oder zwei Sekunden entscheiden müssen, lautet: Opfere ich einen Menschen, um mehrere andere zu retten?

Wie würden Sie vermutlich entscheiden? Überlegen Sie nicht lange.

Gesunde greifen in der Regel nicht aktiv ein. D. h. sie würden den Bus weiter auf der Straße fahren lassen und damit den Tod mehrerer Personen in Kauf nehmen, nur um nicht aktiv oder gezielt die eine Person, die sich auf der Bremsspur befindet, zu töten. Es wäre viel rationaler, mehrere Menschen zu retten und einen zu opfern, aber so ticken Menschen nicht. Eine solche utilitaristische Entscheidung ist nicht unbedingt üblich oder menschlich. Nun zeigt sich bei kranken Versuchspersonen, die Schädigungen in einem bestimmten Bereich ihres Gehirns haben, dass diese viel rationaler entscheiden würden. Sie würden also nach mathematischen und nicht nach den üblichen menschlichen Kriterien entscheiden und die eine Person opfern. Betrachten wir das gedankliche Experiment von einer Hubschrauberperspektive aus, dann geht es um Folgendes: Menschen neigen dazu, dem Schicksal seinen Lauf zu lassen und nicht aktiv oder destruktiv einzugreifen. Wir haben deshalb beispielsweise von Natur aus Hemmungen, in den Prozess des Sterbens einzugreifen. Ein trauriges Beispiel:

»*Torsten besuchte seinen schwerkranken Vater. Er litt an einem fortgeschrittenen Karzinom und hatte nur noch wenige Wochen, allenfalls Monate vor sich. Torsten wusste beim Abschied, dass er seinen Vater wahrscheinlich nicht mehr wiedersehen würde. Er fuhr hunderte Kilometer nach Hause und am nächsten Tag rief ihn seine Mutter an. Sie sagte ihm, der Vater würde sich weigern, etwas zu essen oder zu trinken. Offenbar hatte sich der Vater entschieden, seinem Leben ein Ende zu bereiten. Weder Torsten noch seine Mutter informierten den Arzt. Nach wenigen Tagen starb der Vater aufgrund seines Sterbefastens.*

Menschen mit bestimmten Schädigungen im Gehirn können ihre mitmenschliche Einsicht verlieren. Obwohl sie etwas als falsch einschätzen, tun sie weiterhin das Falsche. In gewisser Weise werden das manche von sich selbst kennen, wenn sie Rückschau auf ihr Leben halten. Es gibt tatsächlich Situationen, in denen wir wissen, dass wir das Falsche tun, und es dennoch nicht ändern können.

Falsche Entscheidungen oder falsches Verhalten erkennt zunächst unser vegetatives System. Das kann an der Hautleitfähigkeit gemessen werden. Nun laufen die wenigsten von uns mit einem Polygraph (Hautleitmessgerät) herum. Manche merken ein Grummeln im Bauchbereich oder Gänsehaut oder eine unbestimmte Nervosität. Dann kommt eine Vorahnung, eine Art intuitiver Gewissheit. Eine klare Gewissheit, etwas wirklich mit dem Verstand aktiv begreifen können, ist der dritte und letzte Schritt. Erst dann können wir unser Verhalten ändern. Solange es im Bereich des vegetativen Systems oder einer unbestimmten Vorahnung ist, gelingt uns dies in aller Regel nicht.

Zu drei verschiedenen Zeitpunkten und in verschiedenen Ebenen können Schädigungen stattfinden, die später im Erwachsenenleben ethisch untragbare Entscheidungen auslösen:

1. Vorgeburtliche Schädigungen über die Mutter.
2. Nachgeburtliche Schädigungen. Das sind ungute Erfahrungen im Bereich menschlicher Bindungen, sogenannte Bindungsstörungen. War also die Mutter oder eine andere, wesentliche Bezugsperson für uns da oder nicht?
3. Beschämung und Ausgrenzung in markanter Weise in früher Jugend.

Praktisch alle Diktatoren sollen eine entsprechende Vorgeschichte haben. Im alltäglichen Verhalten zeigen solche Menschen überhaupt keine Auffälligkeiten. Solange es nicht um personenbezogene oder moralische Fragestellungen geht, sind es sogar oftmals sehr charismatisch wirkende Menschen. Im personenbezogenen Verhalten wählen Sie zu rationale Lösungen, die durchaus brutal sein können. Von der perversen Sicht eines Diktators aus ist es völlig rational, Vernichtungszentren für die Menschen aufzubauen, die er loswerden möchte. Mitmenschlichkeit ist solchen Wesen nicht möglich. Ihnen muss die Gesellschaft Grenzen setzen.

Ein solcher Mensch wird dieses Buch nicht lesen, deshalb eine Bemerkung über die vielen, die beispielsweise eine vorgeburtliche Schädigung hatten. Das ist der Fall, wenn die Mutter während der Schwangerschaft depressiv war, Alkohol oder Drogen zu sich nahm, schwere Verluste verkraften musste, selbst krank war oder vieles andere mehr. Der Rettungsanker für Menschen mit solchem Schicksal ist die Bindungserfahrung nach der Geburt. Wenn also danach eine Bezugsperson vorhanden war, der sie vertrauen konnten und der sie sich anvertrauten, werden viele der vorgeburtlichen Probleme in ihrer Wirkung vermindert. Fehlt jedoch eine positive Bindungserfahrung, wird es für diese Menschen in aller Regel schwer werden, ein glückliches Leben zu führen. Für sie ist es auch eher schwer, gute Entscheidungen zu treffen.

36 Was wir glauben

Entscheidungen finden nicht im luftleeren Raum statt, sie sind oft geprägt von unserem Weltbild. Je nachdem, ob es stark wissenschaftlich orientiert oder von Glauben beeinflusst ist, werden wir anders handeln, allein schon, weil wir die Informationen, die wir in unsere Pläne einfließen lassen, in unterschiedlicher Weise sammeln und nutzen werden. Dabei umfasst unser Glaube mehr als religiöse Inhalte.

Grundsätzlich gibt es keine Objektivität. Sie ist eine menschliche Erfindung. Das gilt, wenn wir die Wissenschaftsgeschichte der letzten zweitausend Jahre betrachten, durchaus auch für viele der wissenschaftlichen »Erkenntnisse«, die heute teils abstrus, teils belustigend wirken. Dabei war jede Zeit davon überzeugt, bereits den Stein der Weisen gefunden und endgültige Erkenntnisse gewonnen zu haben. Ganz wie heute. Zurück zum einzelnen Menschen: Weil jede Wahrnehmung individuell ist, kann es niemals die eine, richtige Wahrnehmung geben, weshalb die Frage nach der Wahrheit oftmals unlösbar ist.

Vermutungen und Glauben haben immer wieder Einfluss auf unseren Lebensweg; insbesondere, wenn sie mit der Wirklichkeit wenig zu tun haben. Eine Vermutung ist eine mehr oder minder fundierte Vorstellung über etwas. Eine Vermutung hat einen Bezug zu unserem Wissen. In aller Regel ist sie konkret. Man vermutet, dass der Abfluss durch Haare verstopft oder ein neues Kuchenrezept lecker ist. Vermutungen können durch Ausprobieren oder Nachdenken gelöst werden. Wer glaubt, für eine Prüfung genug gelernt zu haben, glaubt das nicht, sondern vermutet dies. Spätestens mit dem Prüfungsergebnis wird die Richtigkeit der Vermutung bestätigt – oder widerlegt.

Glaube ist etwas anderes. Wir brauchen nicht zu glauben, dass zu viel Kohlenmonoxid im Heizkeller ist. Wenn wir es vermuten, können wir es messen. Finden wir mit einer geeigneten Methode kein solches Gas, ist klar, dass alles in Ordnung ist. Daraus folgt: Alles, was es tatsächlich gibt, dessen Existenz kann bewiesen werden. Wenn wir für etwas Nachweismethoden besitzen und es damit nicht finden, ist dessen Nicht-Existenz im Raum oder in einem zeitlichen Verlauf bewiesen.

> **PRINZIP** ▶ Wir können nur beweisen, dass etwas nicht besteht, wenn wir auch dessen Existenz beweisen können.

Wir brauchen niemals zu glauben, dass wir abgenommen haben. Wir können uns auf eine Waage stellen. Unser Glaube hilft uns genauso wenig, um festzustellen, ob das Geld für den Einkauf reicht. Wir können nachzählen. Entscheidungen werden für Wissensinhalte benötigt, für einen Glauben nicht.

Was hat es nun mit dem Glauben auf sich – weit über religiöse Inhalte hinaus? Glaube ist Nicht-Wissen. Um etwas zu wissen, brauchen wir keinen Willen. Es ist, was ist – heißt der Satz dazu. Um zu glauben, brauchen wir unseren Willen. Gewiss gibt es Menschen, die behaupten, sie wüssten, dass Gott oder ein höheres Wesen existiert. Richtigerweise müssten sie sagen: Ich glaube es zu wissen. Ein Glaube bezieht sich auf etwas, das eben gerade nicht bewiesen werden kann. Sonst wäre es Wissen. Der Trick dabei ist der Trick jeder religiösen Gemeinschaft und auch jeder Sekte. Es ist ein Trick für Verschwörungstheorien und Propaganda jedweder Couleur.

> **PRINZIP** ▶ Wenn etwas nicht existiert, kann dessen Nicht-Existenz nicht bewiesen werden.

Es kann sogar nie bewiesen werden. Deshalb ist ein Glaube eine sich selbst erfüllende Prophezeiung. Man muss halt nur dran glauben.

Wir halten für wahr, was uns plausibel erscheint oder was oft genug wiederholt wird. Hauptsache, es erscheint uns dabei nicht vollkommen abstrus. Wir mögen auch für wahr halten, was wir nicht überprüfen können und gerne so hätten. Das ist nahe der Wahrheitsillusion (siehe Kapitel 25). Das stört unseren Lebensweg dann nicht, wenn der Wahrheitsgehalt unserer Vermutungen ohne große Bedeutung ist. Wenn es um Geld und andere materielle Dinge geht und auch um wichtige Beziehungen, klappt das nicht. Wer glaubt, eine bestimmte Aktie sei der Tipp des Lebens, hat danach vielleicht ein etwas weniger schönes Leben. Wer glaubt, geliebt zu werden, kann dennoch verlassen werden.

> **PRINZIP** ▶ Je besser wir uns etwas vorstellen können, als umso wahrscheinlicher schätzen wir es ein.

Das ist jedoch kompletter Blödsinn: Die Häufigkeit von etwas richtet sich nicht nach unserer Vorstellungskraft. Wenn einmal wieder ein Raser einen schlimmen Unfall verursacht hat, beschleicht uns unmittelbar ein schlechtes Gefühl. Dabei wäre es vermutlich viel sinnvoller, eine gründliche internistische Untersuchung durchführen zu lassen, um mögliche Erkrankungen bei sich selbst herauszufinden.

37 Mit Grenzen umgehen

Es existieren mehr Grenzen, als man spontan meinen mag. Unsere Leistungsfähigkeit hat Grenzen, unsere Sprache, unser Körper. Diese Grenzen haben einen Einfluss darauf, was wir leisten und erreichen können. Soweit uns möglich ist, sollten wir unsere Grenzen in unsere Entscheidungen einfließen lassen. Es frustriert auf Dauer, etwas nicht erreichen zu können, das aufgrund unserer eigenen Grenzen objektiv unerreichbar ist und auch bleibt. Grenzen gibt es einige mehr, als einem spontan einfallen mögen:

Multitasking

Multitasking ist uns nicht möglich. Wer von seinen Multitasking-Fähigkeiten überzeugt ist, sollte an seiner Selbstehrlichkeit feilen. Auch unsere Seele ist ein Monotasker. Sie lässt sich durchaus ablenken, aber sie kann sehr zäh an einem Thema bleiben, sogar ein Leben lang. Wichtige Festlegungen brauchen einen inneren Freiraum, den wir uns durch Fokussierung auf das eine Thema verschaffen. Das funktioniert vorrangig, indem wir Ablenkungen ausschalten. Ablenkungen werden vielfältig angeboten: Smartphones, Facebook, Instagram, E-Mails, Alkohol, Sex, Arbeit, Urlaub usw.

> **PRAXIS** ▶ Je wichtiger eine Entscheidung, umso mehr Raum sollten Sie ihr geben.

Prognose

> **PRINZIP** ▶ Unsere Vorhersagefähigkeit ist erschreckend rudimentär ausgeprägt.

Ansonsten geschähe kein einziger Unfall.

》Gabriele stand vor den Trümmern ihres Motorrollers. In einem Waldabschnitt lauerte Glatteis, das sie übersehen hatte. Wie durch ein Wunder blieb sie unverletzt. Aber Fritzchen, wie sie ihren Roller seit Jahren liebevoll nannte, hatte es voll erwischt. Kaum war Gabriele zu Hause, machte sie sich Vorwürfe. Warum nur bin ich überhaupt heute rumgefahren? Hätte ich doch einen anderen Weg gewählt oder wäre ich etwas später losgefahren, dann wäre das Glatteis weggetaut gewesen. Und so fort. Die Vorwürfe sind zwecklos. Aber die Konstellation zeigt:

Noch nicht einmal Sekunden im Voraus wissen wir, was geschieht. Weiterhin denken wir oft nicht darüber nach, was geschehen könnte oder hätte geschehen können. Eine alltägliche Entscheidung kann tausende Male richtig getroffen werden und das eine, falsche Mal wirkt sie fatal. Wir wissen es auch nicht, wenn wir zum genau richtigen Zeitpunkt losgefahren sind und deshalb die Verwicklung in einen Unfall vermieden haben. Da dieser Unfall nicht stattfand, können wir das Risiko nicht erkennen. Es gibt also gute Gründe, sich täglich zu loben. Sich zu freuen, wie oft wir etwas richtig machen. In der Tat neigen viele zum Gegenteil. Sie machen sich Vorwürfe, wenn mal etwas nicht richtig klappt. Dabei passt es meistens. Übrigens ist das Grundprinzip dasselbe wie bei dem Versuch, jede Erkrankung irgendwie erklären zu wollen. Wer sich sagt, wäre ich doch früher oder später losgefahren, meint damit implizit, eigentlich hätte er die Macht über das schicksalsartige Vorkommnis gehabt, was nicht der Fall ist.

Demütigung

Wer andere demütigt oder in anderer Weise degradiert, verletzt deren Grenzen. Genauso wie uns selbst eine Demütigung verletzt. Es gibt zwei grundsätzliche Möglichkeiten, darauf zu reagieren – beide haben Nachteile und verhindern gute Entscheidungen.

Ab einem Moment der Demütigung wird der andere sich entweder zurückziehen und Sie können sich von ihm nicht mehr unterstützen lassen. Oder er wird in den Rache- und Angriffsmodus schalten, was wiederum Ihre Energie mindern oder Ihre Aufmerksamkeit ablenken wird. Das Leben ist kein Kampf. Mit »Mein Kampf« haben schon andere Schlimmstes angerichtet. Das Leben ist viel eher eine Reise oder manchmal ein Spiel.

> **PRAXIS** ▶ Versuchen Sie immer, den anderen nicht als Verlierer darzustellen oder dastehen zu lassen.

Kontrasteffekt

Wenn uns das Wissen fehlt, lassen sich materielle Inhalte nicht einordnen. Zahlen oder Prozente und auch Umsatzschätzungen werden ohne Wissen zu reinen Fantasien. Die meisten Schätzfragen können wir noch nicht einmal aus vorhandenem Wissen heraus beantworten. Wir wissen nicht, wie viele Schweine pro Jahr in Deutschland geschlachtet werden. Oder wann die erste Toilettenspülung installiert wurde. Die wenigsten Dinge, die heute in Quizsendungen auftauchen, haben mit unserer Allgemeinbildung zu tun. Menschen meiner Generation wissen noch mit hoher Wahrscheinlichkeit, wann die erste Mondlandung war. Für die heutige Generation spielt das schon keine Rolle mehr.

Mangelnde Erfahrung verhindert, dass wir Situationen und Probleme mit unseren früheren Lösungen in Beziehung setzen können. Finden wir jedoch einen Ansatz aus früheren Zeiten, nutzen wir die gleiche Lösung wie früher. Was einmal gut funktioniert hat, wenden wir wieder an. Auf diese Weise entwickeln wir Lieblingslösungen, die wir bei allen möglichen Inhalten anwenden.

Auch dabei ist Objektivität nicht unsere Stärke. Alles ist relativ.

Wenn wir über eine längere Zeit nichts zu essen bekommen haben, schmeckt uns ein ganz schlichtes Brot überirdisch gut. Wenn wir täglich in Sterne-Lokale gehen und uns dort zwischen fünf und zwölf Gängen gönnen, werden wir noch nicht einmal mehr zum Bäcker gehen. Die Art, wie wir grundsätzlich agieren, basiert auf dem Kontrasteffekt. Wir vergleichen entweder in der Erinnerung oder direkt, ob etwas größer oder kleiner, schöner oder hässlicher, begehrenswerter oder ablehnenswerter, teurer oder billiger ist. Hier spielt auch der Gesamtkontext eine Rolle. Viele Menschen würden niemals auch »nur« 1500 Euro für eine gute Hifi-Anlage ausgeben, kaufen sie jedoch ein Auto, ist Geld überhaupt kein Problem. Im Gegenteil, da werden auch durchaus höhere Beträge für die Musik ausgegeben. Dabei spielt es offenbar keine Rolle, wenn das Auto nach wenigen Jahren weiterverkauft wird.

38 Sinn-voll entscheiden

Wir können bestimmte Dinge sehr gut, andere weniger gut. In diesem Buch geht es nicht darum, was Sie gut können. Sicherlich wissen Sie das selbst. Die Tatsache, etwas gut zu können, bedeutet noch lange nicht, dass man diese Fähigkeit auch in einem beruflichen Zusammenhang einsetzen muss. Es kommt grundsätzlich nicht darauf an, was Sie können, sondern was Sie wollen. Diese zentrale Frage zu beantworten, ist dann Aufforderung zur Selbsterkenntnis, die darin ihr Ziel finden mag, bisher gut verborgene Talente zu entdecken. Unser Hauptaugenmerk sollte also darauf liegen, was wir tun möchten, wozu wir uns berufen fühlen, worin wir einen Sinn sehen und was uns zufrieden macht.

> **PRAXIS** ▶ Wer tut, was er liebt, wird eher keine Sinnkrise erleben.

Insofern geht es gewissermaßen darum, seiner Berufung zu folgen, statt nur einen Job zu tun. Ergreift Sie der Inhalt Ihrer Tätigkeit? Oder sind Sie davon eher genervt?

Es geht nicht darum, die Normen der Gesellschaft zu erfüllen. Das erfüllt uns in aller Regel nicht. Und wenn noch so viele Menschen sagen, Sie brauchen einen Partner, und Sie selbst fühlen sich alleine zufrieden und gut, hören Sie nicht auf die anderen Menschen. Und wenn noch so viele Menschen behaupten, ohne die Welt bereist zu haben, sei ein Leben nicht komplett, Sie selbst fühlen sich aber wohl dort, wo Sie wohnen und immer geblieben sind, hören Sie nicht auf die anderen Menschen. Wenn Sie hingegen schon immer einmal eine Tracking-Tour durch die Innere Mongolei machen wollten – beginnen Sie mit der konkreten Planung. Wesentlich ist es zu verstehen, wie gering das Risiko ist, das wir in der Tat eingehen, wenn wir unseren Sehnsüchten nachgeben. Unsere Sehnsüchte müssen nicht zu einer Trennung vom Partner führen, müssen nicht enden in einem Umzug in ein fernes Land und müssen auch nicht teuer sein. Ihr Maßstab sind Ihre Gefühle und Ihr Herz. Genauso wie für alle anderen deren Gefühle und deren Herzen deren Maßstab sein sollte.

> **PRINZIP** ▶ Die Vorstellungen anderer zu erfüllen, erfüllt uns nicht.

Der Entschluss als solcher kann auch bei komplexen Inhalten relativ leicht vonstattengehen. Wenn sich trotzdem alles hinzieht und wir nicht vorankommen, sollten wir auf den Preis achten, den ein geplanter Schritt nach sich zieht. Der Preis für eine Entscheidung spielt eine zentrale Rolle. Sind wir bereit, ihn zu zahlen oder nicht? Sobald Sie sich das im konkreten Fall klargemacht haben, sind Sie einen großen Schritt weiter. Preise können untereinander viel besser verglichen und abgeglichen werden als unterschiedliche Inhalte, um die es bei den geplanten Maßnahmen geht. Fragen Sie sich also:

> **KLÄRUNG** ▶ Geht es mir um die Entscheidung oder um deren Preis?

Inaktivität schützt uns in gewisser Weise vor Kritik. Sie verhindert jedoch, ins Leben zu kommen. Gleich, was wir tun, oft setzen wir uns dem Risiko aus, etwas falsch zu machen, Peinlichkeiten zu erleben, ausgelacht oder kritisiert zu werden. Dies sind Preise, die wir zahlen müssen. Wenn wir uns von vornherein darauf einstellen, ab und zu Preise zu zahlen, werden uns Entscheidungen leichter fallen.

Es gibt so etwas Ähnliches wie ein Sammelkonto in uns, das die Überschrift »Zufriedenheit« trägt. Alles, was wir tun und alles, was wir lassen, zahlt auf dieses Konto ein. Wenn wir beispielsweise im Materiellen größtmögliche Sicherheit anstreben und deshalb einen Beruf, in dem wir unzufrieden sind, nicht verlassen, dann wird diesem Gemeinschaftskonto zwar nichts Materielles vorenthalten, aber etwas Emotionales. Die Kosten oder Preise für unsere Entscheidung zur materiellen Sicherheit sind dann unsere innere Unzufriedenheit oder eine um sich greifende innere Leere.

> **PRINZIP** ▶ Wer glaubt, immer auf der sicheren Seite zu sein, wenn er nach materieller Sicherheit strebt, täuscht sich gewaltig. Viel wichtiger ist uns in aller Regel, emotional ausgeglichen und zufrieden zu sein.

Selbst wenn wir dann weniger Einnahmen haben oder hätten. Denn kein Geld der Welt kann uns Zufriedenheit oder Glück kaufen. Geld hat eine einzige Funktion, wenngleich unbestritten eine sehr zentrale, materielle Sicherheit zu bieten.

Oftmals fristen unsere Sehnsüchte ein Schattendasein in uns. Erst wenn wir in Situationen kommen, in denen wir uns ungemütlich fühlen oder aus denen wir ausbrechen wollen, kann die Energie in uns genügen, um endlich an das heranzutreten, was zutiefst unser Eigenes ist.

> **PRAXIS** ▶ Wer seine eigenen Sehnsüchte ignoriert, vergeudet sein Leben.

IX. Störfeuer von außen

39 Entscheidungsdruck ist Zeitdruck

Es gibt zahllose Definitionen, was Stress ist. Ursprünglich wurde darunter eine »unspezifische Reaktion des Körpers auf jegliche Anforderung« verstanden. Irgendetwas kommt entweder von außen auf uns zu oder wird in uns aktiviert, was zu einer körperlichen Antwort führt. Diese Antwort kennen wir alle: Herzrasen, Verspannungen, Unruhe und vieles andere mehr. Wenn wir uns fragen, was wir als Anforderung empfinden, dann mögen wir an Prüfungssituationen denken, an eine tatsächliche Gefahr, an das gefährdete Wohlergehen eines Menschen, den wir lieben. Es gibt einen Faktor, der bei fast jeder Stress auslösenden Situation eine wesentliche Rolle spielt: Zeitnot. Stress hat deshalb überaus weitreichende Konsequenzen. Er erinnert uns an das Wertvollste in unserem Leben, die eigene Zeit. Es gibt nichts, das kostbarer ist. Manche mögen nun an die Liebe denken oder an ihre Gesundheit. Wenn uns jedoch keine Zeit dafür bleibt, was dann? Wer keine (Lebens-)Zeit hat, für den spielt auch Gesundheit keine besonders große Rolle. Der kann Liebe nur noch eine gewisse Zeit und damit beschränkt empfinden oder schenken. Wer keine Zeit hat, spürt Zeitdruck, der korrekt eigentlich Zuwenigzeitdruck genannt werden müsste.

Druck erzeugt Gegendruck, diese Binse ist einfach wahr. Daraus folgt: Wenn wir Zeitdruck spüren, erzeugt das in uns einen Gegendruck. Diesen fühlen wir als Nervosität oder Angespanntheit oder Versagensangst. Stress beeinflusst auch kurzfristig unsere Entscheidungen. Wenn wir unausgeschlafen einen Flug von X nach Y buchen, werden wir eher dazu neigen, einen teureren Sitz zu wählen, weil der ja bequemer ist. Sind wir fit, dann mögen wir denken, die 25 Euro sparen wir uns, die 90 Minuten des Flugs gehen auch so vorbei.

Prüfungssituationen zeigen nicht nur, wie emotional schwierige Situationen zu Fehlentscheidungen bis hin zum sogenannten Blackout führen. Praktisch immer werden Prüfungen so gestellt, dass Zeitdruck aufgebaut wird. Auch dieser verhindert, dass man gut wie sonst denken kann. Ein öffentliches Beispiel für eine solche Situation ist die Fernsehsendung »Wer wird Millionär?«. Hier wird eine Mischung aus emotional belastender Öffentlichkeit und Zeitdruck gebildet. Der typische Satz des Kandidaten auf dem Stuhl lautet entsprechend: Zuhause sah das alles so einfach aus.

> **PRINZIP** ▶ Entscheidungsdruck entsteht direkt oder mittelbar fast immer über Zeitdruck.

Verhandlungen sind Entscheidungssituationen. Verhandlungen finden stetig im Privatleben statt. Sei es, dass wir mit unserem Partner aushandeln, was wir am Sonntag unternehmen. Sei es, mit dem eigenen kleinen Kind zu besprechen, wer zur Geburtstagsfeier eingeladen wird oder welches Essen es geben wird. Verhandlungen haben einen großen Unterschied zu anderen wichtigen Situationen: Sie sind zeitlich limitiert und bewirken damit grundsätzlich einen Zeitdruck. Wer will, dass die Tochter den Rahmspinat aufisst, kann nicht warten, bis der verschimmelt. Zeitdruck wird in vielen Situationen, die uns gar nicht als implizite Verhandlungen auffallen, genutzt. Wer im Internet oder im Verkaufsfernsehen ein Produkt als limitiert, als einmaliges Angebot, Tagesangebot oder Black-Friday-Schnäppchen präsentiert bekommt, wird unter Zeitdruck gesetzt. Wenn ich jetzt nicht kaufe, bekomme ich es nicht oder ich bekomme es nur zu einem höheren Preis. Auch wenn wir nicht direkt mit dem Verkäufer verhandeln, ist dies seine Bedingung, die wir annehmen müssen. Oftmals wird viel Druck dadurch aufgebaut, dass Anbieter einen Zeitdruck vorgeben, der vollkommen künstlich ist. Das können wir bei Verkaufssendungen beobachten, wenn das Angebot der Stunde aufgerufen wird oder der Moderator nicht müde wird zu betonen, dass der Vorrat begrenzt sei. Versuchen Sie, Entscheidungen nicht unter Zeitnot zu treffen. Bei gewichtigen und schweren Entscheidungen schlafen Sie immer mindestens eine Nacht darüber.

Umgekehrt gilt auch: Wer beim anderen Zeitdruck auslöst, stört ihn damit. Manche reagieren aggressiv und ablehnend darauf, andere fügen sich dem Druck und werden entgegenkommend.

Damit eine Entscheidung wirklich frei erfolgt, muss sie ohne Druck erfolgen – und damit auch ohne Zeitdruck. Rationale Entscheidungen werden unter Zeitdruck deutlich schwerer. In ähnlicher Weise negativ wirken: mangelnde Sachkenntnis oder wirksame, eigene Emotionen wie Profitgier. Die Blindheit, die sich dann entwickelt, ist die vor Risiken.

> **PRAXIS** ▶ Tun Sie nichts, was das Risiko einer fundamentalen Zerstörung des bisher Erreichten beinhaltet.

Auch finanzieller Druck hat meistens eine starke zeitliche Komponente. Wer über kein Geld verfügt, dem verursacht die Aufforderung, bis zum nächsten Ersten die Mietzahlung zu leisten, einen hohen Druck. Schriebe der Vermieter: »Zahlen Sie die Miete innerhalb von zehn Jahren zurück«, wäre der Druck weg.

>> *Werner hatte vor acht Jahren ein schmuckes Haus gebaut. Die hohe Schuldenlast drückte damals kaum, war er doch in sicherer Position beschäftigt. Zwei Jahre später kam er jedoch auf die Idee, sich selbstständig zu machen. Er tat es in einer allgemeinen wirtschaftlichen Krisensituation. Sein Geschäft kam nicht in Gang, die Finanzreserven schrumpften dramatisch. Schließlich entschloss er sich, das Haus zu verkaufen. Aufgrund der Krise wollte niemand zuschlagen. Werner entschied sich dann, das eigene Geschäft aufzugeben und wieder als Angestellter zu arbeiten. Glücklicherweise bekam er recht rasch eine gut dotierte Stelle. Eigentlich hätte er nun den Verkauf seines Hauses einstellen können. Wäre da nicht seine Scham gewesen, weil die Nachbarschaft alles irgendwie mitbekommen hatte. Außerdem kam in den Medien die Diskussion auf, ob die Bundesbahn in der Nähe seines Hauses in vielen Metern Tiefe einen Eisenbahntunnel bauen könnte. Entschieden war nichts, aber Werner fühlte sich weiter unter Druck. Kurzentschlossen akzeptierte er einen erheblich zu geringen Preis und verkaufte das Haus mit einem sechsstel-*

ligen Verlust. Nach zwei Jahren entschied sich die Bundesbahn für eine vollkommen andere Streckenführung.

Wenn wir Angst spüren, sollten wir uns unbedingt fragen, ob wir unmittelbar oder sehr rasch reagieren müssen. Drängt uns etwas zu einer Entscheidung, lautet die wichtige Frage:

> **KLÄRUNG** ▶ Muss ich das wirklich jetzt entscheiden?

Je stärker der Druck erscheint, umso selbst- und inhaltskritischer haben wir uns diese Frage zu beantworten.

> **PRINZIP** ▶ Eine freie Entscheidung entsteht ohne Druck – und damit auch ohne Zeitdruck.

40 Wann es an der Zeit ist

Wer heute studieren möchte, kann auf über 20.000 Studiengängen zugreifen. Eine unglaubliche Zahl. Ende der 1970er Jahre gab es gefühlt gerade mal 15-20 Studiengänge wie beispielsweise Lehramt, Jura, Medizin oder Betriebswirtschaft. Natürlich waren es auch damals schon deutlich mehr. Nichtsdestotrotz wird heute den jungen Erwachsenen eine Auswahl präsentiert, deren schiere Menge erschlagend wirkt. Wer nicht, woher auch immer, sich seines Ausbildungsweges sicher ist, kann deshalb nur in kleinen Schritten vorangehen, um sich seinem Ziel anzunähern. Die Wahl der Ausbildung ist für viele eine unklare Situation.

Nehmen wir ein einfaches Beispiel für Unklarheit: Sie fahren hinter einem Traktor her, der mit Mühe 20 km/h erreicht. Es herrscht starker Nebel. Die Situation ist also unklar. Wenn Sie nun etwas unternehmen, beispielsweise überholen, kann dies tödlich enden. Die einzige Möglichkeit ist, nichts zu unternehmen, was in diesem Falle bedeutet, weiter hinter dem Traktor zu bleiben und sich über die ruhige Zeit zu freuen. Das gilt allerdings in vielen Situationen, weil verschleiernde

Nebel in unserem Leben überaus häufig aufziehen. Wir sollten nichts unternehmen, bis wir eine Situation gut oder zumindest ausreichend einschätzen können. Ansonsten besteht die Gefahr des Aktionismus. Fragen Sie sich also:

> **KLÄRUNG** ▶ Steht es im Moment wirklich an, etwas zu tun?

Fast immer bedeutet etwas zu entscheiden auch, etwas zu tun. Unklare Situationen sind eine klare Aufforderung, abzuwarten oder eine neue Runde des Nachdenkens und Fühlens zu beginnen. Letztlich ist es oftmals feiger, irgendeine Aktivität zu beginnen, als still zu bleiben. Das wird nicht überall verstanden. Um sich keinen Vorwurf anhören zu müssen, verfallen viele Politiker und auch Wirtschaftsführer in Aktivitäten, die vollkommen sinnlos sind. Das liegt daran, dass unsere Gesellschaft es kaum ertragen kann abzuwarten, selbst wenn dies sinnvoll wäre.

Bei widersprüchlichen oder unklaren Situationen tendieren wir also zur Aktivität, auch wenn es keinen guten Grund dafür gibt. Vermeiden Sie diesen Fehler und beantworten Sie sich rechtzeitig die bereits eben gestellte Frage. Gilt es eine Festlegung für den Moment zu treffen, dann genügen dafür oft eine oder ganz wenige Informationen. Das typische Beispiel ist die Ampel, die auf Rot springt. Je komplexer ein Problem erscheint oder so dargestellt wird, umso eher strebt es nach einer einfachen Lösung. Diese Grundregel wird regelhaft von Politikern missachtet. Unter dem Deckmantel vorgegebener Gerechtigkeit werden Gesetze geschaffen, die in ihrer Folge Anwälte, Gerichte und andere, z. B. Steuerberater, finanzieren. Das alles hilft uns bei komplexen Fragestellungen nicht und auch nicht, wenn unüberschaubar viele Informationen auf uns einströmen. Dann müssen wir einen Schalter umlegen und uns fragen:

> **KLÄRUNG** ▶ Was ist unwichtig – was kann ich aussieben oder unbeachtet lassen?

Denn das Unwichtige erkennen wir oftmals leichter – als ersten Schritt etwas zu streichen, kann hilfreich sein. Manchmal ist es allerdings günstiger, nicht lange abzuwägen, sondern spontan und ohne weitere Analyse zu handeln. Das gilt für banale, unwichtige und ungefährliche Inhalte.

Zeitnähe

Etwas, das zeitlich näher liegt, werten wir als wichtiger oder auch als hochwertiger als etwas, das erst in ferner Zukunft geschieht. Wobei ferne Zukunft einen Zeitraum ab etwa neun Monaten bedeutet.

> **PRINZIP** ▶ Auch wenn ein zeitlich ferneres Ziel rational verlockender oder besser erscheint, verfolgen wir eher das Ziel, welches wir früher erreichen können.

Entscheidungsdauer

In der Tat sind Menschen oftmals träge und faul. Solange es nicht wirklich wehtut, gibt es für sie keinen Grund, aktiv zu werden. Das ist übrigens der Sinn von Schmerzen: auf etwas aufmerksam zu machen, was durchaus schon lange schwelen kann. Je länger Sie sich nicht entscheiden mögen, obgleich ein Thema danach verlangt, umso wahrscheinlicher ist es, dass Sie von einer Angst getrieben sind. Von der Angst, eine falsche Wahl zu treffen und dann in einer Einbahnstraße oder Sackgasse oder vor einem Abgrund zu enden.

> **PRINZIP** ▶ Wer immer versucht, etwas zu vermeiden, fängt nie an zu leben.

Sein eigenes Leben nicht gelebt zu haben, ist wohl die schlimmste aller Varianten. Welche Verschwendung, welche Missachtung des Geschenks, welches das eigene Leben darstellt.

Die Dauer und Intensität unserer Gedanken über ein Thema stärken nicht unbedingt unser Wissen darüber. Wir überschätzen unsere Prognosefähigkeit und wiegen uns dadurch in falscher Sicherheit. Wir können einfach die Unsicherheit in unseren eigenen Prognosen nicht fühlen. Wer das systematisch übersieht, wird Unternehmensberater. Das sind Menschen, die sich gerne in Businesskleidung vor mehr oder minder große Gruppen hinstellen und behaupten, sie wüssten, was in Zukunft im Unternehmen geschehen wird. Dafür bekommen sie dann viel Geld. Die Validität ihrer Prognosen spielt nur eine Nebenrolle. Vorrangig geht es darum, dass die Unternehmen ihre Verantwortung an andere abgeben. Die anderen sind längst aus dem Unternehmen weg, wenn die Auswirkungen ihrer Beratung spürbar werden. Dann können sie nicht mehr persönlich zur Rechenschaft gezogen werden. Die Zeit arbeitet für sie. In anderer Weise können Sie das ebenfalls erreichen, aber wahrhaftiger.

PRINZIP ▶ Nur weil wir lange über etwas nachdenken, muss es noch lange nicht richtig sein.

PRINZIP ▶ Hohe Entscheidungsdauer bedeutet nicht automatisch hohe Entscheidungsqualität.

Das sollen keine Aufforderungen zu Schnellschüssen sein.

PRAXIS ▶ Legen Sie sich so spät wie möglich und so früh wie nötig fest.

Es gibt Schritte, von denen wirklich viel abhängt. Je bedeutsamer eine Entscheidung für uns ist, umso mehr Ruhe sollten wir uns für sie geben. Es muss unbedingt die Luft zum Atmen und zum Denken da sein. Dies ist einer bedeutsamen Entscheidung würdig.

Andererseits sind ausstehende Entscheidungen eine echte Grübelfalle. Entscheiden Sie sich, wenn Sie es tatsächlich sollten, und nicht vorher. Vermeiden Sie, sogenannte Vorverträge abzuschließen. Entweder Ihr Gegenüber vertraut Ihnen – und umgekehrt – oder beide lassen es bleiben.

Je länger Sie zaudern und zögern, umso eher wird Ihr Selbstwertgefühl abnehmen. Wer handelt, hat immerhin das Gefühl, nicht passiv zu sein. Aktivität alleine kann genügen, den Selbstwert aufzubauen oder zu erhalten. Dabei geht es natürlich nicht um planlose Tätigkeiten. Wer handelt, kann sich immer sagen, es wenigstens probiert zu haben. Davon abgesehen steigern wir mit jeder Tätigkeit bestimmte Fähigkeiten, von denen wir nicht vorhersehen können, ob wir sie noch einmal brauchen.

> **PRAXIS** ► Sobald ein Entschluss gefasst wurde, sollten wir allenfalls wirklich markante Erkenntnisse noch korrigierend einfließen lassen.

Wir sollten unsere Kraft auf unseren Weg zum Ziel konzentrieren.

Entscheidungsbekanntgabe

> **PRAXIS** ► Entscheidungen geben Sie bekannt, wenn sie sicher getroffen sind.

Reden mag Silber sein, aber Schweigen ist nun mal Gold. Auch im engen Freundeskreis sollten Sie erst dann Ihre Entschlüsse (wir ziehen auf die Seychellen, wir lassen uns scheiden, wir gehen getrennt ins Kloster) kommunizieren, wenn Sie sich völlig sicher sind. Das hat zwei gute Gründe: Wenn Sie sich festgelegt haben, können sich die anderen Kommentare oder Ratschläge sparen, weil sie nutzlos sind. Darauf dürfen Sie die anderen auch aufmerksam machen. Wichtiger ist die Flexibilität, die Sie sich mit Bekanntgabe eines wesentlichen Beschlusses nehmen. Es kann sehr schwer sein, anderen erklären zu müssen, warum Sie sich nun doch nicht scheiden lassen – oder warum Sie es tun und dass Sie den Wohnort in Buxtehude beibehalten. Auf jeden Fall kostet es Energie. Wenn Sie Wichtiges zu rasch ausplaudern, entspricht dies einer Form von Selbstbeschränkung der eigenen Macht. Mit Bekanntgabe binden Sie sich selbst emotional an die Wahl und schränken damit die eigene Freiheit ein. Bedenken Sie:

> **PRINZIP** ► Jede Entscheidung ist eine Freiheitseinschränkung.

Prokrastination

Gelungenes Timing kann durchaus bedeuten, ein Vorhaben hinauszuzögern oder auch gar nicht zu treffen. Prokrastination hingegen liegt vor, wenn eine Entscheidung möglich oder sinnvoll wäre und aufgrund von mehr oder weniger gelungener Selbsttäuschung hinausgezögert wird.

Prokrastination wird auch als Aufschieberitis bezeichnet. Dabei geht es darum, keine Entscheidungen zu treffen. Die Lösung: Eine zeitliche Grenze festlegen, bis zu der wir entschieden haben. Wer sich eine Zeitgrenze für seine Festlegung setzt, muss diese konkret benennen. Morgen ist immer morgen und trifft niemals ein. Der 30. des aktuellen Monats ist ein klares Datum, außer, es ist Februar.

Prokrastination führt dazu, dass man irgendwann unter Druck arbeiten muss. Das ist in fast keinem Fall gut. Je mehr Druck wir haben, umso mehr Scheuklappen setzen wir uns selbst auf. Der damit entstehende Röhrenblick verschlechtert unsere Einschätzungen.

Wenn die Zeit vorbei ist

❱❱ *Jens hatte als Kind mehrere Jahre Klavierunterricht gehabt. Ein Jahr vor dem Schulabschluss entschied er sich, damit aufzuhören. Er wollte sich ganz auf das Abitur konzentrieren. Warum auch immer, er hatte dabei ein schlechtes Gewissen. Vermutlich, weil er seine Fähigkeiten als zu gering einschätzte; und Jens war ein Perfektionist. Während seines Studiums und während der ersten Jahre im Beruf waren andere Dinge wichtiger. Als er sein erstes Haus bezog, schaffte er sich ein Klavier an. Aber er spielte kaum mehr, er hatte kein ehrliches Interesse mehr daran. Nach einem Umzug, er hatte das erste Klavier bereits verkauft, wurde ein alter Flügel angeschafft. Vielleicht, so dachte er sich, lag es am Instrument selbst. Immerhin hatte er in seiner Kindheit auf einem Flügel gelernt. Wieder nutzte er ihn nicht. Da das Instrument das kleine Wohnzimmer optisch erschlug, verkaufte er auch dieses. Noch immer sah er die Wirklichkeit nicht ein. Ein drittes Instrument, diesmal wieder ein Klavier, wurde gekauft. Es steht noch heute in seinem Haus, über eineinhalb Jahrzehnte unbenutzt.*

Es kann sehr lange dauern und auch teuer werden zu akzeptieren, wenn die Zeit für etwas vorbei ist. Je schneller wir das verstehen, umso weniger Last haben wir mit dem konkreten Thema. In gewisser Weise kann dies auch auf Beziehungen zutreffen.

41 Manipulationsversuche

Wir alle gehen für uns selbst davon aus, erwachsen zu handeln auf der Grundlage einer uns eigenen, erwachsenen Einstellung. Nicht bei jedem trifft das zu. Erwachsen zu sein bedeutet auch, eine gewisse Gelassenheit (nicht Lässigkeit oder Nachlässigkeit) und Besonnenheit auszustrahlen und dabei sich selbst nicht zu ernst zu nehmen. Zugleich haben wir genügend Empathie für andere aufzubringen und hierbei emotionale Distanz zu wahren. Regeltreue bei zugleich kritischer Hinterfragung der Regeln gehört ebenso zu einem Erwachsenen. Dessen Grundeinstellung sollte nicht defensiv sein. Das wäre kindlich. Sie sollte auch nicht aggressiv sein. Das wäre grenzüberschreitend. Die richtige Einstellung ist pro-aktiv. Das ist erwachsen. Deshalb sollten folgende Fehler und Fallstricke vermieden werden:

Umgang mit äußeren Einflüssen
Ablenkungen erkennen und nicht beachten
Marktschreier sind nicht ohne Grund über Jahrhunderte erfolgreich. Wir können uns kaum lautem Geschrei, Geheule, allem Grellen und Plakativen entziehen. Dabei sind es oft die leisen Töne, die zarten Bilder, auf die wir für einen guten Weg achten sollten. Der Vergleich mit einem Zauberer oder Illusionisten auf einer Showbühne zeigt, worum es geht. Mit großen Gesten lenkt er davon ab, was tatsächlich geschieht, was teils im Dunklen und Verborgenen, teils durch extreme Schnelligkeit und Geschicklichkeit kaum wahrnehmbar ist. Auf einmal ist er verschwunden, die Jungfrau ist zersägt und die Tauben sind durch Kaninchen ausgetauscht. Inzwischen sind die meisten, großen Tricks durch Fernsehsendungen und Internetvideos enthüllt und damit auch entzaubert. Ihr Prinzip ist immer gleich: Ablenkung.

Lassen Sie sich nicht von den vielstimmigen Ablenkungen des heutigen Lebens dominieren. Ziehen Sie sich zurück für wichtige Einschätzungen und lernen Sie, Ihrer inneren Stimme zuzuhören.

> **PRINZIP** ▶ Selbstbestimmung ist eines der wichtigsten Ziele unseres Gehirns.

Narrative

Stellen Sie sich vor, in einem Zuschauerraum zu sitzen. Auf der Bühne versucht ein Redner, Ihnen irgendein Thema nahezubringen. Was würde Ihnen besser gefallen? Wenn er die trockenen Fakten mit vielen, interessanten Geschichten würzt oder wenn er die Fakten auf irgendwelchen Powerpoint-Folien stur abliest? Natürlich gefallen uns Geschichten, unser Gehirn giert nahezu danach. Das gilt nicht nur für Geschichten, die uns andere erzählen, sondern wir selbst bilden uns Geschichten über das, was wir erlebt haben, und genauso von dem, was wir zu erleben wünschen.

Wir erfreuen uns an Narrativen. Das sind Geschichten, die wahr oder erfunden sein können. Hauptsache, wir mögen sie glauben. Das geschieht dann, wenn uns die Geschichte grundsätzlich glaubwürdig erscheint. Wenn ich von orangefarbenen Wesen der fünften Dimension schreibe, die auf der Venus leben und im Moment einen Angriff auf die Erde planen, zweifeln Sie an meinem Verstand – und das mit Recht. Wenn ich hingegen wieder und wieder von Wahlbetrug schreiben würde, wissen Sie, das ist möglich. Das ist der perfide Trick der Propaganda: Etwas prinzipiell Vorstellbares oder Mögliches muss mindestens siebenmal wiederholt werden, dann neigen wir dazu, es für wahr zu nehmen.

Narrative sind also verlockend, aber oftmals ungesund. Sie können unseren Blick vernebeln.

Öffentlichkeitsverzerrung
Je unwahrscheinlicher und ungewöhnlicher ein Vorfall ist, umso eher wird über ihn berichtet. Das ist einer der Gründe, warum fast jeder einen Flugzeugabsturz als gefährlicher empfindet als Mücken. Dabei sterben durch Erkrankungen, welche Mücken übertragen, jedes Jahr hunderttausende Menschen. Ein ähnliches Phänomen konnten wir bei der Coronapandemie beobachten. In jedem Jahr sterben in Deutschland knapp eine Million Menschen, und in unserem Land sind gewiss viel zu viele Menschen an Covid gestorben, was sehr schlimm und traurig ist. Dennoch wird in bundesweiten Nachrichtensendungen weder über Herzinfarkte, Krebserkrankungen oder Schlaganfälle berichtet noch über andere, viel häufigere Todesursachen. Auch die Tatsache, dass es sich bei der Pandemie um eine Infektionskrankheit handelt, ändert an der Öffentlichkeitsverzerrung nichts – oder wird über die tausenden Grippe-Toten in jedem Jahr auch nur annähernd so intensiv berichtet?

Eine ähnliche Wirkung haben sogenannte Influencer, also Werbefiguren. Menschen mit einem Leben wie im Hochglanzprospekt. Alles, was sie tun, ist toll. Sie haben nur Erfolge, Glück und Freude. Dabei weiß jeder Mensch, so ist das Leben nur vor den Kulissen.

Wut und Aggression
Je aggressiver unser Verhandlungspartner auftritt, umso mehr gestehen wir ihm zu. Wut oder eine laute Stimme löst bei den meisten Angst aus. Unsere zwei grundsätzlichen Reaktionen darauf sind die Flucht oder der Gegenangriff. Einen Gegenangriff verkneifen sich die meisten. Unsere Flucht besteht darin, Zugeständnisse zu machen. Damit wollen wir die aggressive Stimmung dämpfen.

Lob und Schmeicheleinheiten
Es lohnt sich ab und zu, selbstkritisch den Inhalt einer Streicheleinheit zu bewerten: Bin ich wirklich so gut? Oder geht es ein wenig zu wie auf dem Kinderspielplatz, wo manche Eltern ihre Kinder für jeden einzelnen, nicht völlig misslungenen Sandkuchen loben, statt die Frustrationsfähigkeit ihres Kleinen zu fördern?

Freuen Sie sich über Signale der Dankbarkeit von anderen. Dazu gehören auch mal Lob oder Schmeicheleinheiten. Dazu kann auch gehören, wenn der Kunde oder Klient wiederkommt. Wichtig ist, sich von den Äußerungen der anderen nicht einlullen zu lassen. Ist Ihr Ziel, täglich fünf oder mehr Streicheleinheiten zu bekommen? Oder ist Ihr Ziel, einen guten Job zu machen? Oder viel Geld zu verdienen? Wie steht es um das Ziel, das zu tun, was Sie tun wollen?

Lob darf uns freuen. Die etwas andere Seite der Medaille von Lob ist seine stabilisierende Wirkung auf das Bestehende. Je mehr wir für etwas Bestimmtes gelobt werden, umso eher werden wir daran festhalten. Lob birgt das Risiko, zu ungutem Stillstand beizutragen. Es kann wie eine Vernebelungskerze für unsere tatsächlichen Ziele wirken.

»*Franziska studierte Medizin. Sie finanzierte ihr Studium durch die Tätigkeit in einem Unternehmen für Klinische Pharmakologie. Mit dem Geschäftsführer, selbst ein Arzt, pflegte sie gute Beziehungen. Ihre Arbeit im Unternehmen, ihre hohe Selbstständigkeit, ihre Zuverlässigkeit, ihre rasche Auffassungsgabe wurden gelobt. Das Studium neigte sich dem Ende zu. Der Geschäftsführer lud Franziska zu einem Essen ein, bei dem er ihr ein tolles Angebot machte – sie konnte mit überdurchschnittlich hohem Gehalt direkt nach dem Studium dort eine ärztliche Stelle antreten. Franziska fühlte sich durchaus gebauchpinselt. Der Weg schien wie vorgezeichnet – und das alles ganz ohne Mühe, ohne sich irgendwo bewerben zu müssen. Sie schlief einige Nächte über den Vorschlag und lehnte ihn ab. Sie erinnerte sich daran, was sie tatsächlich wollte, was ihr während des Studiums bereits klar geworden war. Sie wollte eine Facharztausbildung an einer Universitätsklinik beginnen. Sie hatte sich vom Lob und dem leichten Weg nicht einnebeln lassen.*

Im Einzelfall kann Lob deshalb sehr hinderlich sein und im Extremfall sogar zur Pleite führen. Das Gegenteil von Lob, so empfinden es viele, ist Kritik. Diese kann tatsächlich mehr zum Erfolg oder Gelingen beitragen als das Lob. Das gilt für wirklich konstruktive Kritik, nicht für destruktive. Und es gilt, solange der Kritisierte nicht sofort in eine narzisstische Kränkung und Abwehrhaltung verfällt. Wer narzisstisch gekränkt ist, fühlt sich durch Kritik beleidigt, zurückgesetzt, missverstanden und verletzt. Das sind die vier Leitgefühle, an denen Sie selbst erkennen, ob Sie in entsprechender Weise reagieren oder nicht.

Sinnesmanipulation

Worte sind sehr nützlich, um andere von etwas zu überzeugen. Vermutlich ist es erfolgreicher, auch die Sinne anzusprechen. Gleich, ob Sie in Hamburg oder Köln, in Dresden oder Stuttgart in die Filiale eines deutschen Kaffeerösters gehen: Es riecht herrlich nach frischem Kaffee. Es riecht dort immer, als brühten die Mitarbeiter ununterbrochen ein und denselben Kaffee auf. Ist Ihnen schon einmal aufgefallen, dass es bei Ihnen niemals so riecht, selbst wenn Sie gerade 20 Tassen für das Nachmittagskränzchen bereiten? Die Filialen sind offenbar beduftet – das macht Lust, gleich noch ein Pfündchen Allerbeste Bohne mitzunehmen. Die Nase nimmt es auf, das Gehirn verarbeitet es und lenkt sofort die Hände zum Portemonnaie und lässt die Euros entnehmen. Ein Beispiel, wie Entscheidungen zu Bewegungen führen.

Geruch kann viel helfen. Ich kenne eine Unternehmensberaterin, die je nach Klient andere Raumdüfte einsetzt. Auch Farben (sonnig oder cool), Formen (rund wie die weibliche Brust oder länglich wie … ein Baguette) oder Klänge (Martinshorn wirkt anders als Pianomusik an einer Bar) beeinflussen andere.

PRAXIS ▶ Lassen Sie Ihre Sinne nicht einnebeln. Folgen Sie Ihrer Vernunft und nicht Ihrer Nase, Ihren Augen oder der Haptik.

42 Alles fließt – nur wohin?

> **PRINZIP** ▶ Entscheidungen sind entweder für zukünftige Handlungen oder für geänderte Einstellungen notwendig.

Im Wort Entscheidung ist bereits enthalten, worum es dabei auch geht, um eine Scheidung oder Trennung.

> **PRINZIP** ▶ Jeder Entscheidung wohnt ein Abschied inne.

Viele von uns haben als Kinder oder Jugendliche sehr schmerzhafte Abschiede erleben müssen, von nahen Verwandten oder auch vom Zuhause. Ein Abschied erinnert viele von uns deshalb an die Endgültigkeit, vielleicht sogar an den Tod. Auf einer unbewussten Ebene kann das immer mitschwingen, was dazu führt, einen jeden Abschied zu meiden wie der Teufel das Weihwasser. Wer in dieser Falle steckt, kann sich wie gelähmt fühlen und droht, handlungsunfähig zu werden.

Ein unveränderbares Grundprinzip des Lebens lautet: Alles ist im Fluss. Das bedeutet, Veränderungen sind nicht möglich oder wahrscheinlich, sondern absolut sicher. Niemals bleibt etwas gleich. Das gilt für eine Partnerschaft genauso wie für die Gesundheit oder für die Lebensbedingungen um einen herum. Selbst viele Fertignahrungsmittel bekommen immer mal wieder ein Stempel, auf dem steht: neue Rezeptur. Regelhaft wird dann behauptet, die Rezeptur sei verbessert. Meistens dürfte sie die Gewinnsituation des Unternehmens verbessern.

Die Welt ist stetig in Bewegung – Stillstand ist eine Illusion. Wenn wir einen Zustand unbedingt erhalten wollen, wird das sehr anstrengend. Das ist so als wenn wir versuchten, auf einem Fahrrad zu sitzen und auf der Stelle stehen zu bleiben. Es ist viel unsicherer und mühsamer, als in die Pedale zu treten und voranzukommen. Irgendwann wird es unmöglich, den aktuellen Status zu halten. Wer versucht, die Entwicklung des Lebens aufzuhalten, schafft es letztendlich nie. Es ist eine typische Konstellation, die Krisen heraufbeschwört.

Um den aktuellen Stand der Dinge festzuhalten, erfordert es viele dafür notwendige Vorkehrungen. Festhalten bedeutet einen hohen Energieaufwand, weil wir ständig etwas nachjustieren müssen. Das ist oftmals aufwändiger, als sich freiwillig in den Fluss des Lebens zu begeben und sich darin und damit zu bewegen. Veränderungen entstehen immer, kein Mensch kann jedoch in die Zukunft schauen. Deshalb sind wir immer wieder mit Situationen konfrontiert, in denen wir für uns selbst oder auch vor anderen feststellen müssen, dass wir uns das alles so nicht vorgestellt haben. Diese Tatsache ist somit üblich. Es ist extrem unwahrscheinlich, eine solche Feststellung niemals im Leben tätigen zu müssen. Menschen sind Gewohnheitswesen. Wenn wir uns an etwas gewöhnt haben, fällt es uns in aller Regel sehr schwer, dieses Verhalten oder auch diese Position wieder aufzugeben. Daraus folgt logischerweise: Jedes Leben ist auch schwer. Diese Kenntnis alleine reicht nicht, um mit Optimismus voranzugehen, eher im Gegenteil. Sie dürfen deshalb optimistisch sein, weil Sie bereits längst bewiesen haben, mit Veränderungen umgehen zu können. Jeder Schulwechsel beispielsweise ist eine eingreifende Veränderung. Veränderungen machen einen meistens für eine gewisse Zeit wieder zu einer Art Anfänger. Viele von uns werden sich erinnern, wie sie den Wechsel von der Grundschule in eine weiterführende Schule erlebt haben. Vermutlich ähnlich wie den Wechsel von einer Arbeitsstelle in die nächste. Meistens dauert es mehrere Monate, bis wir uns nicht mehr als vollkommene Anfänger fühlen und das Gefühl entwickeln, das meiste meistern zu können.

Um noch etwas geht es: Wer eine grundlegende Entscheidung trifft, um in Zukunft sehr anders zu leben als bisher, muss sich zugleich eingestehen, bisher irgendwie falsch gelebt zu haben. Dieses Eingeständnis kann sehr schwerfallen. Das liegt an einem wenig sinnvollen Umgang mit Fehlentscheidungen (siehe Kapitel 43–47). Daran lässt sich arbeiten. Meistens werden die »falsch gelebten« Jahre als eine Art von Zeitverschwendung definiert. Das ist nicht klug und kann als sehr belastend empfunden werden. Manche versuchen deshalb, notwendige und für die Zukunft richtige Schritte zu vermeiden. Es gibt nicht wenige Menschen – und das ist besonders häufig in Partnerschaften –, die lieber ihr Leben lang leiden und in irgendeiner Situation verharren, als sich das Scheitern der Beziehung eingestehen zu müssen. Hier wirkt oft ein anderes Prinzip des Menschen hinein:

PRINZIP ▶ Besser es bleibt so schlecht wie es ist, als das Risiko einer weiteren Verschlechterung einzugehen.

Diesen Menschen fehlen Hoffnung und Zuversicht. Da mag es helfen, sich ehrlich zu begegnen.

KLÄRUNG ▶ Wie würde ich mich entscheiden, gäbe es die (ungute) Bindung nicht?

》Samantha lebte schon lange Zeit allein in einem Haus, das ihr sehr ans Herz gewachsen war. Seit fast zwei Jahrzehnten flog sie Jahr für Jahr nach Gran Canaria in eine nette Ferienwohnung. Dort fühlte sie sich frei und sehr wohl. Jedes Mal, wenn sie vom Urlaub heimkam, wurde sie traurig: »Ach, könnte ich doch nur dort leben.«
Samantha konnte sich jedoch keine zweite Immobilie leisten, wofür auch. Die Gewöhnung an das Haus, in welchem sie schon seit ihrer Kindheit wohnte, war sehr stark. Ich stellte ihr die Frage, was sie täte, gäbe es das Haus nicht. Spontan sage sie: »Ich würde sofort nach Gran Canaria ziehen.« Ich schaute sie lange an, sie warf hinterher: »Ohne jeden Zweifel.«

Samantha hatte ein Bindungsproblem. Die Bindung an ihr Haus verhinderte die freie Entscheidung für einen Wohnort, den sie so sehr mochte. In einem solchen Fall kann eine Gedankenübung weiterhelfen. Stellen Sie sich vor, nichts, keinerlei materielle Dinge einschließlich einer Immobilie, würde Sie mehr binden. Alles, was Sie besitzen, wäre Geld in direkt verfügbarer Form. Was täten Sie dann? Wenn Sie dann andere Ziele hätten als bisher, können Sie in die innerliche Abwägung eintreten, ob die Bindung an das Bisherige den Preis wert ist, das Neue nicht anzugehen.

X. Fehlentscheidungen

43 In eigene Ungnade fallen

Vielleicht mutet es merkwürdig an, in diesem Buch mehrere Kapitel über Fehlentscheidungen vorzufinden. Folgendes Zitat zeigt, dass »Fehler« ein Sprungbrett sein können: *Failure isn't the opposite of success, but a stepping stone.* (Arianna Huffington) Die Erfahrung zeigt, um wie viel leichter uns Entscheidungen fallen, je besser wir mit unserer eigenen Vorgeschichte im Reinen sind. Viele Menschen hadern sogar ihr Leben lang mit sogenannten Fehlentscheidungen, die sie angeblich getroffen haben. Welche Last nehmen sie sich, wenn sie verstehen, dass es Fehlentscheidungen genau betrachtet gar nicht geben kann. Denn Fehlentscheidungen sind meistens keine falschen Entscheidungen gewesen. Die Wertungen in diesem Zusammenhang sind unnötiger Ballast. Diesen über Bord zu werfen, wirkt enorm entlastend. Es befreit für die Zukunft und nimmt Angst.

> **Vertiefung**
> Zunächst schauen Sie sich einmal selbst an und lassen wichtige Situationen Ihres Lebens Revue passieren. In welchem Moment haben Sie nach Ihrer bisherigen Wertung eine Fehlentscheidung getroffen? Dafür ergänzen Sie so konkret wie möglich diese fünf Aussagen:
> - Folgendes habe ich falsch entschieden:
> - Folgendes habe ich zu spät entschieden:
> - Folgendes hätte ich sein lassen sollen:
> - Folgendes werfe ich mir selbst vor:
> - Folgendes habe ich versäumt:

Unser Unbewusstes erträgt Kränkungen nur überaus widerwillig. Das ist wichtig, wenn wir unsere falschen Entscheidungen anschauen. Wir neigen dann dazu, unsere Vorgeschichte umzudeuten und zu erklären, bis die Kränkung verschwindet.

> **PRINZIP** ▶ Selbsttäuschung ist normal.

In der Folgerung dürfen wir auch ab und zu positive Urteile über uns selbst relativieren. Dabei ist es unwichtig, ob sie von uns selbst stammen oder von anderen.

Wenn wir dennoch zu erkennen meinen, aus heutiger Sicht etwas falsch gemacht zu haben, kann das zu Scham führen. Auch zu Bedauern: Wie konnte ich nur so dumm sein, das zu tun? Oder zu Schuldgefühlen: Wie konnte ich mir / dem anderen das nur antun? Selbstvorwürfe sind eher sinnlos, nutzlos und schädlich.

»*Andrea war eine aufstrebende Fachärztin für Urologie an einer Universitätsklinik. Wie der Zufall es wollte, wurde der Oberarzt, mit dem sie gut zusammenarbeitete, als Chef an eine andere Universitätsklinik berufen. Der Oberarzt rief Andrea zu sich und eröffnete ihr ein verlockendes Angebot: Sie sollte mit ihm mitgehen und würde leitende Oberärztin an der Klinik werden können. Andrea war feige, außerdem fühlte sie sich zu wohl, wo sie war, und lehnte ab. Noch Jahrzehnte später, sie war zwischenzeitlich eine erfolgreiche niedergelassene Ärztin, grämte sie sich in ruhigen Minuten der Rückschau, wie anders, wie viel besser ihr Leben gelaufen wäre, hätte sie damals zugesagt.*

In der Rückschau scheint uns manches falsch oder vermeidbar. In Andreas Fantasie – mehr ist es ja nicht, die Vergangenheit, wie sie tatsächlich ablief, war Realität – wäre sie erfolgreich als leitende Oberärztin gewesen, hätte selbst einen Ruf als Chefin an eine andere Klinik bekommen und hätte dann ein gutes Leben gehabt. Alles malte sie sich während ihrer Grübelattacken besser aus als das Leben, das sie tatsächlich geführt hatte. Wer sagt, dass sie sich nicht mit dem Chef der Klinikverwaltung ständig in die Haare bekommen hätte? Wer weiß, ob nicht Intrigen gegen sie gesponnen worden wären? Wer weiß, ob sie sich in der fremden Stadt jemals so wohl gefühlt hätte wie dort, wo sie blieb? Wer weiß, ob sie jemals selbst einen Ruf bekommen hätte? Wer weiß all das und alles andere, was ebenso möglich und vorstellbar gewesen wäre?

> **PRINZIP** ▶ In der Fantasie, was anders hätte laufen können, finden bevorzugt Best-Case-Szenarien statt.

Das ist prinzipiell ein Fehlurteil.

Gewiss gibt es Entscheidungen, die sich irgendwann als fehlerhaft, unpassend, unwirksam, unseren Weg weniger gut leitend herausstellen. Diese werden im Allgemeinen als Fehlentscheidungen bezeichnet. Deren Mehrzahl bilden jedoch Entscheidungen, die zum Zeitpunkt ihrer Wahl nicht als unrichtig hätten erkannt werden können. Ihr Charakter zeigte sich also erst im *Verlauf der Zeit*. Anders ausgedrückt: Ursprünglich konnten sie nicht als falsch erkannt werden. Oder: Fehlentscheidungen sind keine falschen Entscheidungen. Dennoch gibt es sie, die falschen Entscheidungen. Das sind solche, die bei ehrlicher oder genauerer Beschäftigung bereits zum Zeitpunkt der Entschlussfassung als falsch hätten erkannt werden können – oder müssen. Ein falscher Entschluss ist oder wäre aufgrund gültiger Kriterien nachvollziehbar nicht korrekt gewesen. Dieser hätte also vermieden werden können. Übrigens kann eine falsche Wahl dennoch zu einem Ergebnis führen, das uns passt. Grundsätzlich zeigt die Erfahrung: Die wirklich falschen Entscheidungen, die wir später bedauern, sind in der Minderzahl.

> **PRAXIS** ▶ Falsche Entscheidungen sollten und können meistens vermieden werden. Fehlentscheidungen sind unvermeidlich.

Ein Beispiel hierfür ist die Geschichte von David, der im Alter von knapp 40 Jahren zu mir kam.

»*David war seit einigen Jahren erfolgreicher Partner in einer großen juristischen Kanzlei gewesen. Sein Rat war gefragt, seine Verhandlungsführung anerkannt. Eigentlich schien alles gut zu sein. Dennoch war David unzufrieden mit seinem Leben. Als ich ihn fragte, was er bräuchte, um zufrieden zu sein, antwortete er:* »Ich möchte das Rad der Zeit noch einmal zurückdrehen können. Ich habe vor etwa zehn Jahren eine krasse Fehlentscheidung getroffen, an der ich heute noch leide.« *David schil-*

derte dann, wie sein Doktorvater ihm eines Tages angeboten habe, für zwei Jahre an eine sehr renommierte juristische Fakultät der USA zu wechseln. Damit wäre eine Universitätskarriere quasi vorprogrammiert gewesen. Immer wieder betonte David, wie oft er sich vorwerfe, damals abgelehnt zu haben. Im Laufe der Zeit stellte sich heraus, in welcher Situation David sich damals tatsächlich befunden hatte. Er war gerade frisch verliebt, hatte seine eigene kleine Wohnung bezogen und fühlte sich das erste Mal in seinem Leben angekommen. Ein Gefühl, welches er schmerzlich vermisst hatte, weil seine Eltern mit ihm alle zwei bis drei Jahre umgezogen waren.

David hätte also mit dem Entschluss, in die USA zu gehen, sehr viel aufgeben müssen, wozu er offenbar nicht bereit oder fähig war. Er war seinem Herzen und weniger seinem Kopf gefolgt. Sollte er sich eine solche Entscheidung jemals vorwerfen? Eher nicht. Selbstvorwürfe weisen oft darauf hin, dass die eigene Position überschätzt wird. Denn David glaubte, durch den Wechsel in die USA sicher eine große Karriere vor sich gehabt zu haben. Das war aber nur eine der Möglichkeiten, wie es hätte weitergehen können. Es hätte sein können, dass er überhaupt kein Visum erhalten hätte. Es hätte sein können, dass er sich dort neu verliebt hätte und mit einer Farmerin nach Virginia gezogen wäre, um Weizen anzubauen. Es hätte sein können, dass er trotz der zwei Jahre in den USA hier in Deutschland keine Karriere gemacht hätte, weil irgendeine Quote seine weitere Karriere unterbunden hätte. Es hätte sein können, ... Genug der Beispiele. Davids Selbstvorwürfe waren ähnlich strukturiert wie die der Fachärztin Andrea. Er war sicher, dass er auf jeden Fall eine große Karriere gemacht hätte, wenn nur dieser eine Faktor (zwei Jahre in den USA) nicht gefehlt hätte. Das ist eine Illusion. Es gibt sehr viel mehr Möglichkeiten, warum alles hätte anders laufen können. Als David dies verstanden hatte, konnte er endlich seine Selbstvorwürfe aufgeben.

»Ich hätte eine tolle Karriere gehabt, hätte ich mich damals richtig entschieden.« Eine solche Definition hat zwei Vorteile: Die Annahme, auf jeden Fall zu einer großartigen Laufbahn fähig gewesen zu sein.

Sie beinhaltet die Selbsttäuschung unzweifelhafter, eigener Brillanz. Zugleich beinhaltet sie eine Opferposition – wenn auch als Opfer der eigenen Fehlentscheidung, aber: Bedauert mich doch bitte.

Bei jedem Selbstvorwurf, der praktisch immer in die Vergangenheit gerichtet ist, beantworten Sie folgende Fragen:

> **KLÄRUNG** ▶ Wäre mir selbst damals wirklich eine andere Entscheidung möglich gewesen?
> Hätte ich wirklich die Kraft gehabt, anders zu handeln?

Wenn Sie diese Fragen ehrlich beantworten, können Sie die meisten Selbstvorwürfe sofort fallen lassen. Sie haben so gehandelt, weil Sie (nur) so handeln konnten und wollten.

Warum sind solche Selbstvorwürfe dennoch so beliebt? Weil sie uns von der Tatsache der eigenen Ohnmacht oder der eigenen Hilflosigkeit ablenken. Damit täuschen wir uns selbst. Wir übertragen uns damit eine Kraft oder Macht über Abläufe, die wir niemals gehabt haben oder hätten. Genauso wie wir keine Macht haben, die Gefühle anderer Menschen tatsächlich zu steuern. Wir haben auch keine Kraft, die Eifersucht anderer in den Griff zu bekommen. Das können nur diejenigen, die die Gefühle selber bilden. Wir haben auch keine Kraft, eine Mutter, die uns nicht geliebt hat, zum Lieben zu zwingen. Oder einen Vater, der uns missachtet hat, dazu zu bringen, uns in unserer ganzen Schönheit und Menschlichkeit zu achten.

> **PRAXIS** ▶ Ein erster, wesentlicher Schritt für eine bessere Zukunft ist deshalb, jegliche Vorwürfe sofort aufzugeben, die Sie sich selbst machen.

Sie haben weniger Macht, als Ihnen vielleicht lieb wäre. Sie haben jedoch viel mehr Macht, wenn Sie Ihre Situation und Ihre Möglichkeiten korrekt einschätzen.

Die Grenzen der eigenen Macht können verdammt eng wirken. Wichtig ist, sie anzunehmen. Wer das schafft, spürt eine enorme Erleichterung. Sich aktiv und wahrhaftig mit seiner Macht – und seiner

Ohnmacht – auseinanderzusetzen, hat nichts mit einer Opferposition zu tun. Es geht um das Wissen des eigenen Einflusses. Und es geht darum, wie rasch er auch enden kann. Das bedeutet keineswegs, alles schicksalsergeben hinzunehmen. Es geht auch nicht darum, aus Mist Gold zu machen. Was Mist war, war Mist.

> **PRAXIS ▶** Die Entlastung liegt darin, die eigenen Grenzen ehrlich anzunehmen.

Auf Selbsttäuschung zu verzichten, entlastet. Dadurch gewinnen wir innere Kapazitäten. Diese helfen uns, um rechtzeitig wahrzunehmen, wenn unsere Grenzen verletzt werden.

Kein Mensch trägt für alles Verantwortung – auch nicht in seiner eigenen Vorgeschichte, und das ist gut so.

Folgender Kettenlauf ist einfach wahr: Eine andere Entscheidung führt zu einem anderen Verlauf führt zu anderer Datenlage führt zu anderer Wertung. Nur *wie* der Verlauf gewesen wäre, das lässt sich eben nicht im Nachhinein definieren. Und zwar nie.

Nur rückwirkend weiß man tatsächlich alles besser, weil durch den nun stattgefundenen Verlauf die Datenlage klar und eindeutig ist – abgesehen von Erinnerungsfehlern. Diese Datenlage existiert jedoch niemals zum Zeitpunkt der Entscheidung. Nur aufgrund früher bereits existierender Fakten konnten wir ein Vorhaben angehen – Hellseher ist niemand.

> **PRINZIP ▶** Fehlentscheidungen sind zwecklose, rückwärts gerichtete Einschätzungen.

Vertiefung

Schauen Sie noch einmal die fünf Fragen zu Beginn des Kapitels an. Haben Sie noch immer die gleichen Antworten darauf?

44 Fehlentscheidungen sind Ablenkung von Ohnmacht

Ein Ziel liegt immer in der Zukunft. Ist die Zukunft nur wenige Minuten von der Entscheidung entfernt, empfinden wir letztere in der Regel als selbstverständlich oder als weniger aufwändig. Entscheidungen, die uns schwerfallen, sind meistens solche, die ein zeitlich weiter entferntes Ziel betreffen. Da kein Mensch in die Zukunft schauen kann, noch nicht einmal wenige Minuten, ist eine Fokussierung auf das Ziel selbst nicht ausreichend. Effektiver ist es oft, sich auf die Entscheidung als solche zu konzentrieren.

Je größer der Zeitraum zwischen einer Entscheidung und dem damit angestrebten Ziel ist, umso weniger hängen die beiden voneinander ab. Wenn es mehrere Jahre sind, kann unsere Zielerreichung nur noch wenig mit der früheren Beschlussfassung zu tun haben. Wer sich also Jahre oder gar Jahrzehnte nach einem Entschluss grämt, diesen falsch getroffen zu haben und deshalb ein Leben gelebt zu haben, das er gar nicht wollte, betrügt sich selbst. Er hätte längst seinem Leben eine andere Richtung geben können.

Etwas anderes kann hinzukommen: Schleichende, langsame Veränderungen nehmen wir kaum wahr. Erst wenn eine Art von Tropfen kommt, der das Fass, auf dem steht »Sollte mich interessieren« zum Überlaufen bringt, wachen wir auf. Nun werden wir hektisch und versuchen zu retten, was noch zu retten ist. Viel besser wäre es, rechtzeitig das Fass zu beachten und die Flüssigkeit darin erst gar nicht zu hoch steigen zu lassen.

> **PRAXIS** ▶ Wenn andere am Gelingen Ihres Ziels beteiligt sind, vermeiden Sie es, ein starres Ergebnis des Prozesses zu definieren.

Sie haben keine Macht über andere. Umgekehrt sollte es ebenso sein. Damit ist bei jedem Prozess, an dem andere außer uns mitwirken, der Ausgang noch weniger sicher vorhersagbar als sonst.

»*Tim war Mitte 50, als er zu mir kam. Er beklagte sich, wie viel Geld er früher verdient habe und in welch hoher Position er tätig gewesen sei. Als ich ihn fragte, wie er seine eigene Zukunft einschätze, meinte er: »Das Beste liegt hinter mir. Ich erwarte nicht mehr viel von meinem Leben.« »Das ist eine fatale Einstellung«, sagte ich ihm, »wer das, was längst geschehen ist, besser einschätzt als das, was geschehen kann, kann kaum genug Energie aufbringen, in seine eigene Zukunft zu gehen. Dann klebt quasi die Vergangenheit wie ein schöner und zugleich fatal-hinterhältiger Schein an einem und verhindert, eine noch schönere Zukunft anzustreben.«*

Immer wieder habe ich bei meinen Klienten erlebt, die sich gerade frisch getrennt hatten, wie sie sich selbst vorwarfen, jemals eine Beziehung mit dem ehemaligen Partner eingegangen zu sein. Dann sage ich: »Es wird sehr gute Gründe gegeben haben, dass Sie zwei zusammengekommen sind. Ein wesentlicher Grund wird Ihre Liebe gewesen sein. Gleich, was dann im Verlauf der Beziehung geschehen ist, erfreuen Sie sich an Ihrer Liebe und bewahren Sie diese in sich. Ihre Liebe ist mehr als ein Geschenk an den anderen. Sie ist auch ein Geschenk an Sie selbst.«

Es mag etwas geschehen sein, was Sie verurteilen, etwas, das Ihren Weg in eine falsche Richtung gebracht hat. Das ist eine fragwürdige und unnötige Sicht der Dinge. Es ist einfach ein wichtiger Teil Ihres Weges. Wer die Neigung hat, immer die Hintergründe zu erfragen oder etwas interpretieren zu wollen, dem fällt loslassen besonders schwer. Der Grund kann darin liegen, sich selbst vorzutäuschen, man hätte etwas anders machen können. Es kann auch eine Täuschung darin bestehen, man hätte überhaupt etwas tun können. Diese schiefe, in die Vergangenheit gerichtete Sicht schützt dann wie eine Art Krücke vor der eigenen Hilflosigkeit. Machtlosigkeit scheint selbst in der Rückschau für viele unerträglich zu sein. Bei manchen ist es auch die Unfähigkeit, sich selbst so anzunehmen, wie sie sind. Und wieder andere mögen dies einfach nicht tun. Sie sind unwillig, sich zu akzeptieren, wie sie sind.

An etwas festzuklammern ist ein wesentliches Hindernis, um für die eigene Zukunft Freiheit und auch Freiheit für die ausstehenden Entscheidungen zu erlangen. Jetzt zählt ausschließlich, was im Moment zu erkennen ist und was mit gewisser Wahrscheinlichkeit für die Zukunft vermutet werden kann. Das bedeutet nicht, die Vergangenheit als unwichtig abzustempeln. Was damals gemacht wurde und in eine ungute Richtung führte, sollte man möglichst nicht wiederholen.

Ein grundsätzlicher Fehler liegt darin, in der Vergangenheit getroffene Entschlüsse anhand der später kommenden Ergebnisse zu bewerten. Es geht uns viel besser damit, wenn wir uns sagen: Weil ich das damals so entschieden habe, wurde es später gut. Und wenn es später weniger gut lief, finden wir nicht selten auch Gründe, die eher nicht mit unserer früheren Wahl zusammenhängen. Das einzig richtige Vorgehen ist, den früheren Entscheidungs*prozess* nachzuvollziehen und zu überlegen, ob Sie damals etwas fahrlässig übersehen haben oder anders hätten entscheiden können. Meistens ist dies nicht der Fall. Heute, wo wir das Ergebnis wissen, haben wir eine komplett andere Informationslage als damals. Zum damaligen Zeitpunkt fehlten uns die entscheidenden Informationen, weil diese erst in der Zukunft lagen. Wenn wir alles, was wir nachträglich erfahren haben, aus dem früheren Entscheidungsprozess herausfiltern, werden wir mit fast allen unseren Entscheidungen gnädiger umgehen können. Beurteilen Sie den von Ihnen gewählten Weg nicht vorrangig oder ausschließlich aufgrund des Ergebnisses. Fragen Sie sich lieber, was Sie zu der Entscheidung geführt hat. Waren es damals vernünftige, rational begründbare und nachvollziehbare Gründe? Dann handeln Sie auch heute so, eben auf Ihrem aktuellen Niveau.

Wenn sich Menschen über eine ihrer früheren Entscheidungen grämen, unterliegen sie einem grundlegenden Fehler. Sie meinen dann, hätten sie die Entscheidung anders getroffen, wäre ihr Leben besser, interessanter oder auch wirtschaftlich erfolgreicher abgelaufen. Sie sind sich sicher, bei einer anderen Entscheidung hätte es nur in einer ganz bestimmten Weise weitergehen können – das gilt auch für nicht-berufliche Inhalte:

»*Konstantin war seit langem sauer auf sich selbst. Seine Gedanken gingen immer wieder hin zu einem Haus, das er vor über zehn Jahren besichtigt hatte. Da passte alles. Die Lage, die Ausstattung, das schöne Grundstück. Hätte er es doch nur gekauft. Es wäre noch rechtzeitig vor der immensen Steigerung der Immobilienpreise gewesen. Hatte er aber nicht. Das Haus lag einfach zu weit abseits. Jeden Morgen den Sohn den weiten Weg zur Schule fahren müssen, und das noch fünf Jahre lang. Das kam damals nicht in Betracht. Hätte er doch damals gewusst, was geschehen würde: Sein Sohn besuchte vor drei Jahren eine Schule in England, um die Sprache besser zu lernen. Dort gefiel es ihm so gut, dass er gleich dablieb (es war vor dem Brexit). Längst ist das schöne Haus weg. So eine Chance kommt nie wieder, meint Konstantin.*

Was fällt auf? Fehlentscheidungen können ein Opferdasein begründen; zumindest helfen sie einem Opfer, auch eines zu bleiben. Sogar sich selbst als Ursache einer Fehlentwicklung zu sehen, kann dieser Opfervorstellung dienen. Schauen wir bei dem noch einigermaßen überschaubaren Beispiel an, was alles hätte geschehen können, wenn Konstantin damals das Haus erworben hätte: Vielleicht hätte es versteckte Baumängel gehabt. Vielleicht wären die Nachbarn Stinkstiefel gewesen. Vielleicht hätte die Gemeinde hohe finanzielle Forderungen wegen eines Kanalbaus gehabt. Vielleicht wäre Konstantin auf der engen Wendeltreppe gefallen und hätte sich schwer verletzt. Vielleicht hätte er mit seinem Sohn auf dem Schulweg einen schlimmen Unfall gehabt.

Brechen wir die Aufzählung hier ab – Konstantin grämt sich vollkommen unnötig. Er unterlag einem typischen Fehler. Er dachte nur an den Best Case, den bestmöglichen Ablauf. Weniger angenehme Alternativen, die genauso beim Kauf des Hauses hätten ablaufen können, schließt er von vornherein aus. Nur, weil er im Moment unzufrieden ist, kann er nicht sicher sein, dass die Annahme des Angebots damals, vor vielen Jahren, zu mehr Zufriedenheit geführt hätte. Denn unser Leben läuft, auch wenn uns das oftmals nicht passt, mehr oder minder zufällig ab. Rückblickend meinen wir, alles folge einer nachvollziehbaren Regel oder einem nachvollziehbaren Ablauf. Da wir Zufall nicht ertragen wollen, bilden wir eine Art von Geschichtskonstruktion, mit der wir uns vormachen, welche Logik im Ablauf vorhanden gewesen sei.

Wir können einfach nichts vorhersagen, auch wenn es im Nachhinein so zu sein scheint. Deshalb sollten wir uns Sätze verbieten wie:
- Natürlich, das hat ja nur schief gehen können.
- Ich wusste schon immer, dass die Entscheidung falsch war.
- Wenn du mich damals gefragt hättest, hätte ich dir einen besseren (anderen) Rat gegeben.

Eine Entscheidung ist immer in die Zukunft gerichtet. Kein Mensch kann in die Zukunft schauen. Diese zwei schlichten Feststellungen führen zu einer besonders wesentlichen:

> **PRINZIP** ▶ Es gibt keinen Plan ohne Unsicherheit.

Wie wir uns die Zukunft vorstellen, was wir gerne hätten, das kann geschehen oder eben auch nicht. Wenn wir uns nun zu etwas entschlossen haben und uns ein Fehler dabei schwant, dann fällt es uns umso schwerer, die ganze Sache wieder abzublasen, je mehr Energie wir bereits hineingesteckt haben.

> **PRINZIP** ▶ Je mehr wir emotional oder materiell in etwas investiert haben, umso schwerer fällt es uns, dies wieder loszulassen.

Das ist ein typisches Verhalten am Aktienmarkt. Wenn eine Aktie beispielsweise schon die Hälfte ihres Einkaufswerts verloren hat, halten die meisten an ihr fest, selbst wenn vermutet werden kann, dass das Unternehmen in Zukunft pleitegehen wird. Es geht nicht nur darum, sich selbst keine Fehler eingestehen zu können. Es geht vielmehr darum, vor sich selbst als glaubwürdig und berechenbar dazustehen. Gerade in unserem Kulturkreis bedeutet aufzugeben immer noch so etwas wie eine Kapitulation oder das Eingeständnis von Schwäche. Wie dumm ist das. Erwachsenes, rationales Verhalten bedeutet eben auch, ab und zu eine Reißleine zu ziehen. Da ich als Schriftsteller sehr viel lese, kommt es immer wieder vor, Bücher in die Hand zu nehmen, die sich im Verlauf des Lesens als uninteressant herausstellen. Die einzige richtige Lösung ist dann, das Buch zur Seite zu legen. Ein anderes Beispiel ist ein Studienfach, das man aufgenommen hat und das sich im Laufe der Zeit (und das können durchaus auch Jahre sein) als immer weniger passend herausstellt. Wenn man sich sicher sein kann, mit diesem Fach nicht warm zu werden und darin nicht arbeiten zu wollen, ist es vermutlich besser aufzugeben.

PRAXIS ▶ Wir sollten grundsätzlich in unsere Zukunftsplanung nur nachrangig einbeziehen, was wir in der Vergangenheit für diesen Weg bereits investiert haben.

Vertiefung

Was früher geschehen ist, und sei es noch so ungerecht oder wenig schlau gewesen, muss irgendwann zu Grabe getragen werden. Ansonsten hindert die stete Beschäftigung mit diesem Thema Sie daran, ab jetzt effektiv Ihr Eigenes zu tun.

Das gilt auch, wenn Ihnen Unrecht angetan wurde. Dann ist es Ihnen widerfahren. Sie waren das Ziel. Damit handelte es sich jedoch um das Thema oder die Initiative eines anderen Menschen. Sie dürfen sich von Ideen und Handlungen anderer nicht Ihr eigenes Leben auf Dauer bestimmen lassen.

Es gilt, eine befriedende Antwort auf folgende Frage zu finden.

KLÄRUNG ▶ Wie kann ich einen friedvollen Abschluss mit dem Thema erreichen?

45 Selbstversöhnung heilt Vorwürfe

Um das Grübeln bezüglich abgelaufener Entscheidungen einzustellen, sollten wir uns noch einmal verdeutlichen: Was hätte aus heutiger Sicht anders laufen sollen, war aber zur Zeit der Entscheidung nicht zu sehen? Niemand kann in die Zukunft schauen. Die damalige Jetzt-Zeit und die damalige Ist-Situation führten zu der damaligen Entscheidung. Punkt. Aus.

> **PRINZIP** ▶ Ihre Vergangenheit ist genau so, wie sie stattgefunden hat.
>
> **PRINZIP** ▶ Jede Vorstellung, was bei einer anderen Entscheidung hätte geschehen können, ist nutz- und sinnlos. Sie ist wie eine Vorhersage in die Vergangenheit hinein.

Folglich können wir uns selbst gegenüber Milde und Güte im Umgang mit den früheren angeblichen Fehlern oder Fehlentscheidungen walten lassen. Das dient unserem Selbstschutz und der Wahrheit. Weil fast nichts vorhersehbar ist, ist rückwirkend auch nie zu klären, wie sich etwas aufgrund einer anderen Wahl entwickelt hätte.

Wenn eine Entscheidung im Moment als richtig eingeschätzt wird, ist sie richtig. Spätere Wertungen darüber sind sinnlos. Das gilt ganz besonders im persönlichen Bereich:

» Ute denkt noch heute – 40 Jahre später – an die Abschlussfeier auf dem Gymnasium. Jahrelang hatte sie Franz angeschmachtet, der davon nichts mitbekam oder mitbekommen wollte. Nach der Feier setzten sich beide im Mondlicht bei warmem Sommerwetter auf eine Parkbank. Franz legte vorsichtig seine Hand auf ihren Oberschenkel, Ute durchfuhr ein ergreifendes Gefühl. Endlich! Dann plötzlich bekam sie Angst vor der eigenen Courage, stand auf und meinte zu Franz, sie müsse nun gehen, die Eltern warteten auf sie. Das war das letzte Mal, dass sie ihn sah. Jahre später traf sie ihren Mann, bekam mit ihm zwei Kinder, und nun, wo die Kinder aus dem Haus sind, schaut sie ihren Mann an, fragt sich, was sie noch

mit ihm zu tun habe. Immer stärker wird ihre Sehnsucht nach Franz und immer schrulliger werden ihre Vorstellungen, wie wundervoll eine Beziehung mit ihm gewesen wäre. *Wäre sie nur nicht so feige gewesen.*

Stopp, Ute! Wer weiß, wie ihr im Leben und im Bett miteinander ausgekommen wärt. Wer weiß, wie sich Franz entwickelt hätte, wer weiß, ob er auch nur mehr als einen One-Night-Stand vorhatte oder noch nicht einmal diesen. Das alles ist Fantasie. Hätte sich Ute irgendwann einmal mit ihrer Gefühlswelt damals auseinandergesetzt, wäre sie nicht in die Denkfalle »Fehlentscheidung« geraten. Sie hatte Angst. Das allein genügt. Die Angst zeigte ihr damals, dass sie für etwas Weitergehendes nicht bereit war. Wer einen Schritt nicht gehen kann, muss ihn nicht gehen.

> **PRINZIP ▶** So wie Gras nicht schneller wächst, wenn man an ihm zieht, können wir den Entwicklungsstand unserer Persönlichkeit nicht einfach so ändern.

Deshalb schützt uns Angst auch vor im Moment nicht passenden Handlungen. Davon abgesehen hätte auch in Utes Fall noch vieles andere geschehen können, was sie sich offenbar niemals klargemacht hat.

> **PRAXIS ▶** Prüfen Sie Ihre Entscheidung gewissenhaft. Schätzen Sie diese im Moment als richtig ein, ist sie richtig.

Deshalb ist Milde und Güte sich selbst gegenüber die einzig faire Einstellung. Sie sollten verbunden sein mit dem Wissen, dass das Leben so lief, wie Ihr Leben war, und dass es in Ordnung ist, wie es war. Jede andere Sichtweise kostet Energie und ist deshalb sinnlos, weil sie keinen Effekt für das jetzige Leben hat, außer es sich zu vermiesen.

Davon abgesehen leiden wir alle an Erinnerungsfehlern. Das bedeutet, wir erinnern Inhalte anders, als sie waren. Da uns unser Gehirn in dieser Hinsicht ständig Streiche spielt, sollten wir unsere Erinnerungen nicht allzu ernst nehmen, möglicherweise sind sie teils oder ganz pure Einbildung.

Vermutlich stehen Sie nicht ganz am Anfang Ihrer beruflichen Laufbahn. Selbst wenn: Bereits jetzt werden Sie eine Entwicklung hinter sich haben. Sie haben also etwas erreicht. Und zwar mehr, als Sie sich bisher klargemacht haben. Schätzen Sie das, würdigen Sie es? Sind Ihnen Ihre bisherigen Erfolge wirklich klar? Sind Sie zumindest ein wenig stolz darauf? Die Beantwortung dieser Fragen ist alles andere als banal. Wenn Sie ehrlich sind, wird es einiges geben, auf das Sie stolz sein können. Wenn Sie dieses Gefühl in sich wirken lassen, kann es Ihnen viel Druck nehmen.

Sich selbst zuzuwenden, sich tatsächlich als eigenständiges und erfolgreiches Wesen wahrzunehmen, fällt einigen gar nicht leicht. Für Ihre Zukunft geht es darum, ein zufriedenes Leben zu erreichen.

> **PRAXIS** ▶ Sagen Sie sich einmal bewusst: Hallo! Mich gibt es ja wirklich! So wie ich bin, ist es gut.

Und schauen Sie, vielleicht sogar mit Staunen, wer Sie tatsächlich sind. Grämen Sie sich nicht, weil Sie angeblich viel Zeit vergeudet haben. Sie haben all das gebraucht, um so weit zu kommen, wie Sie jetzt sind. In jedem Leben gibt es Vorfälle, die man später bedauert. Schließen Sie damit ab. Wenn es etwas gibt, wobei Sie anderen Schaden zugefügt haben, entschuldigen Sie sich. Wenn die verletzten Menschen nicht mehr da sind oder Sie keinerlei Kontakt mit ihnen haben, können Sie diese Entschuldigung auch rituell innerlich vornehmen. Das eigene Leben im Ganzen anzunehmen bedeutet eben auch, die eigene Schuld anzunehmen. Kein menschliches Leben läuft genauso ab, wie man es gerne hätte. Kein Leben läuft ohne Schuld ab. Wenn Sie alles nicht ganz Gute bedauert und betrauert haben, können Sie sich geklärt und mit Zuversicht Ihrer Zukunft zuwenden. Gehen Sie grundsätzlich davon aus, dass Sie Entscheidungen, die Sie heute bedauern, vermutlich nicht anders hätten treffen können. Versetzen Sie sich wirklich und wahrhaftig in Ihre frühere Position hinein. Mit hoher Wahrscheinlichkeit konnten

Sie damals nicht anders handeln, als Sie gehandelt haben. Auch wenn berechtigt bezweifelt werden kann, dass wir aus Fehlern wirklich lernen, werden wir doch klüger im Laufe des Lebens. Nicht nur abgeklärter, sondern auch mit menschlicher und gütiger. Diese Eigenschaften, die Sie anderen vermutlich schon lange schenken, dürfen Sie sich selbst genauso geben.

Manche stellen sich die verzweifelte Frage, wie es nur so weit kommen konnte. Beispielsweise zu einer Trennung oder einem Unfall. In der Frage steckt ein Selbstvorwurf. Schluss damit! Die richtige Antwort auf diese Frage ist eine neue, andere Perspektive, die sich darum kümmert, wie das Geschehene einem ab jetzt nutzt.

> **KLÄRUNG ▶** Was tue ich mit meiner Vorgeschichte, damit es für mich gut ist?

Es geht um das innere Einverständnis mit dem, was war, und dem, was ist. Beeinflussen können wir allenfalls, was kommt.

Wenn Sie verstehen, dass Sie etwas ändern sollen, dann tun Sie es auch. Wenn Sie es nicht tun, verschwenden Sie Ihre Zeit. Damit vergeuden Sie neben dem Leben als solchem das Kostbarste, was Sie besitzen. Auch wenn Sie heute feststellen, dass Sie schon einige Zeit vertan haben, weil Sie all das schon längst verstanden haben, seien Sie gnädig mit sich. Schenken Sie sich Güte.

Dabei kann Ihnen folgende Wahrheit helfen: Wenn wir eine frühere Entscheidung und das, was aus ihr folgte, kritisch betrachten, dann mag in uns sein Satz aufkommen: »Wie konnte ich nur ...« Wir definieren mehr oder minder unberechtigt den tatsächlichen Verlauf als Worst Case Szenario (Abbildung 6) – der erste Fehler. Was wir nicht taten und heute als den sonst stattgefundenen Ablauf definieren, lässt sich gut mit: »Ach, hätte ich doch nur ...« umschreiben. Wir bilden damit ein hypothetisches Best Case Szenario aus – der zweite Fehler. So entstehen zwei Korridore der schiefen Rücksicht. Beide weichen einmal ins Schlechte, einmal ins Gute, von einer realistischen Einschätzung ab.

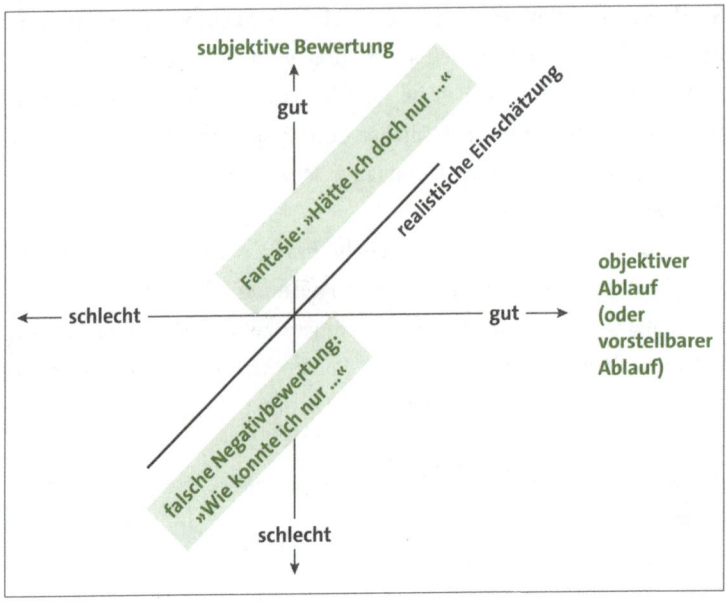

Abbildung 6: Die Korridore der schiefen Rücksicht

Der neue Rahmen (Refraiming)

Refraiming bedeutet, eine neue Sichtweise um ein altbekanntes »Bild« zu schaffen. Dem Inhalt einen neuen, besseren, schöneren, gefälligeren Rahmen schenken. Die Frage dazu kennen Sie:

KLÄRUNG ▶ Kann ich das auch anders sehen oder bewerten?

Die einzig richtige Antwort darauf lautet: Man kann *alles* anders sehen oder werten.

Wenn wir später erkennen müssen, dass unsere Entscheidung zu einem eher schlechteren Zustand führte, sind wir sauer. Das ist nicht richtig, wenn wir die Entscheidung auf richtigem Weg getroffen haben. Sie wertschätzen sich selbst besonders dann, wenn Sie Ihre Unzulänglichkeiten akzeptieren: Wenn ich mein Ziel nicht erreiche, bin ich mir mindestens so viel wert wie heute. Denn ich freue mich, dass ich es versucht habe.

> **Vertiefung**
>
> Es geht um Gnade mit sich selbst. Viele Menschen sind sich selbst der hartnäckigste und schärfste Kritiker. Warum eigentlich? Wer sagt, dass irgendetwas Gutes oder Edles daran ist, über sich selbst negativ zu urteilen? Bleiben Sie wahrhaftig und bedenken Sie eine Situation aus Ihrem Leben, die Ihnen spontan in den Sinn kommt. Eine Situation, für die Sie sich bis heute schimpfen, die Sie am liebsten ungeschehen machen würden. Stellen Sie sich nun vor, Sie seien ein Seelsorger. Das bedeutet, Sie sorgen und kümmern sich um die Seele. Was würde Ihnen ein empathischer Seelsorger zu Ihren Selbstvorwürfen sagen? Wie würde er Sie auffordern, mit sich selbst und Ihrer Vorgeschichte gnädig umzugehen? Sorgen Sie sich um sich selbst.

46 Einverständnis

Wir unterliegen vielen Einflüssen unserer Seele, die wir nicht ausreichend kennen, und auch unser Körper kann uns immer wieder tendenziell negativ überraschen. Unsere Selbstbestimmung endet also schon, bevor wir einen Einfluss auf andere haben ausüben können. Insofern ist es eine Illusion, der sich praktisch jeder Mensch gerne hingibt, wenn wir unseren Lebenslauf als einen konsistenten und konsequenten Ablauf definieren. In der Tat läuft ein Leben viel eher so wie eine Kugel im Flipperautomat. Wir stoßen mal rechts an, mal links, mal in der Mitte und irgendwie geht's dann doch ins Ziel. Wir unterliegen auch vielen Einflüssen von außen, die vorab bei der Planung eines Vorhabens nicht allesamt erkannt werden können.

Dennoch liegt uns außerordentlich viel an dem Gefühl, alles selbst zu bestimmen. Dabei ist uns das entsprechende Gefühl wichtiger als die Wahrheit. Denn wir tun *immer*, was wir selbst (unser Selbst) wollen und entschieden haben. Das muss nicht mit dem übereinstimmen, was wir (unser Ich) bewusst gerne täten.

Eine Panikattacke in der Öffentlichkeit ist uns extrem peinlich. Wir fühlen uns dadurch auf sehr ungute Weise blamiert. Die Panik wird jedoch durch uns selbst gebildet. Die macht niemand von außen. Jedes unserer Gefühle wird von uns selbst gemacht – und auch kontrolliert, mal mehr effektiv, mal weniger. Natürlich kann bereits ein Horrorfilm Angst in uns auslösen. Dennoch gibt es genug Abgebrühte, die sich – auch messbar – teilnahmslos Horrorszenen anschauen können. Auch wir selbst gewöhnen uns meist rasch daran.

Denken Sie als zweites Beispiel an ein bockiges Kind in der Trotzphase. Schon bei so jungen menschlichen Wesen ist es zeitweise kaum möglich, gegen ihren Willen etwas zu erreichen. In einem anderen Buch schrieb ich einmal, die Folter wurde erfunden, weil man sonst gegen den Willen eines Erwachsenen nichts tun kann. Natürlich tun wir nicht nur das, was wir wollen im Sinne des Mögens und der Freude. Wir tun aber immer das, wofür wir uns entschieden haben – oftmals eben auch gegen innere Widerstände.

> **PRAXIS** ▶ Mit jeder Entscheidung, die Sie treffen, sollten Sie einverstanden sein.

Es gibt einige Möglichkeiten, sich auf eine Situation einzustellen. Die erste und schönste ist, uns passt alles. Wir sind sofort einverstanden. Es ist so wie der Moment, wenn wir in Urlaub fahren: Wir haben vorher das Hotel gebucht und es ist noch hübscher, als wir uns vorgestellt haben. Seien wir ehrlich, eine nicht unbedingt alltägliche Situation. Viel häufiger in unserem Alltag haben wir mit Situationen zu tun, die uns nicht sofort passen. Sehr häufig wählen wir dann den Weg des inneren Widerstands. Wir machen mit, obwohl es uns nicht passt. Gründe dafür können Bequemlichkeit sein oder Opportunismus, auch Angst. Opportunismus bedeutet, im Widerstand zu bleiben. Der Widerstand in uns wirkt kontraproduktiv, und zwar in uns selbst. Wir sind lustlos, wir erschöpfen schneller, das Leben macht keine Freude. Um das zu vermeiden, gibt es drei Lösungen. Die erste ist nicht immer möglich: Wir verändern die Situation, bis sie uns passt. Das ist eher die Ausnahme. Ein schlichtes Beispiel: Mit dem Wetter gelingt uns dies nicht. Da haben wir noch die zwei anderen Chancen. Wir können die Situation verlassen. Beim Wetter wäre dies ein Umzug in eine andere Region oder zumindest ein Urlaub woanders. Bereits in die trockene Wohnung zu wechseln, ändert zumindest unsere direkte Konfrontation mit dem Wetter. Etwas zu verlassen gelingt nicht immer. Oder es hat einen sehr hohen Preis. Üblicherweise ist es der beste Weg, sich konstruktiv auf etwas einzustellen. Die inneren Widerstände wahrzunehmen, um dann so an sich zu arbeiten, dass die Widerstände geringer werden oder verschwinden.

> **PRAXIS** ▶ Vermeiden Sie, etwas auf Dauer im inneren Widerstand zu tun. Es verbraucht unnötig viel Energie.

Demut und Wahrhaftigkeit hingegen können uns den Weg weisen. Sobald wir uns auf etwas konstruktiv einstellen, das uns zunächst nicht gefiel, wird es leichter für uns.

In der Regel sind die Entscheidungen die richtigen, die uns sofort oder rasch auf einen Weg eines solchen Einverständnisses bringen, sofern wir es mit Unveränderlichem zu tun haben (Bergner 2018).

> **Vertiefung**
>
> Es gibt einen entlastenden Trick. Wenn Sie trotz all Ihrem Wissen sich eine frühere Entscheidung vorwerfen, machen Sie folgendes Gedankenexperiment: Sie haben sich damals doch richtig entschieden – so wie Sie das heute tun würden. Ihr Leben lief daraufhin eine Zeitlang ganz anders als in Wirklichkeit. Sie fühlten sich wohl und glaubten, alles richtig gemacht zu haben. Durch irgendetwas, das Sie in Ihrem Gedankenexperiment hinzutun, änderte sich Ihr Leben. Dunkle Wolken zogen am Horizont auf. Es führte kein Weg daran vorbei, sich einzugestehen, falsch entschieden zu haben. Was würden Sie genau in diesem Moment denken? Vermutlich: Hätte ich mich doch anders entschieden. In diesem Moment würden Sie die Entscheidung, die Sie in der Realität getroffen haben, als die einzig richtige werten. Sie würden sich vorwerfen, etwas nicht so entschieden zu haben, wie Sie es taten! Erkennen Sie die Unmöglichkeit, später über Entscheidungen zu urteilen?

47 Loslassen ist eine Kunst

Fehler können eine Lernchance bedeuten. Dennoch mögen die meisten keine Fehler. Wir wollen uns einfach nicht damit abfinden. Wir wollen nichts falsch eingeschätzt haben. Wir wollen möglichst unangreifbar sein. Und meistens führt ein Fehler auch zu mehr Arbeit – oder weniger Geld. Trotzdem: Wenn etwas nicht läuft, wie wir es gerne hätten, lernen wir deutlich mehr, als wenn alles gut läuft. Zum Beispiel bieten uns Fehler die Chance, aufgeben zu lernen. Es gibt jedoch durchaus Situationen, in denen das Aufgeben sehr, sehr genau hinterfragt werden muss.

》*Uwe hat bereits über fünfeinhalb Jahre Medizin studiert. Er ist nun im Praktischen Jahr, nur noch ein Tertial (vier Monate) in einer Klinik für Innere Medizin und eine vierte, letzte Prüfung, dann ist er approbierter Arzt. Uwes Herz schlägt für etwas ganz anderes – er will Musiker werden. Da ihm das Studium immer weniger Freude bereitet, überlegt er sich, kurz vor Schluss aufzugeben.*

Oh nein! Wer schon extrem viel Engagement in eine Sache investiert hat *und* nur noch eine überschaubare Zeit vor sich hat, um sie abzuschließen, sollte sie nicht abbrechen. In Uwes Fall – so unwahrscheinlich ihm das im Moment scheinen mag – behält er damit sein Leben lang die Chance, doch noch etwas auf der Basis seines Studiums anzufangen. Vielleicht hat er noch keinen ausreichenden Überblick über das Spektrum der Alternativen, die ihm damit möglich sind. Wer hingegen irgendein Wochenendseminar gebucht hat und nach einem halben Tag feststellt, mit den vermittelten Inhalten nichts anfangen zu können, kann beruhigt seine Zeit besser nutzen.

»Never give up« – das klingt gut als Motto, in der Realität des Lebens kann das ziemlich dumm sein. Gewiss, Ausdauer ist unbedingt nötig für ganz viele Lernprozesse. Eine Sprache beispielsweise kann man nur lernen, wenn man genug Ausdauer aufbringt. Vieles lernen wir, indem wir nicht aufgeben. Deshalb sind Hartnäckigkeit und Durchhaltevermögen, also Ausdauer, Gegenpole des Aufgebens. An etwas letztlich unbeirrt festzuhalten, das klingt nach Sieg, und doch ist es starr.

> **PRAXIS** ▶ Für ein zufriedenes Leben kann es unbedingt notwendig sein, Ziele aufzugeben.

Wer Ziele aufgibt, schafft sich Freiräume.

Aufzugeben kann sehr schwerfallen. Wir sind seit jeher darauf getrimmt durchzuhalten. Das ist eine in der Erziehung oder der Schule angesehene Eigenschaft. Vielleicht liegt es auch daran, weil durchzuhalten in Urzeiten den eigenen Tod verhindern konnte – wenn das Mammut hinter einem läuft, ist Kondition sinnvoll. Auch wenn man weit oben auf dem Baum wachsende Früchte erreichen kann, hat das Vorteile. Dennoch kann aufzugeben eine Lernaufgabe sein. Wir können es trainieren und sollten dies wohl auch tun. Denn aufzugeben hat durchaus Vorteile (Schäfer 2019):

1. Ohne etwas aufzugeben, haben Sie keine Zeit für Neues: Aufgeben ist ein notwendiger erster Schritt für einen Neustart.
2. Sie können etwas tun oder finden, das (noch) besser zu Ihnen passt, denn:
3. Sie sind dann in der Regel sorgfältiger in der Suche nach Alternativen.
4. Sie erhöhen Ihre Erfolgsaussichten. Wenn Sie korrekt analysiert haben, wie notwendig oder sinnvoll es ist aufzugeben, schaffen Sie sich Potenziale. Es ist sinnvoll, sich dem Ziel zu widmen, welches am ehesten Erfolg verspricht und Ihnen am meisten liegt.

Zunächst können Sie nach Hinweisen fahnden, die ein Aufgeben nahelegen:

Haben Sie das Gefühl, Ihr Aufwand für etwas steht in keinem vernünftigen Zusammenhang zu dem angestrebten Effekt? Dann nutzen Sie die folgende Zusammenstellung in Kasten 6 mit Indikatoren für einen zu hohen Aufwand. Kennen Sie ähnliche innere Sätze oder Zustände von sich selbst?

> **Kasten 6: Hinweise für einen zu hohen Aufwand**
> - Auch wenn ich mich nicht entscheiden kann aufzugeben, kann ich nicht leichten Herzens weitermachen.
> - Ich bin nicht im Fluss, ich spüre Widerstände. Das Selbstverständliche fehlt.
> - Ich bin wieder und wieder frustriert, mal weiß ich warum, mal nicht.
> - Ich falle ins Grübeln.
> - Ich fühle mich ab und zu depressiv.
> - Ich fühle mich schuldig.
> - Ich fühle mich überfordert.
> - Ich komme seit langer Zeit nicht weiter. Ich bewege mich auf der Stelle oder sogar zurück.
> - Ich muss mich zwingen.
> - Ich zögere bei Entscheidungen, die einen wie auch immer gearteten Fortschritt bringen könnten.
> - In mir flammt wiederholt Angst auf, einen Fehler zu machen.
> - Meine Kreativität lässt mich im Stich.

Was das Aufgeben erschwert

Es gibt eine wirklich reiche Auswahl an Möglichkeiten, die Menschen dazu veranlassen, etwas fortzuführen, was sie aufgeben sollten, wie in Kasten 7 aufgeführt.

> **Kasten 7: Klebstoff, um unnötig an etwas festzuhalten**
> - Angst, als Umfaller dazustehen
> - Hass
> - Rache
> - Traumvorstellungen und innere Überzeugungen (Ich bin es wert. Alles wird gut. Was ich will, das schaffe ich auch.)
> - unbewältigte Trauer
> - ungelöste Fragen, die bohren
> - verletzter Stolz
> - die Vorstellung, dann in unsichere Umstände zu driften
> - die Vorstellung, etwas oder alles schaffen zu müssen.

Letztlich sind es unsere Gefühle, die uns innerlich an etwas kleben lassen. Damit wir nicht zu unserer Angst, Rache, Unsicherheit, Unlust stehen müssen, intellektualisieren wir den Vorgang. Aus der Angst wird die innere Gewissheit, noch unbedingt etwas zu Ende bringen zu müssen. Aus der Rache wird die unbedingte Notwendigkeit der Klärung, aus der Unsicherheit die klare Überzeugung, irgendetwas fast geschafft zu haben, und noch bei der Stange bleiben zu müssen.

Unsere Gefühle sind wichtig und sollten ernst genommen werden. Dennoch empfiehlt es sich, auch den Verstand zu nutzen. Aber nicht, um passende Argumente zu finden, sondern um die Situation wirklichkeitsgetreu zu verstehen. Das geht in einem solchen Fall am besten, indem wir uns zunächst unsere Gefühle klarmachen. Das bedeutet, sie beim Namen zu nennen. Dann überlegen wir uns, warum die Gefühle gerade so auftreten. Und dann, worum es uns tatsächlich oder wahrhaftig geht.

Überholte Kindheitsvorstellungen

Hinter einem Zwang, nur nicht aufzugeben, stecken oftmals falsche Vorstellungen aus der Kindheit (siehe auch Kapitel 27, 28). Es sind Überzeugungen, die sich in die Seele eines Menschen eingebrannt haben können:

Liebe für Leistung: Wenn die Erziehung darauf ausgerichtet war, ein Kind auf Leistung zu trimmen, z. B. indem es nur bei guten Leistungen beachtet wurde, glaubt dieses Kind, sonst nichts wert zu sein. Liebe für Leistung ist einer der schlimmsten Erziehungsfehler, der häufig ist und ursächlich mit unserer Gesellschaftsform, dem Kapitalismus, zusammenhängt. Auch wenn die Eltern so handeln, weil sie Erfolg im Leben hoch bewerten: Noch so gute Absichten können fatal wirken.

Das falsche Vorbild: XY hat sich auch durchgebissen und wurde zum Star. Deshalb ist das richtig so. Die Frage, die Sie sich dann beantworten sollten: Was hat ein anderer, fremder Mensch mit mir zu tun?

Merkwürdige Leitbilder: Gott will es so. Es ist mein Schicksal. Ich kann nicht anders. Dem Schwur muss ich folgen.

Lernunwilligkeit bis -verweigerung: Du sagst mir nichts. Wann ich Schluss mache, entscheide noch immer ich – und deshalb jetzt erst recht nicht. Manchmal kann das jedoch auch gut gehen:

>> *Ralf hatte sich geirrt – die Immobilie am Waldrand, nur über einen unbefestigten Weg zu erreichen, gefiel offenbar nur ihm. Umso ärgerlicher, dass er bereits einige hunderttausend Euro dort investiert hatte. Die anstehende Scheidung drohte, ihm wirtschaftlich das Genick zu brechen. Seine Insolvenz rückte bedrohlich nahe. Er holte einen Finanzberater, dem er sein altes Forsthaus voller Stolz zeigte. Als danach beide nach umständlicher Fahrt im Dorfgasthaus ihr Mittagessen bestellten, sagte der Berater: »Wenn Ihnen jemand 200.000 Euro für das Teil bietet, schlagen Sie sofort ein!« Ralf war auf einen Schlag der Appetit vergangen. Zwei Jahre später, das Angebot stand wie Blei in den Regalen zweier Makler, nahm ihn ein Freund zur Seite. Ralf sehe schlecht aus, er solle doch irgendwie schauen, wie er sich die Belastung vom Hals schaffe. Aber Ralf hielt durch und verkaufte das Haus schließlich für 500.000 Euro. Das war zwar ein Verlust, aber ein viel geringerer, als der Berater ihm geraten hatte.*

Manchmal ist es tatsächlich sinnvoll, weiterzumachen. Nur, das weiß man leider nicht vorher. Das Ganze hätte für Ralf auch anders ausgehen können. Das war ihm sehr klar, weshalb er mehr als ein Dankgebet zum Himmel schickte, als der Kaufvertrag notariell besiegelt war.

Bereits viel investiert: Solche Konstellationen folgen dann dem Motto: Es muss doch zu etwas gut gewesen sein.

Es sollten bevorzugt zukünftige Kosten und Chancen in unsere Bewertung einfließen, weil alles, was auch nur eine Sekunde vorbei ist, nicht mehr beeinflusst werden kann. Eine typisch menschliche Überzeugung lautet jedoch: Es hat mich schon so viel gekostet, da kommt es auf das Zukünftige auch nicht mehr an. So hat Ralf gehandelt; bei ihm war es von einem gewissen Erfolg gekrönt. Er hat sich gesagt: Es hat mich schon so viel gekostet, das muss sich irgendwie rentieren. Auch wenn es ab und an klappt, ist diese Grundhaltung fragwürdig. Meist geht sie mit noch höheren Verlusten einher, als wenn rechtzeitig die Reißleine gezogen worden wäre. Ralf hat also sehr viel Glück gehabt.

Zu hohe Einschätzung der Wertigkeit eines Ziels: Weil ich schon so viel getan habe, muss es doch auch das wert sein oder gewesen sein. Je unerreichbarer etwas erscheint, umso wertvoller wird es. Beispiele sind pervers überteuerte Produkte wie »High-End«-Autos oder -Handtaschen oder -Uhren. Und wenn etwas schon so wertvoll ist, dann sollte ich weiter danach streben.

Wer bis zur *Selbstaufgabe* kämpft, wird von der Gesellschaft bewundert. Es ist das Bild des Marathonläufers, der mit offenem Mund und starrem Blick halbtot ins Ziel fällt. Eine mögliche Idee dahinter: Ich will Held sein. Ich muss es schaffen. Ich muss immer stark sein.

Angst vor sozialer Missachtung: Das ist ein Klassiker, der viele zwingt, etwas fortzuführen, was sie nicht möchten. In diese Kategorie fallen etliche längst erloschene Beziehungen und auch als falsch erkannte Ausbildungen.

Sich in eine Art *Wettbewerb* hinziehen lassen und »Sieger« sein wollen. Für solch einen Wettbewerb stehen »gerne« unter anderen zur Verfügung: Arbeitskollegen, Partner und Geschwister.

Wenn all das eben Geschriebene mehr und mehr konzentriert wird, sind es viel eher Gefühle als rationale Überlegungen, die einen am Aufgeben hindern.

PRAXIS ▶ So schaffen Sie es, Ziele aufzugeben:

1. Grübeln stoppen. Wie geht das? Meistens nicht auf Befehl. Sie sollten sich ablenken, gezielt und gewollt. Am besten, indem Sie sich auf etwas anderes konzentrieren, und sei es auf das Putzen des Badezimmers.
2. Sich die aufkeimenden oder die einen dominierenden Gefühle eingestehen. Dazu gehört als Erstes, sie sich klarzumachen: Bin ich traurig oder sauer auf mich oder andere? Vielleicht werfen Sie sich auch vor, dass Sie nicht schon längst das Ziel, etwa eine gute Part-

nerschaft, aufgegeben haben. Bedaure ich wirklich, das Ziel nicht erreicht zu haben? Oder doch eher, nicht als Sieger dazustehen? Wenn ja, was bedeutet es für mich, Sieger zu sein? Was wollte ich mir oder anderen damit zeigen? Was erhoffte ich mir von anderen? Beispielsweise, geliebt zu werden?
3. Entscheiden Sie: Muss ich ein komplett neues Ziel angehen oder das bisherige nur modifizieren? Ein Beispiel wäre, beim Immobilienkauf kein Grundstück mit 10.000 Quadratmetern anzustreben, sondern eines mit 500. Oder sich außerhalb der Stadt ein Haus zu suchen. Oder statt Biologie Biochemie zu studieren. Oder den gleichen Beruf nicht mehr im Großkonzern, sondern in einem mittelständischen Unternehmen auszuüben – oder umgekehrt.
4. Legen Sie konkrete Maßnahmen fest, um das Alte tatsächlich zu beenden und zu beerdigen.
5. Finden Sie konkrete Maßnahmen, um dem Neuen näher zu kommen.

PRINZIP ▶ Etwas aufzugeben ist nicht gleichzusetzen damit, zu verlieren.

Im Gegenteil, etwas sein zu lassen kann einen großen Gewinn bedeuten.

XI. Der Goldstandard

48 Optionales Denken

Es gibt einige grundsätzliche Regeln für Entscheidungen:

> **PRAXIS** ▶ 1. Tun Sie das, was Ihre Freiheit erhält.

Entscheidungen, die Sie einengen, sind meistens schlechte Entscheidungen.

> **PRAXIS** ▶ 2. Handeln Sie stets so, dass durch Ihre Handlungen weitere Möglichkeiten entstehen (frei nach Heinz von Foerster, in Walz 2015).

Etwas anders ausgedrückt: Vermeiden Sie Einbahnstraßen im Leben, erst recht solche, die als Sackgassen enden.

Grundsätzlich ist dies ein optionales Denken. Optionen gibt es in vielerlei Richtungen (Kasten 8).

> **Kasten 8: Wo Alternativen oder Optionen zu finden sind**
> - andere Bedürfnisbefriedigungen
> - andere Kommunikation
> - andere Unterstützer
> - andere Zeit
> - andere Zielgruppe
> - anderer Ort
> - anderer Weg (Vorgehensweise)
> - grundsätzlich andere Inhalte

Es geht nicht darum, eine möglichst große Anzahl von Optionen aufzubauen. Klasse vor Masse: Wichtig ist, eine bis einige wirklich passende Alternativen zu definieren.

Risikovermeidung

Die meisten Risiken auf unserem Weg sind nicht klar erkennbar. Wer denkt schon beim Kauf einer Zwei-Zimmer-Wohnung daran, wie rasch die Liebe zuschlagen kann. Aus zwei werden dann drei oder vier, und schon ist die Wohnung zu klein. Wer kann wirklich die wirtschaftliche Lage seines Arbeitgebers korrekt einschätzen? Wer kann die wirtschaftliche Zukunftsentwicklung sicher einschätzen? All das sind Faktoren, die den eigenen Weg entscheidend beeinflussen können. Deshalb ist es so wichtig, auch optional zu denken. Das bedeutet, mögliche Optionen von vornherein zu finden und mit sich selbst zu diskutieren. Seien wir uns sicher: In den meisten Fällen gibt es nicht nur Plan B. Auch Plan C, Plan D, Plan E und so fort, sind denkbar. Grundsätzlich gilt, auf riskante Optionen zu verzichten und eher übliche, wenngleich vielleicht auch etwas ausgetretene Pfade zu nutzen.

> **PRINZIP** ▶ Es ist viel seltener, mit hohem Risiko zu gewinnen als mit geringem Risiko einen guten Weg konsequent voranzugehen.

Alternativlosigkeit ist eine Lüge, ein Sachzwang auch

Tina steht für »there is no alternative«. Tina ist immer eine Lüge. Es gibt immer Alternativen im Leben. Unsere gesamte Kultur ist darauf aufgebaut, dass es einen zweiten oder auch dritten oder selbst hundertsten Weg gibt, um zu einem Ziel zu gelangen. Das sollten wir uns immer einmal wieder klarmachen.

> **PRAXIS** ▶ Sie haben immer eine Wahl.

Damit sind Sie immer frei. Worum es meistens geht ist, welchen Preis Sie zu zahlen bereit sind oder eben auch nicht.

> **PRINZIP** ▶ Es geht bezüglich einer Option meistens nicht um die Freiheit der Wahl, sondern um die Höhe des Preises, wenn wir eine Situation als alternativlos bewerten.

Das ändert nichts daran, dass Sie Ihre Aktivitäten in Bereiche lenken sollten, die Sie interessieren und mögen. Wenn Sie das tun, wonach Sie sich sehnen und was Ihnen wirklich entspricht, können Sie brillieren. Eine Möglichkeit voranzukommen ist, all die Dinge auszusortieren, die Sie nicht mögen. Damit bilden Sie eine Art von geklärter Essenz, eine Form von Sammelbecken, in dem sich all das tummelt, was zu Ihnen passt und was Ihren Wesenskern positiv bewegt. Entscheidungen, die sich langfristig als richtig herausstellen, sind solche, die bis in Ihr Zentrum positiv hineinwirken. Wenn Ihnen langsam oder auf einmal klar wird, was Sie wirklich lieben, was zutiefst Ihres ist, können Sie Ihr zukünftiges Leben anders gestalten.

Viele Menschen wissen gar nicht, wofür sie Talente besitzen. Wer noch niemals Schach gespielt hat, kann nicht überblicken, wie schwer oder leicht die Lernaufgabe ist. Wer noch niemals Laubsägearbeiten angefertigt hat, kann nicht wissen, welche verborgenen Talente auf ihre Entdeckung warten. Alternativen haben wir oftmals zahlreich.

> **PRAXIS** ▶ Wenn Sie das Gefühl haben, nur eine einzige Entscheidung sei möglich, sollten Sie zunächst nicht handeln.

Ausnahme mag sein, dass die Ampel vor Ihnen auf Rot springt. Alternativen sind mögliche Optionen. Wenn Ihnen keine in den Sinn kommen, nehmen Sie sich Zeit. Setzen Sie sich in Ruhe hin und denken nach, welche möglichen – wenngleich vielleicht auch nicht naheliegenden – Alternativen es gibt. Um dann zu fühlen, ob eine davon nicht doch besser wäre als die scheinbar alternativlose Variante. Dies gilt nicht nur für den Entschluss selbst, sondern auch für das, was daraus folgt. Pläne, die keine Änderungen ermöglichen, sollten tunlichst vermieden werden. Das ist unbedeutend, wenn wir uns eine Hose kaufen. Darum geht es nicht – sofern die eine Hose einen nicht ruiniert. Selbst etwas Teureres können wir meistens, wenngleich mit Verlusten, wieder verkaufen. Es geht vielmehr um die Entscheidungen, die eine eindeutige Festlegung darstellen.

Dazu gehören – zumindest mittelfristig – alle Festlegungen, die mit einem zu hohen Verlustrisiko behaftet sind. Menschen, die ihr gesamtes Vermögen in die Aktien eines einzigen Unternehmens stecken, könnten eines Tags arm aufwachen. Ein anderes Beispiel ist eine Abtreibung; sie ist unumkehrbar. Auch definitive Beziehungsabbrüche sind oft nicht mehr zu ändern; die Aufgabe einer Position als Beamter ist ein weiteres Beispiel. Oder ein Gesetzesbruch. Ist er geschehen, kann er nicht weggebeamt werden.

Hierher gehört auch, nicht verbissen nach einer felsenfest definierten Zukunft zu streben. Je enger die Ziele sind, die Sie sich setzen, umso mehr schränken Sie Ihre Optionen ein. Das, was gelernt werden will, ist das Spiel zwischen Ziellosigkeit und Opportunismus auf der einen Seite und Zielverbissenheit und Unerbittlichkeit auf der anderen Seite zu spielen. Das gelingt am besten, wenn Sie beide Extreme vermeiden und sich mehr Freiheit schenken. Möglichkeiten hierfür gibt es zahlreich:

Lassen Sie jede Türe offen, die offen bleiben kann.

Überlegen Sie, welche Anpassungsmöglichkeiten Ihnen bleiben, sowohl, was das Ziel selbst angeht als auch den Weg dorthin.

Streben Sie hohe Flexibilität an. Das bedeutet, auf Änderungen im Markt oder politische oder private, auch unerwartete, Entwicklungen reagieren zu können.

Ein Beispiel aus dem Finanzsektor habe ich eben kurz angesprochen: Streuen Sie Ihre Anlagen und vermeiden Sie ein Klumpenrisiko. Das bedeutet, setzen Sie nicht alles auf eine Karte. Gewiss kann es sein, dass Gold in Zukunft doch wieder die einzige Währung sein wird und seinen Wert (also das, was andere dafür zu bezahlen bereit sind) vervielfacht. Es kann auch sein, dass die Aktien von dem noch unbekannten Unternehmen, das ein Antibiotikum auf den Markt bringt, welches alle bislang unbeherrschbaren Keime tötet, in ungeahnte Höhen schießt. Es kann sogar sein, dass der Staat uns alle enteignet, damit er selbst an Geld kommt. Immerhin handelt es sich bei ihm um die gierigste Instanz der Menschheitsgeschichte (in Bergner 2016). Oder dass Sie Präsident der USA werden, obwohl Sie als Filmstar begonnen haben. Sie können als Verkehrsminister auch Milliarden Euro versenken und bleiben im Amt. Unvorstellbar vieles ist möglich. Pech, wenn Sie doch kein Präsident werden. Oder das Antibiotikum beim allerletzten Test vor Markteinführung unakzeptable Nebenwirkungen hat. Oder Gold vom Staat konfisziert wird und dessen Besitz strafbar wird. Das ist alles schon geschehen. Je flexibler Sie Ihr Geld anlegen, auf je mehr Schultern Sie es verteilen, umso geringer ist Ihr eigenes Risiko.

Nun gibt es genug Bereiche, in denen eine extreme Flexibilität nicht möglich ist. Das betrifft meistens emotionale Inhalte. Wer eine Familie gründen will, kann dafür nicht mehrere Partner gleichzeitig und noch nicht einmal rasch hintereinander einspannen.

> **PRINZIP** ▶ Was im Materiellen gilt, gilt noch lange nicht im Emotionalen.

Da jede Entscheidung auch emotionale Anteile hat oder haben kann, ist es manchmal ziemlich kompliziert im Leben. Das wissen Sie längst.

Eine Spielform von Alternativlosigkeit ist der sogenannte Sachzwang. Es ist eine Lüge, dass eine Sache uns überhaupt zu irgendetwas zwingen könne. Zwang kann der Staat über seine Exekutive ausüben, Zwang kann ein körperlich überlegener Mensch ausüben, aber eine Sache? Auch ein Sachverhalt kann nicht zwingen.

> **PRAXIS** ▶ Werden Sie immer besonders wachsam, wenn jemand von Alternativlosigkeit oder Sachzwängen spricht. Vermutlich sind es Lügen.

Dilemma

》*Doro bekam von ihrer Firma den Auftrag, ein Vierteljahr nach Oregon zu gehen, um dort in einer kritischen Phase bei der Planung einer neuen Software mitzuhelfen. Sie wollte in dieser Zeit eine kleine Wohnung mieten, um nicht die ganze Zeit im Hotel leben zu müssen. Schließlich gab es zwei Objekte ihrer Vorfreude. Das eine war ein schönes Apartment in einer Wohnanlage direkt neben einem Golfplatz – und Doro spielte gerne Golf. Das andere eine kleine, schlichte Hütte direkt an einem See. Beide Objekte gefielen ihr sofort richtig gut. Welches sollte sie nur mieten?*

Meistens wird unter einem Dilemma eine Situation verstanden, in der uns zwei Ziele oder Lösungen möglich erscheinen und keines von beiden ausreichend attraktiv ist, dass es das andere aussticht. Es ist wie die Wahl zwischen Pest und Cholera. In der Realität gibt es jedoch durchaus Dilemmata, bei denen beide Lösungen attraktiv sind. Genauso ging es Doro. Schließlich fragte sie sich, was ihr am wichtigsten war, und kam deshalb zur Lösung. Sie wählte die kleine Hütte. Golf zu spielen würde ihr ohnehin aufgrund der zu erwartenden Arbeitszeit nur ab und zu möglich sein. Ihr Traum war seit Jahren, an einem See zu wohnen. Die Lösung des Dilemmas bestand also darin, sich die Frage zu beantworten, welche Eigenschaft die für sie wichtigste oder verlockendste war.

Die Krux bei der Entscheidung liegt darin, eine von zwei Möglichkeiten komplett auszuschließen, wenn wir die andere wählen. Wer im Lokal Pommes bestellt, hat damit automatisch die Bratkartoffeln abbestellt. Diese banale Situation weist uns auf einen oft gut funktionierenden Ansatz zur Lösung eines Dilemmas hin. Wir können uns auch für beides entscheiden, für Pommes und Bratkartoffeln. Ob das gesund ist, steht auf einem anderen Blatt. Um noch einmal auf Doro zurückzukommen: Sie hätte auch zunächst das eine, dann das andere Objekt mieten können.

Ein Dilemma gaukelt uns quasi vor, wir müssten auf das eine verzichten, wenn wir das andere wählen. Das gehört hinterfragt. Um bei der Sättigungsbeilage zu bleiben: Eine vierte Variante ist, weder Pommes noch Bratkartoffeln zu wählen und stattdessen Reis, Nudeln oder Salat. Abstrakt: Wir können aus einem Dilemma immer ein Tetralemma machen. Damit erhalten wir vier Lösungen: das eine, das andere, beides oder keines von beiden. Auf diese Weise gibt es eine Erweiterung unseres Horizonts; und an dem taucht dann gerne eine passende Lösung auf.

Vertiefungen

Mehrere Optionen einschränken

Wenn wir uns zwischen drei oder mehr Optionen entscheiden sollen, können wir so vorgehen wie in vielen Castingshows: Nehmen wir an, es gäbe drei Optionen A, B und C. Dann müssen wir eine Vorauswahl treffen. Wenn wir uns ständig mit drei Kandidaten herumschlagen müssten, kämen wir nicht weiter. Wir nehmen uns einen der drei beliebig heraus, zum Beispiel A. Den vergleichen wir nun mit B. Ist A besser, kommt A weiter. Ist A schlechter, kommt B weiter. Wer weiterkommt, wird nun mit C verglichen. Der Sieger aus diesem zweiten Vergleich wird gewählt. Die grundsätzliche Wahl zwischen ja (will ich, ist besser, passt) oder nein (will ich nicht, ist schlechter, passt nicht) ist auf gleiche Weise für mehr als drei Optionen möglich.

12 Fragen, die Optionen eröffnen

Die nun folgenden Fragen bauen aufeinander auf. Wenn Sie nicht wissen, was Sie wollen, nutzen Sie diese und beantworten Sie eine nach der anderen. Wenn Sie die erste Frage verneinen, können Sie sich die anderen Antworten sparen.

Zeitpunkt der Entscheidung

KLÄRUNG ▶ 1. Muss ich jetzt eine Entscheidung treffen oder nicht?

Informationsstand

KLÄRUNG ▶ 2. Welche Informationen brauche ich noch, um mich entscheiden zu können?

Inhalte

KLÄRUNG ▶ 3. Kann ich alles auch eine Nummer kleiner – oder größer – angehen?

4. Sollte ich noch etwas anderes zusätzlich tun?

Vorgehen und Zeit

KLÄRUNG ▶ 5. Kann ich die Dauer meines Vorhabens beeinflussen – und weshalb sollte ich das tun?
6. Kann ich eine Pause einlegen? Gelingt es mir danach, wieder einzusteigen?

Flexibilität

KLÄRUNG ▶ 7. Welche Anpassungen / Veränderungen an meine Pläne wären möglich oder nötig?
8. Kann ich einzelne Inhalte vermeiden oder neue hinzufügen?
9. Habe ich die Möglichkeit, wieder auszusteigen? Wenn mich das etwas kostet: Wäre ich bereit, diesen Preis zu zahlen?
10. Habe ich bedacht, was in realistischem Maßstab geschehen könnte und meinen Weg und mein Ziel beeinflussen könnte? Ziehe ich daraus Konsequenzen?
11. Kostet es mich etwas (Geld, Zeit, Emotionen, Einfluss, Freiheit), um Alternativen offen zu halten? Will ich das bezahlen?
12. Habe ich persönliche Überprüfungsmomente festgelegt, an denen ich selbstkritisch bewerte, ob meine heutigen Ideen und Entscheidungen noch richtig sind?

49 Den inneren Kompass finden: Die aufgeschobene intuitive Entscheidung

Junge Menschen können keine weisen Entscheidungen treffen. Erst Jahrzehnte von erwachsener Lebenserfahrung ermöglichen Weisheit. Einem selbst erschließt sich diese nicht unbedingt. Zumindest können wir nicht in jeder Situation darauf bauen. Wer sich auf Weisheit weniger verlässt und lieber eine praktisch umsetzbare Chance nutzen will, sollte sich bei komplexen Entscheidungen auf ganz wenige, wichtige Merkmale oder Inhalte konzentrieren.

KLÄRUNG ▶ Was ist absolut wichtig für mich?
Was berührt mich am meisten?

Wer zum Kiosk geht, um sich eine Zeitschrift zu kaufen, hat keine komplexen Inhalte abzuwickeln. Wer jedoch mit seinen drei Geschwistern und der Mutter gemeinsam besprechen muss, wie mit dem pflegebedürftigen, dementen Vater weiter umgegangen werden sollte, erlebt meistens einen großen Diskussionsbedarf. Komplexe Entscheidungen stehen an, wenn wir uns zuvor mit anderen abstimmen müssen. Sie sind auch erforderlich, wenn uns unklar ist, ob das angestrebte Ziel wirklich passt oder erreichbar ist. Wer einen Arbeitsplatzwechsel vor sich hat, für den ist die Entscheidungsfindung oft komplex. Für einen solchen Fall betrachten wir, was dabei in uns geschieht:

Es gibt tatsächlich einzelne Nervenzellen, sogenannte Neurone, welche darauf spezialisiert sind, Belohnungen zu erkennen, und andere, welche Enttäuschungen wahrnehmen. Es gibt sogar Nervenzellen, welche die Erwartung einer Belohnung messen. Sie wirken zusammen und registrieren insgesamt die Stärke der Belohnung oder der Enttäuschung. Weil sie sich das merken, beeinflussen sie unser zukünftiges Verhalten wieder und wieder. Alles Folgende wird ununterbrochen gemessen und eingeschätzt, wohlgemerkt auf der Ebene der Nervenzellen (Roth 2012):

Bin ich von einem Aspekt überrascht?
Es wird gemessen, ob ein Verlust eingetreten ist, der vorher nicht eingeschätzt werden konnte.

Bin ich enttäuscht?
Es wird akribisch untersucht, ob das Gefühl oder der Schmerz eines Verlustes eingetreten ist. Habe ich dies mit einkalkuliert?

Kann ich es mit einer Belohnung verknüpfen, die ich früher erhalten habe? In welchem Zusammenhang steht das also?
Bestimmte Bereiche unseres Gehirns organisieren unser Langzeitgedächtnis. Sie untersuchen stetig, wann etwas Erwünschtes geschieht und wann wir es nicht erreichen.

Gibt es ein Risiko bei dem, was ich vorhabe?
Was muss ich tun, um meine Ziele zu erreichen?
Dies wird im sogenannten Arbeitsgedächtnis gespeichert.

Was wäre nötig, um das Problem rational zu lösen und zu entscheiden?
Endlich kommt sie also, die Ratio, unser Verstand. Allerdings als einer der wenigen bewussten Einflussparameter überhaupt.

Ist alles, was ich vorhabe, anderen vermittelbar?
Wir klären immer auch ab, wie andere auf unser Verhalten vermutlich reagieren werden. Dabei werden nicht nur soziale, zwischenmenschliche Inhalte abgewogen. Wir kontrollieren während unseres Verhaltens ständig, wie andere Menschen konkret darauf reagieren. Dies geschieht mithilfe der sogenannten Empathieneurone. Sie wurden früher als Spiegelneurone bezeichnet.

In der Tat ist es das limbische System in uns, welches sich innerlich auf ein Ziel einigt. Dabei klärt es die beschriebene Vielzahl von Faktoren ab, ohne dass wir dies mitbekommen. Erst spät, wenn sich unser Unbewusstes bereits auf ein Ziel geeinigt hat und konzentriert, werden unsere bewussten Bereiche darüber informiert. Erst dann können wir auf das Ziel einwirken, durchaus auch, indem wir Nein sagen. Damit lehnen wir den Lösungsvorschlag unseres Unbewussten ab. Die Freiheit bleibt uns erhalten.

Für eine komplexe Situation sollten Sie deshalb Ihr Unterbewusstsein engagieren. Damit ist die Strategie der *aufgeschobenen intuitiven Entscheidung* möglich (nach Dijkstermus et al. in Roth 2019). Diese hat fünf Stufen:

1. *Recherchieren.* Das bedeutet, die notwendige Anzahl von Informationen zu sammeln. Das bedeutet auch, irgendwann mit dem Sammeln von Informationen aufzuhören.
2. *Andenken.* Sich einen möglichst freien, inneren Spielraum lassen und dabei das eine oder andere bedenken. Hierzu gehört auch, relativ bald aufzuhören, darüber nachzudenken.

3. *Weggehen.* Dazu kann gehören, den Raum oder die Gegend zu verlassen. Dazu gehört immer, das Thema wirklich loszulassen.
4. *Zeit geben.* Bei komplexen Entscheidungen, so Sie diese nicht unter Zeitdruck treffen müssen, sollten Sie immer wenigstens eine Nacht darüber schlafen. Es kann auch sein, dass eine Nacht nicht genügt. Es gibt durchaus Entscheidungen, die Sie erst nach ein oder zwei Jahren korrekt treffen können. Ein Beispiel mag die Trennung von einem Partner sein. Ein anderes, ob Sie an einen anderen Ort ziehen.
5. *Entscheiden.* Mit ein wenig Glück kommt es tatsächlich zu dem bewussten Moment. Sie hören Ihre innere Stimme. Also nicht irgendwelche inneren Stimmen, die Sie warnen oder die immer dieselben Sätze wiederholen. Nun fühlen Sie, was richtig ist. Wenn das Gefühl stark wirkt, sind Ihre Zweifel verschwunden.
6. Sobald Ihre Zweifel sich aufgelöst haben wie Eis in der Sonne, wird Ihnen Ihr Weg möglich.

Versuchen Sie immer Zeitdruck zu vermeiden. Genauso führt Stress zu einer starken Verfälschung unserer Wahlmöglichkeiten. Ganz allgemein gilt, je routinierter Sie eine Entscheidung fällen, umso besser wird sie.

PRAXIS ▶ Wenn es die Umstände erlauben, schaffen Sie sich nicht immer neue Inhalte und neue Probleme an.

XII. Der Grund jeder Entscheidung

50 Der gesunde Menschenverstand

Die vermutlich subjektivste Instanz in uns ist unser Gehirn. Dieser Instanz ist es unmöglich, objektive Einschätzungen zu treffen. In unserer nach materiellem Gewinn ausgerichteten Welt wird uns jedoch seit langem gepredigt, wesentliche Entscheidungen sollten wir mit unserem Kopf treffen. Damit ist gemeint, so objektiv wie möglich vorzugehen. Darunter wird dann verstanden, alles aufgrund von wirtschaftlichen Aspekten zu beurteilen. Ein hehres Ziel, wenngleich aussichtslos. Allein schon deshalb, weil in unserem Kopf prinzipiell zwei Regionen Hand in Hand arbeiten: Unsere Gefühlsebene und unsere Verstandesebene. Wenn die Verbindungen zwischen den zweien durch was auch immer gestört sind, werden die betroffenen Menschen entweder unfähig, überhaupt eine Entscheidung zu treffen. Oder sie werden zu eiskalt erscheinenden Wesen, die eher einem Alien als einem Menschen gleichen. Es ist essenziell bedeutsam, dass beide Ebenen miteinander kooperieren. Dennoch gibt es Momente, in denen wir fast ausschließlich »aus dem Bauch heraus« entscheiden. Dann dominiert die Gefühlsebene über die möglicherweise auch sinnvoll einzusetzende Verstandesebene. Wer mit Übergewicht nachts an den Kühlschrank geht, um eine Fressattacke zu starten, lässt seinen Bauch entscheiden. Dominiert hingegen »der Kopf«, dann müssen wir nicht selten gegen unseren Bauch entscheiden. In diesen Fällen hilft uns unser Wille. Es gibt noch zwei weitere Entscheidungsebenen in uns – das Bewusste und das Unbewusste, beziehungsweise das Vorbewusste. Bewusst sind uns alle Inhalte, die wir von uns aus ins Bewusstsein holen können. Das Letzte, was Menschen mit Demenz meistens vergessen, ist ihr eigener Geburtstag. Solange Sie also den noch wissen, beweisen Sie etwas Bewusstsein. Was uns unbewusst ist, sind sowohl Verstandes- als auch Gefühlserinnerungen. Unbewusst bedeutet, wir können auf diese Inhalte nicht aktiv oder gewollt zugreifen. Und zwar in keiner Weise. Nichts gibt es, was diese

Inhalte befreit aus dem Dunkel des Unbewussten. Auch wenn sie uns durch eine schriftliche Aufzeichnung, durch ein Gespräch oder eine Ton- oder Videoaufzeichnung vorgeführt werden – wir erinnern uns nicht daran. Dennoch wirken diese Inhalte. Sie wirken vermutlich oft stärker als das Bewusste. Das ist logisch, denn nur das, was wir kennen, können wir auch aktiv formen oder beeinflussen. Alles, was sich in einer Art Zwischenraum befindet, ist nicht gänzlich bewusst und auch nicht strikt unbewusst. Es kann mehr oder minder schwer ins Bewusstsein gelangen. Das ist unser Vorbewusstes. Unsere Intuition hilft uns daranzukommen. Durch Signale, die entweder aus dem Unbewussten oder Vorbewussten stammen, geben wir uns selbst Hinweise für die richtige Entscheidung. Intuition ist dabei meistens zart, leise, nur »so ein Gefühl«, das wir überaus ernst nehmen sollten. Es spricht hierbei unsere geballte Lebenserfahrung. Sie ist unsere Freundin, die unbezahlbar ist und die kein noch so teuer bezahlter Ratgeber ersetzen kann. Der Intuition dürfen wir jedoch nicht bei mathematischen, also in der Regel finanziellen, Entscheidungen vertrauen. Dafür ist sie nicht gemacht. Ob die neu zu bauende Garage den Mindestabstand zum Nachbargrundstück einhält, ist keine intuitive Frage, sondern die Entscheidung des Zollstocks oder Lasermessgeräts.

Es gibt etwas Wunderbares, dem Menschen Mögliches: unsere Vernunft (nicht unser Verstand, also das schlichte Denken). Sie ist unter anderem dann gefragt, wenn wir Urteile unter Zeitdruck fällen müssen. Dann entfallen Möglichkeiten wie Besprechungen mit anderen oder sich weitere Informationen zu beschaffen. Oftmals gibt es auch keine ausreichende Möglichkeit, mehr Wissen zu erhalten. Oder das, was wir erfahren, ist widersprüchlich oder einfach zu viel. Wir können es dann nicht mehr erfassen. Das alles sind Fälle, in denen wir auf unsere Erfahrung zurückgreifen müssen. Es sind Situationen, in denen unsere Intuition gefragt ist. Sie ist ein Teil unserer Vernunft, gemeinsam mit bewussten Lebenserfahrungen, Wissen und mit unserer Mitmenschlichkeit (Abbildung 7).

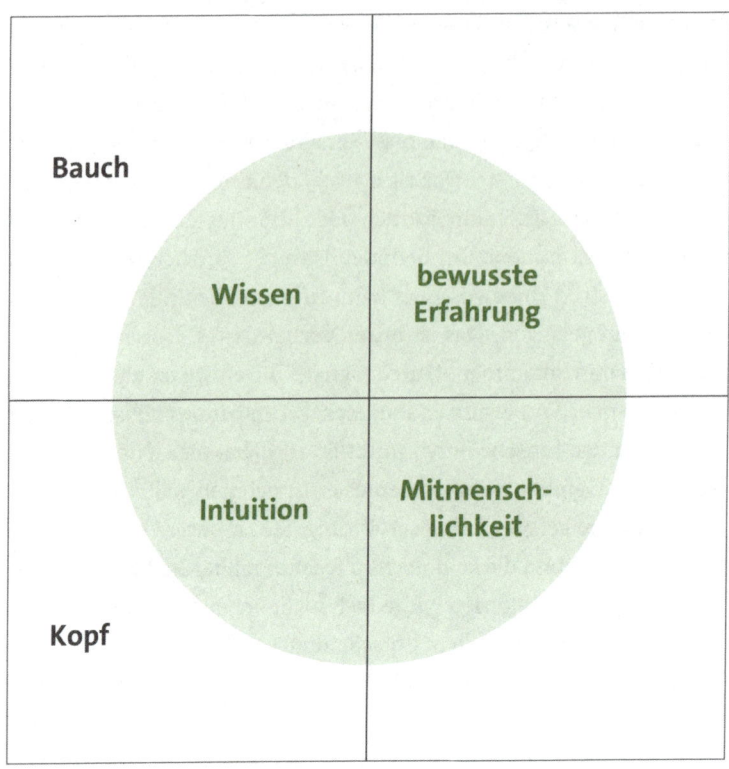

Abbildung 7: Die vier Hauptelemente der Vernunft

Allein zu erkennen, dass uns Informationen fehlen, kann sehr schwierig sein. Und dann kann auch noch die Unterscheidung schwerfallen zwischen einem Informationsmangel und der Angst, etwas zu entscheiden. Es kann auch Angst auslösen, in die Verantwortung genommen zu werden – und sei es von uns selbst. Denn manche sind sich selbst die schärfsten Richter.

PRINZIP ▶ Wer alles bedenken will, kann niemals handeln!

Entscheidungen treffen wir in der Regel nicht (!) nach rationalen Kriterien. Denn Menschen haben eine überaus begrenzte Rationalität. Nur einige Beispiele, was uns dabei einschränkt (Kasten 9):

> **Kasten 9: Einschränkende Faktoren für unsere Rationalität**
> - die Beeinflussung durch andere
> - die mangelhafte Fähigkeit, richtige Prognosen abzugeben
> - die Persönlichkeit
> - die Verfügbarkeit von Informationen
> - unser Gesundheitszustand
> - unsere Vorgeschichte

Wesentliche Urteile fällt man nicht mit Hilfe von Büchern, auch nicht mit diesem hier, sondern mit dem gesunden Menschenverstand, also der Vernunft. Dass diese wirkt, können Sie tendenziell daran ablesen, ob Sie sich Ihrer Entscheidung sicher sind ohne großes Grübeln. Das gilt dann, wenn Verblender nicht zeitgleich wirken. Als solche bezeichne ich Gier, Hass, Rache, Neid, Missgunst, Angst und alle Lügen. Diese können den gesunden Menschenverstand außer Kraft setzen. Vernunft braucht eine gewisse ausgeglichene Grundstimmung. Ansonsten sollten wir uns zur Beantwortung weniger Fragen zwingen.

KLÄRUNG ▶ Welche Konsequenzen kann mein Handeln haben? Komme ich damit zurecht?

Letztlich hilft uns unsere begrenzte Irrationalität. Diese gibt uns gerade bei komplexen Situationen wesentliche Hinweise, wenn wir gelernt haben, sie auch wahrzunehmen. In einfacheren Situationen und für leichtere Entscheidungen sollten wir jedoch unsere Rationalität nutzen, eben das, was davon verfügbar ist. Grundsätzlich kann diese unsere unbewussten Impulse im Zaum halten. Wenn wir ein Verhalten verändern wollen, müssen wir unsere bewussten Ziele einhalten und zugleich die unbewussten Inhalte in beschränktem Maß mithelfen lassen.

PRINZIP ▶ Die Konkordanz zwischen unseren unbewussten und bewussten Impulsen und Zielen bringt die wahre Stärke.

Es ist wohl das Wichtigste für unser seelisches Gleichgewicht, wenn beide Einheiten in eine Richtung wirken. Wenn wir rational etwas wollen, was unser Unbewusstes überhaupt nicht will, werden wir größte Schwierigkeiten bei diesem Weg spüren. Vermutlich werden wir scheitern. Umgekehrt mag es etwas leichter sein, dennoch wird der innere Widerspruch uns viel Energie kosten, unseren Willenseinsatz.

> **PRINZIP** ▶ Es gibt keine rein rationalen Entscheidungen.

Dafür müssten wir die für unser Leben und Überleben notwendigen Gehirnareale ausschalten können. Das ginge nur durch unseren Tod. Immer werden also Gefühlsinhalte unseren Weg begleiten. Wir können sogar vollkommen unbewusst handeln. Ein Beispiel ist eine Notsituation wie ein drohender Autounfall, in der wir vollkommen automatisch so schnell wie möglich auf die Bremse treten. Besonders wirksam ist das Unbewusste bei stark negativen und stark positiven Inhalten. Wenn wir also vor etwas besonders viel Angst haben oder etwas uns besonders gut gefällt, spielt unser Unbewusstes eine wesentliche Rolle. Ansonsten hat es gar nicht so viel Macht, wie manche meinen mögen. Das Bewusstsein ist der zentrale Ort, von dem aus klar wird, was wir tun müssen und wie wir dies bewusst empfinden, also werten. Es ist ein riesiges Netzwerk in uns, welches sehr präzise und zugleich flexibel handelt. Dieses Netzwerk ist eine Form von wundervoller Verbindung zwischen Bauch und Kopf – unsere Vernunft. Sie ist nicht der sogenannte Kopf. Der ist analytisch, klar, kalt, berechnend, unempathisch. Eine Form von berechnendem, kaltem Wesen in uns. Die Vernunft hingegen lebt zwischen unserem Verstand und unserer Gefühlswelt. Sie nimmt im besten Fall aus beiden Welten das Beste. Sie ist die menschlichste, eine wundervolle Instanz zur Entscheidung.

Vernunft bedeutet eine individuell passende Balance zwischen Kopf und Bauch. Mit ihr fließen menschliche Aspekte in unsere Beurteilungen ein. Vernunft ahnt zumindest, welche Konsequenzen zu erwarten sind. Sie hat auch die Fähigkeit, mittelfristig etwas zu vermuten und sogar eine lange Sicht zu eröffnen. Damit beachtet sie die Wirkung der

Zeit und die der Mitmenschlichkeit. Sie orientiert sich zeitlich nach vorn und inhaltlich ins Licht.

51 Was will ich eigentlich?

Haben Sie ein ehrliches Interesse an sich selbst? Vermutlich werden sich manche über eine solche Frage wundern. Dennoch ist die Frage bewusst aufgeworfen. Manchen Menschen sind Dinge außerhalb von sich selbst wie ihre Autos, ihre Partner, ihre Reisen, ihr Kontostand, ihre Arbeit wichtiger, als sie sich selbst sind.

»Ich weiß nicht, was ich will. Ich wusste noch nie, was ich wollte. Mir war noch nie klar, was zu mir passt« – kommen Ihnen manchmal ähnliche Gedanken? Das kann ein Hinweis auf eindrückliche Erfahrungen in Ihrer frühen Kindheit sein. Jeder Mensch hat Interessen und jeder Mensch kann etwas finden, für das er brennt, für das er eine Leidenschaft entwickeln kann. Wer nur abhängt, dem wurde offenbar schon sehr früh jedes Interesse ausgetrieben. Wer so gar nichts findet, das zu ihr oder ihm passt, möge mit professioneller Hilfe einen erkenntnisreichen Blick zurückwerfen.

Gerade Kinder, auch sehr junge Kinder, können sich begeistern. Wenn sie auf welche Weise auch immer gehindert werden, zu sich selbst zu finden oder sich zu äußern, beginnen sie alles zu verstecken, was sie persönlich ausmacht. Wer früher nicht ernst genommen worden ist, hat als Erwachsener Probleme, sich selbst und seine Wünsche ernst zu nehmen. Nach meiner Erfahrung gibt es einen Indikator dafür, das ist das Verhalten, wenn wir Musik hören. Musik ist eine universale Sprache, die jeder Mensch versteht. Wer in einem Konzert sitzt und Musik seines Geschmacks hört und dabei scheinbar völlig unbewegt der Musik folgt, wer sitzen bleibt, wenn viele andere begeistert aufspringen, bremst sich selbst ab. Er hat gelernt, seine eigenen Gefühle zu unterdrücken und nicht zuzulassen. Die Begründungen lauten dann immer in etwa: »Ich bin nicht so spontan« oder »Ich genieße das halt für mich oder still«. Diese Menschen kennen aus ihrer eigenen Kindheit Sätze wie: »Nun sei schon still. Wenn Erwachsene sich unterhalten, hältst du den Mund.« Wer sich aus der eigenen Kindheit erinnert, wieder und wieder ausgebremst worden zu sein, wer etwas sagen wollte, seine Gefühle äußern wollte und nicht durfte, der bremst sich schließlich selbst ab, alleine schon, um nicht dauernd von außen bestimmt zu werden. Er verinnerlicht quasi das, was die Eltern vorgemacht haben, und hält sich auch sein Leben lang daran. Dabei wären sein tatsächlicher Antrieb und Ausdruck andere. Je länger jemand ein Verhalten zeigt, das ursprünglich nicht seines war, umso eher glaubt er, es würde ihm entsprechen.

Wer sich scheinbar für nichts interessiert, schützt sich meistens damit vor möglichen Reaktionen anderer, die ihn verletzen könnten.

Ähnlich wirkt Kritik, die zu häufig geäußert wird. Wer wiederkehrend damit konfrontiert wird, etwas falsch zu machen, kann nur schwerlich Selbstvertrauen aufbauen. Genauso ist es, wenn vermittelt wird, nur bei guten Leistungen etwas wert zu sein oder geliebt zu werden. Diesen Menschen fehlt später als Erwachsenen der Mut, ihre eigenen Wünsche durchzusetzen. Sie lassen sich nicht auf das Leben ein, weil sie scheinbar sowieso nichts richtig machen können. Wer stets mit sich, mit seiner Situation oder seinen Leistungen ringt, hat meistens die dummen Ansichten und Äußerungen seiner Eltern übernommen. Wer diesen auch als Erwachsener blind folgt, versucht damit Liebe zu bekommen, die schmerzlich vermisst wurde. Vergeblich. Er hat sie sich selbst zu schenken.

Oft wissen wir zunächst nicht, was wir wollen. Wer kennt das nicht? Es ist spät am Abend, besser wäre es, nichts mehr zu essen. Der Hunger treibt uns in Richtung Küche. Wir spüren nur, etwas muss noch sein. Wir wissen nicht, was wir wollen. Vielleicht können wir noch entscheiden, ob es eher etwas Süßes oder eher etwas Deftiges sein soll. Dann öffnen wir den Kühlschrank, noch immer nicht wissend, was Teil von uns werden soll. Die Auswahl zwischen einem Fertigpudding, den Resten des vorgestrigen Mittagessens und einer Karotte, welche ihre beste Zeit hinter sich hat, lässt uns entscheiden. Der Pudding muss weg. Besser wir als jemand anderes muss sich so etwas reinquälen. Wenn wir nicht wissen, was wir wollen, entscheiden wir uns oft spontan. Bei einem Snack ist das ziemlich gleichgültig. Bei einer zentralen Fragestellung hingegen nicht. Wenn uns unsere Wünsche unklar sind, können trotzdem ausschließlich wir selbst die Klärung erreichen. Solange Sie noch niemals Mango gegessen haben, wissen Sie nicht, wie eine Mango schmeckt. Damit wissen Sie auch nicht, ob sie Ihnen schmecken wird. Die Lösung ist einfach: keine Vermutungen anstellen, Mango probieren. Etwas zu versuchen ist viel wirksamer, als in Vermutungen steckenzubleiben.

> **PRINZIP** ▶ Oft wissen wir, was wir wollen, *weil* wir es versucht oder probiert haben.

In der Beratung höre ich immer wieder den Satz: »Aber ich will das wirklich.« Trotzdem hat dann der Klient bislang niemals das Ziel wahrhaftig in Angriff genommen. Wenn Sie etwas wirklich wollen und nichts tun, um dorthin zu gelangen, missachten Sie sich selbst. Diese Missachtung produziert negativ empfundene Energien, es ist quasi ein Kampf zwischen Ihrem Willen und Ihrer Hemmnis. Sie leben dann in einem Dilemma. Sie weichen vor etwas zurück oder gehen nicht dorthin, wo Sie gerne sein möchten. Vertane Zeit.

Probleme bei der Entscheidungsfindung und bei der Erreichung von Zielen sind in folgenden Konstellationen wahrscheinlich (nach Dörner in Roth 2019):

1. Wir haben eine Situation überhaupt nicht verstanden.
2. Die Situation überfordert uns.
3. Es gibt fördernde und hemmende Faktoren, welche den Weg zum Ziel oder das Ziel selbst beeinflussen und die wir nicht beachtet haben.
4. Wir haben eine fixe Vorstellung von der Lösung / Entscheidung, die sich durch nichts und niemanden beeinflussen lässt.
5. Wir geben zu rasch auf, das Durchhaltevermögen ist zu gering.
6. Wir ergreifen auf unserem Weg zu einem Ziel zu radikale Maßnahmen.

> **Vertiefung**
>
> Stellen Sie sich ein Ziel vor, das Sie in Ihrem Leben nicht erreicht haben. Gehen Sie nun hin zu der Zeit, als Sie die Weichen hierfür stellen konnten. Welches der eben aufgeführten sechs Probleme hat Sie damals behindert? Existiert es noch? Wenn nicht, ist es gut. Wenn doch, wie können Sie heute damit umgehen, um besser voranzukommen?

52 Sich dem Ziel wahrhaftig nähern

Wer etwas grundlegend ändern möchte, kommt nicht umhin, sich den eigenen Taktiken zu stellen, die wir alle uns im Lauf des Lebens angewöhnt haben. Manche von ihnen werden eher hinderlich sein, andere unterstützen unseren Weg.

Wir träumen uns die Welt, wie sie uns gefällt

Bei den letzten Landtagswahlen hat der sogenannte Wahlgewinner sieben Prozentpunkte Stimmenanteil verloren. Dennoch stellte er sich als brillanter Sieger dar. Die Partei mit den zweitmeisten Stimmen hat weniger als 20 Prozent erreicht. Vollmundig bezeichnet sie sich weiterhin als Volkspartei. Das sind typische Beispiele für gezielte Fehlinterpretationen. Etwas wird so lange verdreht, bis es einem passt. Das Phänomen wird Bestätigungsfehler genannt. Anders ausgedrückt: Kaum etwas ist so fest wie eine eigene Meinung. Es werden nur noch passende Argumente gesucht, gefunden und genutzt. Alle anderen werden scheinbar übersehen, missachtet und als falsch abgewertet. Eine Falle, in die wir selbst nicht tappen sollten.

Deshalb sind die Antworten auf folgende Fragen wichtig:

> **KLÄRUNG** ▶ Welche Gegenargumente widersprechen meiner Auffassung?
> Was ist, wenn diese richtig sind?

Manche haben schon immer gewusst, welchen Beruf sie ergreifen wollten – zumindest glauben sie das. Damit geben sie ihrer Entscheidung die Duftnote von »Bestimmung« oder »Unabdingbarkeit«. Wer dann argumentiert, bereits mit sechs Jahren gefühlt zu haben, dass er Geigenbauer werden wollte, erinnert sich vermutlich falsch. In diesem Alter können Menschen weder den tatsächlichen Inhalt eines Berufs erfassen, noch nehmen sie differenziert Intuitionen wahr. Viel wahrscheinlicher ist, dass man mit einem Beruf etwas verbunden hat, das einen nicht mehr losließ. Es ist ebenso möglich, dass man einfach Glück gehabt hat. Dann hielt der erträumte Beruf der Wirklichkeit stand. Das Phänomen ist bekannt.

PRINZIP ▶ Uns gefällt, für was wir uns entschieden haben. Zumindest oft.

Und noch etwas gegen Träumerei. In der Tat wissen Sie noch nicht einmal, wenn Sie diesen Satz lesen, ob Sie ihn fertiglesen können oder ob vorher etwas Markantes geschieht. Die Frage für solche inneren Überzeugungen, etwas genau zu wissen, lautet:

KLÄRUNG ▶ Kann ich das tatsächlich planen oder wissen?

Merkwürdige Abwägungen

Es gibt nicht wenige Menschen, die fühlen sich schuldig allein deshalb, weil sie geboren sind. Sie agieren ununterbrochen aus dieser Schuld heraus. Das erschwert, kreativ zu werden, und es verhindert, wirklich aktiv das Eigene zu tun. Wenn Sie in einer Krise stecken und irgendwie nicht herauskommen, wenn Ihnen Entscheidungen schwerfallen, versuchen Sie Ihre Antworten zu finden:

KLÄRUNG ▶ Geht es vermeintlich um eine Schuld?

Ähnlich wirkt es sich aus, wenn wir uns nicht ehrlich äußern, weil wir eine Zurückweisung befürchten. Wenn wir die Zurückweisung als schlimmer einschätzen als die eigenen Bedürfnisse unerfüllt zu lassen, bleiben wir inaktiv.

> **KLÄRUNG** ▶ Versuche ich Anerkennung oder Liebe zu erhalten? Wofür tue ich etwas wahrhaftig?

Bei ehrlicher Beantwortung dieser Fragen kann Erstaunliches zutage treten. Ziele und Motivationen müssen auf den ersten Blick nicht zwangsweise miteinander zu tun haben.

> **PRINZIP** ▶ Von einem Ziel lässt sich nicht sicher auf die zugrundeliegende Motivation schließen.

Manchmal erscheint uns die Lösung eines Problems schlimmer oder unangenehmer, als das Problem beizubehalten oder zurückzubekommen.

> **KLÄRUNG** ▶ Komme ich mit meinen Wünschen vom Regen in die Traufe?

Dann könnten Sie erwägen, zunächst eher im Regen stehen zu bleiben, bis sich die Wolken am Horizont Ihrer Optionen lichten.

Zurechtspinnen statt wissen

Früher war Bleigießen an Silvester beliebt. Über einer Kerzenflamme geschmolzenes Blei wurde in eine mit Wasser gefüllte Schüssel gegossen. Dadurch erstarrte es sofort zu bizarren Formen. Aus diesen wollten die Menschen dann ablesen, was ihnen im nächsten Jahr blühte. Ich sah meistens nur zufällige, sinnfreie Formen, mit denen ich nichts anfangen konnte. Andere sahen im verklumpten, schockerstarrten Blei neue Chancen, fremde Partner, Reichtum, was auch immer. Der pure Glaube. Der ist jedoch – abseits aller religiösen Formen von Glauben – unbedingt wichtig für uns. Die meisten wollen keine Zufälle ertragen, denn die zeigen die eigene Machtlosigkeit. So wird auf Teufel komm raus hineininterpretiert. Das, was dabei gesagt wird, zeigt viel mehr über den Aussprechenden als über den Inhalt. Das Blei ist tatsächlich uninteressant; interessant ist, was darin gesehen und darüber geäußert wird.

Die Antwort auf folgende Frage hilft Ihnen, wie Sie sich besser auf die Schliche kommen; Sie kennen sie bereits in ähnlicher Weise:

> **KLÄRUNG** ▶ Was spricht gegen meine Annahme oder gegen meine Entscheidung?

Letztlich geht es in vielen Fällen um eine mögliche, wahrscheinliche, einleuchtende Vermutung oder Hoffnung und nicht um die Wahrheit.

53 Der Herde folgen?

Vielleicht nervt auch Sie die Werbung für eine bestimmte Matratze. Das Hauptargument für ihren Kauf lautet, es sei die meistverkaufte Matratze in Deutschland. Wenn viele Menschen etwas kaufen, muss es noch lange kein gutes Produkt sein, kann aber. Grundsätzlich ist das Kriterium »meistverkauft« keines, welches irgendetwas über die Qualität des Produktes aussagt. Es gibt auch genügend Menschen, die unter tierverachtenden Umständen produziertes Fleisch kiloweise auf ihren Grill legen.

Wer mit der Masse mitrennt, orientiert sich nicht an den eigenen Bedürfnissen, sondern an denen der anderen. Heute sind diese oft auch noch durch Influencer beeinflusst.

Trotzdem ist ein solches, der Menge folgendes Verhalten häufig richtig. Konkret dann, wenn eine Situation für uns vollkommen unübersichtlich erscheint. Wenn wir beispielsweise keine Ahnung von technischen Geräten haben, kann es sinnvoll sein, ein Modell zu erwerben, das auch viele andere nutzen.

Aus dem Matratzenphänomen können wir verstehen: Entscheidungen treffen wir für uns. Dabei können wir wie die Lemminge vorgehen und der Mehrheit folgen. Besser ist es, eine innere Freiheit zu behalten. Sie zeigt sich auch, wenn wir gegen den Mehrheitsgeschmack entscheiden. Heute meinen Frau Schicki und Herr Micki, unbedingt ein SUV fahren zu müssen. Was hat das mit einem selbst zu tun? Ein Van oder ein Kombi kann die passendere Wahl darstellen.

Wir alle kennen die Entwicklung von Moden. Wie aus dem Nichts werden auf einmal beigefarbene Trenchcoats wieder aktuell. Jahrzehntelang brauchte kein Mensch einen Roller, kaum bekommen diese Dinger einen kleinen Elektromotor, lösen sie regelrecht einen Hype aus. Inzwischen gammeln sie schon wieder unbenutzt irgendwo rum. Das Maß der Begehrtheit liegt nicht nur am geschickten Marketing, sondern auch daran, wie wir Menschen ticken. Wir vermuten, dass wir uns dann richtig verhalten, wenn wir uns verhalten wie die anderen. Das bedeutet, je mehr Menschen einer Idee oder einer Meinung folgen, als umso richtiger werten wir sie. Dass dies durchaus dumm sein kann, zeigt der bekannte Satz: Scheiße muss gut schmecken, Millionen Schmeißfliegen können sich nicht irren.

Herdentrieb funktioniert, wenn wir nicht selbst denken können, was in Unfall- oder Notsituationen durchaus so sein kann. Und er funktioniert, wenn wir uns keine Informationen selbst beschaffen können. Sei es, dass die Zeit zu kurz ist, bis wir uns entscheiden müssen, oder dass wir mit dem Inhalt (Weiterentwicklung der Allgemeinen Relativitätstheorie unter den Gesichtspunkten der heutigen Quantenforschung wäre ein Beispiel) vermutlich auch auf Dauer intellektuell ein wenig überfordert sein könnten.

Folgen Sie der Masse, wenn Sie gar keine eigene Meinung haben. Aber nur dann! Und niemals, wenn Panik in der Luft liegt. Wenn Sie sich nach einem Konzert in einem großen Stadion des Weges zur U-Bahn nicht mehr sicher ist, können Sie davon ausgehen, dass die Völkerwanderung den Weg kennt. Grundsätzlich ist es jedoch besser, rechtzeitig für genug Informationen zu sorgen, die ein Fundament für Ihre eigenen Entscheidungen bilden.

PRINZIP ▶ Wenn Sie Risiken oder Chancen beurteilen, gilt folgender, sehr banaler Satz: Das Häufige ist das Wahrscheinliche.

XIII. Entscheidungen konkret umsetzen

54 Fehlerarten

Falsche Gefahreneinschätzung

»Vor einiger Zeit ging ich an einem warmen Sommertag unbeschwert auf die Terrasse vor meinem Wohnzimmer. Ich vermutete ihn eher als dass ich den Schatten sah und blickte in die Ecke direkt am Haus. Dort lag gemütlich sich sonnend eine etwa eineinhalb Meter lange Schlange. Meine Überraschung war groß. Das Tier blickte mich an, räkelte sich und verschwand geräuschlos unter der Holzterrasse.

Wäre die Schlange liegen geblieben oder hätte mich angegriffen, wäre es von entscheidender Bedeutung gewesen zu wissen, ob sie giftig war oder nicht. Es war übrigens eine giftige Kreuzotter gewesen, wie ich später durch Internetrecherche herausfand. In diesem Moment ging ich davon aus, dass es sich um eine ungiftige Schlange handelte. Ich hatte also eine falsche Grundannahme gebildet, was in der Realität der Situation ungefährlich blieb, weil die Schlange von sich aus den Rückzug antrat. Wesentlich in diesem Moment war nicht, wie wahrscheinlich ich Recht hatte mit meiner Grundannahme (ich war im Unrecht), sondern wie schwerwiegend die Folgen meines Fehlers gewesen wären. Ein Biss mit anschließender Notfalleinlieferung wollte ich mir auf jeden Fall ersparen.

Für Entscheidungssituationen gilt:

> **PRINZIP ▶** Wichtig ist, welche möglichen, wenn auch vielleicht seltenen und schwerwiegenden Folgen eine falsche Wahl hätte.

Derartige Fehler sollten wir zu vermeiden versuchen. Ein häufiges Beispiel aus dem ärztlichen Alltag ist die Lungenentzündung. Wird sie durch Viren verursacht, ist die Gabe von Antibiotika oft sinnlos und bezüglich der Entwicklung von Resistenzen schädlich. Bis sich durch Laboruntersuchungen sicher beweisen lässt, dass Bakterien keine Rolle spielen, dauert es oft zu lang. Also wird ein Arzt in dieser Situation dem Patienten eher Antibiotika geben statt zu warten. Das Motto lautet: Ich will nicht für die möglichen schwerwiegenden oder gar tödlichen Folgen verantwortlich sein.

Gefährlich sind auch Wünsche und Handlungen, die zu einem finanziellen Desaster führen können. Das ist der Grund, warum wir mittels Versicherungen die Risiken absichern sollten, die uns finanziell vor den Ruin stellen würden (Kapitel 66).

Das Entscheidungsschema bei potenziell gefährlichen oder riskanten Situationen ist:

KLÄRUNG ▶ Wie hoch ist die Wahrscheinlichkeit, dass meine Grundannahme richtig ist?
Was tue ich deshalb richtigerweise?
Welches Risiko habe ich oder ein Vertrauter, wenn ich doch falsch liege?

Wir machen einen zweiten Durchlauf, bei dem wir davon ausgehen, falsch zu liegen:

KLÄRUNG ▶ Wie hoch ist die Wahrscheinlichkeit, dass ich falsch liege?
Was tue ich deshalb?
Welches Risiko habe ich, wenn ich falsch liege? (Achtung: Das ist eine doppelte Negierung!)

Tabelle 4: Gefahr oder keine?

Meine Einschätzung lautet:	Die Situation ist tatsächlich:	Das Risiko durch meine Einschätzung ist ...		
		hoch	gering	
gefährlich	gefährlich		x	korrekte Vorsicht
	ungefährlich		x	unnötige Vorsicht
nicht gefährlich	gefährlich	x		riskant
	ungefährlich		x	Gelassenheit

Riskant sind alle Situationen, die wir als nicht gefährlich einschätzen, die es jedoch sind. Dann ist die Möglichkeit einer fatalen Auswirkung gegeben. Tabelle 4 spiegelt das übliche Verhalten der meisten Menschen wider: Sie sind eher risikoscheu oder vorsichtig. Ein anderes, geringeres Risiko besteht darin, trotz erkannter Gefahr zu nachlässig mit ihr umzugehen.

> **PRAXIS** ▶ Bei unklarer Sachlage vermeiden Sie ein Risiko, sofern die Auswirkungen der Fehleinschätzung einer Situation markant sein könnten. Oder: Wenn Sie etwas nicht einschätzen können, gehen Sie mit Ihren Entscheidungen keine Risiken ein.

Falsche Rahmensetzung

Es ist absolut unmöglich, restlos alle Aspekte einer Wahl zu betrachten. Dies liegt allein schon daran, dass die meisten Entscheidungen irgendwie auch mit anderen Menschen zu tun haben und deren Verhalten weder sicher vorhersehbar noch beeinflussbar ist. Deshalb gehen wir in der Regel so vor, uns auf bestimmte Inhalte zu konzentrieren und andere zu übersehen. Ein Beispiel von Annalena aus ihrem Urlaub:

>> *Vor Jahrzehnten, der Tourismus steckte noch in den ersten Anfängen, habe ich die Südtürkei besucht. Um möglichst viel von diesem schönen Land und den freundlichen Menschen kennenzulernen, mietete ich einen*

Wagen. Über hundert Kilometer entfernt vom Hotel bemerkte ich, es dämmerte bereits, das Totalversagen der Beleuchtung am Wagen. Ich musste mich bei Neumond mehr oder minder am Straßenrand entlangtasten, um in Stunden langsam zum Hotel zurückzufinden. Dies war eine der stressigsten Autofahrten meines Lebens gewesen. Nach einigen Tagen mietete ich ein zweites Mal, bei einem anderen Anbieter, einen Wagen. Mit voller Konzentration kontrollierte ich den Zustand jeder einzelnen Lampe und des elektrischen Systems und ich war zufrieden. Leider dachte ich nicht daran, das Profil der Reifen anzuschauen. Sie waren komplett abgefahren. Ein Reifen platzte weit entfernt von der Autovermietung, und ein Gutteil dieses Urlaubstages bestand darin, einen Ersatzreifen aufzutreiben und montieren zu lassen.

Annalena hat einen Frame gesetzt, das bedeutet, sie hat einen Rahmen gebildet, innerhalb dessen sich ihre Aktivitäten und Aufmerksamkeit abspielten. Sie hätte nach dem Erlebnis mit dem ersten Mietwagen ja auch sagen können, vermutlich war dies ein Ausreißer und die anderen Wagen haben keine oder irgendwelche anderen Probleme und sich auf diese konzentrieren können. Der Rahmen war aufgrund der Horrorfahrt gesetzt, und er war falsch gesetzt. Wir setzen uns selbst ständig Rahmen. Das kann zu Fehleinschätzungen beitragen.

> **PRINZIP** ▶ Wir sehen Entscheidungen in irgendwelchen Kontexten, die uns im Moment wichtig erscheinen.

Das ist der Grund, warum es überaus schwierig ist, junge Menschen davon zu überzeugen, beispielsweise eine Berufsunfähigkeitsversicherung abzuschließen. Wer noch niemals eine wirkliche Erkrankung erlebt hat (Rahmen: beständige Gesundheit), wer noch niemals chronisch krank war, kann sich kaum vorstellen, was das Leben bringen kann.

Falsche Verknüpfungen

> **PRINZIP** ▶ Wir haben die Tendenz, Ereignisse miteinander zu verknüpfen, die überhaupt nichts miteinander zu tun haben.

Dies geschieht beispielsweise, wenn zwei Ereignisse in einem zeitlichen Zusammenhang aufgetreten sind. So ging es auch Johannes:

>> *Ich war einmal von einem Geschäftspartner zu einem sehr angenehmen Abendessen eingeladen. Gemeinsam mit den drei anderen Gästen verabredeten wir, eine Art Stammtisch aufzubauen und uns regelmäßig zu treffen. Auf der Heimfahrt von diesem Abendessen nahm mir eine Fahranfängerin die Vorfahrt, es kam zu einem Unfall mit Totalschäden bei beiden Autos. Verletzt wurde dabei niemand. Obwohl das Abendessen überhaupt nichts mit der Fahranfängerin zu tun hatte, habe ich mich niemals mehr zu dieser Stammtischgruppe hinbewegt.*

Auch als ich Johannes vom hier wirkenden inneren Mechanismus erzählt hatte, wirkte dieser weiterhin. Er blieb dem Stammtisch fern.

Falsche Verknüpfungen sind bei Politikern und Wirtschaftsführern sehr beliebt, um von der eigenen Verantwortung abzulenken. Es gibt ein interessantes Video im Internet, das ich wenige Wochen *vor* dem Ausbruch der Corona-Pandemie angeschaut habe. In diesem Video behauptet ein Finanzexperte, die Staaten würden die nächstmögliche Chance nutzen, ihre jahrzehntelange falsche Finanz- und Geldpolitik zu kaschieren. Sie würden massiv Schulden aufnehmen, um dann – noch später – eine Entschuldung über Inflation oder Sondersteuern und Abgaben zu erreichen. Er berichtete also konkret von der falschen Verknüpfung, von der wir alle inzwischen Zeuge sind.

Umdeutungen

Menschen neigen dazu, sich selbst weder Schwächen noch Fehler einzugestehen zu können. Dann kommt die so genannte kognitive Dissonanz zum Tragen. Das bedeutet, Inhalte umzuinterpretieren. Ein typisches Beispiel ist, Probleme als Herausforderungen zu bezeichnen. Dabei ist ein Problem ein Problem. Punkt. Umdeutungen fangen bei banalen Alltagsdingen an. Sie wollten Diät-Cola kaufen und haben danebengegriffen, die mit Zucker gewählt. Zu Hause erst merken Sie es. Sie wollen sich nicht ärgern oder den Fehler nicht eingestehen, also werden Sie sich sagen: Wunderbar, endlich mal das Original.

Falscher Verzicht auf eine Handlung

Versetzen Sie sich in die fiktive Situation, als bei Ihrem LKW die Bremsen versagten und Sie in ganz kurzer Zeit entscheiden mussten, ob Sie die Lenkung einschlagen und gezielt einen alten Menschen überfahren, der auf der Bremsspur stand? Es ist ein Beispiel dafür, wie wir auf eine Handlung verzichten, selbst wenn sie sinnvoll wäre. In seltenen Fällen steckt Trägheit dahinter. Meistens ist es der unbedingte Wille, nicht schuldig zu werden. So auch hier:

> *Ein Chirurg hat eine neue, vielversprechende Operationsmöglichkeit für eine lebensbedrohliche Akuterkrankung erkannt. Es stellt sich jedoch heraus, welches Risiko besteht: Bei 20 Prozent aller Menschen verläuft ein fürs Leben notwendiger Nerv genau durch das Operationsfeld. Wird also eine solche Operation gemacht, dann wird 80 Prozent aller Menschen lebensrettend geholfen und 20 Prozent werden aktiv durch das Tun des Chirurgen getötet.*

Wird sich eine solche Methode durchsetzen? Gewiss nicht. Dies liegt daran, dass wir dann, wenn eine Handlung mit hoher Wahrscheinlichkeit zu einem Schaden führen kann, in der Regel die Unterlassung wählen.

PRINZIP ▶ Es erscheint uns subjektiv weniger schlimm, wenn ein Schaden dadurch entsteht, dass wir nichts tun, als wenn ein Schaden dadurch entsteht, dass wir etwas tun.

Ein Beispiel, das wir zigtausendfach erleben: Noch immer werden die meisten Häuser mit Heizungen betrieben, die nicht ausreichend energieeffizient sind. Dadurch entsteht jedes Jahr ein Mehrverbrauch an Gas oder Öl. Mit einer neuen Heizung mögen sich pro Monat 60 Euro Energiekosten sparen lassen. Dennoch ist es sehr schwierig, die Menschen davon zu überzeugen, eine neue Heizung einzubauen, unabhängig von dem Thema der Einbaukosten selbst. Die Unterlassung, nichts zu tun, fällt uns nicht schwer. Würden wir hingegen drei 20-Euro-Scheine an jedem Monatsersten nehmen und genüsslich über einer Kerzenflamme verbrennen lassen, würden Zweifel an unserer Zurechnungsfähigkeit auftreten. Die Effekte des Verzichts auf eine Handlung sind einfach weniger sichtbar als die Handlung selbst.

55 Ein Ende finden

> **PRINZIP** ▶ Wer alles beachten und einbeziehen will, wird niemals handeln.

Manche entscheiden sich nicht, weil ihnen noch Informationen fehlen. Die fehlen allerdings oft, weil wir nie alles im Voraus wissen. Es sind meistens die Menschen, die zu Perfektionismus neigen. Perfektionismus bedeutet offensichtlich, etwas bestmöglich tun oder haben zu wollen. Hinter den Kulissen geht es darum, nie zu einem Ende kommen zu wollen. Das erreichen Perfektionisten genauso; indem sie sich einreden, noch weitere Informationen zu brauchen. Es ist also wichtig, ein Gespür zu entwickeln, wann es reicht, und diesem zu folgen. Es geht um die Balance zwischen einer ausreichenden Anzahl von Informationen und dem Impuls zur Entscheidung. Auch mag eine Rolle spielen, wie mühsam wir an neue, unbekannte Informationen gelangen.

Wer beispielsweise umziehen will, nutzt zur Wohnungssuche einen sogenannten Suchauftrag im Internet. Damit werden automatisiert neue, passende Wohnungen vorgeschlagen, sobald sie ins Internet gestellt werden. Wenn Sie sich für eine entschieden haben und den Vertrag unterschrieben, sollten Sie den Suchauftrag löschen. Natürlich kann es sein, dass sie dann eine noch bessere oder etwas billigere

Wohnung zu verpassen. Immerhin ist dann die Entscheidung getroffen und die Sorge oder Aufgabe ist vorbei. Viele gehen bei ihrer Partnersuche genau anders vor. Sie beenden letztlich innerlich die Partnersuche nicht, obwohl sie jemanden gefunden haben. Sie hoffen auf ein noch besser passendes Gegenstück. Das belastet jede Beziehung und verhindert, sich auf den vorhandenen Partner einzulassen. Dahinter mag Angst stecken, sich zu fest zu binden. Dahinter kann jedoch auch so etwas wie Perfektionismus stecken. Die Einbildung, es käme immer noch etwas Besseres nach. Anstatt die Zeit in der neuen Wohnung oder mit dem wunderbaren Partner zu genießen, bleiben sie weiter in einer lauernden Position. Das kostet Energie und vermindert die Lebensqualität. Perfektionisten mögen sich nicht entscheiden, sie sind Zweifler und Grübler. Letztlich trauen sie sich keine Festlegung zu und bleiben unzufrieden. Sie wissen, dass sie doch nicht absolut alles vorher einbezogen haben. Das stimmt immer. Wer das wirklich wollte, wird in seinem Leben keine einzige wichtige Wahl treffen.

Perfektionismus als Ziel aufzugeben, erleichtert ungemein. Viel effektiver ist es, etwas zu finden, was gut genug für einen ist oder was ausreichend passt. Das Perfekte wird kaum zu finden sein. Zur Selbstberuhigung kann die Antwort auf die Frage beitragen, ob es überhaupt um etwas geht, das so wichtig ist, dass es Sie auf dem Sterbebett noch interessieren oder bewegen würde.

> **PRAXIS** ▶ Sammeln Sie nicht zu viele Informationen.

Ab einem gewissen, relativ geringen Ausmaß an Informationen fehlt uns in der Regel die Möglichkeit der korrekten Einordnung. In so einem Fall ist es sehr hilfreich, andere Menschen zu fragen, die eine andere Weltsicht und andere Vorgeschichten haben. Wir sollten uns auch klarmachen, dass wir oftmals nur über solche Information verfügen, die relativ leicht zu beschaffen sind. Das sind heute vielmals Ergebnisse aus Suchmaschinen, und die sind durchaus fragwürdig (Kapitel 57).

Beschränkungen können zur Freiheit beitragen
Um bei einer Vielzahl von Möglichkeiten weiterzukommen, müssen wir die Anzahl der Entscheidungsoptionen beschränken. Wer eine neue Fotokamera sucht, kann natürlich alle Modelle aller Hersteller anschauen. Sinnvoll ist das nicht. Möglichkeit 1: Legen Sie sich auf zwei Marken fest, deren Produkte Sie in die engere Wahl ziehen. Legen Sie dann einen oder zwei Kameratypen fest (Vollformat, Bridgekamera usw.), die Sie genauer anschauen. Möglichkeit 2: Tauschen Sie die Reihenfolge. Legen Sie sich zuerst auf den Kameratypen fest und schauen dann, welche Hersteller in Betracht kommen. Das Wichtigste ist also die Einschränkung auf eine enge Auswahl, um keine unnötige Energie zu verbrauchen. Das gilt auch für so eingreifende Änderungen wie einen Wohnortwechsel: Gewiss ist eine Südseeinsel wunderbar, wenn wir zwei Wochen Urlaub dort verbringen. Aber wollten Sie auf Dauer dort leben?

Vermeiden Sie also eine Überforderungsfalle, bei der Sie mehr als fünf Alternativen bewerten müssen. Meistens wird es dazu kommen, dass nur noch zwei Alternativen wirklich in Betracht kommen. Entscheidungen laufen oftmals auf ein Dilemma hinaus. Wenn sich ein Dilemma auch mit viel Mühe nicht lösen lässt, ist es sinnvoll, nach etwas Drittem zu suchen. Es ist die Kategorie »weder das eine noch das andere« von Kapitel 51. Viele von uns werden das entweder persönlich erlebt oder im Bekanntenkreis beobachtet haben: Jemand ist fest liiert oder verheiratet und geht fremd. Damit wird ein Dilemma aufgebaut. Bleibe ich auf Dauer doch beim ersten Partner oder wähle ich den zweiten? Wenn dieses Dilemma sich über Wochen, Monate oder Jahre hinzieht, wählen die meisten letztlich weder den ersten noch den zweiten Partner. Wie durch ein Wunder tritt irgendwann ein dritter Partner auf, der länger im Bestand bleibt. Der Ablauf dahinter ist logisch. Zum Fremdgehen kam es nur, weil der erste Partner schon nicht passte. Manchmal soll er auch durch das Fremdgehen passend gemacht werden. In beiden Fällen ist er tendenziell schon abgeschrieben. Ausnahme: Es geschehen Zeichen und Wunder in der Beziehung. Der zweite Partner ist jedoch derjenige, der einem die »Schandtat« ermöglichte. Wer will auf Dauer wirklich mit einem solchen »Hallodri« zusammen sein? Nur dann, wenn der Fremdgehpartner wirklich überzeugt, geschieht dies. Dann kommt es aber meistens erst nicht zu einem ewigen Hin und Her. Ansonsten wird der unbelastete Dritte gewählt.

Satisficing
Entscheidungen sind nur dann nötig, wenn es mindestens zwei Alternativen gibt. Alternativlosigkeit bedeutet immer auch, sich nicht entscheiden zu müssen. Die meisten mögen jedoch Alternativlosigkeit überhaupt nicht, weil sie wie eine Art Sackgasse empfunden wird. Logisch wäre nun, möglichst viele Alternativen zu suchen oder zu finden, um eine freiere Auswahl zu erreichen. Dies tun Menschen eher nicht. Sie betrachten meistens nur sehr wenige Alternativen. Oft reichen ihnen zwei. Auch wenn logisch wäre, dass weitere Alternativen zur Verfügung stehen müssten, kümmert man sich nicht darum. Sobald wir eine Lösung oder Alternative finden, die uns so erträglich erscheint, beenden wir unser weiteres Suchen. Oft dürfte es die richtige Vorgehensweise sein. Wir sollten unser Leben nicht mit Suchen vergeuden.

Satisficing ist die Methode, nur wenige – am ehesten zwei – Alternativen zu wählen und zwischen diesen abzuwägen. Wenn damit eine einigermaßen zufriedenstellende Lösung erreicht wird, mag es genügen. Sobald wir uns entschieden haben, sollten wir keine weiteren Informationen sammeln. Zwei Fragen helfen uns hier weiter:

KLÄRUNG ▶ Fehlen mir Informationen, die ich zur Entscheidung brauche?
Würde ich diese Informationen (rechtzeitig) bekommen?

Wenn tatsächlich sehr viele Möglichkeiten zur Auswahl stehen, kann es schwierig werden. Stellen wir uns vor, der junge Joachim strandet auf einer fast einsamen Insel, auf der sich zufällig noch zehn oder zwanzig andere Personen aufhalten, die allesamt seinem bevorzugten Geschlecht angehören. Es ist sozusagen die Bachelor- oder Bachelorette- oder Prince-Charming-Konstellation. Der Ärger ist vorprogrammiert.

Für wen wird er sich entscheiden? Wenn nur noch zwei oder drei andere Personen außer ihm auf der Insel leben, wird die Sache schon viel einfacher. Was für Menschen gilt, gilt auch für Konfitüre oder Jogurt, mit denen entsprechende Untersuchungen durchgeführt wurden. Wenn das Angebot zu groß ist, kauft ein Kunde nahezu nichts, wenn es zu gering ist, ist er unzufrieden. Es braucht also eine gewisse Vorauswahl, um eine Wahl treffen zu können. Diese Vorauswahl kann mit einer Frage gelöst werden.

> **KLÄRUNG** ▶ Was ist mir wirklich wichtig (am Partner, am Wohnort, am Auto, an der Kamera, am Make-up, am Nagellack)?

Wer zu sehr auf Details schaut, verhindert damit recht erfolgreich das große Ganze.

Eine sehr große Auswahl erfreut uns also gerade nicht. In der Tat führt sie zu Unzufriedenheit, weil jede Entscheidung auch bedeutet, sich *für* etwas und damit *gegen* etwas zu entscheiden. Wenn wir beispielsweise 100 Optionen hätten und müssten uns für eine entschließen, blieben 99, *gegen* die wir uns entscheiden müssten. Was wird dann in unserem Gehirn passieren? Es wird stetig darüber grübeln, ob nicht eine der anderen 99 Optionen doch die bessere gewesen wäre. Also ist es von besonderer Wichtigkeit, bevor es zu einer Festlegung kommt, aufgrund einer rigiden Vorauswahl die Optionen auf ein passendes Maß zu vermindern. Das passende Maß können zwei oder auch mal fünf verschiedene Alternativen sein. In der Regel ist eine zweistellige Anzahl von Alternativmöglichkeiten schon zu viel.

> **PRINZIP** ▶ Weniger ist mehr, aber zu wenig ist fatal.

In ähnlicher Weise wirkt Expertenwissen. Es stört eher bei komplexen Entscheidungen (Roth 2019). Je mehr wir von einem Thema wissen, umso mehr wissen wir auch von ansonsten unbekannten Risiken und Nebenwirkungen. Diese Wissensüberfrachtung kann wie ein zäher, lähmender Morast wirken, der das Vorangehen erschwert. Es gibt eine

Schwelle, an der die Informationsüberfrachtung zur Verwirrung führt. Stellen Sie sich vor, Sie fliegen gemeinsam mit Ihrem kleinen Kind in einen Sommerurlaub ans Mittelmeer. Gezielt haben Sie Urlaub in einem Hotel gebucht, dem ein großer Wasserpark angeschlossen ist. Auf einer der Wasserrutschen hat sich eine Woche vor Ihrem Urlaub ein Kind schwer verletzt und wird lebenslang Schäden behalten. Wie geht es Ihnen, wenn Sie das wissen? Wie läuft der Urlaub dann ab? Wie ginge es Ihnen, wenn dieses Wissen Ihnen erspart geblieben wäre?

> **PRAXIS** ▶ Es ist wesentlich, die Menge an Informationen zu begrenzen.

56 Ehrlichkeit – ein effektiver Ratgeber

Optimierungswahn

Fragen Sie sich bei jeder Option, wofür sie dienen soll. Ist das Ziel ein sinnvolles? Damit gilt für viele Entscheidungen, die zu irgendeiner Optimierung beitragen sollen: Sie sind oft dümmlich, denn sie nutzen Ihrem Wesen als Mensch nicht. Menschen sind nicht optimal, sie sind individuell. Einmaligkeit zeichnet Menschen aus, das Optimum ist ein technischer Begriff, kein menschlicher.

> **KLÄRUNG** ▶ Möchte ich mich wirklich dem Ziel einer Optimierung unterwerfen?

Übrigens liegen Selbstoptimierung und Selbstausbeutung sehr nah beieinander. Gerade bei erfolgreicher Selbstoptimierung – was das auch immer sei – kann dieser Erfolgseffekt zu einer gegen sich selbst gerichteten Ausbeutung, die suchtartigen Charakter annehmen kann, führen.

Die heutige Ist-Situation

»Adam wohnte seit Jahrzehnten in einem kleinen, verschachtelten Haus mit steilen Treppen. Es stand auf einem großen Grundstück, das er nach dem Einzug in den 1960er Jahren liebevoll gemeinsam mit seiner längst

verstorbenen Frau angelegt hatte. Inzwischen ist Adam alt. So alt, dass ihm das Treppensteigen schwerfällt. Der Garten verwahrlost ein wenig, weil er die schwere Arbeit nicht mehr machen kann.

Wie wäre es mit einer Liste, auf der Sie notieren, was Sie wirklich nutzen und wirklich brauchen? Dann mag herauskommen, dass eine Wohnung mit Lift und schöner, großer Terrasse inzwischen die bessere Wahl ist. Was früher galt, kann überholt sein.

KLÄRUNG ▶ Stimmen meine bisherigen oder früheren Auswahlkriterien noch?

Falsches Abwarten

»Xaver ging in den Keller seines Hauses und stellte fest, dass eine Wand feucht war. Stirnrunzelnd schob er alle Regale zur Seite und entdeckte schwarze Schimmelflecken. Seine Lust, etwas gegen die Situation zu tun, ging gegen null. Er entschied sich abzuwarten und ließ die Regale etwas von der Wand abstehen. Nach einigen Wochen fiel dies seiner Partnerin auf, die ihn fragte, was los sei. Etwas kleinlaut berichtete er von den feuchten, schimmligen Flecken. Zu zweit gingen sie runter und dann platzte es aus seiner Frau heraus: »Spinnst du? Du kannst doch nicht einfach abwarten. Vermutlich muss das von außen freigelegt und korrekt abgedichtet werden.«

Die Frau hatte recht. Sie wusste, dass es sinnvoll ist, sich um mögliche Auswirkungen des eigenen Handelns oder Abwartens zu kümmern.

KLÄRUNG ▶ Gehe ich ein Risiko ein, wenn ich abwarte?

Nebenkriegsschauplatz

»Shila renovierte seit langem, was das Zeug hielt. Erst waren die Innentüren dran – alle ausgetauscht. Dann die Terrassen – überall Bankirai. Letztens die Toilettenschüsseln – nun neueste Modelle ohne Spülrand. Langsam wurde das Geld knapp.

Shila stürzte sich in Aktivitäten, die sie vom eigentlichen Thema abhielten. Vermutlich wären getrennte Schlafzimmer viel wichtiger. Ein Traum, nach Jahrzehnten das immer lauter werdende Schnarchen ihres Partners nicht mehr ertragen zu müssen. Es geht darum zu erkennen, was einen tatsächlich stört.

> **KLÄRUNG** ▶ Betrachte ich das grundlegende Problem wahrhaftig?

Anspruchsniveau

Natürlich braucht der Entschluss für etwas oder für jemanden ein prinzipiell passendes Angebot. Die Lösung des Problems muss grundsätzlich passen. Wenn auch nach langer Zeit so gar nichts Stimmiges kommt, sollten wir unsere Kriterien der Realität anpassen. Gerade bei der Partnerwahl ist dies wichtig. Wunderbar, wenn wir einen Menschen treffen, bei dem absolut alles passt. Was aber, wenn nicht? Dann haben wir unsere eigenen Ansprüche an den anderen zu korrigieren.

> **KLÄRUNG** ▶ Orientieren sich meine Vorstellungen an der Realität?

Klare Benennung – was ist das zu lösende Problem?

Ein Problem ist keine Herausforderung. Eine Herausforderung ist beispielsweise, den Mount Everest zu besteigen. Wenn einem 200 Meter unterhalb des Ziels die Sauerstoffflasche entgleitet, dann hat man ein Problem. Eine Herausforderung ist also etwas, das wir nicht ohne Mühe erreichen können. Ein Problem ist etwas, das wir nicht haben wollen. Es ist sehr wichtig, sich selbst klarzumachen, worum es im Moment geht. Es geht ganz sicherlich nicht um irgendwelche Phrasen, die wir alle hinreichend kennen. Benennen Sie die Inhalte so, wie sie wirklich sind. Dann werden Sie besser fühlen können, welche Dringlichkeit oder Bedeutung im Moment besteht.

> **KLÄRUNG** ▶ Worum geht es mir wirklich?

>> *Martina hatte seit über zehn Monaten jede freie Minute damit verbracht, sich intensiv Gedanken über ihren nächsten Urlaub zu machen. Prospekte gewälzt, in zahllosen Reiseportalen geschaut, Reiseblogs verfolgt, auf Internetseiten nach vermeintlichen Schnäppchen gefahndet, unzählige YouTube-Videos angeschaut. Dabei wäre es viel sinnvoller für Martina gewesen, sich um ihre berufliche Existenz zu kümmern. Die Lage im Unternehmen verdüsterte sich mehr und mehr – um wie viel sinnvoller wäre ein neuer Job statt eines netten Urlaubs.*

Um sicher und gut voranzukommen, können wir uns von Zeit zu Zeit eine Antwort geben:

KLÄRUNG ▶ Ist mein Problem tatsächlich das Problem?

Seien wir uns sicher, nicht nur Martina leidet an einer besonderen Kompetenz in Pseudoproblemlösung. Sie ist eine beliebte Ablenkungstaktik, wenn einen das tatsächliche Problem vor zu große Herausforderungen stellt. Wie geht man mit unüberwindbaren Bergen um? Man trägt sie ab. Das kennen Sie unter dem Begriff der Salamitaktik. Es gibt eine Methode, die meistens weniger aufwändig ist: Man geht drum herum. Bei Entscheidungen ist es wichtig, auf der Ebene, um die es wahrhaftig geht, aktiv zu werden. Es nutzt Ihnen nichts, Ihr Auto zu putzen, wenn das Haus geputzt werden sollte. Oder ein heftiges Gewitter zieht auf, der Blitz schlägt ein, das Dachgeschoss beginnt zu brennen. Es ist schön, wenn auch noch der Geschirrspüler geleert wird. Aber im Moment? Eher nebensächlich. Ran an das Kinderbett, an das Haustier, an den Tresor oder an den Computer oder an die Festplatte, was auch immer in diesem Fall das Wichtige sein mag.

Das Leben eines jeden Menschen gleicht einem Gartenschlauch – oder einem elektrischen Verlängerungskabel. Wenn diese auch nur einmal benutzt wurden, sind sie kaum mehr entwirrbar. Die meisten von uns wollen diesen Wirrwarr dann gar nicht mehr entwirren. Das ist für viele Vorhaben auch gar nicht notwendig. Wichtiger ist, sich darüber klar zu werden, welche Inhalte für eine Entscheidung von Bedeutung sind. Ärzte kennen das von einigen ihrer Patienten, die gerne sehr ausführlich über ihre Vorgeschichte sprechen. Dabei kommt es oftmals nur auf eine oder zwei der Informationen an, die in viel größerer Breite vom Patienten angeboten werden. Ärzte lernen, möglichst rasch zu verstehen, worum es wirklich geht. Das ist auch eine zentrale Frage bei jedem bedeutsamen Vorhaben:

> **KLÄRUNG** ▶ Worum geht es mir in Wahrheit?
> Was will ich wirklich erreichen?

Manche orientieren sich bei beruflichen Inhalten, ob das damit mögliche Ziel zum eigenen Lebenslauf passt. Das sollte nicht unbedingt ein vorrangiges Entscheidungskriterium sein. Es geht im Leben nicht darum, irgendwelche Zusammenstellungen (ein Lebenslauf ist eine Zusammenstellung) zu optimieren, sondern ein Leben zu leben, welches zu einem selbst passt.

> **PRAXIS** ▶ Beachten Sie etwas mehr, was und wohin Sie wollen und etwas weniger, was Sie bereits können.

Denn jeder Mensch ist lernfähig, aber der eigene Geschmack und das eigene Interesse lassen sich nicht einfach so ändern.

Wahrhaftigkeit

Manchmal ist es sinnvoll, sich selbst noch ehrlicher als sonst zu begegnen. Gibt es vielleicht etwas, das Sie vor sich selbst verbergen möchten? Gibt es also etwas, das Sie nicht wahrhaben wollen, zu dem Sie nicht stehen? Könnte das Ihre Entscheidung beeinflussen?

》Florian liebte alte, große Häuser, also kaufte er schließlich ein altes Schloss. Wie es dazu kam, steht im folgenden Kapitel 57. Das Schloss war bisher als Hotel genutzt worden. Perfekt für Florian, denn er wollte ein Seminar anbieten mit Unterbringung der Seminarteilnehmer. Zur eigenen Fortbildung fuhr er nach Wien. Dort traf er auf Kolleginnen

und Kollegen. Am ersten Abend berichtete er von seinen Plänen. Eine Kollegin stellte eine einzige Frage: »Hast du gerne Gäste?« In Florian brach eine Welt zusammen. Er wusste genau, dass er am liebsten allein war. Soziale Kontakte stressen ihn, er vermied sie weitgehend. Keine gute Basis, um professionell Gäste zu beherbergen. Und vermutlich keine gute Basis, um Seminare zu leiten. Florian entschied sich nach einigen Umwegen für einen anderen Berufsweg.

Die weiterführende Frage lautet:

KLÄRUNG ▶ Passt die Entscheidung zu mir, so wie ich bin?

Blinde Flecken

In Gruppenspielen geht es immer wieder auch um Selbst- und Fremdeinschätzung. Fremdeinschätzung kann ein sehr wertvoller Hinweis sein auf eigene blinde Flecken. Fast alle Menschen, auch die, die glauben, dagegen immun zu sein, überschätzen systematisch ihre Rolle. Das können wir sehr schön an Spitzenpolitikern erkennen. Wer von denen ist schon fähig, rechtzeitig den eigenen Abgang zu gestalten? Fast jeder muss über eine verlorene Wahl oder parteiinterne Vorgänge aus dem Amt gejagt werden. Dies liegt nicht nur daran, dass sie an der Macht festkleben, sondern auch daran, dass sie meinen, ohne sie ginge es nicht. Ein Trugschluss: Unser ganzes Leben, auch unser gesellschaftliches und kulturelles Leben, ist so aufgebaut, dass jeder Mensch ersetzt werden kann. Und das ist auch wichtig. Nur im Privaten gilt das nicht.

PRINZIP ▶ Beziehungen sind nicht beliebig.

57 Experten sollten Fachleute sein

Sich Rat zu holen, beweist Kompetenz. Inkompetent handelt, wer nicht weiterweiß und blind weitermacht. Einem Rat müssen wir nicht unbedingt folgen, denn es ist kein Befehl. Jedoch darf der Rat von anderen durchaus genau bedacht und in die eigenen Überlegungen einbezogen werden. Das gilt auch für seelische Probleme – entgegen der nicht auszurottenden Überzeugung, solche Inhalte könnten wir immer nur selbst lösen, statt Fachleute zu kontaktieren.

Stellen wir uns vor, jemand will einen neuen Fernseher kaufen. Person A kennt jedes technische Detail aller aktuellen Fernseher und kann insofern als überaus informiert gelten. Person B hingegen kann mit technischen Dingen überhaupt nichts anfangen. Welche Person wird sicherer in ihrer Wahl sein? Mit hoher Wahrscheinlichkeit ist dies Person A, weil aufgrund des Fachwissens Unsicherheit vermieden wird. Geht Person B in einen entsprechend sortierten Fachmarkt, wird sie mit hoher Wahrscheinlichkeit nicht den Fernseher kaufen, den Person A ausgewählt hätte. Der Verkaufende dort ist Ratgeber – nur ist dieser nicht unbedingt ausreichend geschult oder er soll eine bestimmte Marke loswerden.

Ein guter Ratgeber
Wer Zahnschmerzen hat, fragt nicht seine Tante nach der korrekten Wurzelbehandlung, außer diese ist Dr. med. dent. und hat keine Demenz.

Will ich Unternehmer werden, muss ich Unternehmer fragen.

Will ich Pfarrer werden, muss ich mal im Pfarrhaus vorbeischauen.

Möchte ich wirklich hinter die Kulissen des Arztberufes blicken, frage ich am besten einen oder mehrere Ärzte nach den Vor- und Nachteilen des Berufes.

Ein guter Rat kommt von einem guten Rat-Geber – und das sind oft nicht die Verwandten oder Freunde, noch nicht einmal der Partner. Diese haben praktisch immer aufgrund der Bindung zu uns irgendein eigenes Interesse. Das kann niemand ausschalten. Ein guter Ratgeber kennt sich mit dem Problem und der Problemlösung konkret aus. Zum Beispiel, weil er in derselben Situation steckte wie wir heute. Zugleich hat er kein inhaltliches oder finanzielles Interesse daran, was Sie schließlich tun. Einem Ratgeber muss das im Endeffekt gleich sein, weil seinem Klienten die Freiheit der Entscheidung zusteht. In der Regel wird er jedoch alles tun, um einen Weg ins Drama zu verhindern.

Dennoch: Trauen Sie Beratern nicht zu viel zu – nutzen Sie deren Rat als Hinweis, nicht als Diktat. Wie viele Unternehmer letztlich schon gestolpert oder gescheitert sind, weil sie den Ratschlägen professioneller Berater gefolgt sind, darüber werden vermutlich keine Statistiken angefertigt. Es ist davon auszugehen, dass es viele sind. Auch Berater haben keine wirkliche Prognosefähigkeit. Vermutlich ist es höchst unwahrscheinlich, innerhalb von zehn Tagen zwei Millionen billige, Wärme spendende Decken verkaufen zu können. Aber wenn in acht Tagen ein riesiger Asteroid herniederkommt und eine neue Eiszeit einsetzt, wird es gehen.

Experten – und Berater sollten Experten für ihr Thema sein – haben viel Fachwissen und Fachkönnen. Damit können sie Abläufe erkennen, warum also was geschehen ist, und sie können den Status quo beurteilen. Sie sind nicht Gott und haben immer auch Beschränkungen im Wissen oder Verständnis.

Eine der wohl besten Einstellungen als Coach ist das nicht wertende Interesse. Wundervoll ist es, diese Einstellung sich selbst gegenüber leben zu können. Dann finden wir einen tiefen, inneren Bezug zu uns selbst.

Internet als Ratgeber

Menschen haben eine Sehnsucht nach Bestätigung. Wir wollen also Belege für das, was wir glauben oder glauben mögen. Belege dafür bedeuten: Ich habe Recht, ich bin im Recht. Heute sind solche Belege leicht zu finden – Internetsuchmaschinen sei Dank. Gewiss macht die Recherche für »Klimawandel gibt es nicht« etwas mehr Mühe als die für »der Klimawandel ist im vollen Gang«, aber ein wenig Arbeit hat noch niemandem geschadet. Auf diese Weise werden Echo-Räume erbaut: Ich höre oder lese oder sehe nur noch das, woran ich glaube. Dass ich dabei eindeutige Indizien missachte, was soll's.

Es gibt innere Zirkel wie Sekten, die letztlich nichts anderes sind als Gefolgschaftserzeugungs- und Kontrolleinrichtungen. Ähnlich wirkt heute das Internet mit seinen Bewertungssystemen. Wehe, wenn wir anderer Meinung sind oder uns anders verhalten oder auch nur kleiden: Shitstorm-Gefahr! Nach außen gieren wir nach Individualität – tatsächlich wollen wir nicht auffallen und es allen rechtmachen, am besten, indem wir uns durch nichts von den anderen unterscheiden.

Der Philosoph Wittgenstein sagte (Wittgenstein 1963): »Die Welt ist alles, was der Fall ist«. Damit beschreibt er das Verhältnis von uns selbst zu Tatsachen und zur Wahrheit (siehe auch Kapitel 25). Unser Bezug zur Wahrheit wird durch das Internet zumindest vermindert, wenn nicht sogar unterbunden.

Heute heißt es eher, die Welt ist das, was ein Influencer gerne als seinen Fall ansieht. Vor einiger Zeit, als das Internet immer präsenter wurde, änderte sich das Verständnis dessen, was man unter einem Experten versteht. Früher waren Experten Menschen, die wirklich Ahnung vom Thema hatten. Sie hatten entsprechend studiert, sich weitergebildet, berufliche Titel erworben. Heute jedoch ist Experte, wer bekannt ist. Vlogger und Blogger sind Beispiele dafür. Die wirkliche, fachliche Expertise brauchen sie nicht, Hauptsache, es wird attraktiv und überzeugend ein Thema besetzt. Experte ist heute, wer bekannt oder prominent ist, nicht wer gebildet ist. Deshalb können Sie heute vielen »Experten« nicht mehr trauen.

> **PRAXIS** ▶ Wer Informationen und Rat braucht, sollte sich um echte Experten bemühen.

Ein weiteres »Expertenphänomen« ist inzwischen weit verbreitet: Inhalte, die so banal waren, dass sie früher unter Vermischtes liefen, werden heute aufgemotzt. Dann erleben wir Reinigungsexperten im Verkaufsfernsehen. Früher hat man irgendein Putzmittel gekauft, heute werden einem die gleichen Mittel von »Experten« nahegelegt. So viele Chancen, für die eigene Blindheit blind zu werden! Manche unterwerfen sich sogar der vermeintlichen Expertise eines selbsternannten Experten. Davon können wir zahllose in Internetvideos sehen, die je nach Laune Kaffeeautomaten oder Autos testen und ihr »Expertenwissen« dazu abgeben. Das Spektrum der zu bewertenden Gegenstände und die Anzahl der entsprechenden Experten scheint unerschöpflich.

Es gibt heute allgegenwärtige Möglichkeiten, sich selbstgewählten Illusionen hinzugeben – und auch, Illusionen, die andere gebildet haben, zu folgen. Andere vertrauen Titeln: Die Frau Doktor wird schon wissen, was richtig für mich ist. Vermutlich erheblich besser als Dr. Google.

Hierher gehört auch, unbedingt neutrale Informationsquellen zu nutzen. Google oder soziale Netzwerke sind für die eigene Meinungsbildung ungeeignet. Diese präsentieren jedem individualisierte Informationen, die andere Weltbilder als die eigenen ausschließen. Wir bekommen damit also vorselektierte Massenware amerikanischer Monopole präsentiert. Damit fehlt uns ein realistisches Abbild dessen, was geschieht. Neutralere Informationsquellen sind beispielsweise Tages- und Wochenzeitungen. Wer mag, sollte dabei auch das politische Spektrum abdecken. Einige sind konservativ und andere eher fortschrittlich. Dennoch, hier bekommen Sie Informationen, die nicht Ihrer eigenen Meinung angepasst wurden.

Zweifel sind Ratgeber

Manche Menschen ertragen Zweifel nicht. Zweifel bilden eine Form von Unsicherheit ab. Zweifelsfreiheit steht vermeintlich für Sicherheit. Solche Zweifelsfreiheit wollen uns manche Politiker vormachen. Darin können sie Sekten und Religionsgemeinschaften ähnlich sein, welche immer vorgeben, die richtige Lehre zu vertreten.

Andere wiederum genießen den Zweifel und wollen ihn so lange wie nur möglich behalten. Warum das? Damit sie sich nicht festlegen müssen. Solange Zweifel bestehen, haben wir eine Art Recht dazu. Dann hilft uns der eigene Zweifel, oder der von anderen an uns herangetragene, nichts eigenverantwortlich anpacken zu müssen.

Tatsächlich ist Ihre individuelle Entscheidung fast immer richtig, wenn keine Zweifel mehr da sind, wenn auch im tiefsten Winkel der Persönlichkeit Einklang mit ihr herrscht. Trotzdem Vorsicht: In einer vergleichbaren Konstellation wirkt auch der Selbstbetrug. Florians Geschichte zeigt, worum es geht:

》*Florian hatte genug von seinem Beruf als Werbedesigner. Zu lange musste er dem Mainstream folgen. Die ewig gleichen Versuche, Kunden von Produkten zu überzeugen, widerten ihn an. Als er ein verlockendes Angebot für den Verkauf seiner Agentur bekam, schlug er ohne großes Nachdenken zu. Zunächst planten seine Frau und er, das Geld in einem Bauernhaus anzulegen, um fernab der Stadt in Ruhe und schuldenfrei leben zu können. Beim Stöbern durch die Immobilienangebote blieb er bei einem alten Gemäuer hängen, über 500 Jahre alt und fast nicht saniert. Mit seiner Frau fuhr er hunderte Kilometer hin, erste Zweifel wuchsen in ihm ob der stundenlangen Anfahrt. Dort zu wohnen, kam aus verschiedenen Gründen nicht in Frage. Da entstand die Idee, dort ein Seminar anzubieten (siehe auch Kapitel 56). Gemeinsam mit seiner Frau diskutierte er einige Zeit lang, dann entschieden sie sich zum Kauf. Florian fuhr zwei Stunden zum Notartermin, parkte seinen Wagen und machte sich zu Fuß zum Notar auf. Immer stärker meldeten sich Zweifel, ob er unterschreiben sollte. Er hielt es nicht mehr aus und rief seine Frau an: »Soll ich das wirklich kaufen?« Sie zögerte kaum und meinte, er wolle es doch so. Florian unterschrieb und begründete damit ein Jahrzehnt voller Drama. Das Objekt erwies sich als Fass ohne Boden. Er fand keinen Nachkäufer, seine ganze Energie ging in den Erhalt der Immobilie, seine Ehe litt so, dass sie geschieden wurde. Erst nach langen Jahren konnte er das Objekt verkaufen; es hatte ihn fast sein gesamtes Vermögen gekostet.*

Drei wesentliche Fehler hat Florian bei einer Entscheidung gemacht – ein trauriger Rekord.
1. Seine erste Idee (Bauernhaus) war vermutlich die beste – auch wenn sich das im Nachhinein nicht klären lässt. Oftmals entspricht die erste Idee der eigenen Intuition. Die hat er nicht konsequent verfolgt. Er hat sich durch die dann gekaufte Immobilie ablenken lassen.
2. Dann traf er eine Spontanentscheidung, die er bei einer solchen Bedeutung besser hätte überlegen müssen.
3. Maßgeblich waren seine klaren, intuitiven Zweifel vor dem Notartermin. Hier läuteten seine inneren Alarmglocken, die er klar hörte

und denen er – leider – nicht folgte, eine teure, mühsame Taubheit. Umso lauter wurden seine Probleme anschließend.

> **PRAXIS** ▶ Wenn uns unsere innere Stimme klar, vernehmlich und eindeutig warnt, etwas nicht zu tun (oder ermahnt, etwas zu tun), sollten wir uns sehr wahrhaftig und ehrlich mit dieser Stimme auseinandersetzen.

Wenn wir merken, sie hat Recht, sollten wir ihr folgen. Wenn Sie beispielsweise einen Stellenwechsel ablehnen, weil Ihre innere Stimme Sie davor warnt, handeln Sie nicht ängstlich, sondern konsequent. Wenn diese Stimme allerdings bei jedem möglichen Stellenwechsel ertönt, ist es vermutlich keine Intuition. Wenn Sie spüren, dass ein bestimmter Weg nicht der richtige für Sie ist, sollten Sie ihn nicht weitergehen. Alles andere wäre Vergeudung von Zeit und von Ressourcen. Aber Vorsicht: Überprüfen Sie sich genau – sind es Zweifel am Ziel oder dem Weg dorthin oder haben die Zweifel eine ganz andere Basis und wollen Sie schlicht keine Verantwortung übernehmen oder prokrastinieren?

Sobald sich Zweifel melden, sollten Sie folgende Frage beantworten:

> **KLÄRUNG** ▶ Welchen Preis oder welche Preise bin ich bereit zu zahlen?

Diese Frage zu beantworten, ist alles andere als banal. Die Erfahrung zeigt, dass Menschen meistens dann erfolgreich sind, wenn sie bereit sind, Unannehmlichkeiten auszuhalten. Unannehmlichkeiten bedeuten mehr Arbeit, höheren zeitlichen Aufwand, Scham, Peinlichkeit, bloßgestellt sein, Unsicherheit über den weiteren Verlauf, inmitten einer Sache aufhören, wenn wir erkannt haben, wie sinnlos der weitere Weg wäre. Unannehmlichkeiten bedeuten nicht, es sich aktiv möglichst schwer zu machen.

Eigene Erfahrung als wichtigster Ratgeber

Ihre eigene Erfahrung ist ein hoher Wert für sich. Dieser Wert darf für Sie mehr zählen als das meiste, was Ihnen von anderen gesagt oder empfohlen wird. Das gilt sicher nicht für Inhalte, mit welchen Sie letztlich keine wahrhaftige Erfahrung haben. Wenn Sie Ihr Auto von Anbeginn in einer Werkstatt haben warten lassen – oder auch nie haben warten lassen – dann haben Sie keine Erfahrung damit. In diesen Situationen müssen Sie sich auf die Erfahrung anderer verlassen. Ihre eigene Vorgeschichte kann Ihnen dann allenfalls helfen zu entscheiden, ob Sie Ihrem Gegenüber das auch zutrauen können oder sollten oder nicht.

Eigene Position finden

Zehn Ärzte – elf Meinungen. Das kennen wir. Allerdings gibt es in fast jedem Fach so viele Auffassungen und Interpretationen, wie es Menschen gibt. Um viele Aspekte eines Sachverhalts kennenzulernen, ist die Meinung anderer durchaus wertvoll. Sie kann zur Erweiterung des eigenen Spektrums beitragen. Das ändert wenig an der grundsätzlichen Aussage: »Was interessiert mich die Meinung der anderen?«

> **PRINZIP** ▶ Sie sind einmalig, Ihre Vorgeschichte und Ihre Situation sind einmalig. Erlauben Sie sich deshalb auch eine eigene Meinung.

Fast immer werden Empfehlungen von der Weltsicht und den Erfahrungen des Empfehlenden geprägt. Was hat er erlebt, welchen Beruf übt er aus, welche grundsätzlichen Charakterzüge zeichnen ihn aus? Nur – was hat all das mit Ihnen zu tun? Ein guter Berater versucht deshalb, einerseits seine Lebenserfahrungen und sein Fachwissen wirken zu lassen, andererseits sich soweit möglich in die Welt seines Klienten einzufinden, um ihm individuell zu helfen.

Holen Sie sich in diesem Wissen Rat, um zu verstehen, welche möglichen Sichtweisen noch existieren. Auch um zu verstehen, dass die eigene Sichtweise eine von vielen möglichen ist. Nicht mehr, jedoch auch nicht weniger. Die Meinung anderer können und sollten wir wohlwollend anhören. Nach innerer Abwägung ist jedoch der eigenen Meinung zu folgen. Diese kann sehr wohl in begründeten Fällen sich nach Einbeziehung der Meinung anderer auch ändern. Die zentralen Fragen, die zu beantworten sind, lauten:

> **KLÄRUNG** ▶ Was halte ich für richtig?
> Gibt es eine Sehnsucht, welche meiner Entscheidung zugrunde liegt?

Wonach Sie sich sehnen, danach können Sie vertrauensvoll streben. Sehnsüchte bildet der Mensch selbst. Sie haben nichts mit den Erwartungen anderer zu tun. Es geht hierbei keineswegs um egozentrische Selbstbefriedigung. Eine wundervolle Sehnsucht ist beispielsweise die nach einer erfüllenden Beziehung oder auch, einem anderen Menschen Liebe zu schenken.

> **PRINZIP** ▶ Eine schlimme Vergeudung eigener Lebenszeit ist, seine Sehnsüchte zu ignorieren.

58 Vom Grundsatz ins Konkrete

»*Jasmin, eine Frau Anfang 40, war in ihrem Beruf als Frauenärztin höchst unzufrieden. Schon seit Jahren zweifelte sie an ihm. Sie hatte die Überzeugung gewonnen, im falschen Beruf gelandet zu sein. Wie hoch war jedoch der Aufwand gewesen, dorthin zu gelangen. Ein überdurchschnittlich gutes Abitur, sechs Jahre Studium, fast genauso lang Weiterbildungen an einer großen Klinik, zwei Jahre Tätigkeit als angestellte Fachärztin in einer Praxis und schließlich die Übernahme einer Praxis. Alles in allem ein enormer Kraftakt. Und nun das. Falscher Beruf. Ich stellte deshalb Jasmin die Wunderfrage. Mit der Wunderfrage kann man mal so tun als ob. Ich fragte sie, was wäre, wenn heute Nacht ein Wunder geschehen würde. Morgen würde sie aufwachen und hätte überzeugende Ideen, was sie mit ihrem Wissen und ihrem Status Wundervolles aus ihrer Situation machen würde. Jasmin musste nicht lange überlegen. Aufgrund ihrer eigenen Vorgeschichte war ihr wichtig, Frauen zu unterstützen, die missbraucht worden waren. Wir erarbeiteten einen Stufenplan, der sich über einen Zeitraum von mehreren Jahren erstreckte. Schließlich übernahm sie die fachärztliche Leitung einer großen Beratungsstelle, reduzierte ihre Tätigkeit in der eigenen Praxis stark, indem sie eine Kollegin als Teilhaberin gewann. Später übernahm die Kollegin die Praxis.*

Die Aufgabe des Berufes, erst recht, wenn dieser mit wirklich hohem Aufwand erreicht wurde, ist die Ultima Ratio. Fast immer gibt es andere Möglichkeiten, mit dem bereits Erreichten etwas Gutes anzufangen. Um in solch heiklen Situationen zu guten Entscheidungen zu kommen, empfiehlt es sich, in zwei Schritten vorzugehen. Der erste Schritt ist, das Grundsätzliche zu klären. Bei Jasmin war dies die Frage, ob sie etwas vollkommen Neues beginnen wollte oder etwas, das auf ihrer bisherigen Ausbildung aufbaute. Da eine universitäre Ausbildung mit jahrelanger, sich anschließender Zusatzausbildung einen üppigen Aufwand darstellt, kam ein Umschwenken auf einen vollkommen anderen Beruf für Jasmin nicht in Frage – allerdings erst, als sie sich ihre eigenen Vorleistungen klargemacht hatte. Vorher wollte sie einfach nur raus. Der zweite Schritt ist dann, ins Konkrete zu gehen: Was kann ich mit meinem Wissen konkret anfangen? Wobei fühle ich mich wohl? Wohin will ich mich entwickeln? Welche finanziellen Vorstellungen habe ich?

Es ist sinnvoll, zunächst im Grundsätzlichen eine Einigung mit sich selbst zu erzielen. Dann lohnt es sich, ins Konkrete zu wechseln.

Nehmen wir ein Beispiel aus der Partnerschaft:

>> *Lena und Mario hatten sich auseinandergelebt, wie es so heißt. Lena traf vor einiger Zeit einen neuen Mann, der ihr Sexualpartner wurde, und verbrachte schöne Zeiten mit ihm. Für Mario war das fast unerträglich. Nach zwei Jahren und weil er den gemeinsamen Sohn nach seiner Auffassung schonen wollte und eine Scheidung verhindern, begann er mit seiner Frau eine Paartherapie. Die Therapeutin fragte ihn, ob er sich vorstellen könne, mit seiner Frau zusammenzubleiben. Er antwortete ja, aber nur, wenn sie sich nicht mehr mit ihrem Liebhaber träfe. Daraufhin sagte Lena, dass sie auf so einen tollen Mann nicht verzichten wolle.*

Offenbar war es nicht möglich, im Grundsätzlichen (Treue, Wertschätzung statt Demütigung) eine Einigung zu erzielen. Mario wog einige Tage lang ab, was er tun wollte. Er kam zum Schluss, dass es sinnlos wäre, die Ehe aufrechtzuerhalten. Er rief einen Scheidungsanwalt an.

XIV. Schritt für Schritt zum Ziel

59 SCHRITT 1: Man kann nicht nicht entscheiden

Vorsichtige Menschen neigen zum Zögern oder zur Unterlassung. Sie meinen, es sei besser, alles bliebe so, wie es ist, als dass vielleicht eine (noch) schlechtere Situation einträte. Auch Menschen, die ungern in Verantwortung für sich gehen, versuchen Entscheidungen zu vermeiden. Sie wollen nicht schuldig werden. Dabei kann der Verzicht auf eine notwendige Entscheidung durchaus zur Schuld führen. Wir sind eben nicht nur verantwortlich für das, was wir tun, sondern auch für das, was wir unterlassen.

Wenn Sie sich entscheiden, nichts zu tun, ist genau das Ihre Entscheidung. Sie wirkt zunächst passiv, was nicht verhindert, dass sie in viel Arbeit ausarten kann. Es kann sehr schwer sein, zwischen Feigheit, dem Unwillen, Verantwortung zu übernehmen, und sinnvoller Vermeidung einer Entscheidung zu unterscheiden. Auch Aufschieberitis (Prokrastination) kommt vor. Oder Lähmung, die Unfähigkeit zur Entscheidung, Faulheit, Bequemlichkeit.

Um das klären zu können, hilft eine Überlegung.

> **KLÄRUNG** ▶ Was geschieht vermutlich, wenn ich nichts tue – und will ich das?

Auf Dauer erfordert es meistens ziemlich viel Arbeit und Aktivität, einen Status erhalten zu können. Das fängt beim kurzgeschorenen Rasen an, der mindestens einmal pro Woche gemäht (Aktivität!) werden muss, und zieht sich hin bis zu politischen Parteien, die extreme Aktivitäten versuchen, um ihren bisherigen Stimmenanteil halten zu können. Auch eine Partnerschaft braucht viel Engagement, um erfolgreich gelebt zu werden und Bestand zu haben.

Wann sollten Sie sich entscheiden? Beispielsweise, wenn sonst droht, wesentliche Entwicklungen zu verschlafen. Viele kennen den Spruch von Kaiser Wilhelm II: »Das Auto hat keine Zukunft. Ich setze aufs Pferd.« Nun, die Geschichte lehrte uns, dass auch ein Kaiser mal daneben liegen kann. Selbst Autobauer waren anfangs nicht so überzeugt von der Sache.

Für Sie geht es um mehr als um technische Entwicklungen. Wenn einem der Partner Hinweise gibt, dass er mit der Partnerschaft nicht mehr zufrieden ist (»Du kümmerst dich überhaupt nicht mehr um mich«, »Du hockst nur noch vor dem Computer«, »Warum bringst du nie den Mülleimer raus?«), kann das eine ebenso bedrohliche Konstellation sein. Verpasst man dann den richtigen Zeitpunkt, könnte man sich vor dem Familienrichter wiederfinden.

Als Erstes gilt, sich klarzuwerden, ob ein Entschluss ansteht oder nicht. Immer, wenn das Ziel vollkommen nebulös bleibt oder unerwünscht ist, und immer, wenn die Informationslage zu dürftig ist und verbessert werden kann, sollten Sie sich noch nicht festlegen. Aber: Wenn Sie nichts tun, ist das dennoch Ihr Entschluss und wird Auswirkungen haben. Zur kleinen Wiederholung: Man kann nicht nicht entscheiden.

60 SCHRITT 2: Informationsklarheit schaffen

Sowohl für Ihre Entscheidung als auch für die Schritte, die daraufhin erfolgen, sollten Sie wahrhaftig Klarheit schaffen. Nahezu gleich, worum es geht, werden wir wohl immer häufiger mit gezielten Falschinformationen konfrontiert. Wir sollten uns bewusst fragen, ob das, was uns berichtet wird, wirklich sein kann. Seien Sie also auf der Hut vor Fehlinformationen und gezielten Desinformationen – ohne sofort zum Verschwörungstheoretiker zu werden. Oft genügt es, sich die Frage zu beantworten, wer welchen Nutzen aus welcher fragwürdigen Behauptung ziehen kann. Beachten Sie auch die häufigsten Fallstricke für Ihre Informationssammlung, indem Sie eine kleine Auswahl von etwa 150 bisher bekannten sogenannten kognitiven Verzerrungen betrachten. Ein Prinzip dahinter ist, dass unsere Logik aus Bequemlichkeit unser einmal errungenes Weltbild beibehalten möchte:

Availability error
Je leichter Informationen verfügbar sind, als umso wahrscheinlicher werten wir sie. Wenn ein Thema die Schlagzeilen dominiert, verdrängt es auch in uns selbst andere Inhalte. Manchmal ist es deshalb sinnvoll, sich mehr Mühe bei der Beschaffung von Informationen zu machen und zu schauen, was durch die sich in den Vordergrund drängenden Themen verdeckt wird.

Dunning-Kruger-Effekt
Dieser wurde im Kapitel 21 bereits erläutert. Wir überschätzen unser Wissen und unser Können – je geringer beides ist, umso stärker ist unsere Fehleinschätzung. Das können wir bei den vielen Castingshows erleben: Je sicherer sich ein Mensch ist, der nächste Superstar zu werden, umso sicherer können wir von vollkommener Talentfreiheit ausgehen. Das bedeutet für uns selbst: Auch wenn wir uns für Experten halten, schadet es nicht, vom Wissen anderer Experten zu profitieren.

Framing-Effekt
Kaum etwas hat so viel Macht wie die Sprache. »50 Prozent der Patienten sterben« klingt ganz anders als »50 Prozent der Patienten überleben«. Dabei wird mit beiden Sätzen dasselbe ausgesagt. Wörter legen also den Rahmen fest, in welchem wir etwas beurteilen. Studieren Sie deshalb gerade Werbeaussagen besonders kritisch. Glauben Sie ernsthaft, Sie merken, ob Ihr Wagen in 8,5 oder 9,2 Sekunden von null auf hundert beschleunigt? Ist Ihnen das etwas wert?

Illusory causality
Unser Gehirn stellt gerne Zusammenhänge her, obwohl keine existieren. Das geschieht besonders häufig, wenn zwei Dinge in naher zeitlicher Abfolge geschehen. Dieser Kausalfehler wirkt bei vielen medizinischen Sachverhalten. Aber auch im Alltag leiden wir darunter. Erinnern Sie sich an Johannes aus Kapitel 54, der nach einem Abendessen einen Autounfall hatte? Er stellte einen Zusammenhang zwischen beiden her, obwohl keiner bestand.

Slippery slope argument
Seien Sie besonders kritisch, wenn Ihnen von Alternativlosigkeit oder Sachzwängen berichtet wird und wenn Ihnen folgende Argumentationstypen dargeboten werden:
- Wenn, dann ...
- Es gibt kein ...
- Für alle gilt, dass ...

Bei »Wenn-dann« wird oft eine zwingende Folge vorgegeben, die in der Realität gar nicht existiert. Nicht selten wird die Argumentationskette immer weiter verlängert: Wenn, dann und dann und deshalb und dann auch das noch. Dabei wissen Sie längst, dass aus A nicht unbedingt B und daraus noch weniger unbedingt C folgen muss.

Hindsight bias
Diesen Fehler kennen Sie schon von der Untersuchung, was Kunden vor einem Einkauf angaben, erwerben zu wollen und was sie dann tatsächlich einkauften (Kapitel 18). Dieser sogenannte Rückschaufehler hat ganz allgemein einen typischen Satz, vor dem keiner gefeit ist: »Das habe ich schon immer gewusst (oder schon immer gesagt).« Im Nachhinein wussten ganz viele Wissenschaftler, wie groß die Gefahr durch Coronaviren ist ...

Confirmation bias
In Kapitel 26 habe ich Sie eindringlich aufgefordert, möglichst krasse Gegenargumente zu Ihrer bisherigen Position zu finden. Unser Gehirn verarbeitet Informationen hoch selektiv – wir nehmen nur wahr, was in unser Weltbild passt. Das kann fatale Auswirkungen für Entscheidungen haben, die wir so wie geplant besser nicht durchführen sollten.

Gut feeling error
Eine Entscheidung ist meistens dann richtig, wenn Bauch *und* Kopf ihr gleichsinnig zustimmen. Das bedeutet eben auch, nicht *nur* der Bauch!

Unseren Verstand haben wir, um ihn einzusetzen. Gerade wenn andere an Ihren gesunden Menschenverstand appellieren, werden Sie wach. Nicht selten geht es um das direkte Gegenteil. Oder wenn Sie ein starkes Gefühl dominiert – kommen Sie zunächst zur Ruhe.

61 SCHRITT 3: Das Ziel zählt – und der Weg noch mehr

Gerne geben wir uns der Illusion hin, alles im Griff zu haben. Wir haben jedoch niemals alles und noch nicht einmal das meiste im Griff. Um diese Illusion aufrechtzuerhalten, haben wir seit frühester Kindheit Taktiken entwickelt. Wer mit seinen Eltern Brettspiele gespielt hat, kennt das vermutlich. Um sich bei *Mensch ärgere dich nicht* möglichst wenig zu ärgern, kommt es auf die richtige Augenzahl beim Würfeln an. Wie ein Würfel fällt, ist vollkommen zufällig. Dennoch wird er angefleht, in einer bestimmten Technik geworfen, möglichst lange zwischen den geschlossenen Handhälften hin und her bewegt. Was alles versuchen schon junge Menschen, um sich ihren Illusionen hinzugeben. Ein anderes Beispiel sind die Lottozahlen. Auch diese sind komplett zufällig. Was tun dennoch viele? Sie spielen ihren Geburtstag und die ihrer Liebsten. Beobachten Sie einmal Menschen, die im Spielcasino am einarmigen Banditen sitzen. Der Zeitpunkt des Hebelziehens ändert die ohnehin geringe Gewinnchance nicht. Trotzdem versucht jeder, den richtigen Zeitpunkt zu erwischen. Das Prinzip lautet: Wir wollen unbedingt die Macht über einen Vorgang behalten. Wir möchten nicht daran erinnert werden, dass wir sie nicht besitzen. Der Arzt in mir kann hinzufügen: bis zum nächsten Herzinfarkt oder Schlaganfall. Es gibt unendlich viele, weniger gute Einflüsse, die kein Mensch irgendwie managen kann.

PRINZIP ▶ Wir überschätzen die positiven Auswirkungen unserer Macht. Wir überschätzen unsere Macht ganz im Allgemeinen und unterschätzen zugleich Risiken.

Zufälle auf unserem Weg zum Ziel können sowohl positiver wie negativer Art sein. Wenn es gut läuft, wunderbar. Unangenehme Ereignisse sollten wir immer einplanen. Das geht, indem wir sie als ungewollte Optionen gedanklich durchspielen: Was wäre, wenn …

Es ist ganz leicht, sich für eine Diät zu entscheiden, wenn man gerade mit vollem Bauch nach einem üppigen Mittagessen am Tisch sitzt. Wer selbstehrlich lebt, kann sich eine Frage beantworten.

KLÄRUNG ▶ Würde ich die Entscheidung auch so treffen und durchziehen, wenn ich bereits heute an die Umsetzung gehen müsste?

Eine Entscheidung führt zu einer Handlung – wenn nicht, war es eine Träumerei. Diese Handlung kann auch nur in uns selbst ablaufen. Das ist der Fall, wenn wir eine neue Einstellung zu etwas einnehmen. Bei einer Entscheidung wird aus mehreren Alternativen diejenige ausgewählt, die der Zielerreichung am besten dient.

Vor einer Entscheidung steht die Zielsetzung an. Ziele setzen wir uns fast ausschließlich in zwei Situationen: Wir wollen, dass sich etwas zum Besseren verändert. Oder wir wollen, dass alles genauso bleibt, wie es ist. Dieser Wunsch keimt meistens dann auf, wenn wir Angst davor oder keine Lust dazu haben, dass sich etwas ändert.

Es gibt einen Unterschied zwischen einem vernünftigen Ziel und einem vernünftigen Weg. Beide sollten stimmen, beides ist wichtig. Zunächst ist das Ziel zu definieren. Einen fünften Computer anzuschaffen, während drei funktionierende im Keller verstauben, ist nicht vernünftig. Selbst dann nicht, wenn die Wahl des fünften nach guten und nachvollziehbaren Kriterien erfolgt.

Vernünftig ist ein Ziel, das wahrhaftig erkannt wird. Dafür sollten *zu* starke Gefühle keine Rolle spielen. Diese sind irrational und wirken gerne in eine Richtung, die wir mit Abstand betrachtet nicht wollen. Aber es geht eben nicht nur um ein Ziel, sondern auch darum, wie wir dorthin gelangen. Oftmals ist für ein sinnvolles und zufriedenes Leben das wichtiger, was wir tun als dessen spätere Wirkung.

Natürlich sollten wir nichts tun, was die Umwelt oder andere oder uns schädigt. Auch etwas nur zu tun, um sich selbst zu beschäftigen, ist fragwürdig. Und gewiss ist es so, dass ein Großteil dessen, was wir tun, auch unserem wirtschaftlichen Überleben dient. Dennoch geht es im Moment der Tat darum, es zu tun. In diesem Moment geht es weniger um Dinge, die in der Zukunft stattfinden oder auch nicht. Insofern ist die Bedeutung des Weges zu einem Ziel sehr hoch, oft bedeutsamer als die Zielerreichung. Wer nur einen überragenden Sieg als Befriedigung empfindet, wird sich nicht freuen über all das Gute, das auf dem Weg dorthin geschieht. Es ist der Unterschied zwischen dem Frust eines Silbermedaillengewinners, der nur das knapp verfehlte Ziel sieht, und der Freude des Bronzemedaillengewinners, der sich freut, so weit gekommen zu sein. Der Goldmedaillengewinner wird sich ähnlich freuen. Ihm jedoch bleibt die Chance des Dritt- und Zweitplatzierten versagt: Beide haben ihr Ziel noch nicht erreicht.

> **KLÄRUNG** ▶ Zuerst: Was will ich? Und dann: Wie komme ich dahin?

Die Entscheidung für ein Ziel bedeutet noch keine Entscheidung für den Weg. Was muss ich für mein Ziel tun? Das ist quasi immer der zweite Teil, eine zweite Entscheidung. Insofern rollen wir das Ganze zeitlich gesehen falsch herum auf. Wir haben erst ein Ziel, dann den Weg. Denn ohne Ziel gibt es keinen Weg, sondern ein Umherirren.

Ein Bild sagt mehr ...

Aus vielen Untersuchungen ist bekannt, wie wichtig es ist, Tatsachen so aufzubereiten, dass sie einfach verarbeitet werden können. Das können wir für unser Denken nutzen. Es bringt nicht viel, sich Zahlenkolonnen zu merken. Viel wirksamer sind Bilder. Ein Beispiel ist der dem Hungertod nahe Eisbär auf einer Eisscholle. Es wirkt stärker als jede Klimatabelle. Für Ihre Entscheidungen können Ihnen positive Bilder helfen. Wenn Sie nicht wissen, was Sie wollen, schaffen Sie sich in Ihrer Vorstellung von möglichen Zielen Bilder: Wie sehen Sie in diesem Bild aus? Was tun Sie? Wo sind Sie? Wie fühlen Sie sich dort und dabei?

KLÄRUNG ▶ In welchem Bild fühle ich mich wohl?

62 SCHRITT 4: Den Impuls nutzen und ins Tun kommen

Eigentlich müsste ich noch … Es wäre besser, wenn ich jetzt … Vermutlich steht noch aus, dass ich … Solche Situationen kennt vermutlich jeder. Wer dann passiv bleibt, hat zwar Bequemlichkeit gewonnen, wird aber auf Dauer nicht vorankommen. Das Richtungsweisende ist oft nur der erste Impuls. Sich zu aktivieren, ins Tun zu kommen. Sobald wir begonnen haben, macht vieles Weitere keine besondere Mühe mehr. Das gilt auch für schwierige oder langwierige Aufgaben. Es kommt oft nur darauf an, den hinderlichen Anfangswiderstand zu überwinden. Es geht um den ausreichenden Impuls zu Beginn. Es gibt jedoch Menschen, die fast nur von diesem Impuls zehren. Sie haben kein Durchhaltevermögen, beginnen wieder und wieder etwas Neues. Denen nutzt die ganze Aktivität auf Dauer eben doch nicht viel.

Manche Menschen sind so in ihrer Passivität gefangen, dass sie keine Aufgabe finden, von der sie meinen, sie bewältigen zu können. Das richtige Vorgehen ist für sie, die Aufgaben in immer kleinere Schritte zu unterteilen. Und zwar so lange, bis ein einzelner, nun anstehender Schritt möglich erscheint. Und sei es, nur eine Telefonnummer herauszufinden, die erst am nächsten Tag angerufen wird.

Wer vorrangig zu Hause herumhängt oder im Internet lebt, wird es immer schwerer haben, ein passendes Ziel zu finden. Wesentlich ist, in Aktivität zu kommen. Wenn Ihnen nichts einfällt, was Sie überhaupt machen könnten, tun Sie irgendetwas, das zugleich anderen hilft. Aber tun Sie etwas. Das gilt nicht für aktive bis überaktive Menschen, die ständig planen oder etwas tun »müssen«. Sie sollten eher Ruhe finden. Die anderen setzen sich ein Ziel, welches ihnen möglich erscheint und welches sie nicht von vornherein ablehnen. Versuchen Sie etwas. Kein Mensch sagt, dass Ihr erstes Ziel auch das letzte sein muss. Wenn es doch so kommt und Sie zufällig genau das Richtige erwischen, umso besser. Wenn nicht, arbeiten Sie zunächst trotzdem weiter. Auch wenn

Sie sich fragen, warum Sie das alles tun, machen Sie erst einmal weiter. Das Leben und die Chancen kommen nicht zu Ihnen. Falls Sie darauf warten, werden Sie vergeblich warten.

> **PRAXIS** ▶ Sie selbst müssen auf Ihr Leben und Ihre Chancen zugehen.

63 SCHRITT 5: Der Sinn von allem

Zeitpunkt

Wir sind fast blind für allmähliche Veränderungen. Neue Wandfarbe täte so einigen, lange vernachlässigten Wohnräumen gut. So blind wir für kleine Veränderungen im Guten sind, so blind sind wir es eben auch im Schlechten. Wer wachsam ist, aufmerksam bleibt, der merkt irgendwann den schleichenden Prozess. Es ist besser, rechtzeitig zu intervenieren. Dabei hilft uns unser Interesse für Menschen und Dinge um uns herum. Es bildet eine effektive Basis, um weiter zum Sinn des eigenen Lebens voranzukommen.

Interesse

> **PRAXIS** ▶ Es genügt, sich ein Feld auszusuchen, das einen fasziniert oder interessiert, zu dem Sie einen inneren Bezug aufbauen können.

Sobald Sie dieses eine Feld gefunden haben, sich darin üben und immer mehr Fähigkeiten und Wissen erlangen, fühlt sich das eigene Leben sinnvoll an.

> **PRAXIS** ▶ Streben Sie immer nach Inhalten, die für Sie selbst interessant sind oder in denen Sie selbst kreativ sein können. Tun Sie etwas nicht deshalb auf Dauer oder beruflich, weil Sie es können, wenn es Sie nicht wirklich interessiert. Tun Sie möglichst wenig »nur« wegen des Geldes.

Nur weil Sie gut kochen können, müssen Sie noch lange kein Lokal eröffnen. Nur weil Sie gut laufen können, müssen Sie nicht am Ironman teilnehmen oder Hochleistungsathlet werden. Nur weil Sie sich Witze gut merken und erzählen können, müssen Sie kein Humorist werden oder Bühnenauftritte planen. Nur weil Sie gut körperlich lieben können, müssen Sie noch lange nicht ins Sexbusiness einsteigen. Ihr wahres Interesse, vielleicht so etwas wie Ihr Genius, muss nicht bereits im Moment mit Ihren Fähigkeiten (was Sie auf die Welt mitgebracht haben) oder Fertigkeiten (was Sie erlernt haben) übereinstimmen.

> **PRINZIP** ▶ Erfüllend und befriedigend wird Ihr Leben, wenn Sie Ihrem wahren Interesse folgen.

Sinn

Manche Entscheidungen haben mehr mit der Biologie unseres Wesens zu tun, als uns vielleicht klar ist. Wir brauchen eine gewisse Umgebungstemperatur, uns stört Lärm und wir versuchen, stupide Tätigkeiten möglichst wieder loszuwerden. Auch Stress, euphemistisch Eustress genannt, schädigt uns gewiss. Den Effekt solcher Inhalte *unter*schätzen wir systematisch und wir *über*schätzen die Auswirkungen von materiellen Dingen wie Bonuszahlungen, Ehrungen wie Urkunden oder Titel, Autos, Häuser usw. Ein grundsätzliches Ziel sollte sein, das eigene Leben so passend wie nur möglich für sich zu gestalten. Das hat nichts mit Egozentrik zu tun, sondern mit dem Auftrag, den das Leben an uns stellt. Je mehr Sie sich in Ihrem Leben angekommen fühlen, umso liebevoller und freier können Sie sich anderen Menschen zuwenden. Umso weniger werden Sie Ansprüche an andere Menschen stellen, weil Sie selbst die Ansprüche für sich erfüllen.

Es gibt Menschen, die meinen, zu etwas Höherem berufen zu sein. Sie wollen kein normales Leben führen. Dabei verkennen sie den üblichen Ablauf, der darin besteht, zuerst alles vorbereiten zu müssen, bevor sie die Ernte ihrer Mühe einfahren können. Sind Sie bereit, folgende Schritte zu gehen: Sich mit Buchhaltung befassen, viele verschiedene Menschen kontaktieren, um auf Ihre Werke aufmerksam zu machen, Rückschläge einstecken und trotzdem weitermachen, zunächst auch für wenig Geld arbeiten, zunächst etwas Gewöhnliches machen?

Das alles sind übliche Schritte, bevor jemand wirklich bekannt und erfolgreich ist. Die wenigsten werden von null auf hundert erfolgreich. Im Zeitalter des Internets gibt es das auch. Praktisch immer stecken ganz viel Detailarbeit und ganz viel Mühe dahinter.

Dauerhaft positive Effekte sind davon abhängig, wie wir unser Leben ausfüllen. Zwei Faktoren sind dabei von ausschlaggebender Bedeutung, unsere Freiheit und unsere Zeit. Bedenken Sie: Auch Sie haben nur ein Leben. Damit ist Ihre Zeit beschränkt. Schenken Sie diese sich selbst und den Menschen, die Sie lieben, und tun Sie das, was Sie interessiert, fasziniert und Sie und vielleicht auch die Welt ein wenig weiterbringt.

> **PRAXIS ▶** Tun Sie besser das, was Ihrem Interesse und Ihrer Persönlichkeit am ehesten entspricht, und verzichten Sie eher auf etwas Geld.

> **PRINZIP ▶** Erfüllung im eigenen Leben zu finden, ist von ungleich höherer Bedeutung als materielle Werte.

Wer mit einer Millionen Euro nicht zufrieden ist, wird auch mit zehn oder 100 oder 1000 Millionen nicht zufrieden sein. Der Grund ist ganz einfach: Erst wenn unsere Seele bekommt, was sie tatsächlich will, wird sie Ruhe geben.

> **PRINZIP ▶** Ersatzbefriedigungen akzeptiert die Seele nicht auf Dauer.

Manche versuchen etwas ganz anderes zu erreichen, wenn sie ein teures Auto oder Kleidung oder teure Reisen erwerben. Damit wollen sie sich selbst einen Wert geben. Das klappt nicht, weil etwas Äußeres keinen Selbstwert dauerhaft ersetzt. Das ist so, als wollte man eine akute Blinddarmentzündung mit einem Wadenwickel heilen. Materielle Dinge lenken oft vom grundsätzlichen Thema ab. Wer Pech hat, stirbt, bevor er sich selbst nahegekommen ist. Diese Art der Ablenkung entspricht der Missachtung der eigenen Lebenszeit und des eigenen Wertes.

Ein ähnliches Phänomen existiert, wenn Sie sich einem scheinbaren Problem zuwenden, obwohl es ein erheblich wichtigeres zu lösen gäbe. Beispielsweise heftige Probleme in einer Beziehung – statt diese anzuschauen und zu lösen, wird ein Haus renoviert. Dann bleiben Fragen unbeantwortet, worum es tatsächlich geht und was tatsächlich ansteht.

Sinnvoll ist jede Tätigkeit, die Ihnen selbst entspricht und die niemanden und auch nicht unsere Heimat, die Erde, schädigt. Es geht ausschließlich darum, was für Sie sinnvoll und für Sie bedeutsam ist. Diesen Inhalt dürfen Sie sich von niemandem vorschreiben lassen. Diesen Inhalt können nur Sie selbst finden. Sinn ist also nichts, was allgemeingültig ist. Sinnhaftigkeit hat immer mit dem Individuum, mit einem selbst zu tun. Damit sind Sie in der Macht, den Sinn für sich selbst zu definieren. Sie brauchen sich dafür niemandem zu erklären.

Was Sie tun, muss keine die Menschheit bewegende Aufgabe sein. Hauptsache, es bewegt Sie selbst und berührt Ihr Inneres. Allem, was Ihnen wirklich wichtig ist, sollten Sie genügend Raum in Ihrem Leben geben. Das, was Sie tun, sollte Ihnen wichtig sein. Um innere Leere zu vermeiden, brauchen Sie kein sorgenfreies Leben und auch kein Paradies. Sie brauchen eine Beschäftigung, die Ihnen wichtig ist und die Sie erfüllt. Tun Sie nichts für Geld, tun Sie es des Inhalts wegen und weil es Ihnen entspricht. Zufrieden und erfüllt fühlen wir uns dann, wenn wir etwas geben, wenn wir andere glücklich machen oder ihnen helfen können. Das Geheimnis eines erfüllten Lebens liegt also nicht darin, etwas zu besitzen, zu raffen oder zu horten, sondern im genauen Gegenteil davon.

PRAXIS ▶ Tun Sie das, wofür Sie sich selbst entschieden haben und tun Sie es, weil Sie sich entschieden haben.

Das wirkliche Ziel

Der Satz, auch der weiteste Weg beginne mit dem ersten Schritt, ist zweifellos richtig. Für Ziele gilt noch etwas anderes: Besser hundert kleine Schritte ohne zu stolpern als zehn Riesenschritte, von denen der fünfte in den Abgrund führt. Veränderungen werden von uns selbst und unserer Umgebung meistens besser toleriert, wenn sie in kleinen Schritten erfolgen. Oft geschehen diese Veränderungen dann so unmerklich, dass keine Widerstände auftreten. Erst in einer Rückschau fällt auf, wie viel sich getan hat.

Ein Beruf und jede Tätigkeit zehren meistens dann zu stark, wenn wir uns selbst verkaufen. Das darf nicht sein. Wir können eine Dienstleistung verkaufen oder Waren oder unser Wissen oder unseren Rat oder unsere Fertigkeiten. Sich selbst behalten Sie bitte immer für sich.

Ein Beruf ist weit mehr als die Möglichkeit, Geld zu verdienen. Da ein Beruf einen überaus markanten Teil unserer gesamten Lebenszeit einnimmt, sollte er immer auch für einen arbeiten. Es bedeutet, dass wir selbst am Beruf wachsen und uns darin wohlfühlen.

Bei Entscheidungen geht es nicht nur darum, welches Gefühl in einem entsteht. Ebenso bedeutsam ist, sich selbst Klarheit über seine großen Ziele und seinen Weg zu verschaffen. Bevor Sie an ein Ziel herangehen, machen Sie sich zuerst klar, wo Sie im Moment stehen. Wie also ist Ihre Situation? Weshalb wollen Sie von dort weg? Wie soll der Weg zu etwas anderem aussehen? Wie soll die Veränderung sein? Sind Sie dann vermutlich wahrhaftig zufriedener – oder in einer wie auch immer besseren Situation? Und wenn nicht: Warum spüren Sie dennoch die Notwendigkeit einer Veränderung?

Das wahrhaftige Ziel

Je extremer Ihre Ziele sind, je mehr Sie erreichen wollen, umso höher wird auch Ihr Risiko für Abstürze. Es gibt Menschen, die schwingen nur wenig um eine imaginäre Mitte. Andere bevorzugen größere Ausschläge. Sie leben in Extremen.

Das Ziel muss erreichbar sein. Elon Musk, der als Gründer diverser Firmen schon viel bewegt hat, will nun auch noch eine Million Menschen auf den Mars bringen – bis 2025. Völlig idiotisch. Das ist kein Ziel, sondern Fantasy. Wer etwas Unerreichbares anstrebt, vertut meistens Chancen für das Mögliche. Nicht jeder verfügt über die abstrusen Finanzmittel des eben Genannten.

Nun steht die eine große Frage im Raum. Sie haben diese bereits zweimal beantworten können:

> **KLÄRUNG** ▶ Was will ich wirklich?

Ihre Antwort sollte sein:

> **PRAXIS** ▶ Ich tue das, was ich und das Leben von mir möchten, und ich möchte das, was das Leben mir anbietet. Denn ich bin ein Teil des Lebens.

Wenn Sie tun, was sie gerne machen, werden Sie sich die Sinnfrage kaum stellen. Wenn Sie hingegen Ihre Zeit damit vergeuden, etwas zu tun, was Sie nicht wirklich interessiert, werden Sie sich als Verlierer*in fühlen. Besser beantworten Sie sich zwei Fragen:

> **KLÄRUNG** ▶ Was passt zu mir?
> Was interessiert mich?

Jede Entscheidung hat ein Ziel im Blick.

> **PRINZIP** ▶ Ein Ziel hat immer, wenngleich in unterschiedlichen Ausprägungen, folgenden grundsätzlichen Kriterien zu genügen:

1. Bleibe ich damit handlungsfähig (Machterhalt)?
2. Fühle ich mich damit wohl (Lustgewinn)?
3. Kann ich dem Weg, den Menschen und dem Ziel vertrauen (Bindungserhalt oder -aufbau)?
4. Werde ich wertgeschätzt von mir und von anderen, wenn ich das Ziel erreicht habe (Selbstwert und Anerkennung)?

Setzen Sie sich Zwischenziele, auch Arbeitsziele genannt. Wenn Ihnen das endgültige Ziel noch nicht klar ist, formulieren Sie ein Ziel, welches Ihnen zunächst möglich erscheint.

Wenn Sie Ihre Wahl getroffen haben, gönnen Sie sich noch eine

Zeit des Innehaltens. Gibt es vielleicht auch einige problematische Aspekte Ihrer Lösung? Welche genau? Was ist, wenn Sie damit umgehen müssen?

64 SCHRITT 6: Mitmenschlichkeit ist der Kern

Viele Verläufe sind nicht linear. *Eine Ursache sorgt für eine Wirkung* – so klar ist es oft nicht. Im Gegenteil, ganz viele Elemente schaukeln sich gegenseitig hoch und herunter, und dies so lange, bis keiner mehr weiß, was am Anfang stand. Deshalb ist die Frage nach Henne oder Ei nur so zu beantworten: Henne *und* Ei.

Was bedeutet das für unsere Pläne? Wenn wir damit Einfluss auf ein Lebewesen nehmen, wie beispielsweise unseren Partner oder unsere Kinder oder Mitarbeiter, dann werden diese re-agieren. Sie werden lernen, sich anpassen, sich dagegenstellen, wie auch immer: Sie werden in die Entscheidung mit eingreifen. Dadurch sind Rückwirkungen auf uns selbst möglich, die wir vielleicht vorher nicht gesehen haben, die uns mal passen, mal auch nicht. Deshalb kann es hilfreich sein, sich vorab folgende Fragen zu beantworten:

> **KLÄRUNG** ▶ Wen beeinflusse ich mit meiner Entscheidung in welcher Weise?
> Welche Reaktionen sind zu erwarten und wie wahrscheinlich werden sie etwas bewirken?

Wir leben nicht auf dem Mars, auch nicht auf der Venus, sondern mit vielen Mitmenschen. Viele Entscheidungen, die wir treffen, betreffen auch andere. Deshalb haben wir mit deren Reaktionen zu rechnen. Gewiss kann niemand in andere hineinschauen, dennoch können wir uns fragen, wie der andere vermutlich reagieren wird: Was also ist dessen oder deren bevorzugte Strategie? Geht es dabei vermutlich um das Feld der Macht, oder das der Liebe? Will der andere materielle Vorteile haben? Geht es darum, dass er auf keinen Fall Ansehen verlieren möchte?

Das Wohl von engen Vertrauten sollte für den eigenen Weg einbezogen werden. Mitmenschlichkeit wird sich bei den eigenen Entscheidungen langfristig lohnen.

In aller Regel wählen Menschen die Strategie zum eigenen Vorankommen, bei deren Anwendung sie sich selbst als dominant empfinden. Wer also meint, besonders hart verhandeln zu können und damit so viel wie möglich herausholen zu können, wird hart verhandeln. Wer von seinen empathischen Fähigkeiten überzeugt ist, wird über den Weg des Vertrauens und der Mitmenschlichkeit seine Ziele durchsetzen wollen.

Grundsätzlich sollten wir auf kurzfristige Vorteile verzichten. Wichtig sind im engen Kreis

- Ehrlichkeit,
- klare Kommunikation (klare Aussagen: Was willst du? Was will ich?) und
- Vertrauen.

Und im Geschäftsbereich

- Vertrauen,
- Verlässlichkeit,
- Voraussehbarkeit und
- Qualität.

In beiden Bereichen findet sich Vertrauen wieder. Es aufzubauen und zu erhalten, ist ein zentrales Anliegen. Vertrauen bedeutet die Vermutung, dass sich beide an Vereinbarungen halten und entsprechend handeln. Vertrauen ist also die Zuversicht in Vereinbarungstreue.

65 SCHRITT 7: Sich Gutes tun

So planen wir unsere Belohnungen im Voraus:

Grundregel 1: Eine Belohnung, die wir erwarten, empfinden wir als weniger angenehm als eine, die wir nicht erwarten. Angenehme Überraschungen mögen wir also. Oder auch: Es sollte mehr oder Besseres kommen als das, was wir erwarten.

Grundregel 2: Je materieller eine Belohnung ist, umso schneller gewöhnen wir uns daran. Materielle Belohnungen verlieren am schnellsten ihre Wirkung. Wir sind also rasch gesättigt und verlangen nach noch mehr. Unter materieller Belohnung verstehen wir nicht nur Geld, sondern auch beispielsweise Lustempfinden. Es kommt dazu, dass wir bei materiellen Inhalten stärker enttäuscht sind, wenn wir »nur« die erwartete Belohnung erhalten. Ein typisches Beispiel sind Bonuszahlungen für Angestellte. Sie werden innerhalb kurzer Zeit als üblich oder gegeben hingenommen und die eigentlich erwünschte Motivation fehlt, weil die Freude daran sehr schnell abnimmt.

Grundregel 3: Auch soziale Belohnungen wirken auf Dauer immer schwächer. Jedoch ist die Abschwächung im Vergleich zu Materiellem im zeitlichen Verlauf langsamer. Unter sozialen Belohnungen werden Anerkennung oder Lob verstanden. Als Führungsperson ist es deshalb wichtig, sowohl den Inhalt des Lobs zu verändern als auch ab und zu einen Tadel einfließen zu lassen, um die Gewöhnung möglichst lange hinauszuzögern.

Grundregel 4: Eine Belohnung, die sehr rasch erfolgen kann, hat eine extreme Sogwirkung. Sie ist also Verführung pur. Dieses Prinzip machen sich alle Konsumkredite zunutze. Der Kunde erhält jetzt das Objekt seiner Begierde, was einer Belohnung entspricht, und muss dann Monate oder Jahre dafür bezahlen. Da der Effekt von materiellen Dingen innerhalb kurzer Zeit verpufft, ist dies immer ein schlechtes Geschäft. Deshalb gibt es eine Grundregel: Nehmen Sie keinen Konsumkredit auf, außer Sie brauchen das Teil für Ihre Arbeit. Wie kommen Sie dann an das Verlockende heran? Indem Sie Ihre Fähigkeit zum Belohnungsaufschub trainieren. Das bedeutet, zunächst auf etwas zu verzichten und anzusparen und es dann zu kaufen, wenn Sie das Geld dafür haben. Sie müssen also zu etwas Einschneidendem bereit sein, wenn Sie langfristig Ziele erreichen wollen.

Grundregel 5: Es gibt eine Belohnung, deren Wirkung niemals nachlässt. Es ist die intrinsische Belohnung aufgrund einer intrinsischen Motivation. Wenn wir Glück haben, wirkt sie sogar stärker bei Wiederholung. Intrinsisch sind Motivationen, die tatsächlich von innen heraus entstehen und nicht äußere Einflüsse erwarten. Die zwei wesentlichen intrinsischen Motivationen sind die Freude, wenn wir etwas tun, und die sogenannten Selbstwirksamkeitserwartung.

> **PRINZIP** ▶ Was uns Spaß macht und bei dem wir das Gefühl haben, etwas bewegen zu können, motiviert uns am meisten.

Für Ihre Pläne bedeutet dies, als wesentliches Moment genau darauf zu achten.

> **KLÄRUNG** ▶ Habe ich Freude beim Tun und beeinflusse ich etwas, das mir wichtig ist?

Die eben genannten Grundregeln gelten nicht nur für die Belohnungen an sich, sondern auch für die Belohnungserwartungen. Eine Belohnungserwartung in uns wirkt, als wären wir tatsächlich belohnt worden. Belohnungserwartungen haben auf uns den gleichen Effekt wie Belohnungen, weil auf chemischer und molekularer Ebene in beiden Fällen das Gleiche in unserem Gehirn abläuft. Sie erschöpfen also auch. Daraus folgt: Alles, was uns materiell reizen soll oder könnte, muss möglichst schnell verwirklicht werden. Materielle Anreize, die zu weit in der Zukunft liegen, haben für uns keine Bedeutung. Das ist ein essenzielles Problem bei der eigenen Rentenplanung mit Anfang 20.

Wissenschaftler konnten zeigen, dass Menschen auf bis zu 1000 Euro verzichten, die erst in ein oder zwei Jahren ausgezahlt werden, stattdessen nehmen sie den einen Euro, den sie gleich bekommen können. Aber nicht jeder ist so gestrickt. Es gibt eine Gruppe in der Bevölkerung, die lieber wartet auf die deutlich höhere Belohnung in der Zukunft. Es sind die Menschen, die risikofreudig sind. Unsere Persönlichkeit entscheidet darüber, wie wir mit zukünftigen Belohnungen umgehen. Die Mehrzahl der Menschen, die zur Gruppe der Risikovermeider gehören, wählen die sofortige Belohnung. Auch deshalb haben Menschen, die ins Risiko gehen, tendenziell tatsächlich mehr Geld als die anderen.

Alle sozialen Anreize verlieren deutlich langsamer ihre Belohnungserwartung. Wenn wir jemandem weismachen können, dass sie oder er in Zukunft von der Gruppe besonders geliebt oder gemocht wird, können wir damit auch langfristig ihr oder sein Verhalten ändern.

Erwartungen, die mit intrinsischer Belohnung zusammenhängen, erschöpfen sich nicht. Dafür gibt es das Wort der puren Vorfreude. Wenn wir uns tatsächlich und selbstehrlich vorstellen können, wie unser Handeln uns erfüllen und die Auswirkungen haben wird, die wir gerne hätten, ist dies ein extrem starker Antrieb. Er behält auf Dauer seine Wirkung.

Das Einzige, was sich nicht sättigt, sind also die intrinsische Motivation und die intrinsische Belohnung. Sie nähren unsere Selbstwirksamkeit. Und diese überdauert und überstrahlt alles. Alle anderen Belohnungen verlieren mal schneller, mal langsamer ihre Wirkung. Deshalb ist es von zentraler Bedeutung, Entscheidungen so zu treffen, dass eben jene intrinsische Motivation angeregt wird oder erhalten bleibt. Es sind letztlich ganz einfache Fragen, die wir uns ehrlich zu beantworten haben:

KLÄRUNG ▶ Will ich das wirklich?
Entspricht es mir?
Freue ich mich darauf und dabei, es zu tun?
Kann ich damit etwas bewegen?

Gute Entscheidungen sind ehrliche Entscheidungen. Wahrhaftigkeit der Situation und sich selbst gegenüber ist deshalb der fundamental wichtigste Faktor für eine gute Zukunft.

66 SCHRITT 8: Das Kernhindernis verstehen

Hindernisse auf unserem Weg sind normal und natürlich. Wenn Sie Hindernisse spüren, ist das wundervoll! Dann haben Sie nämlich ein Ziel. Hätten Sie kein Ziel, woran sollte sich ein Hindernis aufbauen?

Ein Wunsch entspricht einem Ziel, das noch nicht erreicht ist. Wenn etwas noch nicht erfüllt ist, muss es ein Hindernis geben, das Sie daran gehindert hat, dorthin zu gelangen. Ein schlichtes Beispiel: Sie sitzen vor dem Computer und surfen durch die Seiten. Auf einmal meldet sich der kleine Hunger bei Ihnen und Sie brauchen etwas zu essen. Haben Sie etwas da oder müssen Sie erst etwas einkaufen? Und schon kann ein Hindernis auftauchen. Eine Entscheidung (»Ich möchte etwas essen«) initiiert auf diese Weise Fragen.

> **KLÄRUNG** ▶ Welche Hindernisse kommen vor der Zielerreichung? Welche dieser Hindernisse kann und will ich überwinden?

Dazu kann auch gehören, sich klarzumachen, wer einem dabei helfen kann.

Wenn Sie nicht wissen, was zu tun ist, ist das ein deutlicher Hinweis darauf, dass es irgendwo ein Hindernis gibt, an dem Sie sich abarbeiten, statt innerliche Klarheit zu erlangen. Was konkret ist es? Wenn Sie erkannt haben, was Ihnen im Weg steht, können Sie gezielt vorangehen, um dann festzustellen, wie stark dieses Hemmnis tatsächlich wirkt. Je eindeutiger ein Ziel angestrebt wird, umso heftiger wird sich der bislang verborgene Hinderungsgrund zeigen. Er wird sich dabei nicht unbedingt direkt zeigen, sondern über Sätze und Gefühle wie: Es hat doch alles keinen Sinn; was tue ich hier eigentlich; was hat das alles mit mir zu tun; vielleicht sollte ich das Ganze doch noch mal überlegen.

In aller Regel sind Hindernisse nicht von anderen Menschen abhängig, sondern werden von uns selbst gebildet. Wir sind geradezu Meister darin, Hindernisse aufzubauen, die uns davon abhalten, aktiv zu werden. Manche sind Meister darin, immer neue Ideen zu entwickeln, was noch sein müsse, bevor sie zielgerichtet aktiv werden. Es ist so, als wenn Sie ein Buch schreiben möchten und anfangen, sich erst monatelang um einen Schreibtisch zu kümmern. Dann merken Sie, Ihr bisheriger Arbeitsstuhl ist nicht mehr bequem genug und suchen einen neuen. Dann finden Sie den Computer zu langsam, um darauf schreiben zu können, dann passt Ihnen das Papier nicht richtig, auf dem gedruckt wird.

Unsere Kreativität kann ungeahnte Ausmaße erreichen, um uns vom tatsächlich Anstehenden abzuhalten. Die einzige Lösung: Tun Sie es sofort. Wenigstens ein paar Minuten lang, damit dieser Bann der selbst gebauten Hindernisse durchbrochen wird.

Wir alle wissen, wie schwierig bis unmöglich es ist, den Willen eines anderen Menschen zu ändern. Warum soll das nicht auch für Sie gelten? Jeder hat die Chance, sein Leben so um sich herum aufzubauen, dass diese Stärke auch wirkt. Dazu gehört eine persönliche Entwicklung, welche uns mittels des Berufs möglich sein sollte. Wer sich vor einer Wand stehen sieht, kann versuchen, um sie herumzugehen. Wenn das nicht klappt, gibt es trotzdem verschiedene Varianten. Wir können Mauern auch sprengen oder uns eine Ausrüstung anschaffen, um sie zu erklimmen. Grundsätzlich stellen wir immer wieder fest, dass das, was uns aufhält, uns letztlich sogar weiterbringen kann.

Das, was bisher eine Entscheidung verhindert hat, ist also der Kern, um den wir uns vorrangig kümmern sollten. Sobald uns klar ist, um welches Problem es tatsächlich geht, können wir an Alternativen arbeiten.

PRINZIP ▶ Das Wesentliche für eine Entscheidung sind die Wahrhaftigkeit und die Ehrlichkeit, sich der eigenen Situation zu stellen.

Wenn die Sicht dabei, warum auch immer, getrübt ist, kann es helfen, sich nicht nur wie aus einer Hubschrauberperspektive zu betrachten, sondern sich noch intensiver mit der eigenen Vergangenheit auseinanderzusetzen. Gab es schon einmal in Ihrem Leben eine Zeit, die Ihnen ähnlich vernebelt erschien? Wenn Sie diese Zeit heute betrachten, worum ging es damals wirklich? Oder kennen Sie das Gefühl von anderen, die Ihnen nahestehen, wie Ihren Eltern?

Fehlender Mut

Manche Menschen sind wie Hühner – sie gackern lieber, als ein Ei zu legen. Sie meckern, statt sich um eine gute Veränderung zu kümmern. Auch das Wissen darum, dass man eher bedauert, etwas nicht versucht zu haben, hilft den meisten Menschen zunächst nicht weiter.

49 Prozent aller Mitbürger würden beruflich etwas vollkommen anderes machen wollen. Wenn wir überlegen, wie stark uns die Berufstätigkeit beeinflusst und unser Leben begleitet oder dominiert, sind diese 49 Prozent eigentlich zu bedauern (Meissner 2019). Über 90 Prozent aller Erwachsenen würden sich nicht mehr für den gewählten Karriereweg entscheiden. Die Selbstständigen stellen sich im Nachhinein eine angestellte oder beamtete Position attraktiver vor und umgekehrt. Wer irgendwann Personalverantwortung übernommen hat, bereut dies. Wer eine Fachlaufbahn eingeschlagen hat, findet auch das nicht gut. Wenn Sie das lesen, fragen Sie sich vermutlich, warum sich dann nicht mehr Menschen entscheiden, ihren Karriereweg zu verändern. Vermutlich, weil uns eine absolut zentrale Überzeugung dazu bringt: Besser das Bekannte ertragen, als etwas Unbekanntes wagen.

Diese Überzeugung kostet sehr viel Lebensfreude, Zufriedenheit und Glück.

Kindheitsvorgeschichte

Erfolg zu haben, bedeutet, ein selbst gestecktes Ziel erreicht zu haben. Wir alle wissen, es kann verdammt schwer sein, Erfolg zu haben. Wer etwas lange Zeit versucht und nicht wirklich weiterkommt, kann sich eine bestimmte Frage beantworten:

> **KLÄRUNG** ▶ Will ich wirklich Erfolg haben oder habe ich letztlich Angst davor?

Vielleicht mutet Sie diese Frage merkwürdig an – wie kann man Angst vor Erfolg haben? Wer als Kind beispielsweise zu stark in seinen Aktivitäten und Wünschen unterdrückt wurde, wer öfters ausgelacht wurde, weil er etwas nicht auf Anhieb geschafft hat, kann in einer entsprechenden Falle festhängen. Denn Erfolg führt oft zu mehr Sichtbarkeit nach außen, welche Angst vor Kommentaren anderer schürt.

In Ruhe gelassen werden
Oftmals geht mit steigendem Erfolg einher, dass man bekannter wird. Wer lieber in Ruhe gelassen werden möchte, mag das nicht. Ein solcher Mensch würde einiges tun, um erfolglos zu bleiben. Wenn wir hinter die Kulissen schauen, geht es meistens darum, nicht verletzt zu werden, unangreifbar zu sein. Erst recht in Zeiten von Internetkommentaren und Shitstorms ist dies ein wirksamer Grund.

Dilemma
Es gibt Möglichkeiten, um bei zwei möglichen Zielen das vermutlich besser passende herauszufinden oder das bereits festgelegte Ziel konkreter zu spüren. Die dann positiv empfunden Gefühle können Ihnen Kraft für den Weg geben.

Stellen Sie sich bildlich vor, wie Ihr Leben ist, weil Sie Ihr Ziel bereits erreicht haben. Wenn Sie mögen, versuchen Sie nicht nur, innere Bilder aufkommen zu lassen, sondern sprechen Sie zugleich aus, was alles geschieht. Nutzen Sie unbedingt ausschließlich die Gegenwartsform (Ich wohne in einem Haus in den Bergen.), keinen Konjunktiv und kein Futur (Nicht: Wenn ich im Haus in den Bergen wohnen würde. Nicht: Wenn ich im Haus in den Bergen wohne.) Achten Sie auf Ihre Gefühle – passt alles für Sie? Wenn Sie sich noch nicht zwischen zwei Zielen entschieden haben, machen Sie die Übung hintereinander mit einer kleinen Unterbrechung. Wechseln Sie also nicht zwischen den Zielen hin und her. Achten Sie dann darauf, ob sich eines der beiden Ziele besser anfühlt.

Noch ein Letztes

Das eigene Leben ist einmalig und es findet nur in einem einzigen Moment statt – genau jetzt. Es geht keineswegs darum, stetig Ziele zu bearbeiten oder sie häufig zu wechseln oder bei der ersten Herausforderung alles sein zu lassen. Es geht um Klarheit im eigenen Kern:

Abgleich mit der Realität

> **KLÄRUNG** ▶ 1. Ist das Ziel realistisch erreichbar?

Dazu können Sie überprüfen, ob Sie dem Ziel zumindest Schritt für Schritt näherkommen.

> **KLÄRUNG** ▶ 2. Passen oder genügen meine Fähigkeiten, um das Ziel zu erreichen?
> 3. Steht der vermutliche Aufwand in einem gesunden Verhältnis zum Gewinn? Lohnt es sich also?

Das bedeutet eine Kosten-Nutzen-Analyse. Kosten sind weit mehr als Geld. Leidet Ihre seelische Verfassung? Leidet Ihr Körper wie bei Leistungssportlern beispielsweise?

> **KLÄRUNG** ▶ 4. Mag ich meine Zeit (mein Geld, meine Kraft) für dieses Ziel ausgeben?
> 5. Will ich das Ziel überhaupt (noch) erreichen? Passt es (noch) zu mir?
> 6. Habe ich Angst, vorschnell zu handeln? Will ich mir später nichts vorwerfen?

Eine Entscheidung ist immer dann nicht falsch, wenn sie im Moment der Entscheidung richtig war. Eine Entscheidung dürfen Sie nicht später bewerten, das ist obsolet – ebenso sich auszumalen, was geschehen wäre, wenn Sie anders entschieden hätten.

Ist es mein Ziel?

> **KLÄRUNG** ▶ 7. Worum geht es mir zutiefst?
> 8. Gibt es Optionen, die ich bislang nicht einbezogen habe und die mir besser passen oder die ich leichter erreichen kann?
> 9. Wofür will ich das Ziel erreichen?

Ziel ändern oder aufgeben?

Wenn wir Entscheidungen treffen, haben wir das Gefühl, die Kontrolle zu behalten. Richtig ist das nicht immer. Denn wenn wir einen Entschluss fassen, geben wir damit einen Teil unserer Flexibilität auf. Wir vermindern also damit eher unsere Freiheit. Flexibilität und Freiheit können unsere Sicht auf neue Aspekte öffnen. Dann sind uns andere Wege möglich. Auch können wir uns durch eine Entscheidung beengt fühlen.

> **KLÄRUNG** ▶ 10. Habe ich manchmal das Gefühl, es sei inzwischen oder schon längst besser, das Ziel aufzugeben?
> 11. Meine ich zutiefst, wenn ich aufgebe, dann habe ich versagt?
> 12. Verfolge ich das Ziel weiter, weil ich vorrangig vermeiden will, eine Schuld auf mich zu laden?

Ziel erreicht – was dann?

> **KLÄRUNG** ▶ 13. Wenn ich an mein Ziel denke, wie fühle ich mich dann?
> 14. Hat das erreichte Ziel auf meine Gefühle und Stimmungen vermutlich einen positiven Einfluss?
> 15. Steigert es vermutlich die Qualität meines Lebens, wenn ich mein Ziel erreicht habe?

Das Wichtigste zum Schluss

Welche Entscheidung fällt Ihnen spontan ein, welche Sie als eine der besten Ihres Lebens bewerten?

Und welche war eine der schlechtesten?

Wenn Sie nun ins Detail gehen, werden Sie vermutlich nicht nur die Entscheidung als solche bewertet haben, sondern das Ergebnis oder das Ziel, welches Sie mit der Entscheidung verfolgt haben. Das ist grundsätzlich nicht richtig, denn die Entscheidung als solche ist getrennt zu betrachten vom Ziel oder der Zielerreichung.

Während oder vor einer Entscheidung sollten Sie deren Qualität überprüfen, nicht später. Im Nachhinein ist es letztlich sinnlos. Auch deshalb, weil alles, was geschehen ist, geschehen ist.

Die Güte einer Entscheidung kann auf den Wissensstand und den persönlichen Entwicklungsstand zum Zeitpunkt der Festlegung bezogen werden. Jeder Mensch entwickelt sich weiter. Deshalb kann es schon sein, dass wir wenige Wochen danach anders entscheiden würden. Es wird umso wahrscheinlicher, je mehr Zeit vergeht. Das ist beispielsweise ein Thema bei der Wahl einer Ausbildung. Kein Mensch weiß wirklich, was einen dabei erwartet und ob einem das wirklich zusagt. Keiner, der ein Studium abbricht oder auch ein zweites, sollte sich deshalb schämen. Jeder Mensch erfreut sich an dem, was er tut, wenn es das für ihn Richtige ist.

Die meisten Entscheidungen können widerrufen werden. Das mag zu einer gewissen Entspannung beitragen. Genehmigen Sie sich beim ersten und auch durchaus beim zweiten Mal danebenzuliegen. Es ist fast unmöglich, beim jeweils ersten Mal alles richtig zu machen. Kein Mensch käme bei uns heute auf die Idee, mit dem allerersten Sexualpartner sein ganzes Leben verbringen zu müssen. Doch erstaunlicherweise hält sich die Meinung, ein einmal gewählter Beruf oder eine einmal gewählte Ausbildung müsse unbedingt durchgezogen werden. Das ist grundsätzlich falsch. Auch deshalb gilt: Probieren geht über Studieren. Die meisten Erfahrungen machen wir nicht, indem wir über etwas nachdenken. Erfahrungen gewinnen wir, indem wir uns einlassen. Dazu gehört, aktiv zu werden und etwas zu tun.

Wir haben zum Zeitpunkt einer Entscheidung nie den Informationsstand wie später, wenn wir das Ziel erreicht haben. Denn das Ziel erreicht zu haben, ist ja schon ein anderer Zustand.

Im Nachhinein können Sie beurteilen, ob Sie Ihre Wahl auf gutem Weg getroffen haben. Sie können also darüber urteilen, ob Sie all das berücksichtigt haben, was Sie hätten berücksichtigen können. Das kann nur den Informationsstand beinhalten, der bei der Entscheidung vorlag. Es kann auch nur den Entwicklungsstand Ihrer eigenen Persönlichkeit einbeziehen, den Sie damals hatten. Ein 18-jähriger Mensch sieht die Welt und seine weitere Laufbahn noch vollkommen anders als ein Mensch, der die Mitte seines Lebens überschritten hat. Und das ist vollkommen richtig so. Die unbekümmerte Aktivität, die Lust, etwas Neues auszuprobieren, sind wesentliche Motoren der menschlichen Entwicklung.

Nehmen Sie den Druck aus der eigenen Pipeline, auf der steht: Schuldvorwurfsvorprogrammierung. Schuldvorwürfe in die Vergangenheit sind dumm. Niemand mag Schuldgefühle, also wird jeder versuchen, so zu handeln, dass keine entstehen. Dann lassen Sie diese später auch nicht zu.

Wir sind darauf trainiert, immer in Ursache und Wirkung zu denken. Das bedeutet, dass es für alles einen guten Grund geben muss. Das ist in der Realität nicht der Fall. Vieles geschieht rein zufällig. Das mögen wir nicht ertragen, weil dieser Zufall uns unsere eigene Ohnmacht vor Augen führt. Wir haben eben nicht alles im Griff. Im Gegenteil, wir haben ziemlich wenig im Griff. Manche verstehen das erst, wenn eine Pandemie vieles verhindert. Deshalb ist eine der zentralen Feststellungen, um mit diesem Buch erfolgreich umgehen zu können: Zufall ist keine Einbildung, Zufall existiert. Das ist auch gut so, denn vieles Gute, das sich entwickelt, hat mit einem Plan nichts zu tun.

Entscheidungen haben einen großen Nutzen. Damit werden wir zu Aktiven und Tatkräftigen und vermeiden eine Opferposition, die sich ohnmächtig anfühlt. Wenn Sie noch immer Angst vor der Kraft Ihrer Möglichkeiten haben, beantworten Sie folgende drei Fragen direkt hintereinander:

> **KLÄRUNG** ▶ Was kann schlimmstenfalls geschehen?
> Und was dann?
> Und was danach?

Wenn Ihnen ein Entschluss so vorkommt, als würde damit ein Baum gefällt werden, sollten Sie dessen Zeitpunkt so spät wie möglich legen. Erst dann, wenn Sie sich möglichst sicher sind, mögen Sie Ihre Wahl treffen. Oder wenn Ihnen klar wird, dass Ihre Unsicherheit nicht weiter verringert werden kann.

Zum Schluss noch eine Chance, die Ihnen helfen kann, mutig voranzugehen:

Nehmen Sie die Perspektive der/s alten Weisen ein: Viel Zeit ist vergangen. Sie sind alt und weise. Wird dann Ihre jetzige Entscheidung noch eine Rolle spielen? Falls wider Erwarten ja: Welche?

Für das Universum ist Ihre Entscheidung gleichgültig. Sie werden deshalb vermutlich weder in der Hölle landen noch im Himmel. Was hier auf Erden geschieht, das können Sie zu einem gewissen Maß beeinflussen. Machen Sie sich die Bedeutung oder auch die Bedeutungslosigkeit Ihrer Entschlüsse klar. Denken Sie entlang eines Zeitmaßes. Wie geht es Ihnen eine Minute nach Ihrer Festlegung, was fühlen Sie nach einem Tag, nach einer Woche, einem Monat, einem Jahr oder in zehn Jahren? Die Welt dreht sich weiter und mit ihr auch Sie selbst.

Die Auswirkungen unserer Entscheidungen sind meist nicht so markant, wie wir uns das vorher vorstellen. Eben weil vieles anderes um uns herum geschieht.

Gewiss gibt es Dinge, die wir besser nicht getan hätten. Aber wir bedauern fast immer, wenn wir etwas *nicht* versucht haben. Später werfen wir uns eher vor, zu feige gewesen zu sein als übermutig. Waren wir mutig und es ging etwas daneben, können wir nämlich immer noch stolz auf unseren Mut sein: *Immerhin habe ich es versucht.*

Selbstvertrauen ist eine wichtige Fähigkeit, die uns gerade in schweren Zeiten voranbringt. Selbstvertrauen wächst, wenn wir unsere eigenen Leistungen wertschätzen und anerkennen, wenn wir etwas gemeistert haben. Deshalb:

Träumen Sie nicht!

Werden Sie aktiv!

Wer in einem Unternehmen die Karriereleiter hochklettern will, muss dies irgendwie auch dem Vorgesetzten kundtun. Wer sich für einen anderen Menschen als Partner interessiert, muss dem das auch signalisieren. Die wenigsten Menschen haben die Fähigkeiten des Hellsehens. Werden Sie aktiv – für sich selbst und für die Menschen, die Ihnen nahe sind.

Tun Sie das, was Ihr Herz möchte. Tun Sie es, dann werden Sie leuchten.

XV. Anhang: Sonderfall finanzielle Entscheidungen

Weil finanzielle Entscheidungen sehr weitreichende Konsequenzen haben können, wird in diesem Anhang auf deren Besonderheiten eingegangen. Bisher ging es vorrangig um die Umsetzung von Inhalten, bei denen auch unsere Intuition gefragt ist. Sie ist wichtig für den gesunden Menschenverstand (siehe auch Kapitel 50). Meistens sind es Entscheidungen, die zumindest teilweise einen Bindungsaspekt haben – sei es die Bindung an andere Menschen, an berufliche Inhalte oder an Orte. Intuition versagt jedoch bei Zahlen und damit auch bei Geld (siehe auch Kapitel 24). Nun geht es darum, was Entscheidungen in diesem Kontext auszeichnet:

67 Geld-Wert

Objektiver und subjektiver Wert

》 *Ann-Kathrin und Silke sind seit ihrer Schulzeit beste Freundinnen. Nichts konnte ihre innige Beziehung stören. Vor einigen Wochen trafen sie sich und schwelgten dabei nicht nur in Erinnerungen. Ann-Kathrin berichtete von ihren Urlaubsplänen. Diesmal sollten es die Galapagos-Inseln werden. Erst vor wenigen Monaten besuchte sie mit ihrem Mann die Südinsel von Neuseeland. Silke hörte ihr interessiert zu. Silke machte niemals weite Reisen, der Urlaub im Schwarzwald einmal im Jahr genügte ihr. Dafür gab sie ihr Geld lieber für ihren teuren Sportwagen – ein Cabriolet aus Zuffenhausen – aus. Damit konnte wiederum Ann-Kathrin nichts anfangen. Sie fuhr seit 15 Jahren ein Kompaktmodell aus Tschechien. Beide hatten sehr unterschiedliche Auffassungen davon, was ihnen etwas wert war.*

PRINZIP ▶ Nichts Materielles hat einen objektiven Wert.

Jeder Wert wird von Menschen und vom Zeitgeist festgelegt und ist somit fließend oder wechselnd. Salz kostete im Mittelalter so viel wie Gold. Heute ist es vermutlich das billigste Produkt, das wir im Supermarkt im untersten Regal finden. Dennoch können wir so etwas Ähnliches wie einen »objektiven« Wert einer Sache erkennen. Ist es sinnvoll, für ein im Auto installiertes Navigationssystem bis zu zehnmal mehr auszugeben als für ein externes Gerät oder die App im Smartphone zu nutzen, das auch noch unabhängig vom Auto wiederverkauft werden kann? Ist es sinnvoll, Hunderte Euro für eine Sitzheizung auszugeben, die als bei Bedarf aufzulegende Matte für 10 Euro zu bekommen ist? Es gibt somit zwei Fragen:

KLÄRUNG ▶ Ist es das wert?

Diese Frage bezieht sich auf den »objektiven« Wert. In beiden Fällen (Navi und Sitzheizung) lautet die Antwort: Nein.

KLÄRUNG ▶ Ist es mir das wert?

So lautet die zweite Frage. Sie bezieht sich auf den »subjektiven« Wert. Wenn wir die Frage ehrlich beantworten, können wir vorher noch kurz überlegen, wie lange wir arbeiten müssen, um diesen Mehrpreis zu bezahlen. Dabei sollten wir bei bestimmten teuren Dingen bereits beim Kauf an den späteren Wiederverkauf denken. Wer sich sagt, ein im Auto eingebautes Navigationsgerät brauche ich nicht, weil ich das mit dem Smartphone erledige, hat sicher Recht. Was aber, wenn ein älterer Mensch später einmal den Wagen kaufen wollte? Vermutlich geht dieser nicht so routiniert mit Handys um und will ein eingebautes Gerät. Die Regel ist also:

PRAXIS ▶ Die Bedeutung des Marktwerts ist wichtig, sobald wir etwas anschaffen, das wir später wieder loswerden möchten.

Dann stellt sich noch die Frage nach der Zeit. Manche verspüren großen inneren Druck, irgendetwas zu kaufen, obwohl es nicht überlebensnotwendig erscheint. Da kann eine schlichte Frage helfen:

KLÄRUNG ▶ Muss es jetzt sein?

Ausgaben wie Einnahmen verbinden wir mit dem Auslöser (woher kommt/wohin geht das Geld) und mit unseren Erwartungen, dem Prestige der Sache, unseren Bedürfnissen und Vorlieben. Deshalb gibt es keine objektive oder wirklich objektiv begründete Ausgabe. Fast alle unserer finanziellen Entscheidungen sind zumindest subjektiv, oft auch irrational. Sie werden von uns gerne klug uminterpretiert. Wir finden also die passende Geschichte zu unserer Ausgabe.

>> *Anne saß mindestens dreimal täglich an ihrem Esstisch, der nervend wackelte. Die Oberfläche des Tisches hatte ihre besten Zeiten längst hinter sich, sie war völlig zerkratzt. Außerdem war der Tisch, den sie vor zig Jahren für die Familie gekauft hatte, nach ihrer Scheidung viel zu groß für das kleine Wohnzimmer. Ganz anders ihr Smartphone: Das war erst ein Jahr alt, wurde von Anbeginn mit einer Schutzfolie versehen und funktionierte einwandfrei. Anne ging in die Stadt, in verschiedene Möbelgeschäfte, und stellte fest, dass ein hübscher Esstisch mindestens 800 Euro kostete, auch Modelle für über 5000 Euro sahen durchaus attraktiv aus. Zufälligerweise lief sie auch an einem Handygeschäft vorbei, in dessen Auslage das neueste Smartphone lag – zum Schnäppchenpreis von 1300 Euro. Tagelang überlegte Anne, was sie tun sollte. Schließlich kaufte sie das neue Smartphone und meinte, der Tisch würde wirklich genügen. Immerhin säße sie nur allein daran. Dies ist übrigens ein Beispiel dafür, dass es nicht immer etwas bringt, eine Nacht darüber zu schlafen.*

Anne traf eine irrationale Entscheidung, denn das neue Smartphone kann nichts besser als das ein Jahr junge, und fand genug Gründe, warum sie richtig entschieden hatte.

»Svetlana liebte Handtaschen, auch wenn das ein Klischee ist, so war Svetlana nun einmal. Früher kaufte sie oft im Bioladen ein und gönnte sich immer mal wieder etwas Feines vom Delikatessengeschäft. Sie tat sich und der Welt Gutes damit. Seit einiger Zeit meinte sie, alle paar Monate eine neue, edle Handtasche kaufen zu müssen. Die Folge: Sie fuhr –widerwillig – in den Discounter und schluckte das, was sie dort kaufte, freudlos herunter. Die Yves Saint Laurent Clutch musste einfach noch sein.

Klären Sie: Sind die Maßstäbe korrekt, die Sie an einzelne Ausgaben legen? Oder machen Sie sich etwas vor, warum auch immer? Das Erste, was Ihnen hilft, dieses Thema etwas klarer anzugehen, ist sich die tatsächlichen Ausgaben als konkreten Betrag klarzumachen. Svetlana könnte sich also fragen, ob es sinnvoll ist, sich über Monate nicht so zu ernähren, wie sie gerne möchte, um die 1200 Euro für die Clutch verfügbar zu haben. Oder – das Beispiel eben – wie sinnvoll ist es, Tausende Euro für irgendwelche Sonderausstattungen beim Autokauf auszugeben. Selbst wenn die »nur« 20 Prozent der Gesamtsumme des Kaufs ausmachen sollten, es ist viel Geld.

PRAXIS ▶ Sparen Sie bei großen Beträgen und nicht bei kleinen.

So viel Mist kann Kleinvieh beim einzelnen Menschen kaum produzieren.

Eigene Ansprüche bewahren

Vor geraumer Zeit schaute ich mir einen Gebrauchtwagen an und stellte dann die typische Frage, was denn preislich noch »ginge«. Da meinte der Verkäufer: »Ich bin doch nicht so blöd, mich selbst zu unterbieten«. Recht hatte er!

PRAXIS ▶ Unterbieten Sie sich niemals selbst.

Wenn jemandem Ihre Leistung oder Ihr Produkt eine bestimmte Bezahlung nicht wert ist, fragen Sie ihn danach, was es ihm wert wäre. Damit hat sich der andere zu äußern und Sie können sich in Ruhe überlegen, ob Sie ein Gegenangebot machen, zusagen oder ablehnen. Niemals beantworten Sie die Frage, was »Ihr letzter Preis« sei. Es geht darum, die eigenen Ansprüche nicht ohne Not zu mindern. Wer sollte das tun?

Um einen realistischen Preis für eine Ware festzulegen, die Sie selbst verkaufen möchten, können Sie sich fragen: »Zu welchem Preis würde ich das kaufen, wenn ich es nicht besäße? Würde ich es wirklich zu dem Preis kaufen, den ich heute gerne dafür hätte?«

Vergleiche haben ihre Tücken

Sie möchten ein neues Auto anschaffen. Aus familiärer Verbundenheit ist der Volkswagenhändler direkt neben dem Porschehändler angesiedelt. Deshalb zeigt Ihnen der freundliche Verkäufer einen neuen Golf und lobt einige Ausstattungen, wie den neuen Abstandstempomaten, die 360-Grad-Kamera, die feine Lederausstattung in höchsten Tönen. So kommt der Wagen auf schlappe 41.000 Euro. Sie denken kurz daran, dass Sie nicht mehr als 30.000 Euro ausgeben wollten. Der geschulte Verkäufer sieht die leichten Zweifelsfalten auf Ihrer Stirn. Da kommt ihm der Zufall entgegen: Ein 911er fährt mit Schwung auf den Parkplatz. Der Verkäufer sieht Ihren sehnsüchtigen Blick und meint nur: »Der kostet fast 150.000 Euro. Mit Ihrem neuen Golf sparen Sie über 100.000 Euro. Und zwar bei vergleichbarer Ausstattung!«

Und schon unterschreiben Sie den Kaufvertrag für den Golf. Nein! Das tun Sie nicht, weil Sie auf die für Sie geltende Bezugsgröße achten. Die lautet 30.000 Euro und hat nichts mit irgendeinem Edel-Luxus-Sportwagen zu tun.

Vergleichen Sie nur Dinge miteinander, die sich realistisch in einem in etwa gleichen Rahmen (Wert) befinden.

PRAXIS ▶ Achten Sie bei Vergleichen immer auf reelle Bezugsgrößen.

Klare (Preis)vorstellung

Wenn es um eine hochpreisige Anschaffung geht: Gehen Sie nicht zu einem Händler mit dem Ziel, ein ganz bestimmtes Produkt haben zu müssen. Gehen Sie zu einem Händler mit dem klaren Ziel, einen bestimmten Preis nicht zu überschreiten.

> **PRAXIS** ▶ Achten Sie auf Flexibilität bei Ihrem Ziel und Stabilität für Ihre Ressourcen, in diesem Fall bezüglich der Ausgaben.

Deshalb ist es wichtig, sich selbst zu kontrollieren: Habe ich innerlich bereits eine Festlegung getroffen? Bezieht sich diese auf das große Ganze oder eher auf bestimmte, nachrangig wichtige Teile? Ein Beispiel: Sie wollen eine Wohnung kaufen. Muss die wirklich im Nobelviertel liegen oder ist Ihnen genug Platz und Ruhe wichtiger?

68 Wenn es knapp wird

Verknappung

Verknappung steigert Preise – und auch die Gier, etwas unbedingt haben zu wollen. Das bislang teuerste Gemälde, das ersteigert wurde, ist *Salvator Mundi* von Leonardo da Vinci – 450 Millionen Dollar, und schon wechselte es den Eigentümer. Originalwerke von da Vinci werden selten im Discounter angeboten: Alles, was knapp ist und erst recht, alles, was einmalig und hochwertig ist, ist irgendjemandem so wichtig, dass er bereit ist, dafür einen sehr hohen Preis zu zahlen. Nun hat nicht jeder einen da Vinci zu Hause. Stopp! Doch: Sie sind Ihr eigener da Vinci. Sie sind Ihr eigener Diamant. Wenn Sie es schaffen, Ihre Fähigkeiten als knapp, als besonders darzustellen, liegt Ihr Erfolg nahe. Wie wird Knappheit erschaffen?

- Durch die *Zeit*.
  Ein typisches Beispiel sind befristete Angebote. Nur noch heute 20 Prozent Nachlass. Übrigens: Wäre es so schlimm für Sie, wenn der Akkustaubsauger 15 Euro mehr kostete? Wirksam ist auch Ver-

zögerung: Ich kann Ihnen den nächsten Termin erst in fünf Monaten anbieten. Für das Telefonat stehen uns leider genau zehn Minuten zur Verfügung.

- Durch *beschränkte Rohstoffe*.
- Durch einen *Herstellungsstopp*.

Ich kann Ihnen nicht versprechen, dass wir das nochmal reinbekommen. Dieses Modell läuft aus. Oder auch: Ich werde vermutlich nächstes Jahr keine Beratungen mehr anbieten.

- Durch *Geld*.

Uhren mit vollständig gleichem, hochwertigem Uhrwerk kosten mal 900 Euro, mal 9000 Euro. Nur das Design und die Marke ändern sich. Was teuer angeboten wird, muss wertvoll sein, meinen manche.

- Durch *Lüge*.

Neulich musste ich einen Flug buchen – und das inmitten einer Pandemie. Auf der Internetseite der bekannten Fluggesellschaft stand: Nur noch 4 Plätze! Ich schaute in einer Preissuchmaschine und buchte den Flug für genau die Hälfte des Preises der Fluggesellschaft. Noch nichts Besonderes. Als ich dann im Flugzeug saß, stellte ich fest, dass weniger als die Hälfte der Plätze besetzt waren.

- Durch *limitierte Editionen*.

Das ist das Prinzip von Multiples. Oder auch von Sondermodellen bei den Autoherstellern, sogar Handrührgeräte haben heute limitierte Farben (hellblau nur dieses Jahr erhältlich). Dabei sollten wir uns klarmachen: Alles, absolut alles ist limitiert. Wer kann heute noch einen Kinderwagen kaufen, der in den 1950er Jahren entworfen wurde? Manche vergessen dabei: Auch Massenware kann völlig in Ordnung sein für einen selbst.

PRINZIP ▶ Sie können sich nicht durch materielle Dinge einen Wert kaufen, wenn Sie selbst diesen Wert nicht vorab dem Ding zugeschrieben haben.

Dinge sind – bis auf wenige Ausnahmen – austauschbar.

Weitermachen oder nicht?

> **PRAXIS** ▶ Schließen Sie etwas grundsätzlich ab, das Sie begonnen haben und in das Sie schon viel investiert haben.

Das gilt für Inhalte wie ein Studium, welches man in aller Regel nicht im letzten Semester schmeißen sollte, oder auch für andere Ausbildungen. Grundsätzlich – das bedeutet, dass wir auch einen Blick auf die Ausnahmen richten sollten. Die vermutlich wichtigste ist das schlechte Geld. Den Satz kennen die meisten: Werfe schlechtem Geld kein gutes hinterher. Schlechtes Geld ist Geld, das wir für etwas ausgegeben haben, was sich des Preises nicht wert erwies. Schlechtes Geld ist somit ein Hinweis auf einen falschen Entschluss oder eine Maßnahme, deren weitere Auswirkung wir falsch eingeschätzt haben. Schlechtes Geld ist weg. Definitiv. Gutes Geld ist das, was wir besitzen und behalten sollten. Wenn wir es für etwas weggeben, das sich als Fehlinvestition erwiesen hat, machen wir es automatisch zu schlechtem. Es wird ebenso verschwinden. Warum tun dies Menschen dennoch, wieder und wieder? Weil sie sich sagen: Ich habe doch schon so viel investiert. Das kann ich doch nun nicht einfach so lassen.

Doch, das können Sie. Das sollten Sie sogar! Dafür ist es sinnvoll, Ihre Sichtweise um 180 Grad zu ändern. Wenn Sie sagen, Sie haben schon so viel gegeben, dann orientieren Sie sich zeitlich nach hinten, in die Vergangenheit hinein. Wenn Sie jedoch in die Zukunft schauen, dann können Sie sich die schlichte Frage beantworten:

> **KLÄRUNG** ▶ Will ich das (auch noch) ausgeben?

Ganz egal, was bisher investiert wurde. Wenn das zu herausfordernd erscheint, dann beantworten Sie sich zunächst die Frage, ob Sie ohne weiteres Geld auszugeben noch etwas anderes mit dem machen können, in das Sie schon so viel investiert haben.

Entsprechend gelten diese Regeln auch im emotionalen Rahmen. Nicht wenige Menschen bleiben vorrangig deshalb zusammen, weil sie schon so viel in die Beziehung investiert haben, statt sich zu fragen, ob sie wirklich freiwillig auch in Zukunft noch eine Träne für den Partner weinen wollen.

Sonderfall: Privatinsolvenz

Insolvenz bedeutet erst einmal, dass jemand mehr ausgegeben als eingenommen hat. Insolvenz weist auf ein eher langfristig sich aufbauendes Problem hin. Sie steht für eine Dissonanz zwischen Bekommen und Weggeben. Insolvenz kommt durchaus vor, wenn jemand das Geld mit beiden Händen rauswirft. Maßlosigkeit, sich Sonnen im vermeintlichen Vermögen, kann eine Rolle spielen. Fast immer weist Insolvenz jedoch auf eines der folgenden, drei Probleme hin:
1. Der Betroffene selbst ist (schwer) erkrankt.
2. Dem Betroffenen wurde gekündigt – oder sein eigenes Unternehmen wirft keine Gewinne ab.
3. Der Betroffene hat mit seiner Ehescheidung zu tun.

Für diese drei Ursachen ist jemand oft gar nicht oder nur eingeschränkt verantwortlich. Deshalb sind Insolvenzen alles andere als peinlich oder vermeidbar. Sie sind nicht selten Teil eines Lebensschicksals. Welche Maßnahme ist bei Insolvenz zu treffen: loslassen oder untergehen? Ein neuer Anfang ist oftmals besser als ein ewiges, leidvolles Festkleben an falschen oder mühevollen, teuren oder nutzlosen Absichten und Handlungen.

Neben dieser finanziellen Insolvenz gibt es auch eine emotionale. Leider kommen beide gerne gemeinsam vor. Emotionale Insolvenz bedeutet, dass die Gefühle, die wir in andere investiert haben, nicht ausreichend oder gar nicht beantwortet werden. Sie sind in diesem Sinn verloren. Wir bekommen nichts für den eigenen Einsatz heraus. Dafür gibt es eine gute Lösung.

> **PRAXIS** ▶ Schenken Sie Mitgefühl, Mitmenschlichkeit und Warmherzigkeit sich selbst.

Das Gefühl emotionaler Leere kann zahlreiche Ursachen haben. Diese sogenannte emotionale Erschöpfung ist das Hauptkriterium für Burnout; ein Zustand, in dem Entscheidungen immer schwerer fallen (Bergner 2018).

>> *Anton war nach außen hin ein besonders erfolgreicher Geschäftsmann. Er kaufte nahezu im Monatstakt Dutzende neue Wohnungen hinzu und mehrte damit sein Vermögen stetig. Er war schon längst oben angekommen, ein vielfacher Millionär mit großem Unternehmen. Neulich hatte er ein Managementtraining für seine Führungskräfte veranstaltet, bei dem er persönlich anwesend war. Seine Mitarbeiter hatten ein Spiel zu machen, dessen Inhalt – von den Mitarbeitern selbst bestimmt – Anton als Chef war. Währenddessen applaudierten sie ihm, bewunderten ihn und lobten ihn in höchsten Tönen. Das wollte er überhaupt nicht hören, im Gegenteil, diese Situation war für ihn überaus peinlich. Anton mochte den Applaus nicht. Er war froh, als die Mitarbeiter das ungute Spiel beendeten. Sein Thema war ein anderes: Er fand kein Ende beim Raffen von Gütern. Der Grund war ein relativ schlichter: Im Gegensatz zu seinen Mitarbeitern hatte er bisher nicht gelernt, wann ein Spiel zu Ende ist. Das einzusehen, kostete ihn viel Mühe. Jahrelang machte er weiter wie bisher – bis eine Angsterkrankung ihn zum Nachdenken zwang.*

Es ist fast immer besser, selbst das Ende eines Spieles zu bestimmen, als es von außen oder durch markante Warnzeichen der eigenen Seele oder seines Körpers bestimmen zu lassen. Denn spätestens mit unserem Ableben ist das Spiel vorbei.

PRAXIS ▶ Loslassen ist oft besser als festhalten. Das gilt für Ziele genauso wie für Leid.

Heimliche Kosten

Betriebswirtschaftlich wird das Phänomen, welches ich jetzt beschreibe, versunkene oder heimliche Kosten genannt. In der Tat sind es Kosten, die mit einer Wahl verbunden sind und die wir ausblenden. Diese heimlichen Kosten können die »offiziellen« übertreffen, die wir direkt berechnen. Für Entschlüsse in finanziellen Dingen müssen wir genau hinschauen. Da ist nicht Intuition gefragt, sondern der Taschenrechner. Ein Beispiel aus dem Alltag:

>> *Sven wollte schon immer mal auf die Seychellen fliegen – bei sonnenbrand.tv wurde eine Traumreise für bezahlbares Geld angeboten. Die 3000 Euro entsprachen genau dem Maximalbudget, das Sven ausgeben mochte. Er zögerte nicht lange, ging ans Telefon, freute sich über die freundliche Bedienung vom Call-Center und hatte das Schnäppchen seines Lebens gemacht. Zumindest sagte er sich das. Als er nach zwölf Tagen von den Seychellen zurückkam, fehlten weitere 2000 Euro auf seinem Konto. Sven hatte die heimlichen Kosten vernachlässigt: Parkgebühr am Flughafen, Getränke zwischen 22 und 11 Uhr morgens im Hotel, zwei Ausflüge innerhalb des Urlaubs, Wasserflasche nach der Sicherheitskontrolle im Flughafen, Trinkgelder für den Zimmerservice und anderes mehr. Wenn er noch ehrlicher hingeschaut hätte, hätte er die Kosten für die Unterwasserkamera, fast 1000 Euro, die er sich noch rasch vor dem Urlaub gekauft hatte, auch noch dazuzählen müssen.*

Neben den versunkenen Kosten gibt es andere mögliche Kostenquellen bei Planverwirklichungen. Diese Opportunitätskosten sind die Kosten der entgangenen Alternativen. Entscheidungen bedeuten, sich für eines und damit gegen ein anderes oder gegen viele andere zu entscheiden. Wer beispielsweise Eigentümer von schuldenfreien Ladenräumen ist und darin sein Geschäft betreibt, zahlt keine Miete. Zugleich entgehen ihm auch die Einnahmen, die er bei Vermietung bekommen würde. Es kommt durchaus vor, dass man damit mehr einnehmen kann, als mit dem Gewinn aus der eigenen Geschäftstätigkeit.

Wer die S-Bahn nutzt und sein Auto stehen lässt, hat dennoch Fixkosten fürs Auto, wie Versicherung, Steuer, Inspektionen, braucht oft mehr Zeit, um zum Ziel zu gelangen, und muss die Fahrkarte auch noch bezahlen.

Festlegungen führen also zu besonderen Kosten, die wir uns nicht unbedingt verdeutlichen.

> **PRAXIS** ▶ Denken Sie bei materiellen Ausgaben vom Ende her.

Wer Mathematik nutzt, sollte sie beherrschen
Mathematik war bei vielen als Schulfach verhasst. Für Entscheidungen sind meistens nur zwei Bereiche der Mathematik wichtig. Wir brauchen das kleine Einmaleins, manchmal sind auch statistische Inhalte bedeutsam. Hierfür gilt eine schlichte Regel: Wer mit Statistik Entscheidungen treffen will, muss Statistik können.

》*Als ich 1981 mein Studium begann, gab es eine Begrüßungsvorlesung des Dekans für alle neuen Medizinstudenten. Der Dekan hatte eine beruhigende Aussage: »Von 100 von Ihnen, die Sie hier vor mir sitzen, werden statistisch gesehen 99 das Studium erfolgreich absolvieren.«*
Kann gar nicht so schwer sein, dachten sich manche und studierten eifrig drauf los. Andere, das waren die Statistikexperten, dachten sich: Gewiss, die harte Auswahl der Studenten hat (damals praktisch ausschließlich über die Abiturnote) bereits stattgefunden. Wer da saß, hatte einen exzellenten Schulabschluss und damit u. a. bewiesen, durchhalten und sich einsetzen zu können.

Hätte der Dekan seine Ansprache 13 oder 14 Jahre vorverlegt und bei der Einschulung der Sechsjährigen gehalten, dann hätte er sagen müssen: »So leid es mir tut, insbesondere für die erwartungsvollen Eltern: Von den 80 jungen, hoffnungsvollen, aufstrebenden Zöglingen wird höchstens eine Ärztin oder Arzt werden. Die anderen werden einen anderen Weg gehen.«

Ein anderes Beispiel für die Schwierigkeiten mit Statistik: Ob die Zahlen, von denen berichtet wurde, wirklich so stimmten, wer weiß es. Über Queen Mom, die Mutter von Königin Elisabeth, wurde gesagt, sie tränke täglich eine Flasche Champagner und eine halbe Flasche Whiskey. Damit wird man 102. Also auf zum Flaschenöffnen! Bevor die Freude zu groß wird: Ich habe als Arzt genug leidende und sterbende Alkoholiker erlebt (nicht, dass Queen Mom in diese Kategorie gehörte). Die tauchen in dieser schillernden Einzelfallbeschreibung aus einem Königshaus überhaupt nicht auf.

>> *Einmal hatte es Gundula mit Macht durchgesetzt – sie wollte ins Filmgeschäft einsteigen. Also gut, ihr damaliger Finanzberater wollte es, eigentlich wollte er seine Prämie für die Vermittlung haben. Gundula (Gier!) sah nicht ein, dem Staat noch mehr ihres hart verdienten Geldes in Form von Steuern zu geben und beteiligte sich mit einem niedrigen fünfstelligen Betrag an einem Filmfonds. Solch ein Fonds kann sich genauso schnell auflösen wie der Rinderfonds im Gulasch. Das alles hat jedoch nichts mit Brühe zu tun, sondern es ging um die Finanzierung von Hollywoodfilmen. Die Gewinnprognosen im Prospekt waren verlockend, so sehr, dass Gundula eines zu spät auffiel: Die Prognosen bezogen sich auf Filme, die auch gedreht und in die Kinos gebracht wurden. Die Filme, die sie mit ihrem Anteil mitfinanzieren sollte, wurden nie gedreht. Ein hundertprozentiger Verlust. Steuern gespart, noch mehr Geld verloren.*

Noch ein drittes Beispiel, das ursprünglich von S. Frederick stammt (Frederick 2005). Stellen Sie sich einen schönen Gartenteich vor, auf dem Seerosen wachsen. Die Pflanzen verdoppeln jeden Tag ihre Blattfläche. Langsam, aber stetig wuchern sie die ganze Oberfläche zu. Nach 48 Tagen ist der Teich komplett mit Seerosen bedeckt. Überlegen Sie nur ganz kurz und beantworten Sie dann folgende Frage: Wie lange dauerte es, bis er zur Hälfte bedeckt war?

Vermutlich haben Sie die Lösung sofort erkannt: Es dauerte 47 Tage. Denn erst einen Tag vor der vollständigen Bedeckung war der Teich zu Hälfte bedeckt, weil die Seerosen jeden Tag ihre Fläche verdoppeln. Etwa die Hälfte aller, die diesen »Test« machen, antworten 24 Tage – weil das ja die Hälfte der 48 Tage ist. Sie demonstrieren uns, wie schwer es ist, in Exponentialfunktionen zu denken. Wir mögen ungewöhnliche Sprünge nicht als reell akzeptieren. Dabei gibt es sie, wie einem schmerzlich der Verlauf der Fallzahlen in einer Pandemie zeigt.

Pseudo-Risikovermeidung

Immer wieder werden wir Menschen erleben, die beispielsweise eine falsche materielle Entscheidung getroffen haben. Vielleicht haben sie in eine unpassende Immobilie investiert oder ein Auto gekauft, das mehr in der Werkstätte steht als fährt. Oder Menschen, die ein Geschäft eröffnet haben, das einfach nicht in Gang kommen will. Das typische menschliche Verhalten ist zu beharren. Das bedeutet, weiter und weiter Geld beispielsweise in die Immobilie oder in das Geschäft hineinzustecken oder das Auto ein weiteres Mal zur Werkstatt zu fahren statt auf den Schrottplatz. Meistens ist es so: Erst wenn den Menschen das Wasser wirklich bis zum Hals steht, wachen sie auf und bestehen nicht mehr auf ihrer ursprünglichen Entscheidung. Woher kommt dieses Beharrungsvermögen? Nun, weil wir etwas, das wir kennen, das uns vertraut ist, beibehalten wollen. So dumm es von außen erscheint. Wenn wir in einer solchen Situation feststecken, empfinden wir sie, als würden wir ein Risiko vermeiden.

> **KLÄRUNG** ▶ Vermute ich Wesentliches, das mein Festhalten korrekt erscheinen lässt, oder weiß ich es sicher?

»Geschenke«

Die meisten werden das kennen: Sie bestellen irgendwas im Internet und nach Zahlungsabschluss ploppt eine Seite auf: »Herzlichen Glückwunsch! Für Ihre Bestellung schenken wir Ihnen noch einen Gutschein.« Und dann kann man sich eine Zeitung 14 Tage kostenlos schicken lassen und anderes mehr. Es ist ein Geschenk – oder doch nicht? Um zu klären, was Sie ganz allgemein mit unerbetenen Gaben tun mögen, gibt es einige Überlegungen.

> **KLÄRUNG** ▶ Ist es wirklich ein Geschenk?
> Habe ich das gewollt?
> Welchen Nutzen hat der »Spender«?

Ein Geschenk ist nur dann ein Geschenk, wenn es mit keinerlei Erwartung verbunden ist. Ansonsten ist es der Versuch einer Manipulation oder Taktik. Dann geht es um Erwartungen, wie Gegengeschenke, Einladungen, Nettigkeiten, etwas zu kaufen, etwas zu verordnen, ein Abonnement abzuschließen. Nehmen Sie es nicht an oder formulieren Sie Ihren zurückhaltenden Dank und anschließend, dass Sie keine Gegenleistung erbringen möchten.

69 Muss ich es haben?

Geld ist ein wirksames Mittel zum Selbstbetrug. Manche setzen es ein, um geliebt zu werden, Freunde zu bekommen und insbesondere, Macht zu besitzen. Letzteres stimmt jedoch nur so lange, wie die eigene Gesundheit mitmacht. Jede schwere Erkrankung demaskiert auch reichen Menschen, dass sie mit Geld nicht alles kaufen können. Der Tod lässt sich nicht bestechen.

Bleiben wir im aktiven Leben:

Einmalig sind Sie – nicht Ihre Käufe

Wer über die Internetseite des wohl reichsten Unternehmens der Welt sich einen Computer oder ein Smartphone anschafft, bekommt als einziges kostenloses Angebot, seinen Namen in das Gerät gravieren (also lasern) zu lassen. Tun Sie das nie. Denn wenn Sie etwas kaufen, das Sie auch nur eventuell irgendwann wiederverkaufen wollen, vermeiden Sie eine zu starke Individualisierung. Denken Sie vom Ende der Sache her: Das Objekt muss dann auch anderen gefallen, nicht nur Ihnen. Wollten Sie wirklich mit einem Smartphone herumlaufen, auf dem ein anderer Name als Ihrer steht? Nur wenige Mitbürger bevorzugen pinkfarbene Autos mit giftgrünen Ledersitzen und blau lackierten Felgen. Ein silbermetallic farbiger Kompaktwagen mit nicht zu schwachem und nicht zu starkem Motor dürfte etwas leichter verkäuflich sein. Übrigens ist diese Haltung, vom Ende her zu denken, ganz besonders wichtig bei Immobilienkäufen. Jedes Haus, jede Eigentumswohnung wird irgendwann verkauft. Sei es nicht von Ihnen, dann von den Erben.

Ganz oben – oder ganz unten?
Nach Michal E. Porter (in Walz 2015) haben die Unternehmen mit sehr hohem und die mit sehr geringem Marktanteil die deutlich höheren Renditen als die Massenunternehmen. Bei jeder beruflichen Entscheidung können wir uns in Analogie überlegen, ob sie der eigenen Profilbildung dient oder nicht. Werde ich damit mehr zur »eigenen Marke« oder schwimme ich im großen Teich mit vielen anderen mit?

Erfolg haben im Wirtschaftsleben entweder die Extreme (extrem teuer, wie bestimmte technische Produkte, all die Nobelmarken, oder besonders billig, wie Discounter). Wer teuer sein will, muss viel Geld und Zeit in die Markenpflege und die Forschung stecken. Wer billig sein möchte, muss sehr genaue Kostenpflege und Prozessoptimierung betreiben.

Was hat das mit Ihren alltäglichen Entscheidungen zu tun – unabhängig von Produkten, die Sie billig oder teuer bezahlen müssen? Wenn Sie sich für etwas entscheiden möchten?

Nun gibt es viele, viele Marken, die weder extrem teuer noch billig sind. Sie leben im Bereich der Mitte. Da tummeln sich so viele, dass es am schwersten ist, sich dort auf Dauer zu profilieren, also sich von anderen abzusetzen. Auch wenn manche es anders einschätzen: Letztlich gibt es kaum Unterschiede, ob ein Opel, Ford, Mazda, was auch immer gekauft wird. Aber es ist ein großer Unterschied, ob es ein Dacia oder Bentley sein soll.

KLÄRUNG ▶ Wo will ich hin? Nach oben, nach unten oder in die Mitte?

Bei Entscheidungen sollten Sie bedenken, was Sie tatsächlich brauchen. Das ist sinn- und wertvoll und oft nicht das, was viel Geld kostet. Wenn Sie die Frage ehrlich beantworten, ob eine bestimmte Anschaffung wirklich sein muss oder ob eine preiswertere genauso gut ist, können Sie viel Geld sparen.

KLÄRUNG ▶ Was brauche ich wirklich? Auch: Worum geht es wahrhaftig?

Versicherungen

Es gibt eine Regel für den Abschluss von Versicherungen: Unbedingt erforderlich sind solche, die vor einem unbezahlbaren Risiko schützen. Das sind praktisch immer folgende Risiken: Berufsunfähigkeit, Krankheit und deren Folgen sowie Haftpflichtschäden. In einigen Fällen kann eine Risiko-Lebensversicherung noch sinnvoll sein. Weniger wichtig bei der Schutzwirkung einer Versicherung ist, wie rar oder häufig ein Risiko ist, sondern wie teuer (bezahlbar / unbezahlbar) der Eintritt des Schadensfalls ist.

> **KLÄRUNG** ▶ Wenn der noch so unwahrscheinliche Versicherungsfall einträte – könnte ich mir das leisten oder nicht?

Das ist die zentrale Frage. Es geht um das Ausmaß der möglichen Kosten und nicht um die Wahrscheinlichkeit oder Häufigkeit. Dabei sind Argumente wie »Ich war noch nie krank.« oder »Bisher ging es immer gut.« keine. Natürlich nicht, denn sonst wäre es ja kein unwahrscheinliches Risiko.

Um nur ein Beispiel für eine völlig blödsinnige Versicherung zu nennen – außer man lässt seine 15.000-Euro-Fotoausrüstung im aufgegebenen Koffer reisen. Es ist die Reisegepäckversicherung. Kommt der Koffer weg, sind halt einige von vielen Kleidungsstücken für immer verloren. Positive Seite: Eine Fahrt weniger zum Altkleidercontainer.

Trotzdem, so mancher erstickt fast in der Unmenge von abgeschlossenen Versicherungen. Denn bei diesem Thema geht es nicht nur um pure Vernunft, sondern um Seelenruhe, mit der die Versicherungen Kunden geschickt einfangen.

> **PRAXIS** ▶ Schließen Sie nur notwendige Versicherungen ab; diese aber unbedingt.

Korrekte Kaufentscheidungen

Es gibt Kriterien bei Käufen, auf die wir uns im Allgemeinen verlassen können. Wer also wenig risikobereit ist, kann dazu Folgendes nutzen:
- Die Bekanntheit eines Produkts oder Unternehmens. Beispiel: Es ist unwahrscheinlich, dass renommierte Hersteller wirkliche Schrott-Geräte auf den Markt bringen. Und wenn doch, werden sie diese wieder zurücknehmen. Der Dieselskandal ist vermutlich eine Ausnahme.
- Wir kennen ein Produkt, das für uns schon einmal funktionierte. Beispiel: Sie waren mit Ihrem bisherigen Vollkornmehl zufrieden, also nehmen Sie es wieder. Sie haben bisher eine Limousine gemocht. Nehmen Sie wieder eine. Die Urlaube auf Ibiza waren immer schön, warum nicht auch der kommende?
- Was ist laut Tests oder Allgemeinwissen das Beste? Können Sie es sich leisten? Nehmen Sie das.
- Wenn Sie damit nicht weiterkommen: Welche der Alternativen passen Ihnen am wenigsten? Streichen Sie vom schlechten Ende her die Möglichkeiten weg. Arbeiten Sie sich quasi nach oben durch. Das funktioniert meistens immerhin so, dass Sie mit Ihrer Wahl zufrieden leben können.

Vorsorge und Verträge

Es sollten Maßnahmen getroffen werden, damit wir nach einer Verhandlung nicht zu einer Verschlechterung der eigenen Position gezwungen werden können. Wenn wir eine Entscheidung treffen, muss diese umfassend sein. Wer beispielsweise Ware für seinen Laden einkauft, bei dem geht es nicht nur um den Warenpreis und mögliche Staffelungen, sondern es geht auch um die Zahlungskonditionen und um den Lieferzeitraum und die Lieferkosten. Erst wenn alle Aspekte festgelegt sind, wird in der Regel unsere Position unangreifbar sein. Ausnahmen, wie Insolvenz des Lieferanten kommen natürlich vor.

Wir sollten auf ausreichende inhaltliche Flexibilität achten. Dazu gehört bei Verträgen, die Vertragsgestaltung von einem Fachmann überprüfen zu lassen für eine juristische Risikominimierung. Kontrollieren

Sie genau, wann Zahlungen erfolgen. Erst die Leistung des anderen, dann Ihre Zahlung. Überlegen Sie, ob Sie keinen neuen Gegenstand anschaffen, sondern einen gebrauchten. Oder ob Sie etwas nicht kaufen, sondern leihen, wenn Sie es ohnehin nur eine kurze Zeit brauchen werden.

Vertiefung

Böse Menschen behaupten – vorrangig nicht von sich selbst, sondern von allen anderen – unser Leben sei eine Aneinanderreihung von falschen Entscheidungen. Das ist sicher nicht so. Trotzdem dürfen wir das eine oder andere hinterfragen: Nach Gartenarbeit ist Shopping die zweitliebste Freizeitbeschäftigung der Deutschen (Pawlik 2020). Offenbar ist etwas einzukaufen keine Reaktion auf leere Regale oder leere Kühlschränke mehr. Wohl eher basiert diese Lust auf einer Leere im Seelenleben. Zu blöd aber auch, dass materielle Dinge niemals eine seelische Leere füllen können! Lenken Sie im Moment Ihren Blick ganz weg von dem Thema, nehmen sich Stift und Papier und schreiben Sie als Überschrift: Was mir in der letzten Zeit gelungen ist. Finden Sie mindestens zehn Punkte, die Sie für ein gelungenes Leben oder einen gelungenen Tag nutzten. Machen Sie sich damit klar, wie oft Sie richtig liegen. Machen Sie sich zugleich bewusst, wie oft Sie die richtige, passende Wahl treffen. Haben Sie eher materielle Inhalte notiert, wie z. B. einen gelungenen Kauf? Oder sind Ihnen nichtmaterielle Inhalte de facto wichtiger?

Literatur

Anonymus: *Negative Kindheitserfahrungen sorgen oft für Depression.* In: FAZ online. https://www.faz.net/aktuell/gesellschaft/gesundheit/negative-erfahrungen-als-kind-sorgen-oft-fuer-depressionen-16983355.html; 2.10.2020.

Bergner, T. (2005) *Lebensmuster erkennen und nutzen. Was unser Denken und Handeln bestimmt.* mvg: Heidelberg.

Bergner, T. (2013) *Gefühle. Die Sprache des Selbst.* Schattauer: Stuttgart.

Bergner, T. (2016) *Die gierige Gesellschaft. Aufforderung zum Umdenken.* Schattauer: Stuttgart.

Bergner, T. (2017) *Eigene Wege für ein gutes Leben finden. Wie man sich selbst zufrieden und glücklich sein lässt.* Schattauer: Stuttgart.

Bergner, T. (2018) *Burnout Prävention. Erschöpfung verhindern – Energie aufbauen. Selbsthilfe in 12 Stufen.* 3. Aufl. Schattauer: Stuttgart.

Dobelli, R. (2011) *Die Kunst des klaren Denkens. 52 Denkfehler, die Sie besser anderen überlassen.* Carl Hanser: München.

Frederick, S. (2005) *Cognitive Reflection and Decision Making.* J Econ Persp, 19 (4): 25-42. DOI: 10.1257/089533005775196732.

Meissner, P. (2019) *Entscheiden ist einfach. Wenn man weiß, wie es geht.* Campus: Frankfurt am Main.

Pawlik, V. (2020) *Umfrage in Deutschland zu Freizeitbeschäftigungen von Kreditkartenbesitzern 2020.* https://de.statista.com/statistik/daten/studie/291923/umfrage/umfrage-in-deutschland-zu-freizeitbeschaeftigungen-von-kreditkartenbesitzern.

Reich-Ranicki, M. (1999) *Mein Leben.* Deutsche Verlags-Anstalt: Stuttgart.

Roth, G. (2012) *Entscheidungsfindung.* Vorträge vom 16. April bis 20. April 2012 bei den Lindauer Psychotherapiewochen. Eigene Notizen.

Roth, G. (2019) *Warum es so schwierig ist, sich und andere zu ändern. Persönlichkeit, Entscheidung und Verhalten.* Klett-Cotta: Stuttgart.

Schäfer, A. (2019) *Die Kunst des Aufgebens.* Psychologie Heute, Heft 3/2019, 17-23.

Sher, B. & Smith, B. (2011) *Ich könnte alles tun, wenn ich nur wüsste, was ich will.* dtv: München.

Ullmann-Margalit, E. (2017) *Normal Rationality: Decisions and Social Order.* Oxford University Press: Oxford.

Walz, H. (2015) E*infach genial entscheiden.* 2. Aufl. Haufe-Lexware: Freiburg im Breisgau.

Wittgenstein, L. (1963) *Tractatus logico-philosophicus. Logisch-philosophische Abhandlung.* Suhrkamp: Frankfurt am Main.

www.klett-cotta.de/fachbuch

Cornelia Löhmer, Rüdiger Standhardt
**TZI – Die Kunst, sich selbst
und eine Gruppe zu leiten**
Einführung in die Themenzentrierte Interaktion

Mit Beiträgen von Ruth C. Cohn und Friedemann Schulz von Thun
200 Seiten, gebunden, mit zahlreichen Abbildungen.
ISBN 978-3-608-96122-5

Seit fast 25 Jahren ist dieses Buch die grundlegende Einführung in die Themenzentrierte Interaktion nach Ruth Cohn. Aufgrund der hohen Nachfrage erscheint nun eine überarbeitete und erweiterte Neuauflage; auch Literaturverzeichnis und Adresslisten sind auf dem aktuellen Stand.

Neu sind ein einleitender Überblick der Autoren sowie ein Gespräch des bekannten Kommunikationsforschers Friedemann Schulz von Thun mit der Begründerin der TZI, Ruth C. Cohn.

»Wer eine erste, fundierte Einführung in Theorie und Praxis der TZI sucht, dem sei dieses handliche Büchlein empfohlen.« *Erwachsenenbildung*

»Den Autoren ist es gelungen, einfach und klar einen fundierten und engagierten Einstieg in die Themenzentrierte Interaktion zu geben.«
Astrid Klinski, Das deutsche Yoga-Forum

www.klett-cotta.de / fachbuch

Gerhard Roth, Alica Ryba
Coaching und Beratung in der Praxis
Ein neurowissenschaftlich fundiertes Integrationsmodell
521 Seiten, broschiert. ISBN 978-3-608-96215-4

Wie kann ich meine Klienten dabei unterstützen sich dauerhaft zu verändern? Welche Methoden sind aus neurobiologischer Sicht wirksam? Wie kann integrative Beratung gelingen? Mit diesen grundlegenden Fragen beschäftigen sich die Autoren dieses praxisorientierten Werkes. Führende Experten aus den Bereichen Coaching und Psychotherapie stellen ihre aus neurobiologischer Sicht wirksamen Methoden vor.

Dieses Buch versteht sich als praxisorientierte Fortsetzung des erfolgreichen Grundlagenwerks »Coaching, Beratung und Gehirn«. Die dort dargelegten theoretischen Grundlagen werden hier für die praktische Arbeit umsetzbar gemacht.

»Das Buch bietet dem Leser neben einem breiten Angebot theoretischer Grundlagen zahlreiche praktische Tipps und Ansätze, das eigene Methodenrepertoire kritisch zu prüfen und zu erweitern ... Ein sehr empfehlenswertes Buch für erfahrene Berater und Coaches!« *Helmut Fischer, Training aktuell*

www.klett-cotta.de/fachratgeber

Sibylle Tobler
Neuanfänge – Veränderung wagen und gewinnen
176 Seiten, broschiert. ISBN 978-3-608-86115-0

Veränderungen im beruflichen oder privaten Bereich sind nicht immer willkommen. Häufig lösen sie sogar Ängste aus. Das Buch zeigt, wie Sie die richtigen Schritte einleiten und welche Fallen und Stolpersteine Sie vermeiden sollten. An gut bewältigten Veränderungen zu wachsen ist das Ziel.

Gleich, ob es sich z. B. um Arbeitsplatzverlust und berufliche Neuorientierung handelt, um die unvermeidlich gewordene Scheidung oder um den Umgang mit einer Krankheit, das Buch begleitet Menschen als Coach auf unbekannten Pfaden.

»Ein Leitfaden für den Neustart. Sibylle Tobler beschreibt, wie man bei einem Neuanfang die ersten Schritte geht, wie sich Stolpersteine vermeiden lassen und wie man mit Veränderungen wachsen kann. Dabei wird klar: Um offen zu sein für neue Perspektiven und sie voll ausloten zu können, ist es wichtig, Verantwortung für sich selbst zu übernehmen. Ein echter Mutmacher!« *Emotion*

www.klett-cotta.de/fachratgeber

Roland Weber

Gehen oder bleiben?

Entscheidungshilfe für Paare

180 Seiten, broschiert. ISBN 978-3-608-86118-1

Zusammenbleiben trotz Krise oder Trennung und Chance auf einen Neubeginn?

Der erfahrene Paartherapeut Roland Weber unterstützt Unentschlossene darin, die für sie richtige Lösung zu finden.

Individuelle Entscheidungshilfen mit Checks, Fantasiereisen und Übungen:
– Paare mit Trennungsabsichten entlastet es, wenn sie verstehen, warum Partnerschaften heute brüchiger sind als früher.
– Beziehungs-Checks helfen dabei, widersprüchliche Gefühle und Argumente gegeneinander abzuwägen und eine kluge Entscheidung zu treffen.
– Warum es ohne Verzeihen und Sich-Versöhnen nicht geht: Die Kunst, einen guten Schlussstrich zu ziehen, macht Menschen wieder frei für einander.